KB180566

조선 해로사행의 인문지리학적 연구 3

명청교체기 대명 해로사행로의 노선과
지명 재구 및 인문지리학적 고찰 3
― 산동 청주부(상)

조선 해로사행의 인문지리학적 연구 3

명청교체기 대명 해로사행로의 노선과 지명 재구 및 인문지리학적 고찰 3

─ 산동 청주부(상)

왕가·한종진·당윤희

역락

This work was supported by Seed Program for Korean Studies through the Ministry of Education of Republic of Korea and Korean Studies Promotion Service of the Academy of Korean Studies (AKS-2020-INC-2250002).
이 저서는 2020년도 대한민국 교육부와 한국학중앙연구원(한국학진흥사업단)의 해외한국학 씨앗형 사업의 지원을 받아 수행된 연구임(AKS-2020-INC-2250002).

머리말

명청교체기에 해상사행로를 통해 명나라를 오갔던 조선사신의 중국 사행 기록인 해로조천록(연행록)에는 명청교체기 조선과 명, 청 사이에 이루어졌던 치열한 외교 활동의 모습이 고스란히 담겨 있을 뿐만 아니라 조선문인들의 명과 청에 대한 인식, 중국과 한반도 사이의 전쟁과 경제 관계, 문화와 인적 교류 상황 등 다양한 역사적 사실이 생생하게 기록되어 있다. 또한 조선시대 사신들의 사행활동이 이루어진 사행로와 사행 경유지는 단순히 지도 상에 점과 선으로 표시된 물리적 교통로나 감정없는 장소가 아니라 우리 선조들이 역사의 현장에서 국가의 안위를 위해 몸으로 부딪히고 발로 뛰었던 발자취, 곧 그 시대사적 고뇌가 고스란히 묻어 있는 문화유적지로서 재인식되고 고찰할 필요가 있다. 그래서 본서는 이러한 문제의식을 바탕으로 인문지리학 혹은 문학지리학의 시각에서 해로사행길에 올랐던 조선사신들의 과거 활동 공간을 현재의 중국 공간에 재구해 보고자 하였다. 그리고 이를 바탕으로 과거의 기록인 조천록을 현재의 공간에 소환하여 조선사신들이 남긴 시와 문장, 공문서, 일기, 그림 등을 분석하여 명말 중국 국내외 정세, 조선 사신들의 실제 외교 활동 모습, 중국 문인과 조선 문인 간의 시문 창화, 명말 중국 현지의 풍속과 생활 양상 등 사행활동의 실체를 생생히 파악하여 문헌에만 의존한 기존의 연구의 한계를 넘어서고자 하였다.

처음에 조선사신들이 명나라로 사행을 가면서 주로 이용한 노선은 요동지역을 거치는 육로 노선이었다. 요동지역을 거치지 않고 해로 노선을 이용한 사행은 明初(洪武, 建文 연간 1369-1402)와 明末(天啓, 崇禎 연간 1621-1636) 두 차례 비교적 짧은 기간에만 이루어졌다. 明初 사행의 목적지는 南京이었고, 明末 사행의 목적지는 北

京이었다. 그런데 해로 사행로는 원래부터 한반도의 삼국시대부터 중국의 여러 왕조와 교류했던 중요한 사행길이었다. 산동 등주(登州)에는 대대로 한반도의 사신을 접대하기 위한 신라관, 발해관, 고려관이 운영되었다. 조선의 경우 1621년 3월에 후금이 심양과 요양을 탈취하고 요동 반도 전역을 지배하게 되자 사신들이 육로로는 안전하게 왕래할 수 없게 되었기에 선박을 이용해 바닷길로 산동 등주로 가게 되었다. 그 후 1637년 1월 후금(청)과 정축맹약(丁丑盟約)을 맺은 조선은 명나라와 국교를 단절하고 후금(청)의 수도인 심양에만 사신을 보내게 되었고, 1644년 3월에 명나라가 망하고 청나라가 북경을 점령한 후에는 조선 전기와 같은 육로 사행이 재개되었다.

본서에서는 명말 해로 사행 문헌을 대상으로 연구를 진행했는데, 그 이유는 다음과 같다. 첫째, 明末 해로 사행 관련 문헌들은, 명초의 해상사행 기록이 대부분 조천시 형식이었던 것과는 달리, 사행 중 겪은 구체적인 사건과 견문을 여정에 따라 기행문 형식으로 기록하거나 사행 관련 공문서와 편지 등을 함께 수록하고 또한 지리지 형식으로 기록한 것까지 있어서 공식적인 사행 활동이 이루어진 역사 현장, 현지 문인들 혹은 현지인들과 교류 양상, 당시 중국 현지의 상황, 민간풍속, 자연환경 등을 생생하게 전하고 있는 문헌들이 많기 때문이다. 둘째, 기존의 조천록(연행록) 연구가 주로 요동지역을 사행로로 하는《열하일기(熱河日記)》,《노가재연행일기(老稼齋燕行日記)》,《담헌연기(湛軒燕記)》등의 문헌에 대한 연구에 치중된 반면, 해상 사행의 실체를 체계적으로 밝히는 연구는 미흡했기 때문이다. 셋째, 조선 이전 신라, 발해, 고려 등 왕조들도 해상 사행을 공식적인 경로로 활용했으므로, 조선 시기 해상 사행로에 대한 연구는 차후 신라, 발해, 고려 시기 해상 사행의 역사적 실체를 밝히는 간접 자료로 활용될 수도 있기 때문이다.

이처럼 본서는 명말 조선사신의 해로 사행 관련 문헌을 주요 연구대상으로 하여 인문지리, 문학지리의 시각에서 사행 경유지 현지조사, 현지 연구자 및 주민 인터뷰, 문헌 고증 등의 연구 방법을 활용하였다. 그리고 이러한 방법으로 조선사신의 사행 노선을 재구하고 지명의 역사적 변천을 살피며 사행록에 나타난 시와 문장을 분석하는 한편, 조선사신의 외교활동, 중국 문인 및 현지 주민들과의 문화적 인적 교류활동의 실체를 파악하여 조선 사신의 중국 문화공간을 총체적으로 그려 보았다.

명말 평안도 앞바다에서 출항한 조선 사신들은 조선과 요동의 연안 도서를 따라 항해하다가 여순구(旅順口) 부근 해역(지금의 요녕성遼寧省 대련시大連市 노철산老鐵山 부근 해역)에서 남하하여 발해를 건너 산동 등주(登州, 지금의 산동성山東省 연태시煙台市 봉래蓬萊)에 상륙하였다. 이후의 육로 경유지는 정두원의 《조천기지도》에 따르면 등주부(登州府), 황현(黃縣), 황산역(黃山驛), 주교역(朱橋驛), 래주부(萊州府), 회부역(灰埠驛), 창읍현(昌邑縣), 유현(濰縣), 창락현(昌樂縣), 청주부(靑州府), 금령역(金岭驛), 장산현(長山縣), 추평현(鄒平縣), 장구현(章丘縣), 용산역(龍山驛), 제남부(濟南府), 제하현(濟河縣), 우성현(禹城縣), 평원현(平原縣), 덕주(德州)이며 이상은 산동성 경내에 해당한다. 그리고 이어지는 경로는 경주(景州), 부성현(阜城縣), 부장역(富庄驛), 헌현(獻縣), 하간부(河間府), 임구현(任丘縣), 막주(莫州), 웅현(雄縣), 신성현(新城縣), 탁주(涿州), 량향현(良鄉縣), 제경(帝京) 등으로 이상은 하북성 및 북경 경내이다. 본서는 2021년에 출간된 "조선 해로사행의 인문지리학적 연구 총서" 제2권 《명청교체기 대명 해로사행로의 노선과 지명 재구 및 인문지리학적 고찰 2 - 산동 래주부》(주교역, 래주부[掖縣, 東萊], 회부역[平度州], 창읍현, 유현)에 이은 산동 청주부 상권(창락현[昌樂縣], 청주부[靑州府]) 연구에 대한 결과물이며 이후 청주부 하권, 제남부 등 사행의 노선을 따라 순차적으로 연구성과를 출간할 예정이다.

이 책에 담긴 연구는 우연한 계기로 시작되었다. 7년 전 학교에서 대학 교수들의 자체 연구역량 강화의 일환으로 중국 내 영향력 있는 학자들을 초빙하여 정기적인 학술대회를 개최하고 유방학원학보(濰坊学院学报)를 발간하게 되었는데, 당시 우리 대학 중문과 조홍위 교수가 조선 사신이 쓴 웨이팡(명대 당시 유현 濰縣) 관련 시문에 대해 발표하였고 한국어문학과 소속이던 필자 일동은 명대 조선 사신들이 웨이팡 지역을 경유하면서 이 지역과 관련된 적지 않은 기록을 남겼다는 사실을 그 때 처음 알게 되었다. 필자 일동의 조사에 따르면, 한국에서의 조천록(연행록) 연구는 당시까지 발표된 논문만 500여 편에 이를 정도로 이미 방대하고 깊이 있는 연구가 진행되고 있었다. 그러나 대부분의 연구가 요동지역을 거쳐서 갔던 청대 육로 사행 관련 연행록 연구에 집중되어 있었고 명말 이루어졌던 해상 사행에 대한 연구는 상대적으로 적었으며, 특히 중국 현지 답사와 명대 문헌에 대한 고증을 바탕으로 한 문학지리적, 인문지리적 연구는 초보단계에 있다는 사실을 알게 되었다. 이에 건국대 중문과의 당윤희 교수, 웨이팡 대학 중문과의 조홍위, 진금방 교수, 한국어문학과의 왕가, 한종진 교수, 난창공대 영상매체학과 김보경 교수가 의기투합하여 본 연구에 대한 계획을 수립하고, 한국학중앙연구원 해외한국학 씨앗형사업에 지원하게 되었다. 많이 부족한 연구계획서였지만 웨이팡대가 위치한 지역이 바로 명말 조선 사신들이 반드시 거쳐야 했던 경유지인 "유현(濰縣)"이었던 만큼 현지답사와 중국 현지 문헌 조사에 있어서는 다른 어떤 연구팀보다 장점을 가지고 있었다. "지역 특화형 한국학 연구"라는 연구팀의 주장이 설득력이 있었던 것인지 결국 좋은 심사 평가를 받아 2017년도 해외한국학 씨앗형 사업(초기단계)에 선정되는 기쁨을 누렸고 성공적으로 연구를 수행한 결과, 그 성과를 인정받아 2020년도 해외한국학 씨앗형 사업(발전단계)에 순조롭게 진입하여 연구를 계속 이어갈 수 있게 되었다.

연구팀은 명말 평안도 해안을 출발하여 한국의 서해와 중국의 발해를 거쳐 산동 등주에 상륙한 조선사신들을 모두 조사하고 현재까지 남아 있는, 그들이 남긴 자료를 모두 확보하여 이를 일목요연하게 정리하였고, 2021년도에는 산동 등주부 구간의 모든 사행록 문헌을 꼼꼼하게 강독해 나갔다. 이 과정에서 사신들이 동일한 경유지를 다양한 지명으로 기록하고 있으며, 어떤 구간에서는 사신들의 경유 경로가 약간씩 차이가 나는 것을 확인하였다. 이렇게 정리된 사신들의 경유지 노선과 지명 관련 기록을 당시 중국 내 통용되던 지방지 및 관련 역사서를 참고로 꼼꼼히 고증하였고, 이 고증의 결과를 현지 답사와 현지인 탐방을 통해 확인하고 수정하였다. 이 과정에서 현지인, 현지 학예연구사나 현지 역사 연구자의 호의적인 도움을 많이 받았다. 사신들이 이용한 경로는 대부분 명과 청대 관방에서 관리하는 공식적인 관도(官道)였는데, 근대 이후 이 관도가 대부분 국도로 재건되거나 오랜 기간 방치되어 그 흔적조차 찾을 수 없는 경우가 많았다. 그래서 오랜 기간 현지에서 근무하면서 지방사지(地方史志)를 발간해 온 현지 학예연구사를 방문하여 그들의 도움을 받는 것은 필수적인 연구 과정이었다. 어떤 때는 학예연구사들조차 구체적인 위치와 지명의 변천을 잘 알지 못하는 경우가 있었는데, 이런 경우라도 다행히 현지에서 대대로 살아온 촌로들을 만나 그들의 증언을 통해 조선사신들이 거쳐간 구체적인 경로를 확인하고 그 길을 직접 눈으로 확인할 수 있었다. 현지 답사 과정을 통해 조선사신들이 직접 걸었던 들판, 직접 보았던 산천, 직접 건넜던 강과 다리, 직접 겪었을 당시의 풍속, 직접 맛보았을 현지 음식 등을 직접 체험하게 되었을 때, 그들이 남긴 시문 한 구절 한 구절이 생생하게 살아나 연구자들의 가슴에 와 닿는 묘한 경험을 하였다. 그리고 현지 촌로들의 사투리를 통해 당시 동일한 경유지를 거쳐간 여러 조선사신들이 현지 지명을 다양한 이체자(異體字)로 표기한 이유가 현지 사투리의 영향 때문임을 확인했을 때는, 연구자들 스스로가 사투리로 들은 지명을 어떤 한자로 기록해야 좋을지 고민했었을 조선 사신이 된 듯한 착각에 빠지기도 하였다.

본 연구는 많은 분들의 도움 덕분에 가능한 것이기에 이 자리를 빌어 감사의 말씀을 남기고 싶다. 매년 10여 차례에 가까운 현장답사를 다녀야 하고, 국내외 관련 연구자를 초빙하여 연구성과를 공유하고 토론하는 국제학술회의를 정기적으로 개최하며, 중국과 한국에서 논문을 발표하고 학술서적을 출간하는 데에 적지 않은 비용이 소요되고 있는데, 한국정부(한국학중앙연구원 한국학진흥사업단)의 연구비 지원이 없다면 본 연구는 실현되기 어려울 것이다. 특히, 연구 초기 단계에서 연구방향과 연구방법을 정립해 나가는 과정에서 약간의 혼란과 실무적 어려움을 겪고 있을 때, 카자흐스탄에서 열린 한국학 국제 세미나에서 한국학중앙연구원 안병욱 전 원장님과 한국학진흥사업단 구난희 전 단장님께서 보여주신 관심과 격려는 연구팀에 큰 힘이 되었으며 실무책임자인 김예원님은 연구팀이 겪던 행정 절차 처리상의 어려움을 적극적으로 도와 해결해 주었다. 웨이팡대 측에서도 연구의 중요성을 인정하여 연구팀이 모여 연구하고 연구자료를 체계적으로 수집 보관할 수 있는 "웨이팡대 한국학 연구소"를 정식으로 설립해 주었는데, 이 과정에서 외국어대학 한

택정 전 학장님의 도움이 컸다. 또한 2021년 12월 20일 연구팀이 주관하여 건국대에서 개최한 〈제4회 한국학 해외씨앗형사업 국제학술회의〉에 국내외 여러 학자들이 참여하여 현재 진행 중인 연구팀의 연구를 점검하고 소중한 조언을 많이 해주셨다. 한국학중앙연구원 신익철 교수님은 "연행록사전 편찬 경과와 기대 효과"를 발표하여 연구팀이 이미 확보한 조선 해로사행에 대한 인문지리학적 연구의 성과물과 중국 지방지 내 한국사 관련 사료를 디지털 자료로 체계적으로 집성하는 데 모범적인 예를 보여주셨으며, 건국대 사학과 한정수 교수님은 "고려 성종 시기 송과의 사신 왕래와 그 정치문화적 의미"라는 논문을 발표하여 연구팀의 연구 시야를 한층 더 확대시켜주셨고, 오랜 기간 명청교체기 조선 사행록을 연구해오신 공주대 한문교육과 이성형 교수님은 "조선 중기 대명 해로 사행노정 고찰"이라는 논문을 발표하여 연구팀의 노선과 지명 고증에서 추가적으로 고려해야 할 부분들을 제안해 주어 연구의 엄밀성을 높이는 데 크게 도움을 주셨다. 그 밖에 건국대 사학과 한승현 교수님, 한국학중앙연구원 정은주 선생님, 단국대 동양학연구소 장유승 선생님, 울산대 인문과학연구소 김정숙 선생님께서도 토론자로 참여하여 열띤 토론과 귀중한 조언을 많이 해주셨다. 중국 측 연구자로는 창락시 지방사지 연구실(昌樂市 地方史志 辦公室) 전 학예연구사 조수성(趙守誠) 선생님, 청주시 지방사지 연구센터(青州市 地方史志 研究中心) 염성무(閆成武) 주임 등이 산동 청주부(상권) 구간의 조선 사신 경유지 고증에 도움을 주었다. 그리고 현장답사 과정에서 한국에서 온 연구팀을 기쁘게 환영해주시고 자신의 일처럼 짧지 않은 시간을 내어 사행 현장을 안내해 주고 인터뷰에 응해 주신 수많은 현지 주민들께도 머리 숙여 깊은 감사의 인사를 올린다.

일반적으로 인문학은 공동연구가 어렵다고들 말하는데, 이번 연구는 한중 연구자간의 긴밀한 협력 속에서 공동연구의 장점을 십분 발휘한 결과여서 그 의미가 더욱 깊다. 특히, 한국과 중국의 연구자들이 각자의 관점을 한 걸음 양보하면서 서로의 입장과 해석을 균형있게 조율하여 공동의 연구성과물을 도출하였기에, 이 책은 "21세기에 다시 쓰여진 연행록"이라 부를 만하다. 특히 코로나라고 하는 전대미문의 팬데믹 사태로 인한 예기치 않은 어려움들을 극복하고 현장 답사 활동과 학술교류 활동을 계속 이어나가 금년에도 어김없이 한 권의 연구성과물을 무사히 출간하게 된 기쁨은 이루 말할 수 없다. 한편, 이 책은 앞으로 계속 진행될, 조선 해상 사행록에 대한 문학지리, 인문지리적 연구의 중간 성과물로서 그 의미가 자못 깊지만, 동시에 실험적 연구의 결과물로서 착오와 오류 또한 적지 않을 것이다. 이 자리를 빌어 관련 연구자분들의 양해를 구하면서 많은 조언과 지도를 부탁드린다. 마지막으로 연구가 계속 진행될 수 있도록 지원해 주신 관계 기관과 연구자분들의 성원에 감사드리며, 앞으로 최선의 노력을 다해 좋은 연구 성과로 보답할 것을 다짐하면서 책의 머릿말을 마치고자 한다.

壬寅年 만물이 소생하는 驚蟄 절기를 맞이하며
저자 일동 삼가 씀

목차

머리말 ·· 5

서론 ·· 33

제1장 昌樂縣 東界에서 昌樂縣城까지   77

제1절 周流店, 王裒故里 ·································· 82

제2절 逢萌舊墟 ·· 105

제3절 淸聖遺蹤, 伯夷待淸處, 夷齊祠 ···················· 122

제4절 仙人石跡 ·· 156

제5절 安仁舊治, 昌樂縣城 ································ 161

제2장 昌樂縣城에서 益都縣 十里鋪까지   177

제1절 齊初封地, 方朔古壘 ································ 177

제2절 古劇南城, 雙鳳橋(東丹河橋), "營陵舊城" 牌坊, 古營丘 ·········· 201

제3절 堯溝店, 堯溝("堯溝" 牌坊), 堯溝橋(放勳橋), "靑齊明盛" 霸門 ········ 223

제4절 洰洱河, 洰洱店, "鄭母流芳" 霸門, "沂公梓里" 霸門 ·············· 243

제5절 "蘇壯元鄕" 欄門, 東館店, "香山聳翠" 欄門, 蘇秦墓 ·············· 270

제6절 十里鋪(聖水廟) ···································· 282

제3장 益都縣 十里鋪에서 靑州府城까지   293

제1절 邢軍門之第 ··· 322

제2절 衡王府 ·· 339

제3절 (靑州府)城內牌樓 ·· 351

제4절 夜雨楼 ··· 358

參考文獻 ·· 382

그림 1-7　嘉慶《昌樂縣志》의 《境圖》

萊州府 潍縣을 지난 조선사신들은 서쪽으로 계속 길을 떠나 靑州府 昌樂縣 동쪽 경계로 진입했고 차례로 東朱店(東朱鋪), 大橋鋪, 孤山鋪, 五里鋪를 지나 昌樂縣城 동문으로 들어갔다. 위의 지도 우측 상단에 붉은 동그라미가 東朱店(東朱鋪)이고 점선은 역로를 나타내며 오른쪽에서 왼쪽으로 차례로 조선사신이 지나간 역참을 확인할 수 있다.

사진 1-13　지금의 朱劉東村 내 동남쪽에 있는 驛道의 옛 유적

바로 앞 벽돌 건축물이 바로 명청대 東朱店(東朱鋪) 驛店이 있던 자리이다. 비록 오랜 세월이 지나서 조선 사신이 거쳐간 역참의 구체적인 위치를 고증할 수는 없지만 관청과 역참의 자리는 근대 이후로도 청말의 입지를 답습하여 증개축하거나 신축한 경우가 많기 때문에 이곳이 옛 東朱鋪일 가능성이 매우 크다.

사진 1-6　지금의 濰坊市 昌樂縣 營丘鎮 王裒社區 王裒院村 남쪽에 위치한 王裒의 묘와 송백나무

東朱店(東朱鋪) 부근을 지나던 조선사신들은 "王裒故里(왕부고리)"패문을 보았다. 왕부는 중국의 유명한 효자 24명 가운데 한 명으로 부친이 晉 文帝 司馬昭에게 억울하게 죽임을 당했으므로 조정에 출사하지 않고 부친의 무덤 곁에 초막을 짓고 거기서 생활했는데, 비분한 심정을 이길 길이 없어 무덤 곁의 송백나무를 붙들고 통곡하곤 했기에 왕부가 흘린 눈물이 모여 쌓인 소금기로 인해 결국 나무가 말라서 고사하고 말았다고 한다.

그림 1-4　元 王朋梅《孝子圖貼》중〈王裒聞雷泣墓〉, 한국 국립중앙도서관 소장본

王裒는 西晉 城陽 營陵(지금의 濰坊 昌樂)사람이다. 왕부의 모친은 생전에 벼락 치는 소리를 무서워했는데 모친이 죽은 후 매번 벼락이 칠 때면 왕부는 모친의 무덤으로 달려가서 "왕부, 여기 있습니다."라고 말하면서 무덤을 끌어 안고 죽은 모친을 안심시켰다. 위의 그림은 이러한 고사를 표현하고 있다.

그림 1-5　조선 정조 21년 간행된《五倫行實圖》〈五倫行實孝子圖〉중 王裒廢詩(왕부폐시), 한국 국립중앙도서관 소장본

왕부는 조선시대 간행되어 민간에 널리 보급된《五倫行實圖(오륜행실도)》속의 주인공 중 하나이기도 하다. 왕부가 매번《詩經》을 읽다가〈蓼莪(육아)〉편의 "애달프다, 우리 부모. 나를 낳아 기르시느라 온갖 고생하셨네."라는 구절에 이르면 이미 세상을 떠난 양친에 대한 애절한 그리움에 사무쳐 항상 세 차례나 눈물을 흘렸기에 그의 문하의 제자들도 더 이상〈蓼莪〉편을 읽고 공부하는 자가 없게 되었다고 한다. 이것이 바로 왕부폐시(王裒廢詩)의 고사로서 후세에 널리 유전되었다.

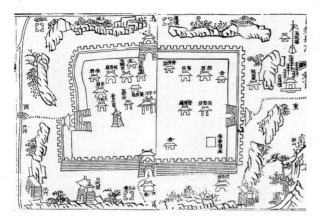

그림 1-33　嘉慶《昌樂縣志》첫째권의〈昌樂縣)城圖〉
東朱店(東朱鋪)을 지난 조선사신들은 大橋鋪를 지나
孤山鋪에 이르렀는데 남쪽으로 멀리 孤山이 보였다.
지도 오른쪽 아래 고산이 보이며 점선은 역로를 나타
낸다.

사진 1-27　멀리서 조망한 지금의 孤山

고산포 부근에 "伯夷待淸處(백이대청처)"라는 石碑가
새워져 있었는데 雍正《山東通志》의 기록에 따르면,
《孟子》에 '伯夷가 紂임금을 피하여 北海의 물가에서
살았다'라고 한 곳이 바로 이곳이다.

그림 1-25　康熙《濰縣志》卷首圖〈孤山晚照〉
"濰縣八景(유현팔경)"중의 "孤山晚照(저녁 석양이 비치는
고산의 아름다움)"그림 중에 나타난 고산과 夷齊廟

사진 1-28　복구하기 이전 고산 夷齊廟 (현재는 昭賢廟라 부르고 속칭 孤山廟라고도 함)의 모습

조선 사신 윤훤, 정두원이 기록한 바에 의하면, "伯夷待淸處"의 石碑 동쪽에 "夷齊祠"의 석비가 있다고 하였고, 그 묘당은 孤山의 위에 있었다. 蔡邕의 〈夷齊廟碑〉에서 永平府(영평부, 지금의 秦皇島市와 唐山市로서 商周 時期 孤竹国이 있던 곳)의 首陽山이 비를 내리는 영험을 보였던 것을 기록하면서, 백이가 거처하던 北海 지역에 있는 孤山에도 이제묘와 함께 龍神祠가 있었다고 했다.

사진 1-30　지금의 夷齊廟(현재는 昭賢廟라 부르고 속칭 孤山廟라고도 함) 앞의 옛 석비의 잔해. "北海孤(山) 夷齊廟"라고 새겨진 글씨가 보이는데, 조선 사신 정두원이 "孤山夷齊廟"라고 한 기록과 유사하다.

조선의 사대부에게 있어서 충의와 절개는 효의 윤리 만큼이나 중요하다. 그래서 대부분의 조선사신들은 "伯夷待淸處"와 "夷齊祠"에 대해 언급하고 詠史的 懷古詩를 지어 백이와 숙제의 절개를 송찬하며 당시 자신들이 처한 조선 조정 내 당파적 처지를 기탁한 소회를 남기거나 역사적 유적을 직접 견문하게 된 것에 대한 감개 무량함도 표현했다.

그림 1-24　한국국립중앙도서관 소장《航海朝天圖》의〈齊昌樂縣〉그림에 나타난 "仙人石跡" 碑와 夷齊廟 (왼쪽 상단)

위의 그림은 오른쪽이 서쪽이고 왼쪽이 동쪽으로 조선사신들이 북경에서의 사행활동을 끝내고 조선으로 귀국할 때의 방향이다. 그림의 좌상
단에 고산 정상의 이제묘가 보인다. 그리고 이제묘 아래로 "仙人石跡"이라 쓰인 碑가 보이며 이 비석은 五里鋪 부근에 있었다. "선인석적"이란
徐聖公의 유적을 일컫는다. 金德承의《天槎大觀》에 따르면, 道人이었던 서성공이 의적활동을 하다가 관아에 잡히자 돌연 바람을 타고 하늘
로 날아 올랐다. 그때 여기를 지나며 바위를 밟았는데, 바위 위에 진흙을 밟은 듯한 족적이 생겼다고 한다.

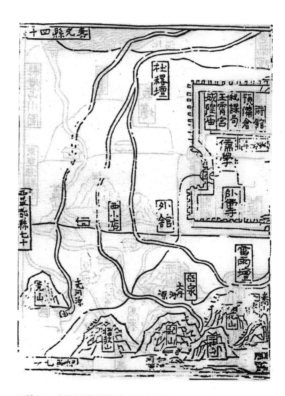

그림 2-1　嘉靖《昌樂縣誌》에 수록된 〈縣境山川圖〉의 일부

위의 지도 오른쪽 위가 창락현성이며 중간의 실선이 조선사신이 거쳐간 역로이다. 오른쪽에서 왼쪽으로 차례로 東丹河(小丹河), 西丹河(大丹河), 堯溝 하천이다. 관방역참으로는 동단하와 서단하 사이 十里鋪(丹河鋪)가 있었고 요구 동쪽 河岸에 堯溝店이 있었다.

그림 2-6 《航海朝天圖》에 수록된〈昌樂縣圖〉에 묘사된 "東方朔古壘" 패방

창락현성을 떠나 동단하에 이르기 전에 조선사신들은 "東方朔古壘" "方朔古里"라는 패방을 보았다. 이는 서한 때의 문신인 동방삭의 무덤 혹은 동방삭의 옛 고향마을이라는 뜻이다.

사진 2-8　지금의 昌樂縣 寶都街道 西店村 村碑
明末 "方朔古壘" 欞門이 있던 자리이다.

사진 2-11　지금의 山東 德州市 陵城區 神頭鎭에 있는 東方朔墓

乾隆《大淸一統志》,《水經注》,《齊乘》등 중국 방지 기록에 따르면 동방삭의 무덤은 厭次縣 서쪽에 있으며 염차현은 지금의 창락현이 아니라 山東 德州市 陵城區 神頭鎭 서쪽 일대이다. 康熙《昌樂縣誌》〈縣圖〉에는 창락현에 동방삭의 의관총인 "方朔塚"이 있는 것으로 표시가 되어있는데 현재는 이 방삭총이 남아있지 않아 조선사신이 언급한 "동방삭고롱"의 근거를 확인할 길이 없다.

그림 2-5　《歷代聖賢半身像》중에 실린〈東方朔〉초상 臺北故宮博物院藏本

동방삭은 해학과 신선술로도 그 이름이 널리 알려졌지만, 그는 결코 부귀와 권력에 영합하는 법이 없었고 필요한 때에는 한무제에게 직언하기를 서슴지 않았으며 한무제 또한 그의 건의를 대부분 채용했다. 조선 사신들은 그에 관한 여러 편의 시를 남겼는데, 특히 김상헌은 일신의 안위를 생각하지 않고 임금에게 직언을 서슴지 않았던 동방삭의 지조와 절개를 높이 평가했다.

사진 2-3　지금의 昌樂縣 東丹河(小丹河) 寶都街道 구간 - 건기에 물이 마른 모습

"東方朔古壟" 방표를 지난 조선사신들은 계속 서쪽으로 이동하여 동단하를 건넜는데 명말 동단하에는 雙峰橋라는 석교가 놓여있었다.

사진 2-13　지금의 昌樂縣 薛家村 서측의 西丹河(大丹河)와 주위 풍경

동단하를 지나 서단하를 건너던 조선사신들은 부근에서 "古營丘" 방표를 보았다. "고영구"란 "周 武王이 상나라를 멸하고 國師였던 강태공을 처음으로 제후로 봉한 땅"으로 지금의 창락현 일대이다. 역사적으로 이 땅의 지명은 營丘(영구, 周)→緣陵(연릉, 춘추시대)→劇(극, 전국시대)→營陵(영릉, 서한 이후→安仁(불명확)→昌樂(송원 이후)으로 변해왔다. 조선사신들 대부분은 강태공을 존숭하였으므로 이곳을 지나며 관련된 영사시를 남겼는데 그들의 당파적 입장에 따라 강태공과 백이 숙제의 태도를 은연 중에 대비적으로 달리 평가한 경우도 있어 자못 흥미롭다.

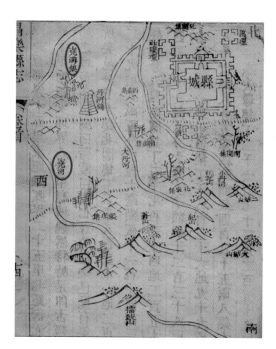

그림 2-20 嘉慶《昌樂縣誌·縣圖》중 堯河와 堯溝集(堯溝店)

"古營丘" 방표를 지난 조선 사신은 서쪽으로 계속 여정에 올라 "堯溝"(堯水, 堯河)와 堯溝店(堯溝集)을 지났다. "堯溝"라는 지명은 옛날 堯임금이 靑州 지역을 순수하다가 어떤 산(이후에 이 산이 堯山으로 불리게 됨)에 올랐는데 "堯溝"가 그 "堯山"에서 발원했기 때문에 붙여진 이름이다. 여기에는 "放動橋(방훈교)"가 놓여있었는데 陶唐氏(도당씨)인 堯임금(帝譽의 아들로 이름이 방훈)이 이곳을 거쳐 간 적이 있기 때문에 붙여졌다. 그래서 많은 조선사신들이 이러한 사실에 흥미를 느끼며 이를 사행록에 기록했다.

사진 2-30 현지 주민 劉宗華씨(남 68세)가 증언한 옛 堯河橋(방훈교)가 있던 자리

지금은 옛 요구가 흙으로 메워져 새로이 신작로가 들어서고 옛날 석교였던 방훈교도 철거되어 옛 모습이 전혀 남아 있지 않다.

그림 2-36 　嘉靖《靑州府志》중〈益都縣境圖〉

요구를 지난 조선사신들은 계속 서쪽으로 이동하여 泇洱河와 泇洱店을 차례로 지났다. 거이점은 靑州府城(益都縣城)에서 동쪽으로 30리 떨어진 곳이다. 왼쪽의 지도 오른쪽 중간 香山의 좌측에 보이는 강이 거이하이고 오른쪽 강은 요구이다. 거이하 좌측으로 護城河(성을 둘러싸고 흐르는 해자)를 이루는 南陽河(貫水, 濁水, 澠水) 가 있고, 지도 가운데 아래에서 좌측으로 雲門山 등 청주부성을 둘러싼 산들도 확인할 수 있다.

사진 2-37 　지금의 彌河 (명대의 지방지에는 巨洱河, 彌河, 巨彌河, 彌水, 巨洋水, 胊水, 洰水, 洱河, 泇洱河 등 다양한 명칭으로 기록되어 있음)

사진 2-4 　지금의 靑州市 黃樓街道 巨彌村 마을 (명대 泇洱店 역참 마을)중심 사거리

조선사신 홍익한은 이 구간 역로를 지나면서 조선에 등극조사로 왔던 유홍훈의 화려하고 사치스럽기 그지 없는 신축 별서를 목도하였고 그 별서가 조선에서 貪墨無比(탐묵무비-관료의 부패와 탐욕이 비할 데가 없이 지독함)한 행위로 얻은 財源으로 건축되었으리라고 의심하였다.

사진 2-42　지금의 濰坊市 坊子區 太保莊街道 後店西村 부근에 있는 서한의 저명한 경학가 鄭玄의 墓

조선사신들이 "洰洱店" 부근을 지나면서 본 "鄭母流芳(정모유방)" 欄門은 益都縣 사람들이 원래 익도현(지금의 청주시)에 있던 "鄭墓(정현의 묘)"가 이곳(지금의 웨이팡시)으로 이장된 후, 원래 자리에 남겨져 있던 봉분을 "鄭母(정현 어머니의 묘)"로 착각하고 와전시켜 세운 것이다.

사진 2-43　지금의 靑州市 譚坊鎭 "鄭母"社區 주민센터

지금의 청주시 담방진에는 鄭母(정현의 모친)라는 지명이 곳곳에 보인다. 현대 중국어 社區란 우리말로 아파트 단지, 동네 정도로 번역이 가능하므로 사진 속 건물은 담방진 "정현 어머니 마을 주민센터" 정도로 번역할 수 있다. 애초에 와전된 역사적 사실이 수 백년의 기간을 거치면서 사실로 굳어져 현지 지명으로 널리 정착되는 과정이 흥미로우며 이는 중국에서 동일한 고대 지명이 현재 여러 곳에서 동시에 나타나는 현상을 이해할 수 있는 좋은 예이다.

사진 2-45　지금의 大貫店村과 小貫店村 사이를 흐르는 南陽河

洰洱店을 지난 조선사신은 계속 서쪽으로 이동하여 靑州府城(益都縣城)에서 동쪽으로 20리 떨어진 大尹鋪(東館店, 貫店鋪)와 南陽河(貫水, 濁水, 澠水)를 지났는데 여기서 부근에 "香山聳翠(향산용취)" 欛門, 蘇秦墓(소진묘)가 있었다고 기록했다. 소진은 전국시기 6국이 연합하여 秦나라에 대항해야 한다는 "合縱說(합종설)"을 주장했던 유세객이다.

사진 2-47　지금의 香山 원경

조선 사신 정두원이 익도현 貫店鋪(大尹鋪, 東館店) 부근에 있다고 기록한 "香山聳翠(향산용취)" 패문에 현액된 "향산"은 실제로는 그가 추측한 靑州 雲門山이 아니라 지금의 靑州市 譚坊鎭(담방진)에 소재한 "香山"을 가리킨다. "聳翠(용취)"란 산맥이나 수목이 높이 솟아 싱그럽게 짙푸른 모습을 형용하는 것이다. 관점포를 지나던 조선사신들은 남쪽으로 멀리 위의 사진과 같은 향산의 풍광을 바라보았을 것이다.

사진 2-56　지금의 聖水祠 門樓

貫店鋪(大尹鋪, 東館店)를 지난 조선사신들은 계속 서쪽으로 이동하여 청주부성에서 10리 떨어진 十里鋪를
지났는데 조선사신 남이웅은 여기에 聖水廟(聖水祠)가 있다고 기록했다. 남이웅은 민간의 전설을 채록하여
당태종이 고구려 동정을 갈 때 말에게 물을 먹인 곳이라고 했는데 이는 관련 중국 방지에 없는 기록이며 역사
적 사실과도 어긋난다.

사진 2-53　지금의 聖水娘娘廟 앞에 있는 馬踏泉

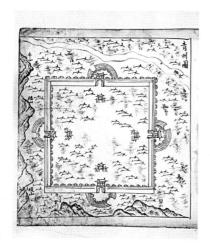

그림 3-5 鄭斗源《朝天記地圖》가운데 〈青州圖〉부분

정두원의 지도를 (그림 2-36) 嘉靖《青州府志》중 〈益都縣境圖〉와 비교해보면 너무 지나치게 간략하여 청주부성 경내의 산천의 면모를 완전히 이해하기 어렵고 특히 彌河 (巨洱河, 洱河, 汜洱河 등)의 하류 흐름은 잘못 그려져 오해를 불러일으킨다. 조선 사신들은 청주부성에 도착하면 일반적으로 성밖의 北關이나 南關에서 유숙하거나 일정이 빠듯하면 청주부성에 들르지 않고 바로 길을 떠났다. 그러나 귀국길에 여유가 있어 일정이 허락하면 청주성 경내를 남북으로 관통하여 여러 역사적 유적을 탐방하고 시를 지어 남기거나 사행록에 관련 기록을 남겼다.

사진 3-3 1920년대 青州府城 북쪽 성벽과 南陽河

사진 3-10 지금 青州市 博物館 北側에 남아 있는 옛 青州府城 서북쪽 모퉁이의 성벽 유적

사진 3-12　邢玠의 고택 유적 위에 새로이 중건된 邢玠太保坊의 정문(지금의 靑州市 南門大街)

사진 3-13　邢玠太保坊 정면의 "功高上國(공적이 높으니 나라에서도 으뜸이다)"이라고 쓰인 현판

청주부성 내에는 정유재란 때 援軍을 이끌고 조선에 왔던 병부상서 邢玠(형개)의 저택이 있었다. 임진왜란이 끝나고 선조 임금은 형개를 위해 宣武祠라는 生祠堂을 짓도록 하고 친히 쓴 "再造蕃邦(재조번방 - 조선을 위기에서 구하여 다시 살려준 것 같은 은혜를 베풀었다는 뜻)"이라는 네 글자를 새긴 금칠한 현판을 내려 형개를 조선을 구한 은인으로 존중했다. 그래서 많은 조선사신들도 형개의 집 앞을 지나면서 그의 업적을 찬양하는 송찬시를 남겼다.

사진 3-20 "大雅不群(크게 고아하여 무리짓지 않음)"이라는 글자가 새겨진 衡王府 石坊 近景

석방 상단 중앙에 오른쪽에서 왼쪽으로 大雅不群 네 글자가 새겨져 있음을 확인할 수 있으며, 조선사신 이민성은 이 석방 앞을 지나면서 이 네 글자를 보았다고 사행록에 기록했다.

사진 3-21 "樂善遺風(선함을 즐기고 이를 후세에 남겨 교화시킴)"이라는 글자가 새겨진 또 다른 衡王府 石坊

明 憲宗의 아들인 朱見深(주견심)이 처음으로 衡王(형왕)에 책봉되어 청주에 봉해진 이후로 명대 청주는 명목상 형왕의 봉국이었으며 청주부성 안에는 지극히 화려한 형왕부 궁전이 있었다. 형왕부 앞을 지났던 조선사신들은 명조가 당시 후금의 위협에 제대로 대처하지 못할 정도로 국력이 쇠약해진 원인으로 지방관청과 지방 권력자들의 부패와 사치가 한몫했음을 감지했고 그러한 세태를 시를 지어 비판했다.

사진 3-24 　明 兵部尚書 石茂華를 위해 세워진 "尚書里坊" 방표(지금의 靑州市 南門大街)

청주부성 내에는 청주 출신 名儒들의 石牌坊이 즐비했고 조선사신들도 이를 목도했다. 대표적인 석패방으로는 병부상서 石茂華(석무화)의 "尚書里坊", 이부상서 馮琦(풍기)의 "宗伯學士坊", 병부상서 邢介(형개)의 "柱史坊", 大學士 劉珝(유후)의 "大學士坊", "翰林坊", "柱國坊" 등이다.

사진 3-25 　謹身殿 大學士 劉珝(유후)를 위해 세워진 "柱國坊" 방표 (지금의 靑州市 南門大街)

사진 3-28　1940년대 靑州府城 南門(阜財門)의
外門 사진

사진 3-30　지금 새로이 중건된 財阜門(청주부성
남문)과 그 위의 南樓(遠景)

조선사신 이민성은 청주 남문에 올라 이곳저곳을
거닐며 발아래 펼쳐진 청주 경내 산천을 마음껏 바
라보았고 《서경 우공》편에서 九州 가운데 하나인
靑州를 설명한 내용이 지금 눈앞에 펼쳐진 산천
의 형세와 완전히 일치함을 깨닫고는 감개무량한
감정을 느꼈다.

사진 3-31　지금 새로이 중건된 財阜門(청주부성
남문) 위의 南樓(夜雨樓)(近景)

청주부성 남문 위의 南樓를 夜雨樓라고 부르는데
조선사신 이민성의 설명에 따르면, 밤에 야우루에
누워있으면 비바람 소리가 나지만 밖에 나가보면
실제로는 맑은 하늘에 달과 별이 반짝이기 때문에
그런 이름이 붙었다고 한다.

서론

　　명말 조선사신의 해로사행 노선은 크게 두 가지 노선이 있다. 하나는 登州 노선이고 하나는 覺華島 노선이다. 본서에서는 해상사행 노선 가운데 등주 노선만 다루기로 한다. 왜냐하면 각화도 노선은 조선 평안도 해안에서 출항하여 중간에 육로를 거치지 않고 해상으로 곧바로 山海關 외곽에서 멀지 않은 寧遠衛가 있는 각화도로 항해하는 노선으로서 인문지리나 문학지리의 시각에서 고찰해야 할 대상이 거의 없기 때문이다. 반면에 등주 노선은 孔孟으로 대표되는 중국문명이 꽃피고 전승된 주요한 역사의 무대 가운데 한 곳인 산동지역을 경유하는 노선으로서 대부분의 조선사신들이 일생을 두고 꼭 방문하여 친람하고 싶어했던 역사유적과 자연경물이 많이 남아 있던 곳으로 인문지리나 문학지리의 시각에서 고찰해야 할 대상이 많기 때문이다. 그래서 본고에서는 조선사신의 해로사행록 문헌 가운데 등주에 입항했거나 출항한 기록이 있는 등주 노선 관련 사행문헌을 연구대상으로 하기로 한다. 여기에는 특수한 경우가 포함된다. 예를 들어, 1629년 8월 出使했던 이흘 사행단의 경우는 기본적으로 각화도 노선을 이용했으나 귀국길에 태풍을 만나 표류하여 등주에 입항하여 한 달 간 잠시 머물렀고 그의 사행록에는 등주에 대한 기록이 포함되어 있으므로 연구대상에 포함시켰다. 그리고 1629년 9월 출사한 뇌자사 최유해의 경우도 원래는 각화도로 갈 예정이었으나 태풍을 피해 등주에 머물러 있다가 원숭환의 사망으로 사행의 임무가 사라졌기에 북경으로 가지 않고 바로 귀국했는데,

최유해도 등주에 머무르면서 여러 기록을 그의 사행록에 남겼기 때문에 연구대상
에 포함시켰다.

이처럼 본서는 우선 명말 등주 노선을 거쳐간 조선사신의 해로 사행 관련 문헌
전부를 주요 연구대상으로 삼아 중국 방지 및 역사서, 관련 한국 고문헌과의 비교
대조를 통해 고증을 진행하여 사행 경유지 노선과 지명을 재구해보고자 하였다. 그
러나 문헌고증만으로는 정확한 재구에 한계가 있기에 사행 경유지 현지탐사, 현지
연구자 및 주민 인터뷰도 함께 진행하여 문헌 고증에서 완전히 해결하지 못한 문제
를 해소하고자 하였고 일정한 성과를 거두었다. 이러한 연구과정을 거쳐 확보된 결
과를 바탕으로 최종적으로 인문지리, 문학지리의 시각에서 사행록에 나타난 시와
문장을 분석하고 조선사신의 외교활동과 중국 문인 및 현지 주민들과의 문화적 인
적 교류활동의 양상을 파악하여 조선 사신의 중국 문화공간을 총체적으로 그려보
고자 하였다.

곧, 연구자들은 아래의 〈표1 明末 對明 海路使行 중 登州路線使行 관련 文獻目
錄〉에서 제시된, 명말 등주 노선을 거쳐간 조선사신 21명의 해로 사행 관련 문헌
30여종 전부를 연구 대상으로 하여 구체적으로 다음과 같은 방법으로 연구를 진행
했다.

〈表1 明末 對明 海路使行 중 登州路線使行 관련 文獻目錄〉

〈표2 종합표〉상의 사행록 저자 번호	出使年度	歸國年度	使行名稱	使行團의 構成	연구대상문헌	등주입항과 출항시기
(1)/(2)	1621年5月 明 天啓1年 朝鮮 光海君13年	1621年 11月 明 天啓1年 朝鮮 光海君13年	陳慰 謝恩 冬至 聖節	正使 權盡己 書狀官 柳汝恒 正使 崔應虛 書狀官 安璥	崔應虛《朝天日記》(1) 安璥《駕海朝天錄》(2)	1621년 6월 19일 1621년 10월 9일
(3)	1622年 4月 明 天啓2年 朝鮮 光海君14年	1622年 10月 明 天啓2年 朝鮮 光海君14年	登極	正使 吳允謙 副使 邊瀷 書狀官 劉應元	吳允謙《海槎朝天日錄》,《朝天詩》(3)	1622년 5월 25일 1622년 10월 3일
(4)	1623年 5月 明 天啓3年 朝鮮 仁祖1年	1624年 4月 明 天啓4年 朝鮮 仁祖2年	奏聞(請封) 辨誣	正使 李慶全	李慶全의《石樓先祖朝天錄, 朝天詩》(4)	1623년 6월 13일 1624년 3월 25일
(5)				副使 尹暄	尹暄의《白沙公航海路程日記》(5)	
(6)				書狀官 李民宬	李民宬의《癸亥朝天錄》,《燕槎唱酬集》(6)	

번호				사신	저작	
(7)	1623年 9月 明 天啓3年 朝鮮 仁祖1年	1624年 4月 明 天啓4年 朝鮮 仁祖2年	冬至 聖節 謝恩	正使 趙濈 書狀官 任賚之	趙濈의《癸亥水路朝天錄》,《燕行酬唱集》,《北京紀行詩》(7)	1623년 9월 26일 1624년 3월 25일
(8)	1624年 7月 明 天啓4年 朝鮮 仁祖2年	1625年 4月 明 天啓5年 朝鮮 仁祖3年	謝恩 奏請	正使 李德泂	李德泂의《竹泉行錄》《슈로됴텬녹》,《죽쳔녹》,《朝天錄(一云航海日記)》(8)	1624년 8월 23일 1625년 3월 20일
(9)				副使 吳翽	吳翽의《朝天詩》〈燕行圖幅〉,〈航海朝天圖〉,〈朝天圖〉,〈梯航勝覽帖〉(9)	
(10)				書狀官 洪翼漢 (조명 洪靄)	洪翼漢의《花浦先生朝天航海錄》(10)	
(11)				사행단을 수행한 화원	〈燕行圖幅〉,〈航海朝天圖〉,〈梯航勝覽帖〉(11)	
(12)			冬至 聖節	正使 權啓 書狀官 金德承	金德承의《天槎大觀》(12)	

번호				사신	저작	일자
(13)	1625年 8月 明 天啓5年 朝鮮 仁祖3年	1626年 4月 明 天啓6年 朝鮮 仁祖4年	冬至 聖節	正使 全湜 書狀官 李莯	全湜의《槎行錄》,《朝天詩酬唱集》(13)	1625년 9월 1일 1626년 3월 27일
(14)	1626年 6月 明 天啓6年 朝鮮 仁祖4年	1627年 5月 明 天啓7年 朝鮮 仁祖5年	聖節 陳奏	正使 金尚憲	金尚憲의《朝天錄》《朝天圖》(14)	1626년 8월 16일경[1] 1627년 4월 13일경[2]
(15)				書狀官 金地粹	金地粹의《朝天錄》(15)	
(16)			冬至	正使 南以雄	南以雄의《路程記》(16)	
	1628年 9-11月 明 崇禎1年 朝鮮 仁祖6年	1628年 3月경 明 崇禎1年 朝鮮 仁祖6年	登極	正使 韓汝溭 副使 閔聖徽 書狀官 金尚賓	閔聖徽의《戊辰朝天別章帖》 *이는 이민휘를 송별하면서 조선 문인들이 지은 시를 모은 시첩으로 등주 노선 경유지와 무관하므로 <표2 총람표>에 포함되지 않음	1628년 5월경(추정) 1628년 10월경(추정) *구체적인 일정을 알 수 있는 기록이 없음

---

1 김상헌의《조천록》에 1626년 8월15일에 〈蓢島城樓翫月 次春城韻〉라는 시가 있는데, 통상 일기가 나쁘지 않으면 묘도에서 아침에 출발하면 한나절이면 등주에 당을 수 있으므로 등주 도착시점을 8월 16일로 잡았다.

2 김상헌의《조천록》에 〈祭海神文〉은 등주에서 귀국길에 오르기 전에 바다의 신에게 안녕을 빌면서 지은 계문인데 天啓 7년 己酉朔(4월) 辛亥(13일)에 제사를 지낸 것으로 기록되어 있다.

번호	출발/도착 시기	明/朝鮮 연호	사행 목적	사신	사행록	도착·출항 일시
(17)	1628年 7月 / 1629年 5月	明 崇禎1年 朝鮮 仁祖 6年 / 明 崇禎2年 朝鮮 仁祖 7年	冬至 聖節 辨誣	正使 宋克訒 / 書狀官 申悅道	申悅道의 《朝天時聞見事件啓》(17)	1628년 9월 10일 / 1629년 윤4월 7일
	1629年 8月 / 1630年 10月	明 崇禎2年 朝鮮 仁祖 7年 / 明 崇禎3年 朝鮮 仁祖 8年	進賀 謝恩 辨誣	正使 李忔	李忔의 《雪汀先生朝天日記》,《朝天詩》 *이 사행단은 산동 내륙을 가지지 않았으므로 <표2 종합표>에 포함되지 않음	1629년 9월 19일 가화도 도착 / 1630年10月3日 등주에서 출항.[3]
	1629年 9月 / 1630年 7月	明 崇禎2年 朝鮮 仁祖 7年 / 明 崇禎3年 朝鮮 仁祖 8年	齎咨	崔有海	崔有海의 《東槎錄》 *이 사행단은 산동 내륙을 가지지 않았으므로 <표2 종합표>에 포함되지 않음	1629년 11월경(추정) / 1630년 6월경(추정) *구체적인 일정을 알 수 있는 기록이 없음
(18)	1630年 8月 / 1631年 6月	明 崇禎3年 朝鮮 仁祖 8年 / 明 崇禎4年 朝鮮 仁祖 9年	陳慰 奏請 進賀	正使 鄭斗源 / 書狀官 李志賤	鄭斗源의 《朝天記地圖》(18)	1630년 9월 20일 / 1631년 5-6월경[4]
(19)	1630年 9月	明 崇禎3年 朝鮮 仁祖 8年	冬至	正使 高用厚 / 書狀官 羅宣素	高用厚의 《朝天錄》(19)	

3　가화도에서 귀국하는 도중에 태풍을 만나 표류하다가 1630년 9월 3일 등주에 상륙하였고 1630년 10월 3일 등주에서 출항하였다.

4　仁祖實錄 仁祖 9年 6月 24日 석다산에 도착한 것으로 기록이 되어 있다.

첫째, 개별 사신의 사행록에서 본서의 연구 범위인 "산동 청주부(상편) 구간(창락현, 청주부[益都])"을 대상으로 사행 경유지를 추출하여 사신별 경유지를 파악하고, 이런 작업을 〈표1 明末 對明 海路使行 중 登州路線使行 관련 文獻目錄〉에 제시한 모든 사신들의 문헌을 대상으로 시행하여 최종적으로 〈표2 明末 對明 海路使行 中 靑州府(上) 經由地名 總覽表〉를 작성했다. 이 작업을 통해 우리는 명말 조선사신의 "산동 청주부(상편) 구간" 노선의 대체적인 경유지를 파악할 수 있었다. 그런데 〈표2〉에서 얻은 정보만으로는 명말 조선 사신이 거쳐간 지리적 경유지를 정확하게 확증하기 어려웠다. 왜냐하면 각 사신별로 동일한 경유지에 대해 지명을 달리 기록한 경우도 많고, 거쳐간 경유지가 차이가 나는 경우도 있었으며, 경유지가 같더라도 기록한 지점이 다른 경우도 있었기 때문이다. 그래서 두번째로 연구자들은 중국의 역대 지방지나 역사서, 한국의 통문관지 등의 문헌을 참고하고 대조하여 경유지 지명의 역사적인 변천과정을 고증하였다. 이를 통해 각 조선 사신들이 기록한 경유지의 현재 지리적 위치를 대체로 파악할 수 있었다. 그런데 어떤 경우에는 문헌조사만으로는 조선 사신들이 거쳐간 경유지가 어디인지 불명확한 경우도 많았다. 그래서 세번째로 현지조사를 통해 경유지의 지리적 현황을 파악하고 조선사신이 언급한 역사유적, 자연풍광의 모습을 직접 눈으로 관찰하고 영상과 사진으로 채록하였으며 이와 더불어 현지 연구자 및 주민을 인터뷰하여 문헌에는 없는 사항을 확인함으로써 최종적으로 각 조선 사신들의 경유지를 정확하게 재구하고 지명의 변천과정을 고증할 수 있었다. 이를 바탕으로 최종적으로 〈표5 明末 對明 海路使行 中 靑州府(上) 經由地名 變化表〉를 작성할 수 있었다. 이상의 문헌조사와 현장조사의 결과와 수집 자료를 바탕으로 네번째로 문학지리, 인문지리적 관점에서 각 경유지 현지에서 조선 사신이 남긴 사행록에 나타난 시와 문장, 공문서, 일기, 그림 등을 분석하여 명말 중국 현지의 풍속과 생활 양상, 조선사신이 관찰한 명말 중국 국내외 정세, 조선사신들의 실제 외교 활동의 모습, 중국 문인과의 시문 창화 등 문화 교류 활동, 조선 사신의 내면적인 심리와 중국에 대한 인식 등을 파악하고 그 의미를 분석해보았다.

〈표2 明末 對明 海路使行 中 靑州府(上) 經由地名 총람표〉

序號 / 靑州府境內經由	來程/歸程	崔應虛(1)	安璥(2)	吳允謙(3)	李慶全(4)	尹暄(5)	李民宬(6)	趙濈(7)	李德泂(8)	吳翽(9)	洪翼漢(10)	航海朝天圖(11)	金德承(12)	全湜(13)	金尙憲(14)	南以雄(16)	金地粹(15) / 高用厚(19)	申悅道(17)	鄭斗源(18)
1. 昌樂縣東界至昌樂縣城 — 昌樂縣東界	來程						昌樂東界	昌樂縣東界	昌樂縣				昌樂縣界之東(表"淸聖遺蹟")						
周流店	歸程 / 來程 / 歸程						周流店 / 周流店			朱留鋪			珠琉店			東朱店		周流店	
王裒故里	來程 / 歸程		"王裒古迹"題門			"王裒古里"牌坊(東二十里)	魏孝子王裒之故里 / 王裒故里(任周流店)				王裒古里		王裒故里		王裒古里(在昌樂縣東二十里)	王裒故里		魏孝子王裒故里	"王裒故里"欄門(濰縣西三十里)
昌樂縣城	歸程																		

地點	行程											
逢萌故里	來程	"籠萌古迹"題門	"逢萌古里"牌榜			逢萌舊墟	逢萌舊墟				逢萌故里	逢萌故里"欄門（濰縣西三十五里）
	歸程			"逢萌古里"牌坊	逢萌故里（縣東十五里）		逢萌古里	逢萌舊墟	逢萌古里	逢萌舊墟		
伯夷待清處	來程				伯夷故踪，伯夷故迹（縣東十五里）	夷齊舊隱池處	清聖遺踪	清聖遺蹟	清聖遺蹟	清聖遺踪	"伯夷待清處"石碑	"伯夷待清處"石碑 "清聖遺蹟"欄門（濰縣西四十里）
	歸程				"伯夷待清處"石碑					伯夷待清		
夷齊祠	來程	夷齊		"夷齊祠"石碑		（夷齊）廟	夷齊廟	夷齊廟	夷齊廟		伯夷廟	夷齊廟 "孤山夷齊廟"石碑（濰縣西四十里）
	歸程											
孤山	來程	孤山				孤山	孤山	孤山	孤山	孤山	孤山	孤山（昌乐县东十里）
	歸程											

		仙人石跡 (東五里)	仙山古迹 (縣東十里)	石上仙跡	仙人石跡	"薄夫仙人石跡" 碑	"仙人石跡" 碑	"仙人石跡"欄門 (離艮西 四十五里)
仙人石跡	來程							
	歸程							
姜太公之子之墓	來程		姜太公之子之墓					
	歸程							
太公墓	來程		太公墓					
	歸程							
五里鋪	來程	五里鋪						
	歸程							
安仁舊治	來程	"安仁舊治"牌坊 (昌乐县 東门外)	安仁舊治	安仁舊 治	安仁舊 治	安仁舊 治	安仁舊 治	
	歸程							
昌樂	來程	昌樂南館 昌樂東門 昌樂縣城 外南館舘	昌樂縣館 昌樂縣東 城外 昌樂	昌樂縣 西關	昌樂縣 南關	齊昌樂	昌樂	昌樂縣
	歸程	昌樂縣	昌樂縣南館 南關		昌樂縣 南關	昌樂縣	昌樂縣	昌樂縣 東館駅
昌樂	來程	昌樂縣 太公所 封齊地					昌樂	
	歸程	昌樂						昌樂縣

2.昌樂縣城至金都縣東十里鋪		來程／歸程			文昌閣				
	(昌樂縣)文昌閣	來程							
		歸程							
	齊封初地	來程	尚父舊封 "齊初封地"牌榜		齊封初界		齊封初地(昌乐县南館)	齊封初地	"齊封初地"欄門(昌乐县西一里)
		歸程	"齊初封地"牌榜						
	方朔古壟(縣西五里)	來程	"方朔舊壟"題門		方朔古壟	東方朔舊壟	(县西方朔古里之門)	東方朔古里(任昌樂縣西五里) 方朔古里之門	東方朔舊壟 "方朔古壟"欄門(昌乐县西五里)
		歸程	"方朔古壟"牌榜	"方朔古壟"牌坊(近西五里)	東方朔舊壟	東方朔古壟 東方朔舊壟	東方朔古壟	東方朔古壟	
	雙鳳橋	來程	雙鳳河		雙鳳橋		雙鳳橋 東丹河橋	雙鳳橋 東丹河橋	雙鳳橋(昌乐县西一里)
		歸程						雙鳳橋 東丹門	
	雙鳳河(東丹河)	來程	雙鳳河			古劇長城			古劇都城
	十里鋪 古劇南城(縣西十里)	來程	"古劇南城"題門		古劇南城 十里鋪古劇南城		十里鋪古劇南城	十里鋪 古劇南城	"古劇南城"欄門(昌乐县西十里)
		歸程		"古劇南城"牌坊(近西十里)					

		堯溝"牌坊 (西十五里)		"古營丘"牌坊 (西十五里)	"營陵舊城"牌坊 (近西十里)	姚丘店 (青州府東五十里)	
堯溝	來程	堯溝			堯溝橋	營陵舊封	堯溝店	堯溝
	歸程							
放勳橋	來程	堯溝			堯溝橋	營陵古城 營丘舊封	堯溝店	放勳橋
	歸程	堯溝	放勳橋	營丘				
古營丘	來程	堯溝	放勳橋	昌樂十五 里鋪 古營丘地		營陵舊封		
	歸程							
"營陵舊城"牌坊	來程	堯溝	放勳橋			營陵舊封		放勳橋
	歸程	堯溝						
堯溝店	來程	堯溝		放勳橋			堯溝店	古營丘
	歸程							

益都縣

		洰洱河	菊迷河（店）		洰灞河（昌乐县西五十里）巨灞河 巨眛河		洰米河 洰洱河店 詎米店	洰洱河 灞水 巨洋水 胸灞	洰洱河	洰洱河 灞水 巨洋水 胸灞	（洰洱）河邊店	灞水（巨洋水）（昌乐县西十五里）
洰洱河												
洰洱店	來程	洰洱店										
	歸程											
"墾開荒田"石碑	來程	"墾開荒田"石碑										
	歸程											
"靑齊明盛"欄門	來程											"靑齊明盛"欄門（昌乐县西二十里）
	歸程											
東舘店	來程		東舘店（青州府城东三十里）									
	歸程											
"鄭母流芳"欄門	來程											"鄭母流芳"欄門（昌乐县西三十五里）
	歸程											

지명	程						
"益都縣新建官庄"石碑	來程	益都縣新建官庄	益都官庄				
	歸程						
"蘇壯元鄉"欄門	來程						"蘇壯元鄉"欄門（昌樂縣西四十里）
	歸程						
"沂公梓里"欄門	來程						"沂公梓里"欄門（昌樂縣西十五里）
	歸程						
蘇秦墓	來程						蘇秦墓（昌樂縣西五十一里）
	歸程						
貫店	來程					貫店	
	歸程					貫店	
貫水	來程					貫水	
	歸程					貫水	
"香山聳翠"欄門	來程						"香山聳翠"欄門（昌樂縣西五十里）
	歸程						
十里鋪（聖水鋪）	來程	十里鋪			龍王廟	龍王廟	
	歸程				聖水廟	聖水廟	
張孟口店	來程		張孟口店				
	歸程						

3. 青州府益都縣城至臨淄交界	青州府城內		青州府城 青州城	青州 金都	青州府城 城 東館店	青州城 東店	青州 北館	青州北 府北關 城門	青州 金都縣	青州 金都城	青州 益都縣 南關	齊青州 府	青州 青州府 益都縣	青州	青州	青州 青州府 益都縣	青州府 益都縣	青州府 東館驛	青州府 青州 益都縣
青州府 城內	邢軍 門 之第	來程	邢軍門 之第		邢軍門			金都之 北館驛, 金都,青 社										州之 東館驛	
	衡 王 府	歸程 來程						邢軍門 玠之第			邢尚書 玠花園		邢尚 書家			邢尚書 玠花園	邢尚書 玠花園		
	南 街 牌 樓 門	歸程 來程						諸王府				親王府						親藩衡 王府	衡王府
	城 南 門	歸程 來程						南街 牌樓門											
	夜 雨 樓	歸程						夜雨樓											

한편, 필자들은 본서에서 2가지 사항을 별도로 언급하고자 한다. 첫째는 본서에 앞서 출간된 산동 등주부와 산동 래주부에 연구대상으로 포함되지 않은 최응허의 사행록이 본서에 추가되었다는 사실이다. 安璥의《駕海朝天錄》과 동일한 시기에 저술된 崔應虛《朝天日記》는 그 판본이 2018년 11월 6일 국립문화재연구소에 의해 최초로 공개되었으나 최근까지 관련 연구가 미비하여 그간 학계에 알려지지 않았다. 본서 필자들도 청주부를 집필하는 과정에서 그 존재를 알게 되었고 그래서 연구대상에 추가하였다. 둘째 명말 조선사신들이 거쳐간 산동성 지역 내의 노선은 크게 1) 登州-濰縣-靑州-鄒平-濟南-德州 2) 登州-濰縣-靑州-鄒平-濟陽-德州 3) 登州-濰縣-壽光-濱州-滄州 등 3가지가 있는데, 본서에서는 3번째 노선을 다루지 않기로 한다. 3번째 노선은 1621년 5월 출사한 사은겸동지성절사 정사 崔應虛의《朝天日記》, 서장관 安璥의《駕海朝天錄》, 1623년 9월 출사한 사은겸동지성절사 정사 趙濈의《癸亥水路朝天錄》, 1625년 8월 출사한 동지성절사 정사 全湜의《槎行錄》등 4명의 사행록 귀국길 노선에만 해당하며 다른 사신들 모두는 1)과 2)의 노선을 이용했다. 3)노선에 대한 경유지와 지명 재구 및 인문지리학적 고찰은 이후 청주부와 제남부까지 노선 및 지명 재구의 연구를 끝내고 난 후, 제남부편의 부록으로 추가로 다루기로 한다. 이상의 2가지 사항에 대한 자세한 설명은 아래에서 별도의 2개 절로 나누어 이어가기로 한다.

명청교체기 또 다른 최초의 해로조천록 – 崔應虛의 朝天日記[5]

1. 자료소개

2000년대 초 하버드 옌칭도서관 소장 한국 관련 고서적 조사를 통해[6] 학계에 처음 소개된 安璥의 駕海朝天錄은 이른바 명청교체기 최초의 대명 조선 해로사행록으로 알려지며 학계의 주목을 받아 관련 연구가 진행되어 왔다. 그런데 국립문화재연구소가 전국 각 지역에서 발굴한 일기 172건 중 27건에 대한 해제와 도판을 수록한 자료집 조선시대 개인일기4를 2018년 11월 6일 최초 공개하면서 여기에 포함된 謝恩使 正使 최응허의 조천일기가 사은사 書狀官 안경의 가해조천록과 동일한 시기에 저술된 또 다른 명청교체기 최초의 대명 조선 해로사행록임이 밝혀지게 되었다.[7] 더구나 엄밀하게 따지면, 안경의 가해조천록이 1621년 5월 17일부터 11월 7일까지의 기록인데 반해, 최응허의 조천일기는 1621년 윤2월 22일부터 11월 20까지의 기록이므로 시기적으로도 안경의 것보다 더 앞선다. 이후 이 자료집 가운데 기존에 국역되지 않은 조선시대 개인일기 중 행초서로 기록되어 해독이 어려운 개인일기 4건(최응허의 조천일기 포함)을 선별하여 해제하고 원문을 탈초하여 완역하고 여기에 판본 사진 전체를 함께 수록한 국역서 조선시대 개인일기 국역총서-조천일기가 2019년 12월 6일 발간되어 그 실체가 뚜렷이 세상에 알려지게 되었다.[8] 그러나 아직까지 최응허의 조천일기를 별도의 주제로 다룬 학술발표나 관련 학술논문이 전혀 검색되지 않는 점으로 보아 아직까지 본격적인 학술 연구가 진행되지 못

---

5   본 장절의 최응허의 조천일기에 대한 내용은 [왕가, 한종진. (2022.2). 명청교체기 또 다른 해로조천록-최응허의 조천일기. 한중관계연구, 제8권 제1호]를 전재한 것임을 밝힌다.

6   허경진. (2002). 최초로 바닷길 통해 명나라에 사신으로 다녀온 기록 "가해조천록". 출판저널 Vol.316, pp. 40-41.

7   실록에 없는 역사 기록 담은 조선시대 개인일기. (2018년 11월 6일). 연합뉴스. https://www.yna.co.kr/view/AKR20181106068200005?input=1195m (2022년 1월 3일 검색)

8   이정섭 역. (2019). 조선시대 개인일기 국역총서 - 조천일기. 국립문화재연구소.

한 것으로 보인다.[9] 그러므로 여기서 최응허의 조천일기를 소개하고 판본을 고찰한 후, 이제까지 상당한 연구가 진행된 안경의 가해조천록과의 비교를 통해 그 내용을 구체적으로 살펴본 후, 자료의 가치를 따져보기로 한다.

먼저, 최응허 사행단이 명청교체기 최초로 해로사행을 재개하게 된 배경과 내용을 살펴보면 다음과 같다. 원나라를 무너뜨린 명나라는 지금의 남경에 수도를 정하였고 이에 따라 여말선초의 우리나라 사신들은 남경이 수도였던 홍무 건문 년간(1369-1402) 동안은 해로노선을 이용하여 남경을 목적지로 대명 사행을 시행했다. 그러나 명나라가 다시 수도를 지금의 북경으로 천도하자 이후로는 줄곧 요동지역을 거치는 육로노선을 이용하여 대명 사행을 시행하였고 명나라 사신들도 육로노선을 통해 조선을 왕래하는 것이 관례가 되었다. 1621년 2월 명나라는 요동에서 발호하는 후금과 조선이 가까워지는 것을 경계하고 조선과의 군사적 동맹을 강화하고자 熹宗 天啓帝의 등극을 알리는 등극조사[登極詔使- 劉鴻訓이 정사, 楊道寅이 부사]를 조선에 파견했다. 등극조사 일행은 4월 12일 한양에 입성하여 開讀 의례를 시행하는 등 20일간 한양에서 외교적 임무를 수행하면서 머물렀는데,[10] 이때 후금군은 이미 요동의 요충지인 瀋陽과 遼陽까지 차례로 함락하여 요동지역의 통제권을 실질적으로 장악하게 되며 후금군에 의해 점령된 요동 육로노선은 더 이상 사행로로 이용할 수 없게 된다. 그래서 광해군은 명 등극조사가 해로노선을 이용하여 안전하게 귀국할 수 있도록 전례에 없던 22척이나 되는 대규모 선단과 호송단을 꾸리게 한다. 이때 이들이 이용하려던 해로노선은 삼국시기 이래로 한반도와 중국 간에 이용되어 온 해상교통로로서 명 개국 이후 시행된 해금조치로 중단되었던 해상교통로가 처음으로 개척되는 것이기도 했다. 이 노선은 평안도 앞바다에서 출항하여 중국 요동지역 남쪽 해상의 섬들을 따라 서쪽으로 줄곧 항해하다가 요동반도의

---

9   가장 최근 학계에 정식 보고된 조선시대 해로사행 연구현황 관련 논문[허방 김경희. (2021). 조선시대 해로 사행에 관한 연구현황과 전망. 동서인문학 60, pp.101-123.]에서도 최응허의 조천일기에 관한 언급은 없음.

10   朝鮮王朝實錄 光海君日記 1621년(광해13년) 4월 12일 기사/5월 1일 기사.

남단 여순구에 이르러 남쪽으로 방향을 틀어 廟島 열도를 거쳐 산동 등주(登州 지금의 연대시 봉래)에 상륙하는 해상노선으로 수심이 얕은 발해와 수심이 깊은 서해가 만나는 여순구 앞바다는 항상 거센 물결이 일었고 대륙과 서해 사이에 주기적으로 불어 닥치는 계절풍은 항해에 큰 위협이 되었다. 이처럼 오랜 기간 동안 공식적으로 이용하지 않던 항로를 새로이 개척하는 것이었으므로 거기에는 상당한 위험이 존재했고 이후 장기간 이용될 새로운 항로에 대한 정보를 적극적으로 수집해야 할 필요성 또한 제기되었을 것이다. 그래서 광해군은 등극조사와 함께 사은사 최응허(서장관 안경-등극조사를 파견해준 것에 대한 사은과 동지성절을 겸함)와 진위사 권응기(서장관 류여항-光宗 泰昌帝의 죽음을 위로하기 위함)를 명 등극조사의 귀국길에 동행하도록 하여 안전에 만전을 기하도록 하였고[11] 이에 동행한 조선 사신들은 일기체 사행록을 작성하여 충분한 항해 정보를 수집하고자 했다. 1621년(천계원년, 광해군13년) 5월 마침내 명 등극조사, 조선의 사은사와 진위사 일행은 평안도 安州에서 출항하게 되는데 대규모 선단의 구성과 철저한 준비에도 불구하고 항해 경험과 정보의 부족으로 인해 9척이나 되는 사행선이 여순구 앞바다에서 침몰하는 대형 해상사고를 당하게 된다.[12] 다행히 명 등극조사를 포함한 조선의 진위사, 사은사 등 주요 관원들은 목숨을 건질 수 있었으며 마침내 6월 19일 등주에 도착하여 산동과 하남, 하북의 육로와 내륙 운하를 거쳐 북경에 입성하게 된다. 이후 진위사와 사은사는 차례로 북경에서의 사행 임무를 완성하고 등주로 돌아와 10월 9일 함께 등주를 출항하여 귀향길에 오르는데 이번에는 요동지역 남쪽 서해 바다에서 2주일 가까이 악천후에 시달리다가 가까스로 11월 6일 평안도 郭山 海門에 무사히 도착할 수 있게 되었다.[13]

최응허의 조천일기는 바로 최응허가 상기의 사행 임무를 수행하면 겪은 일과 견

---

11 朝鮮王朝實錄 光海君日記 1621년(광해13) 5월 2일 기사.

12 朝鮮王朝實錄 光海君日記 1621년(광해13) 6월 25일 기사.

13 본 단락에서 출처가 표기되지 않은 사행의 주요 일정과 사건은 안경의 가해조천록, 최응허의 조천일기 해당 날짜 기사에 따른 것임.

문, 그에 대한 소감을 일기체로 하루도 빠짐없이 매일 기록한 책이다. 최응허의 조천일기에는 안경의 가해조천록과 달리 사행 경유지 풍경과 풍물에 대한 감상, 다른 조선 사신이나 중국 문인들과의 창화시 등 이른바 사행시로 불리는 시가 작품은 전혀 수록되어 있지 않으나 바다를 항해하면서 거쳐 간 섬들과 日氣 변화, 육로에서 거쳐 간 지역과 노정을 객관적 사실 위주로 꼼꼼하게 기록하여 이후 사행에 참고가 될 수 있도록 했다. 개인적인 느낌과 소감의 표출이 전혀 없는 것은 아니지만 개인적으로 겪은 사적인 일보다는 공식적인 사행활동과 관련된 일을 사실 위주로 기록하는 데 치중하고 있다.

2. 판본검토

현재 국립문화재연구소 문화유산 연구지식포털에서는 최응허의 조천일기 판본 2가지를 제공하고 있는데,[14] 둘다 모덕사에 소장되어 있다. 두 판본 모두 필사본이나 하나는 行草書體로 기록이 되어 있고 다른 하나는 전자를 楷書體로 탈초하여 정리·기록한 정리본으로 보인다. 그래서 본고에서는 전자의 행초서체 판본을 "초서본"으로 후자는 "정리본"으로 칭하기로 한다. 현재 전해지는 조천일기의 판본 뒤에는 후손인 崔克明이 최응허에 대해 쓴 家狀, 宋秉璿이 지은 墓表도 함께 차례로 수록되어 있다.

초서본과 정리본을 대조해보면, 초서본이 원본이며, 이를 脫草하여 정리본으로 필사한 것으로 판단되며, 이 과정에 글자를 알아보지 못하여 탈초하지 못한 것인지 알 수는 없으나 정리본에서는 공백으로 비워둔 경우 혹은 초서본에는 있는 글자가 정리본에는 빠진 경우가 총 10군데 보인다. 1)초서본의 내표지에는 "賜銀辨誣. 謝恩行次. 四月二十七日. 皇后吉日, 皇后張氏河南符祥縣進士 張國紀長女. 五月十三日. 以王氏爲良妃. 以段氏爲純妃(사은과 변무에 관한 사은행차. 4월 27일 황후의 길일,

---

14   국립문화재연구소 홈페이지→연구마당→원문정보 통합서비스→미술→조선시대 개인일기 창에서 검색가능 https://portal.nrich.go.kr/kor/diaryList.do?menuIdx=1035 (2022년 1월 3일 검색)

황후장씨는 하남 부상현 임안 장국기의 맏딸. 5월 13일 왕씨를 양비로 삼음. 단씨를 순비로 삼음)"[15]라고 기록되어 있는데 정리본에는 이 글귀가 빠져 있고 대신 "判書公實記 朝天日記"라는 책 제목이 들어가 있다. 2)3월 20일 기사에서 초서본 "…中火于寧 邊地▓橋, 到寧邊府止宿…(영변땅 ▓교에서 점심을 해 먹고 영변부에 이르러 묵었다)"라 는 부분에 마모되어 보이지 않는 글자가 정리본에도 그대로 비워져 있다. 3)6월 22 일 기사에서 초서본 "…弟再贈以多金, 務譚賓至如歸, 酬其忠順…(동생-등극부사 양 도훈이 등주 병비도 도랑선에 대해 자신을 낮추어 이른 말-은 재차 많은 금을 주어 담빈이 이 르도록 힘쓸 것이고)"에는 있는 "譚"자가 "정리본"에는 글자 없이 그대로 비워져 있 다. 4)7월 22일 기사에서 초서본 "…朝到河澗府屬縣, 武淸縣韓溝▓村…(아침에 하 간부 속현인 무청현 한구▓촌에 도착했다)"에는 "溝▓" 라는 글자가 보이나 "정리본" 에는 두 글자 자리가 그대로 비워져 있다. 5)7월 23일 기사에서 초서본 "…與陳慰 使, 幷轡過頓丘地, 乾槍店商村…(진위사와 수레를 나란히 타고 돈구땅 건창점 상촌을 지 나고)부분에 보이는 "槍"자가 정리본에는 글자 없이 그대로 비워져 있다. 6)7월 27 일 기사에서 초서본 "…禮部尙書孫愼行, 右侍郎鄭以偉, 江西…(예부 상서 손신행, 우 시랑 정이위로 강서사람이다)" 부분에 있는 "偉"자가 정리본에서는 글자 없이 그대로 비워져 있다. 7)8월 2일 기사에서 초서본 "…阿國使臣六人, 亦見朝. 其人無形, 皆削 髮, 頭上以布物裏之…(사신 6인도 현조하였는데 그들은 예모가 없었고 모두 머리를 깎고 머리 위에는 베로 싸거나)" 부분에 있는 "亦"자가 정리본에는 빠져 있다. 8)9월 14일 기사에서 초서본 "…辭朝, 受勅. 陳翰林親傳. 還館(조선에서 칙서를 받았는데 진 한림 이 친히 전해주었다. 옥하관으로 돌아왔다)에 있는 翰林親 3글자가 정리본에는 글자 없 이 비워져 있다. 9)9월 26일 기사에서 초서본 "…曉發, 行二十里許, 過楊僖縣 城外 …(새벽에 떠나 20리쯤 가서 양희현 성밖을 지났는데)" 에 "僖"자가 있는데 정리본에는 글자없이 비워져 있다. 10)9월 27일 기사에서 초서본 "行四十里, 到博興縣北關里, 于姓人家止宿(40리를 가서 박홍현 북관리에 도착하여 우씨 성을 가진 민가에 묵었다)"에

---

15   본고에서 조천일기의 번역은 특별한 설명이 없으면 각주13) 이정섭 역. 상게서의 번역을 따름.

"博"자가 있는데 정리본에는 글자 없이 비워져 있다. 그러나 이러한 10가지 경우와는 달리 7월 15일자 기사를 보면, 정리본 "行二十五里, 到大土橋, 王姓 人家止宿. 未時, 而方物未及來到, 留. 夜半來(25리를 가서 대토교에 도착하여 왕씨 성을 가진 민가에 묵었다. 미시가 되었는데도 방물이 아직 도착하지 않았다. 머물러 있는데 밤중에 방물이 도착했다)" 부분에는 "夜半來"라는 세 글자가 있는데, 초사본에는 이 세 글자가 없어 의문을 자아낸다. 그러나 마지막 경우를 원본인 초서본을 탈초하는 과정에서 탈초를 맡은 이가 문맥을 고려하여 임의로 추가한 것으로 본다면, 초서본을 저본으로 삼아도 별 문제가 없어 보인다.[16]

3. 전체 내용

〈표3 조응허 조천일기의 주요 여정과 내용〉

날짜	여정	내용
1621년 2월22일	배표하고 한양에서 출발	상사(上使) 이경함(李慶涵), 부사 최응허, 서장관 안경으로 인선
3월 13일	安州 도착	등극조사 유홍훈, 양도인과 마주치지 않기 위해 이후 영변으로 가서 소일함
3월 29일	郭山 도착	상사, 서장관 합류 요동길이 막혀 계속 체류
4월 11일	博川 유숙	해로를 통해 돌아가는 등극조사와 함께 북경에 간다는 사실을 통보받고 이튿 날 상사 이경함은 연로하여 갈 수 없다고 비변사에 교체 요청함. 결국 부사였던 최응허가 상사가 되어 해로 사은사를 꾸리기로 결정
5월 3일	영변 유숙	유지(有旨)가 두 차례나 왔는데 그 내용은 진위사 일행과 뱃길로 동행하라는 것임
5월 13일	영변 유숙	진위사 일행 합류
5월 16일	안주 유숙	명 등극조사 일행 합류

---

16 한편, 상게서[각주 8) 이정섭 역]에서는 초서본 7월 13일 일부를 "知縣 張智好等到任, 或云龍子田"으로 탈초했는데, 정확하게는 "知縣 張智好等未到任, 或云龍子田"으로 탈초해야 한다.

5월 17일	안주 유숙	명 등극조사에 대한 현관례 가해조천록 기록 시작
5월 20일	곽산에서 출항	명 등극조사, 조선의 진위사와 사은사 사신선단(총22척) 출항
6월 4일과 5일 사이 밤과 새벽	여순포구에서 악천후로 해난사고를 당함.	사은사 최응허 선박 침몰, 명 사신 류홍훈, 진위사의 배와 정복협선 등 10척 부서짐. 방물(方物) 및 원역(員役)의 복물(卜物)·반전(盤纏)이 모두 침수, 표주자문(表奏咨文)은 겨우 짊어지고 나옴. 이후 두 사행록 기록상 서장관 안경과 한 배에 동승한 것으로 보임
6월 19일	묘도를 거쳐 등주성 외항에 도착	명 사신, 진위사 일행과 묘도에서 만나 함께 등주로 출발
7일 3일	등주를 떠나 북경으로 출발함	진위사 일행과 함께 출발
7월 11일	청주부 장산현 도착	명 등극조사 유홍훈의 집을 찾아가 만남
7월 16일	덕주에 도착하여 배를 빌려 타고 경항운하를 이용하여 천진으로 출발	진위사 서장관 유여항은 1620년 12월에 만력제의 빈전에 제전을 올리기 위해 파견된 진향사 정사 유간의 아들이다. 駕海朝天錄의 기록에 따르면 천진에 머물고 있는 아버지 유간의 행적을 수소문하려는 유여항의 간곡한 부탁 때문에 천진을 거쳐 가는 일정을 선택함
7월 19일	천진도착	진향사(進香使) 유간(柳澗), 진위사(陳慰使) 강욱(姜昱), 서장관 정응두(鄭應斗)가 북경에서 6월 22일에 천진위에 와서 이달 16일에 배를 타고 막 떠났다는 소식을 들게 되었음
7월 27일	북경에 도착하여 조양문을 거쳐 옥하관에 듦,	진위사는 옥하관 서관에 묵음
8월 29일	옥하관에 계속 유숙	진위사는 임무를 마치고 이날 북경을 떠남
9월 15일	북경 출발	9월 14일 칙서를 받고 다음날 출발한 것임
10월 5일	등주 도착	진향사 정사였던 유간과 서장관 정응두가 9월 9일, 10일경 해상에서 조난을 당해 사망한 사실을 확인했다. 그리고 함께 동행하던 진위사 강욱은 묘도에서 병사했으며, 그의 상구(喪具)를 실은 배조차 성산도에서 난파되었다는 소식을 들었음
10월 9일	등주 출항 묘도 도착	사은사, 진위사 함께 출항
10월 18일	석성도 부근에서 악천후로 표류	이후 사신들의 배들이 흩어져 각기 표류하게 되었으므로 거쳐 간 해로노선과 도중의 섬들이 철산 대 도에 도착할 때까지 가해조천록과 차이가 남. 이후 계속된 악천후로 해상에서 여러 위험을 당함

11월 5일	철산 대　도에 도착	서장관 안경도 함께 도착함
11월 6일	육지 상륙	원래 출발지인 안주 청천강이 아니라 압록강 하구 철산에 바로 하선한 것은 2-3주에 걸친 악천후로 해상에서 크게 고초를 겪었기 때문에 최대한 빨리 상륙하여 휴식을 취하고자 한 것으로 보임
11월 7일	철산부 관아에 듦	가해조천록 기록 끝
11월 21일	안주 도착 및 유숙	조천일기 기록 끝

　　조천일기는 1621년 윤2월 22일 한양을 출발하면서 기록이 시작되는데 이때 부사 최응허와 함께 배표를 받은 사람은 正使 李慶涵, 서장관 안경이며 출발 당일에는 京營庫 근처 인가에 유숙하였다. 2월 23일에는 碧蹄에서 유숙했는데 도중에 진향사를 지냈던 李成吉, 卞三近을 만났다. 이후 3월 3일 黃州에서 정사, 서장관이 합류하여 중국에서 돌아오던 동지사 任碩齡, 崔挺雲, 高傳川을 만났다. 이날 3명의 사신이 모두 모여 함께 평양으로 떠나기 전까지 사신들은 각각 자신의 가족과 친척 집을 방문하여 안부를 전하는 일로 일정을 보내기도 했기 때문에 줄곧 일정을 함께 한 것은 아니었다. 이는 아마 당시 해로사행이 생명을 담모하는 위험한 임무로 여겨졌기 때문에 비장한 심정으로 가족이나 친척들과 송별인사를 한 것으로 보인다. 그리고 정식 사행길에 오르기 전에 사행의 경험이 있던 문인들을 되도록이면 많이 만나 성공적인 사행을 위한 여러 조언들을 구하려 했었던 것 같다.

　　이후 3월 9일에 평양에 도착한 사행단 일행은 10일 등극조사 유홍훈, 양도인이 압록강을 건너 입경했다는 소식을 들었고 등극조사의 행차와 도중에 마주치게 되는 것을 염려하여 영변으로 이동하여 묘향산 일대를 유람하면서 시간을 보냈다. 이 기간 동안 사행단 일행은 각자 흩어졌고 3월 24일에야 定州에서 다시 합류하였다. 3월 25일 명군이 요동성을 지키지 못했다는 기별을 들었는데 摠兵 賀世賢이 내응하여 적이 마음대로 들어오게 함으로써 적과 서로 싸워 보지도 못하고 자멸한 것이며 經略 袁應泰가 목매어 죽었다고 한다. 4월 6일 가산군수가 등극조사 일행을 접대하고 돌아왔다.

4월 11일 박천에 머무르면서 해로를 통해 돌아가는 명 등극조사와 함께 북경에 간다는 사실을 듣게 되었다. 이튿날 상사 이경함은 해로로 간다는 소식을 듣고 연로하여 갈 수 없다고 비변사에 교체 요청을 하였고 부사였던 최응허가 상사가 되고 부사는 공석으로 남겨둔 채 사은사행단을 꾸려나갔다. 4월 27일 영변부에 머무르는 동안 林禮龍이 서울에서 진위사 권응기의 편지를 가져왔는데 함께 해로사행에 동행 해야한다는 내용이었다. 4월 30일 이경함을 상사로 임명하는 임금의 諭書와 이경함의 符驗(사부험-사신임을 증명하는 증표)을 군관편으로 한양으로 반납해 보냈다. 5월 1일 芿叱卜(잉짓복)이 장계를 가지고 서울로 갔고 彦林(언림)이 서울에서 왔는데 등극조사 일행이 한양에서 출발했다고 전했다. 5월 3일 임금의 有旨가 두 차례나 왔는데 진위사와 뱃길로 동행하라는 내용이었다.

5월 10일 등극조사 일행이 평양에 이르렀다는 소식을 들었다. 5월 15일 안주로 이동하여 5월 17일 진위사 일행을 만났고 등극조사를 찾아 현관례를 했는데 등극부사 양도인은 만나지 보지 못했다. 5월 18일 등극부사 양도인이 먼저 승선하였고 5월 20일 등극조사 유홍훈, 사은사 일행, 진위사 일행 모두 승선하여 출항하였다.

5월 29일 鹿島에 정박하기까지 모든 배가 선단을 이루어 항해하다가 역풍을 만나 진위사 일행과 정사 최응허의 배는 회항했으나 서장관 안경이 탄 배는 계속 석성도를 향해 항해했다.(아마도 등극조사 배를 쫓아 간 듯함) 이후 배들이 흩어져 항해하다가 6월 4일 여순 포구에 다시 모이게 되었으나(이때 안전한 육지에 상륙하지 않은 것은 해변에 후금군과 가달이 출몰하여 안전을 보장하지 못했기 때문인 듯함) 4일 밤과 5일 새벽 사이 거센 비바람에 등극조사 유홍훈, 진위사 권응기의 배와 丁卜俠船(정복협선) 등 모두 10척이 부서지고 方物 및 員役의 卜物(복물, 짐보따리) , 盤纏(반전, 노자돈)이 모두 침수되었고 表奏咨文 겨우 젊어지고 해변으로 나왔다. 이후 남은 배 11척에 나누어 타고 다시 항해를 시작했다. 6월 7일 선사첨사가 장계를 가지고 배가 파손된 사실을 보고하기 위해 조선으로 돌아갔다. 6월 9일 여순구 앞 바다에서 등극조사 일행을 마중 나온 唐船 10척을 만났다. 6월 16일 순풍을 맞아 황성도를 지나 타기도에 정박하게 되었는데 여기서 등극조사 일행은 11일에 타기도에 도착하여 15일 등주로 출항했다는 소식을 들었다. 6월 19일 진주문을 지나 묘도에 정박했다가 오후에 등주성 밖 외항에 정박했다.

　6월 20일 배에서 내려 萬壽宮에 숙소를 정하였고 6월 21일 兵備道 陶朗先을 찾아가 현관례를 행했다. 6월 22일 등극부사 양도인이 먼저 등주를 떠났고 6월 23일에는 總兵衙門 沈有容을 찾아가 현관례를 행하였다. 6월 28일 장계 2통, 別單 3장을 조선으로 보냈다. 7월 2일 병비도 도랑선이 사행단을 지원하기 위해 각 아문에 통보하는 감합문서를 확인하였으니 곧, 陪臣 2員, 인부 16명, 말 32필, 수레 9대, 車夫 18명 등을 지원해야 하며 만일 수레가 없으면 나귀 30마리로 사용하고 양식은 4分, 廩給(늠급)은 2分으로 한다는 등의 내용이었다. 7월4일 진위사 일행과 함께 등주성 남문을 나와서 북경으로 출발하였다.

　7월 10일 청주부에 도착하였고 11일 등극조사 유홍훈의 집을 방문하여 면담했는데 조선사행을 하면서 탐욕을 부렸던 일을 후회한다는 말을 들었고 이에 위로의 말을 건넸다. 또 頃陽子集(경양자집-유홍훈 부친 劉相一의 문집) 두 권을 선물받았다. 7월 16일 德州에 도착하여 배를 사서 京杭운하를 이용하여 천진으로 출발했다. 7월 19일 천진에 도착했는데 최응허 일행보다 앞선 1620년 12월(광해군 12년)에 조선에서 육로로 사행을 떠났던 進香使 柳潤, 陳慰使 姜昱(강욱), 서장관 鄭應斗가 6 월 22일에 天津衛에 와서 7월 16일에 이미 배를 타고 길을 떠났다는 소식을 듣게 되었다.

　7월 27일 북경에 도착하여 옥하관에 들어갔다. 8월 2일 午門 앞에서 조회를 하고 光祿寺에서 식사를 제공받았는데 군관들이 소동을 부렸으며 또한 南阿國 사신이 조회하는 것도 목도했는데 禮貌가 없었고 술과 밥 등의 물건을 자루에 담아 훔쳐 가기도 했다. 8월 6일 병부에 가서 자문을 올리고, 또 병부 상서 張鶴鳴에게 정문을 올렸는데 병부 낭중 梁之垣(양지원)이 장차 조선에 감군으로 갈 것이라고 했으며, 조선에서 은으로 군량미를 살 수 있는지 등을 물어보았다. 8월 10일 양지원을 면담하였다. 8월 13일 등극부사 양도인이 옥하관에 들어 왔는데 조선에서 배로 실어온 자신의 물건들이 하나도 자신에게 전달되지 않았다며 꾸짖는 바람에 만나보지 못했다. 8월 14일 제독이 숙소로 당상통역관을 불러 황상이 조선의 黃筆과 花硯,

종이가 매우 좋다고 한다며 남은 것이 있으면 모두 모아서 바치라는 말을 전달하였다. 8월 21일 조선 사신 두 행차가 등주에 도착했다는 소식을 들었는데 정확한 정보가 아닌 것으로 생각했다(현존하는 관련 사료를 살펴보면, 이 시기 실제로 중국으로 파견된 조선사신은 없는 것으로 사료됨). 8월 24일 진위사 권응기 일행이 명 조정에 하직인사를 했다. 8월 28일 진위사 일행이 먼저 북경을 떠났다. 9월 14일 명 조정에서 칙서를 받았고 예부에 가서 상서에게 하직인사를 드렸다.

9월 15일 북경을 출발하였다. 9월 20일 천진 나루에 도착했다. 유간 일행이 병이 심해서 그대로 등주에 머물러 있다는 소식을 들었다. 9월 27일 유간이 등주에서 죽었다는 소식을 들었다. 10월 1일 濰縣(유현-지금의 산동 濰坊) 북관리에 도착했다. 10월 5일 등주에 도착하여 진위사와 함께 開元寺에서 묵었다. 진향사 유간이 비바람에 표류하였다 하기도 하고, 어떤 사람은 본국에 갔다고 하는데 정확하게 알 수 없었다(당시 최응허와 동행한 진위사 서장관 유여항이 진향사 유간의 아들이었으므로 유간의 죽음을 섣불리 단정 짓지 않으려 했었던 것으로 보임). 진위사 강욱은 병을 얻어 廟島에서 죽었고 喪柩(상구)를 실은 배도 成山島에서 부서졌으며 진위사 서장관 정응두도 성산도에서 배가 부서져 죽었다고 한다. 배가 부서진 날은 9월 9일에서 10일 사이라고 들었다. 10월 6일 도랑선 군문에게 현관례를 하였다. 7일 양감군에게 현관례를 했는데 진위사 권응기는 배를 타고 먼저 묘도를 향해 출항했다. 10월 8일 도 군문에게 하직인사를 하고 승선하였으나 조수가 얕아 등주 내항에서 외항으로 나가지 못했다.

10월 9일 출항하여 당일 묘도에 도착하였다. 진위사는 이미 지나갔다는 소식을 듣는다. 10월 12일 황성도에 도착하여 許定國 副摠兵, 韓宗功 부총병을 만나 술자리를 가졌다. 10월 15일 여순구 앞바다에 도착하였다. 10월 18일 石城島 부근에서 광풍을 만나 표류하다가 19일 五馬島라는 섬에 정박하게 되었다. 이후 11월 3일까지 계속된 악천후로 해상을 표류하면서(10월 20일 이후 사행단의 선박들이 흩어져 11월 5일 철산 앞바다에 도착하기까지 서로 연락이 끊기고 각기 표류한 듯함) 이름 모를 작은 섬에 피항했다가 떠나기를 반복하다가 11월 4일에서야 순풍을 만나 녹도를 지나 5일에 압록강 하구 대곶도에 이를 수 있었다. 11월 6일 하선하여 곧바로 철산 관아로 들어가서 휴식을 취했다(이는 해상에서 악천후로 오랫동안 표류하여 심신이 극도로 지치고 해상사고의 공포감이 심했기 때문인 듯함). 11월 9일 望闕禮를 행하고 狀啓와 집에 보내는 편지도 부쳤다. 12일에 철산을 떠나서 육로로 안주로 이동했으며 11월 20일 안주에 도착했다.

4. 안경의 가해조천록과의 비교

최응허와 안경은 명 희종 천계제가 등극조사를 파견해준 것에 감사하는 사은사 행단(동지성절을 겸행함)의 정사와 서장관으로 함께 사행길에 올랐기 때문에 해상에서 서로 다른 배를 타고 가면서 엇갈린 노정[17]을 제외하면 거의 모든 일정을 함께 동행하면서 사행활동을 수행했으며, 이러한 사실은 두 사신의 사행록을 통해서도 확인할 수 있다. 두 사행록을 비교해보면 어느 한쪽에만 기록된 사건이 있는 경우도 있고,[18] 하나의 사건을 두 사행록이 동시에 다른 시각에서 기록한 경우도 있기 때문에 두 사행록을 함께 살펴보면 당시 사행의 면모와 사행을 둘러 싸고 벌어진 역사적 사실들을 더욱 입체적이고 실증적으로 재구해볼 수 있다. 한편, 두 사행록은 다음과 같은 몇 가지 점에서 서로 대비된다. 첫째, 안경의 가해조천록은 최응허의 조천일기보다 분량이 많고 자세하다. 둘째, 조천일기는 배에 승선하여 출항하기 전과 하선 후의 일정 기간 육지 여정까지 포함하고 있어 가해조천록보다 더욱 긴 일정을 기술하고 있다. 셋째, 내용 구성에서 차이를 보인다. 넷째, 문장의 서술 태도가 다르다. 아래에서 두 문헌의 차이를 자세히 살펴보기로 한다.

---

17   두 사행록의 기록을 비교해보면, 5월 20일 각자 다른 배를 타고 출항하여 6월 5일 해상사고를 당하여 한 배에 동승하기까지 약 2주간 여정에 차이를 보이고 10월 20일 오마도를 출발하여 악천후를 겪으면서 각자 탄 배가 흩어져 표류하면서 11월 5일 대곶도 앞바다에서 서로 만나기까지 약 2주간 여정의 차이를 보이는 부분을 빼고는 두 사행록의 날짜에 따른 여정은 일치하고 있다.

18   주로 가해조천록에만 기록된 내용이 많은데 이는 조천일기가 주로 공식적인 행사나 중국관원과의 대화를 위주로 기록한 반면, 가해조천록은 이런 공식적인 기록 외에 사적인 활동이나 당시 사행 과정에서 겪은 사적인 경험도 상당 분량 기록하고 있기 때문이다.

우선 학계에 가장 먼저 알려진 가해조천록의 하버드 옌칭본[19]은 총93장, 매쪽 당 10열, 열당 약 22자의 한자가 기록되어 있고 조천일기의 정리본은 총50장, 매쪽 당 10열, 열당 약 20자의 한자가 기록되어 있어 가해조천록의 전체 기록량은 조천일기의 2배 정도 분량이 된다. 이러한 분량의 차이는 뒤에서 기술할 책의 내용 구성과 문장 서술 태도 차이에 기인한다.

둘째, 가해조천록은 1621년 5월 20일 배에 승선하여 안주에서 출항할 때부터 11월 7일 철산에 돌아오기까지 사행을 날짜별로 기록한 것임에 반해, 조천일기는 1621년 윤2월 22일 배표(拜表)하고 한양을 출발할 때부터의 기록을 시작으로 안주에 돌아온 11월 20일까지의 여정을 날짜별로 기록하고 있어, 수록된 기간만 따지면 조천일기는 가해조천록보다 100여 일의 여정을 더 많이 기재하고 있다.

셋째, 조천일기와 가해조천록은 내용 구성에 차이를 보인다. 둘 다 매일 날짜별로 그날의 날씨, 거쳐 간 노선과 지명, 실제 사행 중 겪은 일들을 꼼꼼히 기록했다는 점은 일치하나 조천일기는 사행에 관련된 일, 중국 관원의 공문 내용, 중국관원들과의 접견 시 대화 기록 등 공식적이고 객관적인 사실을 위주로 기술한 반면, 가해조천록은 공식적인 사행 기록 이외에 중국관원들에 대한 개인적인 인물평, 사행 도중 만난 현지인들과의 사적인 교류, 사행 현지 풍물의 견문과 소감 등도 가감 없이 기록하고 있으며 게다가 중국문인이나 조선사신들과의 창화시, 사행 중 목도한 풍경과 풍물에 대한 서경 혹은 서정시, 사행 중 겪은 경험에 대한 소회를 담은 사행시들도 많이 포함하고 있다.

넷째, 조천일기와 가해조천록은 서술태도에 있어 차이를 보이는데 조천일기는

---

19 가해조천록은 현재 2종의 필사본이 전해지고 있다. 하버드 옌칭도서관에 소장된 가해조천록[발문 안정환(安正煥), 1853]과 장서각에 소장된 안경의 문집 근전집(芹田集) 건·곤[서문 안종만(安鍾萬) 1903]에서 곤책이다. 현재 학계의 연구는 모두 하버드본으로 이뤄졌고, 장서각 본은 임기중 교수가 (2016년 6차 개정증보판)연행록총간(2016)을 만들 때 영인했을 뿐 따로 다뤄진 적이 없다. 그런데, 장서각본은 서발문이 하버드본보다 느려 후대에 제작된 것으로 보이고, 내용도 하버드본보다 정본인 것으로 여겨진다. 다만 원본은 아니고, 필사본의 복사본 형태로 소장되어 있다. [배종석. (2020). 명청교체기 조선사신단의 해양표류기 연구 -안경의 가해조천록을 중심으로-. 民族文化 Vol.56, .p.203. 각주4)재인용]

객관적인 사실을 기록하는 데 치중하고 사건과 인물에 대한 자신의 느낌과 판단은 최소화한 반면, 가해조천록은 객관적인 기록에 더해 사건과 인물에 대한 자신의 주관적인 느낌과 판단을 적극적으로 개진하고 있다. 그래서 어떤 부분에서 가해조천록은 여행수필과 같은 풍격이 느껴지고, 다양한 인물들이 등장하는 사행현장을 생동감 있게 묘사한 부분에서는 심지어 역사소설과 같은 필치가 느껴지기도 한다. 아래는 10월 12일 조선으로 돌아가는 길에 정박한 황성도에서의 기록인데, 두 사행록의 이러한 서술태도의 차이를 잘 보여주는 예가 된다.

〈조천일기의 10월 12일자 기록〉

12일 기묘. 맑고 서남풍이 크게 불었다. 포구가 매우 좁아서 포구를 나가지 못하였다. 명나라 장수들도 황성도에 가서 작은 배로 닻을 끌어당겨 겨우 포구를 나갔다. 오후에 길을 떠나 황성도로 향하였다. 신시에 황성도에 이르니, 허정국 부총병도 이 섬에 왔다. 달빛을 받으며 한종공 부총병을 찾아가 만나 보았다. 선병을 거느리고 이 섬에 머물러 주둔하고 있기 때문이다. 한공과 허공이 같이 앉아 술자리를 베풀었다. 밤중이 되어서야 술자리가 끝났는데 크게 취하여 배로 돌아왔다. 등주에서 타기도에 이르기까지 4백 리이고, 타기도에서 황성도에 이르기까지 2백 리라고 한다. (十二日 己卯. 晴. 西南風大吹. 浦口深狹, 不得出浦口. 唐將亦往皇城島, 以小舡引錠, 僅僅出口. 午後, 啓程, 向皇城島. 申時, 到泊. 許副摠定國亦來此島. 乘月, 往見韓宗功副摠, 領舡兵留屯此島. 韓公與許公, 同坐設酌. 夜分乃罷, 大醉而還舡. 自登州至砣磯島四百里, 砣磯島至皇城島二百里云.)

〈가해조천록의 10월 12일 기록과 14일에 쓴 시〉[20]

10월 12일 맑음……우리 배도 그를 따라 함께 황성도로 향했다. 총병 한종공도

---

20   번역은 [왕가, 한종진, 당윤희. (2020). 명청교체기 대명 해로사행로의 노선과 지명 재구 및 인문지리학적 고찰1-산동등주부. 역락. pp.126-132.]을 참고하여 일부 수정하였고 판본은 하버드 엔청 도서관 소장본임.

황성도를 방비하고 있었는데 여기에 처음으로 관청을 세우고 "와신헌"으로 현액했다. 한공은 요성 사람이다. 정사년(1617년)에 처음 서로 알게 된 사이다. 그래서 배를 정박시키고 달이 뜰 때 그를 방문하여 악수하고 옛 이야기를 나누었는데 서로 만나보지 못한 세월이 꽤나 오래된 것처럼 느껴졌다. 허공과 한공이 서로 술을 따르며 즐겁게 우리 사신들을 환대하면서 항해의 어려움을 몇 차례나 반복해서 언급했다. 한공이 홀연히 사신들에게 이야기하기를 "사내 대장부들이 이렇게 다시 만나게 되었습니다! 어르신께서는 일생을 청빈하고 조용하게 살아오셨으니 어찌 지금처럼 어려운 지경을 경험하게 될 것을 생각이나 하셨겠습니까? 사신의 신분으로 바다를 건넌다는 것은 작은 배에 의지하여 지독한 바다 안개를 온몸으로 겪어 머리가 희어지고 수족이 마비되어 앞으로 며칠이나 더 살 수 있을지를 염려해야 하는 참으로 힘든 고난인 것입니다. 그런데 어르신께서는 이러한 항해의 역경을 다 겪으시고도 흰머리가 조금도 없으시니 정말 복이 많으신 것입니다. 거듭 경하드립니다. 선생께서는 어떤 작위에 계신데 재차 서장관의 직위로 오셨는지요? 정사년에 저는 우첨도어사였고 지금은 좌부가 되었으니 5년 동한 불과 한 등급밖에 승진하지 못했으나 이 역시 늦은 복이라 할 것입니다. 제가 푸른 가죽으로 만든 개인 물품을 전쟁통에 후금 여진족에게 내어주고 말았는데 그것은 조금도 아깝지가 않습니다. 그러나 어르신께서 저에게 써 주신 시는 항상 벽에 걸어 두고 즐겨 살펴보고 앉으나 누우나 제 시선에서 벗어나지 않았는데 이번에 함께 잃어버리고 말았으니 참으로 애석하고 애석할 따름입니다. 서로가 구사일생의 위험 끝에 이렇게 다시 만나게 되었으니 저번처럼 이번에도 시 한 수 지어서 주시면 제가 평생을 두고 아껴 보겠습니다." 내가 답하여 말하기를 "죽다가 살아났으나 중요한 재주는 가슴에 품어 두고 마음 속에 잘 감추어 두었으니 어찌 잊어버렸겠소? 그런데 지난번에 풍랑을 만났을 때 시 짓는 주머니를 해신에게 주어 버려 한 개도 남지 않았으니 한공의 요구를 받들 수가 없겠구료."하니 내 말을 듣고는 서로가 박장대소하였다. (十月)十二日, 晴. ……吾船隨之同往黃城. 韓總兵宗功亦在島防守, 草創衙門, 額曰: "臥薪軒". 韓乃遼城人也. 丁巳年有面分, 故泊船之後乘月訪之. 則握手敍舊, 有若隔世人也. 許,

韓相對設酌歡接餘等, 極言舟行之難. 韓獨愀然謂餘曰:"男兒會面有如是夫! 安爺曾曆陋止, 豈料今夕寄身孤棹, 不蔽毒霧瘴煙, 鬢髮盡白, 手足麻木. 在世能復幾日? 安爺備嘗夷險, 一髮不白, 真是人間遐福也, 可賀可賀. 第未知方帶何爵而再次書狀耶? 丁巳之右僉都禦使, 今爲左副, 五年之間才一級, 亦是晚福也. 俺青氊舊物, 盡付賊虜, 此則不足惜. 而安爺所贈之詩, 掛壁愛玩, 坐臥常目, 而亦未免見失. 不幸不幸. 此日相逢, 得于萬死之餘, 繼此而可複一聯贈我, 以續平生之玩耶." 餘答曰:"死而更生, 實荷腆念. 中心藏之, 何日忘之? 但向來詩囊, 都付諸馮夷, 無一個東西, 難副盛教也." 相與拍手大笑.)

〈한 총병에게 증정하는 시(贈韓總兵)〉

關塞胡沙燁燁風, 산해관 밖 요동 변경 후금 군대 맹렬한 기세로 침략전쟁 일으켜
羯奴深入古遼東. 오랑캐 무리 옛 요동 땅 깊이 들어왔네.
青氊失守無傳業, 푸른 가죽으로 만든 기물 빼앗겨 내가 써준 시도 잃어버렸으나
白羽從征有戰功. 대장기 들고 전장에 나가 많은 전공을 쌓았네.
萬艘蒙沖臨大敵, 만 척의 전함 이끌고 적을 대적하였으니
三軍司令在元戎. 삼군을 통솔함은 장군의 손에 있다하네.
平生義氣知相許, 나와 장군은 평생 의리로 맺은 친구이니
滄海桑田誓始終. 상전벽해가 되도록 변치 말자 맹세한다네.

5. 자료의 가치

이상의 고찰을 통해, 최응허의 조천일기는 이제껏 명청교체기 최초의 대명 조선 해로사행록으로 알려진 안경의 가해조천록과 동일시기에 저술된 또 다른 사행록으로서 가해조천록 기록의 역사적 진실성을 보충하는 사료로서 1차적인 의미를 가진다고 평가할 수 있다. 물론 역으로 조천일기의 진실성을 또한 가해조천록이 담보한다고도 할 수 있다. 당시 요동지역에서 새로이 흥기한 후금으로 인해 명과 조선,

후금 사이에는 복잡한 외교적 정치적 사안이 얽혀 발생했었고 동일한 역사적 사건에 대해 각국의 입장에 따라 그 기록에 차이가 나는 경우가 빈번했다. 예를 들어 1621년 조선을 방문하여 최응허 일행과 함께 해로를 통해 명으로 돌아간 명나라 등극조사 유홍훈과 등극부사 양도인의 "貪墨無比(탐묵무비)" 행위에 대한 중국학계와 한국학계의 논쟁이 대표적인 예이다.[21] 조선의 광해군일기 등의 사료에 따르면, 유홍훈과 양도인이 조선에 출사했을 때 탐욕스럽기가 이전 중국사신 누구와도 비길 데가 없었다고 하면서 곳곳에 그들의 부패한 행태가 기록되어 있는데, 일부 중국학자들은 明史, 辛酉皇華集, 倪元(예원)의 明原任大學士靑岳劉公傳 등을 근거로 유홍훈이 결코 "탐묵무비"하지 않았다고 주장하였다. 그러나 가해조천록과 조천일기에는 그들의 "탐묵무비"한 행위 및 유홍훈의 "탐묵"에 대한 고백과 반성까지 고스란히 기록되어 있어 중국학자들의 주장에 대한 명확한 반증자료가 된다.

또한, 조천일기는 가해조천록과 달리 사은사의 부사로 임명되어 한양에서 출발하여 안주 청천강에서 배에 승선하기까지 본격적인 사행에 앞선 준비 기간 동안의 상세한 기록이 남아 있어 이를 통해 1621년에 이루어진 사은 사행의 전면모를 명확히 알 수 있게한다. 예를 들어 최응허는 원래 부사였지만 해로를 통해 돌아가는 명 등극조사와 함께 북경에 가야한다는 사실을 통보받고 나서 상사 이경함이 연로함을 이유로 해로사행이 불가함을 비변사에 고하여 교체를 요청한 후, 부사였던 최응허가 상사가 되어 해로 사행단을 새로이 이끌게 되었다는 등의 자세한 과정은 오직 조천일기에만 그 기록이 남아 있다. 명청교체기 명나라에 사신으로 출사한 인원의 명단은 조선 초기나 이후 시기와 달리 사료에 따라 차이가 나는 경우가 다소 있다. 명청교체기는 한반도를 둘러싼 역사적 격동기로 이전 육로 사행과 달리 여러 변수가 발생하여 임기응변식 인사를 시행한 경우가 많았고 최응허 조천일기는 이러한 사실을 방증하는 좋은 예라 할 수 있다. 예를 들어, 관련 사료에는 1630년 8월에 출

---

21   이에 관한 자세한 논의는 [박현규. (2012). 1621년 명 등극조사의 '貪墨無比'에 관한 논란과 실상. 한중인문학연구35.]를 참조.

항할 동지겸성절사로 韓明勗(한명욱), 서장관 金秀南을 임명했다는 기록이 보이지
만[22] 이들이 실제로 사행을 했거나 귀국 후 왕에게 보고했다는 기록은 전혀 보이지
않는다. 반면 동지겸성절사 高用厚는 진위사 鄭斗源 일행과 동행하여 중국을 다녀
왔다는 사실이 여러 사료에서 명확하게 입증된다.[23] 당시는 정묘호란 후 한반도를
둘러싼 국제정세가 격동하던 때였기에 사신을 통한 정세 파악이 아주 중요한 시기
였으므로 한명욱이 만약 실제로 명나라에 갔었다면 반드시 어떤 형태로든 기록에
남았을 것이다. 또한 해로 사행은 육로 사행과 달리 사행선을 차출하고 항해에 능
숙한 인원을 모집해야 하는 등 준비과정이 번거롭고 시일이 많이 걸렸기 때문에 출
사하기까지 조정에 업무협조와 지원을 구하는 기록이 남아 있는 경우가 많은데, 한
명욱과 관련해서는 그런 기록이 전혀 없다. 그러므로 최응허 조천일기의 사례에 비
추어보면, 동지겸성절사행을 준비하는 과정에서 피치못할 사정이 생겨 사행단을
이끌 正使가 한명욱에서 고용후로 바뀌어 실제로는 고용후가 명나라에 파견되었
던 것으로 유추할 수 있다.

    한편, 최응허의 조천일기는 차후에 있을 해로사행단의 여행지침서로서의 기능
을 염두에 둔 객관적인 사실 위주의 서술 태도를 보이고 있으며, 이러한 서술 태도
는 조선전기에는 볼 수 없었던 인문지리적 체계를 갖춘 해로조천록이 이후에 탄생
하는 데 큰 영향을 끼친 것으로 사료된다. 사실 중국으로 사행을 수행하면서 기록
을 남기는 전통은 애초에는 고려시대 金富軾이 북송 사행 기간에 지은 시편들과 陳
澕(진화)의 '奉使入金' 시로부터 시작하여 16세기 초까지 줄곧 사신들이 중국에 체
류하던 사행 기간 지은 사행시를 묶어 편찬하거나 개인문집 안에 수록하는 형태로
출현했었다. 1533년(중종 28)에 와서야 산문 일기체 사행록이 처음 등장하게 되는
데 진하사 子弟軍官 蘇巡이 지어 남긴 葆眞堂燕行日記(보진당연행일기)가 바로 그
것이다. 이후 성절사 서장관 丁煥의 朝天錄 (1537, 중종 32), 奏請使 權橃의 朝天錄

---

22   朝鮮王朝實錄 仁祖實錄 1630년(인조8년) 3월 21일 기사.

23   朝鮮王朝實錄 仁祖實錄 1630년(인조8년) 7월 14일 기사/ 高用厚, 晴沙集 卷之二, 呈登州軍門狀.

(1539, 중종 34), 동지사 任權의 燕行日記(1539, 중종 34) 등 산문 일기체의 사행록이 심심찮게 출현하게 되었고[24] 임진왜란을 전후하여 이런 산문 일기체 사행록이 대량으로 기록되기 시작하여 조선후기를 거치면서 현재까지 수백 편의 산문일기체 조천록(연행록)이 전해지게 되었다. 16세기 중기에 산문 일기체 사행록이 새롭게 등장하게 된 배경을 생각해보면, 이성계가 고려의 권신 李仁任의 후손이라고 기록된 明太祖實錄과 大明會典의 수정을 요구하기 위한 宗系辨誣와 긴밀히 연관되어 있다. 이러한 변무활동은 공식적인 사행 활동이 아니라 비공식적이고 비공개적인 첩보활동의 성격을 띠었으나 조선 조정의 입장에서는 사행의 본래 목적보다 더욱 중요하고 시급하게 관철되어야 할 사안이었다. 조선 사신들은 이러한 비공식적이지만 긴요한 사안의 해결을 위해 관련 정보를 세세하게 수집하고 기록을 축적하여 조선 조정과 후임 사신들에게 전달해야 할 필요성이 제기된 것이다. 임진왜란이 발발하자 이러한 비공식적인 첩보활동의 수요가 크게 증대하였고 이는 본격적인 산문 일기체 사행록의 출현을 촉발시켰다. 물론 명청교체기 해로사행록 또한 이러한 비공식적 첩보기록이라는 기능을 했음은 분명하나 동시에 해로사행록은 새로 개척해야 할 바다 항로에 대한 지리적인 정보의 제공이라는 측면, 등주 상륙 이후 거쳐 간 육로가 유가문화의 본산인 齊魯지역으로 조선 문인의 인문학적 흥미를 자극했다는 측면에서 인문지리서 양식을 본령으로 하는 독특한 사행록으로까지 발전하게 되었다는 것이다.

6. 앞으로의 과제

이상으로 관련 학계 최초로 최응허의 조천일기의 내용과 판본을 소개하였고 동일한 시기에 저술된 안경의 가해조천록과의 비교를 통해 구체적인 특징을 살펴봄으로써 그 자료적 가치를 개괄해보았다. 이처럼 조천일기에 대한 연구는 가해조천

---

24   구도영. (2013). 조선 전기 대명 육로사행의 형태와 실상. 진단학보 117, p.75.

록과 떼어서 이루어질 수 없다. 그런데 조천일기 판본이 발견된 지 1년 만에 완역이 이루어지고 판본사진과 완역서가 2019년 12월 온라인 상에 모두 공개돼 자료에 대한 접근이 용이해진 반면, 가해조천록은 역설적이게도 발견된 지 20년이 다 되었지만 아직 판본 전체에 대한 교감과 완역이 이루어지지 않고 있다. 가해조천록의 기록이 조천일기와 중복되면서 동일한 사건에 대한 기록이 더욱 상세하거나 조천일기에는 없는 기록도 많으므로 조천일기에 대한 깊이 있는 검토를 위해서는 함께 수록된 사행시를 포함하여 가해조천록에 대한 판본 교감과 완역이 하루 빨리 이루어져야 할 것이다.

그리고 앞서 필자는 조천일기의 객관적인 서술 태도가 이후 명청교체기 인문지리서 양식의 사행록 출현에 영향을 미친 것으로 추정하였는데, 이러한 추정이 좀 더 설득력을 얻으려면 명청교체기 이전 쓰여진 주요 육로 산문 일기체 사행록을 포함하여 조천일기와 가해조천록 이후 명청교체기 해로 산문 일기체 사행록의 서술 방식에 대한 통시적인 추가 검토 또한 필요하다. 현존하는 최초의 산문 일기체 사행록인 소순의 보진당연행일기는 1533년 처음 쓰여졌는데 최응허의 조천일기처럼 매일 날짜와 일기, 경유지를 기록했고 객관적인 사행 사실을 기록하는 데 치중하고 있다. 그러므로 조천일기는 일정 부분 이러한 이전 산문 일기체 사행록의 서술태도를 계승하고 있으며 동시에 새로 개척하는 해상 항로와 제로(齊魯)지역의 인문지리적 정보를 적극적으로 기록하려는 태도를 보인다. 가해조천록은 이러한 조천일기의 서술태도와 달리 자신의 주관적인 느낌과 판단을 적극적으로 개진하고 있다. 이러한 서술태도의 차이는 이후 사행록들이 각기 다른 서술양식을 흡수 발전시켜 다양한 형식으로 발전하는 데 적지 않은 영향을 끼친 것으로 보인다. 예를 들어 개인적 의견을 배제하고 사행에 관한 객관적인 정보만을 기록하여 이후 사행단의 실용적인 참고자료로 활용되기를 바랐던 서술태도는 이후 吳允謙(1622년 4월 출항한 등극정사)의 海槎朝天日錄, 李民宬(1623년 5월 출항한 진주변무 서장관)의 癸亥朝天錄을 거치면서 차츰 인문지리서적 성격을 강하게 띠기 시작하여 金德承(1624년 7월 출항한 동지성절 서장관)의 天槎大觀, 鄭斗源(1630년 8월 출항한 진위진주 정사)의 朝天記

地圖에 이르러서는 인문지리서 양식을 본령으로 하는 독특한 사행록이 완성되었다. 반면, 사행이라는 역사적 사건에 대한 경험과 직접 본 견문을 사실적으로 묘사하고 개인적인 느낌과 판단을 적극적으로 개진하려는 서술태도는 洪翼漢(1624년 7월 출항한 사은주청 서장관)의 花浦先生朝天航海錄 등을 거쳐 李德馨(1624년 7월 출항안 사은주청 정사)의 竹泉行錄[25]에 이르러서는 조선사신의 각고의 노력과 고난을 잘 드러낼 수 있는 특정 사건만을 선별하여 인물묘사와 사건의 서사에 치중하는, 서사문학적 성격을 본령으로 하는 독특한 사행록의 완성으로까지 발전한다는 것이다. 그러나 이러한 추정은 조천일기와 가해조천록 전후 산문 일기체 사행록에 대한 통시적인 추가 검토를 통해 차후 엄밀하게 논증되어야 한다.

명청교체기 대명 해로사행 등주노선 고찰[26]

명말 조선사신들이 거쳐간 등주노선 육로 지역의 주요 노선을 표시하면 아래의 〈서론-그림1 明末 對明 海路使行 중 登州路線의 주요 노선과 경유지〉와 같다. 사신들은 각 구간을 다양하게 조합하여 사행노선을 구성하여 사행을 다녀왔는데 대체로 총5가지 유형으로 귀결된다. 이를 다시 표로 나타내면 아래의 〈표4 明末 對明 海路使行 登州路線 중 각 사신단별 상세 경유 노선〉과 같다.

---

25 죽천행록은 다른 사행록이 사신 본인이 직접 작성한 기록인 것과 달리 이덕형(1561-1613)의 수행 군관이 기록한 일기를 許穆(1595-1682)이 넘겨받아 작성한 것이라 한다. [조규익. (2003). 조선조 국문 사행록의 통시적 연구, 어문연구31(1), p.88] 그러므로 이 둘 사이 44세의 나이 차이가 나며 이 점을 고려하면 실제 죽천행록은 17세기 중반 경에 작성되었을 것으로 판단된다.

26 본 장절의 내용은 2021년 12월 20일 건국대에서 개최된 "제4회 해외한국학 씨앗형 사업(중국 웨이팡대 한국학연구소) 국제 학술회의"에 발표된 이성형(공주대 한문교육과) 교수의 〈조선중기 대명 해로 사행노정 고찰〉에 크게 도움을 받았음을 밝힌다.

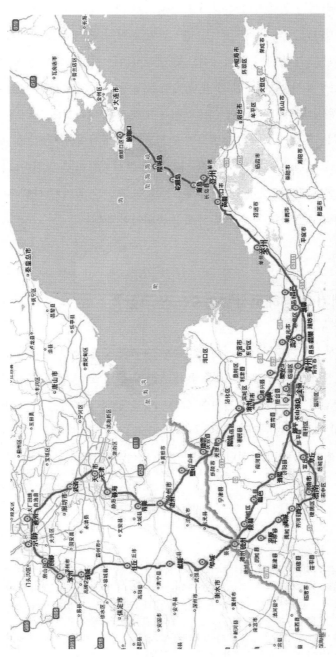

그림1 明末 對明 海路使行 중 登州路線이 주요 노선과 경유지

〈표4 明末 對明 海路使行 登州路線 중 각 사신단별 상세 경유 노선〉

〈표2 종합표〉 상의 사행록 저자 번호	出使年度	使行名稱	使行團의 構成	연구대상문헌	경유 노선
(1)/(2)	1621年5月 明 天啓1年 朝鮮 光海君13年	陳慰 謝恩 冬至 聖節	正使權盡己 書狀官柳汝恒　正使崔應虛 書狀官安璥	崔應虛《朝天日記》(1) 安璥《駕海朝天錄》(2)	북경행) 登州-灘縣-鄒平-清陽-德州[운하 이용]-滄州-天津-京師 귀국행) 京師-天津-滄州-灘縣-登州
(3)	1622年 4月 明 天啓2年 朝鮮 光海君14年	登極	正使 吳允謙 副使 邊瀗 書狀官 劉應元	吳允謙《海槎朝天日錄》,《朝天詩》(3)	북경행) 登州-灘縣-鄒平-清南-德州[운하 이용]-滄州-天津-京師 귀국행) 京師-天津-滄州-德州-清陽-鄒平-灘縣-登州
(4)			正使 李慶全	李慶全의《石樓先祖朝天錄, 朝天錄》,《朝天詩》(4)	북경행) 登州-灘縣-鄒平-清南-德州[운하 이용]-滄州-天津-京師 귀국행) 京師-天津-滄州-德州-清陽-鄒平-灘縣-登州
(5)	1623年 5月 明 天啓3年 朝鮮 仁祖1年	奏聞(請封) 辨誣	副使 尹暄	尹暄의《白沙公航海路程日記》(5)	
(6)			書狀官 李民宬	李民宬의《癸亥朝天錄》,《燕槎唱酬集》(6)	

(7)	1623年 9月 明 天啓3年 朝鮮 仁祖 1年	冬至 聖節 謝恩	正使 趙濈 書狀官 任齎之	趙濈의 《癸亥水路朝天錄》, 《燕行酬唱集》, 《北京紀行詩》(7)	복경행) 登州-濰縣-鄒平-濟南-德州[운하 이용]-滄州-天津-京師 귀국행) 京師-天津-滄州-濰縣-登州
(8)			正使 李德泂	李德泂의 《竹泉行錄》《슈로됴텬녹》, 《朝天錄(一云航海日記)》(8)	
(9)	1624年 7月 明 天啓4年 朝鮮 仁祖 2年	謝恩 奏請	副使 吳翻	吳翻의 《朝天詩》(9)	복경행) 登州-濰縣-鄒平-濟南-德州-河間(任丘)-京師 귀국행) 京師-河間(任丘)-德州-濟陽-鄒平-濰縣-登州
(10)			書狀官 洪翼漢 (초명 洪霫)	洪翼漢의 《花浦先生朝天航海錄》(10)	
(11)			사행단을 수행한 화원	〈燕行圖幅〉, 〈航海朝天圖〉, 〈朝天圖〉, 〈槎航勝覽帖〉(11)	
(12)		冬至 聖節	正使 權啓 書狀官 金德承	金德承의 《天槎大觀》(12)	

	시기	사행 종류	사신	저술	노정
(13)	1625年 8月 明 天啓5年 朝鮮 仁祖 3年	冬至 聖節	正使 全湜 書狀官 李莯	全湜의《槎行錄》,《朝天詩(酬唱集)》(13)	북경행)登州-濰縣-鄒平-濟南-德州-河間(任丘)-京師 귀국행)京師-天津-滄州-濰縣-登州
(14)	1626年 6月 明	聖節 陳奏	正使 金尚憲	金尚憲의《朝天圖》《朝天錄》(14)	북경행)登州-濰縣-鄒平-濟南-德州-河間(任丘)-京師 귀국행)京師
(15)	天啓6年 朝鮮 仁祖 4年		書狀官 金地粹	金地粹의《朝天錄》(15)	京師-河間(任丘)-德州-濟陽-鄒平-濰縣-登州
(16)		冬至	正使 南以雄	南以雄의《路程記》(16)	
(17)	1628年 7月 明 崇禎1年 朝鮮 仁祖 6年	冬至 聖節 辨誣	正使 宋克訒 書狀官 申悅道	申悅道의《朝天時聞見事件啓》(17)	북경행)登州-濰縣-鄒平-濟南-德州-河間(任丘)-京師 귀국행)京師-河間(任丘)-德州-濟陽-鄒平-濰縣-登州
(18)	1630年 8月 明 崇禎3年 朝鮮 仁祖 8年	陳慰 奏請 進賀	正使 鄭斗源 書狀官 李志賤	鄭斗源의《朝天記地圖》(18)	북경행)登州-濰縣-鄒平-濟南-德州-河間(任丘)-京師 귀국행)京師-河間(任丘)-德州-濟陽-鄒平-濰縣-登州
(19)		冬至	正使 高用厚 書狀官 羅宣素	高用厚의《朝天錄》(19)	

첫번째 조합 유형은 북경으로 갈 때는 登州-濰縣-鄒平-濟陽-德州[운하 이용]-滄州-天津-京師를 거치고 귀국할 때는 京師-天津-滄州-濰縣-登州를 거친 경로로 1621년 출사한 崔應虛 [《朝天日記》(1)], 安璥 [《駕海朝天錄》(2)]만이 이용했다. 두 번째 조합은 북경으로 갈 때는 登州-濰縣-鄒平-濟南-德州[운하 이용]-滄州-天津 -京師를 거치고 귀국할 때는 京師-天津-滄州-德州-濟陽-鄒平-濰縣-登州를 거친 경로로 1622년 출사한 吳允謙[《海槎朝天日錄》(3)], 1623년 출사한 李慶全[《石樓先祖朝天錄》(4)], 尹暄[《白沙公航海路程日記》(5)], 李民宬[《癸亥朝天錄》(6)]이 이 용했다. 세번째 조합은 1623년 출사한 趙濈[《癸亥水路朝天錄》(7)]만이 이용한 노 선으로 북경으로 갈 때는 登州-濰縣-鄒平-濟南-德州[운하 이용]-滄州-天津-京師 노선을 거치고 귀국할 때는 京師-天津-滄州-濰縣-登州를 거쳤다. 네번째 조합은 1625년 출사한 全湜[《槎行錄》(13)]만이 이용한 노선으로 북경으로 갈때는 登州-濰縣-鄒平-濟南-德州-河間(任丘)-京師를 거치고 귀국할 때는 京師-天津-滄州-濰縣-登州를 거친 노선이다. 나머지 다섯번째는 북경으로 갈 때는 登州-濰縣-鄒平-濟南 -德州-河間(任丘)-京師을 거치고 귀국할 때는 京師-河間(任丘)-德州-濟陽-鄒平-濰縣-登州를 거친 노선으로 앞서 언급된 사신을 제외한 대부분의 사신들이 이용한 노선이다. 1625년 출사한 李德泂의 사행단을 수행한 화원이 그린 [〈燕行圖幅〉, 〈航海朝天圖〉, 〈朝天圖〉, 〈梯航勝覽帖〉(11)]과 같은 화첩도 이 노선을 그린 것들이고 金德承[《天槎大觀》(12)]등 인문지리서적 조천록은 모두 이 노선의 경유지를 담고 있다.

이상과 같이 조선사신들의 등주노선 이용 경과를 살펴보면, 운하의 이용 유무가 당시 사행경로를 결정하는 주요 요인이었음을 알 수 있다. 1621년 최응허의 사행단 이 처음 등주노선으로 해로사행을 수행할 때는 운하를 적극적으로 이용하여 북경으로 갈 때 덕주에서 운하를 타고 천진을 거쳐 경사로 갔다. 귀국길에도 운하를 이용하여 천진을 거쳐 창주까지 내려왔다가 창주에서 수광을 거쳐 유현으로 왔다. 그러나 운하는 현지에서 조선사신이 직접 경비를 지불하여 배를 빌려야 했고 게다가 바람이 불지 않으면 배를 끌고 갈 인력을 현지에서 추가 고용해야 했기에 비용이 많이 들었다.[27] 그래서 차츰 운하를 이용하지 않고 주로 육로를 이용하게 되었고 1625년 사행 이후로는 이것이 하나의 관례가 되었다. 이처럼 운하를 이용하지 않게 된 데에는 단지 비용문제만 있었던 것이 아니라 운하의 흐름과 날씨 등도 문제가 되었다.[28] 곧, 운하의 흐름이 덕주에서 경사로 갈 때는 순류였기에 비교적 이용이 편했으나 경사에서 덕주로 올 때는 역류를 거슬러 와야 했기 때문에 실제로 운하를 이용하는 것이 불가능했고 운하 옆을 따라 난 역로를 이용해야 했으므로 운하를 이용하는 실익이 적었다. 또한 겨울이 되어 운하가 얼게 되면 배의 운항이 어려워져 이중삼중으로 불편함을 겪을 수 밖에 없었는데 명말 정기 사행인 동지사와 성절사는 대부분 겨울에 사행을 해야했기 때문에 운하 이용을 의도적으로라도 피해야 했다.

---

27   제4회 해외한국학 씨앗형 사업(중국 웨이팡대 한국학연구소) 국제 학술회의[2021년 12월 20일 건국대에서 개최] 발표논문집[이성형(공주대 한문교육과) 교수의 〈조선중기 대명 해로 사행노정 고찰〉] pp.30-31 참조.
28   상게논문 p.33-34 참조.

제1장 昌樂縣 東界에서 昌樂縣城까지

　　조선 사신들은 登州府 蓬萊縣을 출발한 후, 黃縣, 招遠縣, 萊州府 掖縣, 平度州, 昌邑縣, 濰縣을 거쳐 靑州府 昌樂縣 동쪽 경계로 진입했다. 관련 지방지의 기록[1]에 따르면, 昌樂縣 동쪽 경계는 萊州府城(掖縣)으로부터 270리, 萊州府 濰縣으로부터 50리, 그 서쪽 경계는 靑州府城(益都)으로부터 70리, 濟南府城(歷城)으로부터 405리 떨어져 있다. 昌樂은《書經·禹貢》의 "靑州之域"[2]이며 商代에는 동이족의 수령인 逄伯陵(방백릉)에 의해 통치되었고 周代에는 呂望이 제후로 봉해진 봉지로서 都城은 營丘이다.[3] 春秋 시기에는 緣陵(연릉)으로 불렸으며 제후국인 杞國에 속했다. 戰國 시기에는 田齊에 속했고 秦代에는 齊郡에 속했다. 西漢 시기에는 營陵候의 封地였는데 후에 營陵으로 개칭되어 北海郡에 속했다. 東漢 建武 13년(37)에 營陵縣이 되어 北海國에 속했다. 南北朝시기에는 高密郡에, 三國과 魏나라 시기에는 平昌郡에 속했으며, 隋나라 초기에는 濰州에 속했다가 폐지되었고 唐代에 다시 회

1　《大明一統志》卷24《靑州府》, 明 天順 五年 內府刻本, p.25b ; 嘉慶《大淸一統志》卷171《靑州府》, 四部叢刊續編景舊鈔本, p.5b ; 嘉靖《靑州府志》卷1《靑州府沿革表》, 明 嘉靖 刻本, p.39 ; 康熙《靑州府志》卷2《靑州府沿革》, 淸 康熙 六十年刻本, pp.23a-24b ; 山東省昌樂縣史志編纂委員會 編 :《昌樂縣誌》, 山東人民出版社1992年版, pp.69-70 ; 昌樂縣地方史志編纂委員會 編 :《昌樂縣誌》中華書局2008年版, pp.37-38.

2　康熙《昌樂縣誌》卷《建制沿革》, 淸康熙十一年刻本, p.3a.

3　姜尙(강상), 즉 강태공이 처음 봉해진 곳인 營丘의 소재지가 구체적으로 어디인지는 현재까지 학계의 학설이 분분한데, 구체적인 내용은 1장 해당 절에서 상세히 기술하기로 한다.

복되었다가 재차 폐지되었다.

　宋代에 이르러 처음으로 지금의 명칭인 昌樂으로 불리기 시작하여 昌樂縣이 되었으며 濰州에 배속되었다. 至元 3년(1226) 縣을 철폐하고 鎭을 설치하여 昌樂鎭이 되어 益都路 北海縣 濰州에 배속되었다. 明 洪武 9년(1376)이후로 昌樂縣으로 승격되어 山東布政司 靑州府에 배속되었다. 民國 3년(1914) 府를 道로 바꾸었으니 昌樂縣은 山東省 膠東道에 속하게 되었고 민국 14년(1925)에는 膠萊道에 속했다. 중화인민공화국이 성립된 1949년부터 昌濰專區에 속했다가 1970년부터 昌濰地區에 배속되었고 1983년부터 지금까지 濰坊市 관할의 현으로 유지되고 있다.

　　(10월)17일 甲戌일, 맑음. 아침에 (濰縣 北關)에서 출발하여……昌樂縣 東界를 지나다가, 길에서 중국 관원을 만났으니 곧 登州 蓬萊 知縣으로 공적 업무를 처리하러 濟南 布政司 衙門을 다녀오는 자였다. 그가 상통사 趙安義를 불러 묻기를 “너희 사신이 무슨 일로 북경에 들어가시는가?”하니, 내가 “冬至와 萬壽賀節의 일로 갑니다”라고 대답했다. 다시 묻기를 “앞서 조선 인조 임금을 請封하기 위해 갔던 이경전 등의 조선 사신은 아직 北京에 머물러 있으신가?” 하니, 답하기를 “아직 돌아오지 않으셨으니 아마도 언제 請封의 일이 완료될 지 알 수 없기 때문입니다.”라고 했다. 知縣이 또 말하기를 “조정의 통보를 아직 알 수는 없지만 내가 인조반정의 일을 조사하기 위해 조선에 갈 것 같다”라고 운운했으나 이는 중국 관료가 자신을 과장하기 위해 의례적으로 하는 말로서 믿을 게 못되었다. 해가 져서야 昌樂縣 南關에 도착하여 유숙했다. 登州에서 출발할 때, 남으로 萊山을 본 후로 7, 8일 동안 수백리를 횡단하여 왔는데 멀리 바라보아도 丘陵 하나 보이지 않는 평원이 이어질 뿐이었는데……오늘은 50리를 이동했다.
　(十月)十七日, 甲戌, 晴. 朝發(濰縣北關), …………過昌樂縣東界, 路逢一官, 乃登州蓬萊知縣, 以公幹往來濟南布政司衙門者也. 招趙安[4]

4　“隨行員役 : 堂上譯官金希壽, 上通事趙安義, 次堂上金應信……(수행 통역관으로는 당상통역관 김

義問 : "你們陪臣以何公幹進京乎?" 答以 : "冬至, 萬壽賀節而去" 云.

仍問 : "請封陪臣尙留北京乎?" 答以 : "時未回來, 槪未知封事幾何完

了耶." 知縣曰 : "京報⁵尙未知, 吾以行査事當往你國" 云. 唐官之言例

爲自誇, 未可信也. 日才斜, 到昌樂縣南關宿. 自登州發行時, 南望萊山橫

互數百里, 厥後七八日, 行路極目平原不見丘陵. ……今日行五十里.⁶

—趙濈《燕行錄(一云朝天錄)》

명 천계 3년(1623) 10월 17일, 冬至聖節兼謝恩使 趙濈 일행은 濰縣 北關에서 출발하여 昌樂縣 東界 부근에서 우연히 登州府 蓬萊縣 知縣 羅世錦(나세금)⁷을 만났다. 蓬萊는 명대 말기 조선 사신들이 해로를 이용하여 사행을 왔을 때 처음 상륙한 곳이었으므로 羅世錦은 조선 사신들의 일에 관해 비교적 상세히 이해하고 있었다. 그래서 趙濈 일행에게 天啓 3년 奏聞(請封)兼辨誣使臣團(正使 李慶全, 副使 尹暄, 書狀官 李民宬)의 仁祖 請封에 관한 일이 북경에서 어떻게 진행되고 있는지 물었고, 자신이 직접 조선으로 가서 "仁祖反正", 곧 綾陽君(능양군)이었던 인조가 어떤 과정을 거쳐 光海君을 몰아내게 되었는지 그 정당성을 조사하기 위해 파견될 수도 있다고 말해주었다. 그러나 조즙은 이런 언급이 "중국 관료들이 자신을 과장하기 위해 의

희수, 상통사 조안의, 차당상 김응신….)"([朝鮮] 趙濈 :《燕行錄(一云朝天錄)》, [韓國] 林基中編《燕行錄全集》第12冊, 韓國東國大學出版部2001年版, p.253)

5   京報란 명나라 때 처음 등장하는데 민간에서 邸報(저보 곧, 관보)를 번각하여 합법적으로 공개 발행한 것으로 일종의 영리를 추구한 신문과 같은 구실을 했다. 그 내용은 주로 皇帝 諭旨, 大臣奏章이나 宮門鈔(宮廷에서 포고하여 宮門 밖에 붙여서 포고하는 공고문)등 3가지 종류가 있다. (劉洪育 :《中國新聞事業史綱》, 南京師範大學出版社2015年版, p.23.)

6   본서에서 원문 인용문 내의 밑줄은 독자의 이해를 돕기 위해 고유한 지명에 해당하는 어휘에 저자들이 임의로 그은 것이고, 인용문 내의 괄호 또한 원문의 이해를 위해 저자들이 임의로 삽입한 내용임을 뜻한다. 이후 특별한 사정이 없는 한 이러한 원칙에 따라 인용문을 표기하기로 한다.

7   "(羅)世錦은 字가 煥字이고 天啓 壬戌(1622)에 進士가 되어 山東 臨淄縣 지현이 되었다가 天啓三年(1623) 蓬萊 지현으로 이동했는데 다스림이 탁월하여 監察御史에 선임되었다. 山西 지역을 순찰할 때, 폐단을 제거하고 백성의 이익을 도모하며 彈劾 대상에 예외가 없었으므로 그 공으로 大理寺正에 제수되었다. 甲申之變(明 崇禎 十七年, 1644년 農民起義를 가리킴)을 당해 순국했는데 知縣 蔣大震이 그를 위해서 墓石을 새겨서 그 충절을 표양했다."(光緒《秦州直隸州新志》卷14, 淸光緒十五年刻本, p.50b)

례적으로 하는 말로 믿을 수 없는 것"으로 취급했는데, 실제로 지현 나세금이 조선에 조사관으로 파견되었다는 기록은 중국과 한국의 어떠한 문헌에도 보이지 않는다. 民國《山東通志》의 기록[8]에 따르면 昌樂縣의 동쪽에서 萊州府 濰縣 경계까지는 25리의 거리로 옛날과 지금의 지도를 참고해보면 조즙이 언급한 "昌樂縣 東界"의 표식은 아마도 지금의 濰坊市 昌濰路와 濰日 고속도로(G1815國道)가 교차하는 곳 부근에 있었을 것으로 추측된다.

사진 1-1　지금의 昌樂縣과 濰坊市 濰城區의 경계를 횡단하는 昌濰路 상의 표지판
(서쪽 창락현에서 동쪽 웨이팡시로 진입하는 방향에서 촬영)[9]

8　民國《山東通志》卷2下《輿圖志第一》, 民國七年鉛印本, p.8a.
9　본서에 삽입된 사진은 본 연구팀이 현장답사 과정에서 직접 촬영한 사진들이다. 이후 특별한 설명이 없으면 모두 동일하다.

사진 1-2　지금의 濰坊市 濰城區와 昌樂縣의 경계를 횡단하는 昌濰路 상의 표지판
(동쪽 웨이팡시에서 서쪽 창락현으로 진입하는 방향에서 촬영)

　　趙濈 일행은 10월8일 登州城에서 출발하여[10] 西南 방향으로 난 길을 따라 "산을 괴고 바다를 등진 것 같은(枕山負海)"[11] 지형을 지닌 蓬萊縣과 "래산과 노산이 남쪽 변경을 둘러싸고 있는(萊盧環繞於南鄙)"[12] 黃縣을 지나 招遠縣 北部를 가로질러 10월 12일에 萊州府 掖縣에 진입했다. 조즙은 사행단이 지나간 그곳을 "일망무제의 평원(所過平原, 一望極目)"[13] 만이 펼쳐져 있다고 묘사했다. 이후 平度州 北部, 昌邑, 濰縣을 지나 昌樂縣 경내에 이르기까지 이와 유사한 풍경이 계속 이어졌으므로 조즙은 "그 후 7, 8일 동안 일망무제의 평원이 펼쳐져 작은 구릉 하나 보이지 않았다(厥後 七八日, 行路極目平原不見丘陵)"라고 기술했다.

10　[朝鮮] 趙濈,《燕行錄(一云朝天錄)》, [韓國] 林基中編《燕行錄全集》第12冊, 韓國東國大學出版部 2001年版, p.288.

11　《道光重修蓬萊縣治》卷1《原序》, 清道光十九年刻本, p.1a.

12　康熙《黃縣誌》卷1《圖考志》, 清康熙十二年刻本, p.1a.

13　[朝鮮] 趙濈,《燕行錄(一云朝天錄)》, [韓國] 林基中編《燕行錄全集》第12冊, 韓國東國大學出版部 2001年版, p.290.

사진 1-3 지금의 濰坊市 東部 平原의 초겨울 풍경

제1절 周流店,[14] 王裒故里[15]

  귀국행: (4월)29일 甲寅일 맑음. 우리보다 먼저 귀국해야 하는 先來譯官[16]朴孝一, 張後堪을 登州로 전송하고, 아침에 靑州를 출발해서, ……昌樂縣을 지나 저녁에 周流店에 도착했는데 이 날은 100리를 이동했다.

  (四月)二十九日, 甲寅, 晴. 送先來譯官樸孝一, 張後堪於登州. 早發靑州, ……過昌樂縣, 夕抵周流店, 是日行一百里.

  —申悅道《朝天時聞見事件啓》[17]

---

14   조선 사신의 사행록에는 이 밖에도 朱留鋪, 珠琉店, 東朱店이라는 명칭으로도 기록되어 있다.

15   조선 사신의 사행록에는 이 밖에도 "王裒古跡" 題門, 魏孝子 王裒之故里, 王裒古里, 王裒故里, 魏孝子 王裒故里, "王裒故里" 欄門, 王裒故閭, "王裒古里" 牌坊으로도 기록되어 있다.

16   외국에 갔던 사신이 돌아올 때 그보다 앞서서 돌아오는 역관.

17   명청교체기 조선 사신의 문헌은 대부분이 일기체로 쓰여 날짜와 시간이 비교적 정확하다. 그러므로 이후에 명청교체기 조선 사신 사행록을 인용할 때는 자세한 판본(본서 뒷편의 판본사항 참조)과 페이지 정보를 중복해서 제시하지 않고 생략하기로 한다.

    명 崇禎 2년(1629)4월 29일 冬至兼聖節使 서장관 신열도 일행은 북경에서 사행의 임무를 완수하고 돌아오는 길에 昌樂縣을 거쳐 周流店에 묵었다. 그런데 신열도가 기록한 "周流"라는 명칭은 중국 지방지 어디에도 그 기록이 보이지 않는다. 신열도의 기술에 따르면, 그들은 靑州府城에서 출발하여 동쪽으로 100리를 이동한 후에야 "周流店"에 도착했다. 咸豊《靑州府志》의 《昌樂縣道里遠表》와 《昌樂縣道里近表》[18]에 근거해보면 신열도가 언급한 "周流"는 아마도 창락현에서 동쪽으로 20리 떨어진 東朱集 부근이었을 것으로 추측된다. 또한 嘉靖《靑州府志》, 嘉靖《昌樂縣誌》[19]에 따르면 명대 말기 東朱集은 東朱鋪, 東朱店集, 東朱店, 朱留店 등으로도 불렸으며 昌樂縣城에서 동쪽으로 20리 떨어진 곳에 있었다. 한편, "朱"와 "周"는 중국어로는 발음이 다르지만 한국어로는 모두 발음이 동일하므로 아마도 수행역관과 신열도가 교류하는 과정에서 假借 현상이 일어난 것으로 보인다. 이렇게 본다면, 신열도 일행이 29일 밤에 묵은 "周流店"은 중국 방지에 기록된 "朱留店"을 通假하여 쓴 명칭이며 창락현에서 동쪽으로 20리 떨어진 急遞鋪인 東朱鋪를 가리키는 것이다. 이들보다 5년 앞선 명 天啓 4년(1624)9월 19일[20] 謝恩兼奏請使臣團 正使 李德泂, 副使 吳翿, 書狀官 洪翼漢 일행은 濰縣을 출발하여 서쪽으로 50리를 이동한 후 昌樂縣에 도착했는데, 도중에 昌樂縣 東界와 東朱鋪 등을 지났으며 부사 오숙은 〈朱留鋪〉라는 제목의 시 한 편을 남기기도 했다.

---

18 《昌樂縣道里遠表》: "……西: 十五里至本縣界, 自界首入益都縣境又五十五里, 至府城本府理所凡七十里……"; 《昌樂縣道里近表》: "東: 直二十里至東朱集, 又直五里無鄉村, 交萊州府濰縣界, 凡二十有五里; 西: 直七里至七里鋪, 又直八里至堯溝集, 一地二界, 東昌樂縣西益都縣, 凡十有五里."(咸豊《靑州府志》卷3《道里表》, 淸咸豊九年刻本, pp.14b-16a)

19 "昌樂總鋪……東朱鋪(在昌樂縣)城東二十里."(嘉靖《靑州府志》卷11《驛傳》, 明嘉靖刻本, p.42a); "東朱店(昌樂縣)城東二十里"(嘉靖《靑州府志》卷11《鄉社》, 明嘉靖刻本, p.42a); "東朱店集在(昌樂)縣東二十里"(嘉靖《昌樂縣誌》卷1《市集》, 明嘉靖刻本, p.11a); "跪河, 源出孤山之南, 經朱留店, 北流……"(嘉靖《昌樂縣誌》卷1《地理志》, 明嘉靖刻本, p.6b).

20 "(九月)十九日, 庚午, (自濰縣發行)宿昌樂縣. 所過有夷齊舊隱池處, 立廟祀之, 又有平津別業, 王裒故里, 逄萌舊墟等遺跡, 石上仙跡又宛然可見, 是日行五十里."([朝鮮] 李德泂:《朝天錄(一云航海錄)》)

〈주류포〉

10리를 뻗은 번화한 거리는 온통 하늘거리는 버드나무 가지로 덮여있어
보였다 사라졌다 하는 주막의 깃발 가까이 가서야 분명히 보이네.
그런데 가을이 오는 소리 가까워 초목 시들어 떨어지니
먼길 나선 사신은 굴원이 〈이소〉를 지은 슬픈 뜻을 비로소 알게 되었네.

朱留鋪
香街[21]十里冪[22]煙絲,[23] 隱映[24]才分酒店旗.
但是秋聲近搖落,[25] 行人[26]解作楚騷悲.[27]

—吳翻《燕行詩》

　"朱留鋪"는 東朱鋪를 가리킨다. 오숙 일행이 "朱留鋪" 역관 마을 입구에 들어서
서 본 마을 거리는 그 길이가 10리에 이를 정도로 길며 번화하였다. 거리 양옆으로

---

21   香街(향가)란 원래 唐 京師인 長安의 거리를 가리키는 말이었는데 후에 繁華한 거리를 가리키는
　　　일반명사로 쓰이게 되었다. 唐 岑參《衛節度赤驃馬歌》에 "번화한 경사의 거리와 교외의 길, 경
　　　사의 성내 곳곳에서 적표마를 본 자라면 뉘라서 사랑하지 않겠는가?(香街紫陌鳳城內, 滿城見者誰
　　　不愛)"라는 표현이 보인다.
22   冪(멱)이란 뒤집어쓴다는 뜻이다.《儀禮·旣夕禮》에 "항아리 3개에 각각 식혜, 젓갈, 생강과 계피
　　　가루를 담고 성긴 천으로 덮는다(甕三, 醯醢屑, 冪用疏布)"라는 표현이 보이고 鄭玄의 注에 "冪은
　　　덮는 것이다(覆也)."라 하였다.
23   煙絲(연사)란 가느다란 버드나무 가지를 가리킨다. 唐 皇甫松《楊柳枝》에 "봄이 찾아온 행궁은
　　　비췻색 수면 위에 은은히 비치고, 현종의 시녀는 가느다란 버드나무처럼 하늘하늘 춤추네(春入
　　　行宮映翠微, 玄宗侍女舞煙絲)"라는 표현이 보인다.
24   隱映(은영)이란 나타났다 사라졌다 하는 모양을 형용한다.
25   搖落(요락)이란《楚辭》에 "슬프구나, 가을 기운이여! 쓸쓸하게 초목은 시들어 떨어지고 쇠락하
　　　는구나!(悲哉秋之爲氣也! 蕭瑟兮草木搖落而變衰)" 라는 표현이 보이는데 시들어 떨어지다, 零落하
　　　다의 뜻이다.
26   行人은 조선 사신 자신을 가리킨다.《管子·侈靡》에 "사신은 사사로울 수 없다(行人可不有私)"라
　　　는 표현이 보이는데 尹知章 注에 "行人, 使人也."라고 하였다.
27   楚騷(초소)란 전국시기 楚國 大夫 屈原이 참언으로 유배되어 근심에 젖어 지은《離騷(이소)》를
　　　가리킨다.《楚辭·離騷》漢 王逸 注에 "離, 別也 ; 騷, 愁也"라고 했다. 곧, 이별로 인해 슬퍼하고
　　　근심하는 것이다.

는 버드나무가 가로수로 쭉 심어져 있고 온 거리가 하늘거리는 버드나무 가지로 뒤덮여 있어 일행의 시야를 가렸다. 멀리 주막의 깃발은 흔들리는 버드나무 사이로 나타났다 사라지기를 반복하였으므로 계속 걸음을 재촉하여 가까이 이르자 비로소 주막의 글씨가 분명하게 보였다. 그러나 말을 멈추고 잠시 쉴 수 있다는 기쁜 마음도 잠시이고, 때는 이미 음력 9월로 쓸쓸한 가을바람이 불어 노랗게 물든 버드나무 잎은 하염없이 떨어지고 먼 길을 떠난 이국 나그네는 고향 생각에 알 수 없는 애상에 사로잡히게 된다. 그러면서 시인은 참언으로 고국을 떠나 유배지를 유랑하던 굴원이 애상에 젖어 읊은 〈이소〉의 참뜻을 비로소 깊이 공감할 수 있었다.

오숙은 주류포에 도착하기 앞서 등주에서 중양절을 보내면서 "가족들에게 안부를 전할 편지는 언제쯤 전할 수 있을지 꿈만 같아서, 저녁 하늘 고향 찾아 날아가는 기러기 떼를 바라보니 슬픈 마음에 눈물만 흐르네(人事音書如夢裏, 暮天歸雁但流哀)"라는 시구가 담긴 〈重陽日詠懷〉라는 시를 짓기도 했으니 당시 위험천만한 해로사행길에 나선 조선 사신들의 고단한 여정과 애절한 향수를 새삼 느껴볼 수 있다.

> 濰縣의 서쪽에 珠琉店이 있는데, 王裒故里(왕부고리)라는 패방이 서 있다. 왕부는 부친이 非命에 죽은 것을 애통스럽게 생각하여 조석으로 백양나무를 붙들고 눈물을 흘렸는데, 그로 인해 백양나무가 말라죽었다.
>
> 濰縣西有珠琉店, 揭王裒故里, 痛父之非命, 朝夕攀柏而哭, 柏爲之枯.
>
> —金德承《天槎大觀》

> 濰縣의 서쪽에 東朱店이 있는데 王裒故里(왕부고리)라는 패방이 서 있다. 왕부는 부친이 非命에 죽은 것을 애통하게 생각하여 조석으로 백양나무를 붙들고 통곡하여 이로 인해 나무가 고사했다.
>
> 濰縣西有東朱店, 揭王裒故里, 裒痛父之非命, 朝夕攀柏而哭, 柏爲之枯.
>
> —南以雄《路程記》

명 천계 4년(1624) 冬至兼聖節使 書狀官 金德承이 기록한 "珠琉店"과 명 천계 6

년(1626) 冬至使 南以雄이 기록한 "東朱店"은 모두 濰縣 서쪽, 곧 昌樂縣 동쪽에 있었다. 신열도가 언급한 "周流店"과 함께 고려해보면 "周流店", "珠琉店", "朱留鋪"는 실제로 모두 한 장소- 바로 昌樂縣 東朱鋪를 가리킨다는 사실을 알 수 있다. 김덕승과 남이웅은 東朱鋪 부근에 "王裒故里"라는 표지가 걸려 있다고 했으나 구체적인 위치에 대한 언급은 없다. "王裒故里"는 이들 이외에 많은 조선 사신들이 사행록에서 언급했다.

《晉書》, 雍正《山東通志》의 기록에 따르면,[28] 王裒(왕부)는 字가 偉元이고 王儀의 아들이자 王修의 손자로서 三代에 걸쳐 효성이 지극했으며 西晉 城陽 營陵(지금의 濰坊 昌樂)사람이다. 王裒는 어려서부터 절개를 중시하고 선비로서의 지조를 지켰으며 박학다재하고 名利에 초연하였다 한다. 그의 부친 王儀 또한 뜻과 행실이 고결하였으나 도리어 이로 인해 晉 文帝 司馬昭에게 원한을 사서 억울하게 죽임을 당했다. 王裒는 여러 차례 조정의 부름을 받았으나 부친의 억울한 죽음에 대한 항거로 이를 모두 거절하고서는 부친의 무덤 곁에 초막을 짓고 거기서 생활하면서 제자들을 양성하는 데에만 전념했다. 이 당시 왕부는 매일 아침저녁으로 부친의 무덤 앞에 무릎 꿇고 拜를 올렸으며 비분한 심정을 이길 길이 없어 무덤 곁의 백양나무를 붙들고 통곡하곤 했다. 그래서 그 백양나무는 왕부가 흘린 눈물이 모여 쌓인 소금기로 인해 결국 말라서 고사하고 말았다.

한편, 왕부의 모친은 생전에 벼락 치는 소리를 무서워했는데 모친이 죽은 후 매번 벼락이 칠 때면 왕부는 모친의 무덤으로 달려가서 "왕부, 여기 있습니다."[29]라고 말하면서 죽은 모친을 안심시켰다. 또한 왕부는 매번 《詩經》을 읽다가 〈蓼莪(육아)〉편의 "애달프다, 우리 부모. 나를 낳아 기르시느라 온갖 고생하셨네(哀哀父母, 生我劬勞)"라는 구절[30]에 이르면 이미 세상을 떠난 양친에 대한 애절한 그리움에 사

---

28   《晉書》卷88《孝友傳》, 百衲本二十四史景宋刻本, pp.3b-4a ; 雍正《山東通志》卷32《陵墓志》, 清文淵閣四庫全書本, p.27a.

29   民國《山東通志》卷165《人物志十一》, 民國七年鉛印本, p.3b.

30   해당 구절이 포함된 《詩經》《蓼莪(육아)》편의 일부는 다음과 같다. "곧게 자랄 약쑥으로 여기셨으나 약쑥 아닌 다북쑥에 불과했으니, 슬프게도 아버님과 어머님께서 저를 낳아 많은 고생만 하

무쳐 항상 세 차례나 눈물을 흘렸기에 그의 문하의 제자들도 더 이상 〈蓼莪〉편을 읽고 공부하는 자가 없게 되었다. 왕부는 은거하여 제자들을 가르칠 때 너무나 가난하였기에 농사짓고 누에치는 일로 겨우 생계를 이을 수 있을 뿐이었다. 永嘉 3년(309) 西晉의 수도 洛陽이 함락되고 왜구들이 산동 일대 곳곳에서 노략질을 일삼게 되자 일상의 생활조차 편안하게 영위할 수 없게 되었으므로 가문의 일족들은 모두 고향을 떠나게 되었다. 그러나 안전했던 강남으로 떠나게 되었

그림 1-4 　元 王朋梅《孝子圖貼》중〈王裒聞雷泣墓〉, 한국 국립중앙도서관 소장본

다. 그러나 왕부는 차마 부모의 묘소를 버리고 떠날 수가 없어서 결국 고향 땅에서 절명하고 말았다.

　　북경행: (10월)17일 甲戌일, 맑음. 아침에 (濰縣 北關)을 출발하여 20리를 가서 王裒故里에 도착했다. 王裒는 곧 晉나라 때 사람이다. 아버지가 제 명대로 살지 못하고 죽었기에 일생동안 시경의 〈蓼莪〉篇을 읽다가 "슬프게도 아버님과 어머님께서 저를 낳아 많은 고생만 하셨네"라는 구절에 이르러서는 항상 눈물을 흘리면서 비통해 했다. 그래서 문하의 제자들도 시경의 〈육아〉편을 읽지 않았다. 오늘 친히 그의 마을을 지나게 되자 절로 경건하고 숙연해져서 일부러 의식하지 않아

───────────

셨네……아버지는 나를 낳고 어머니는 나를 기르셨으니, 나를 어루만지고 먹여 주시고 나를 키우고 가르쳐 주셨네. 나를 보살피고 다시 돌아보고, 출입할 때 나를 가슴에 두셨으니 그 은혜를 갚고자 하나 끝없는 하늘처럼 다함이 없네.(蓼蓼者我, 匪莪伊蒿. 哀哀父母, 生我劬勞……父兮生我 母兮鞠我 拊我畜我 長我育我 顧我復我 出入腹我 欲報之德 昊天罔極.)"

도 마음이 절로 공경스러워졌다.

(十月)十七日, 甲戌, 晴. 朝發(濰縣北關), 二十里到王裒故里. 王裒乃晉時人. 痛父非命之死, 平生至讀《蓼莪》篇, 每至 "哀哀父母, 生我劬勞" 之文, 輒即流涕悲痛, 故門人爲之廢業者也. 過其里竦然肅然, 不敬自祗.

— 趙濈《燕行錄(一云朝天錄)》

북경행: (濰縣에서) 30리를 가니 패문이 있는데 "王裒故里"라고 쓰여 있다. 王裒는 魏人이며 〈육아〉편을 읽을 때 매번 3차례 눈물을 흘린 자이다.

(自濰縣)行三十里, 有欄門, 書之曰 : "王裒故里". 王裒, 魏人, 讀《蓼莪》篇, 三復流涕者.

— 鄭斗源《朝天記地圖》

위의 인용문에서 보듯이 조즙의 왕부에 관한 기록은 명 崇禎 2년(1629) 陳慰奏請兼進賀使 鄭斗源,《晉書·王裒傳》의 내용과 일치하며, 鄭斗源의 기록과 비교하면 "절로 경건하고 숙연해져서 일부러 의식하지 않아도 마음이 절로 공경스러워졌다(竦然肅然, 不敬自祗)"[31]라는 자신의 소감이 더 첨가되어 있다. 그런데 조즙은 "王裒故里"가 濰縣城에서 서쪽 20리에 있다고 했고, 정두원은 "王裒故里" 欄門(坊表)이 濰縣城 서쪽 30리에 있다고 하여 두 기록에 차이가 있다. 과연 누구의 기록이 옳은 것일까?

앞서 살펴보았듯이 濰縣城에서 昌樂縣 東界까지 25리, 昌樂縣 東界에서 昌樂縣城까지 25리이므로 유현성에서 창락현성까지 전체거리는 총 50리다. 만약 조즙의 기록이 맞다면, "王裒故里" 패문은 응당 濰縣 北關에서 서쪽으로 20리 떨어진 黑石鋪(지금 濰坊市 濰城區 於河街道 北大圩村과 南大圩村)부근이었을 것이나 黑石

31　[朝鮮] 趙濈,《燕行錄(一云朝天錄)》, [韓國] 林基中編《燕行錄全集》第12冊, 韓國東國大學出版部 2001年版, p.294.

鋪는 아직 濰縣의 경내이므로《晉書》, 民國《山東通志》, 民國《昌樂縣續志》에 王裒가 "城陽營陵"[32]사람, 곧 昌樂 사람이라는 내용과 어긋난다. 그런데 정두원의 기록에 따르면, "王裒故里" 패문은 濰縣城에서 서쪽으로 30리, 昌樂縣城에서 동쪽으로 20리 떨어진 창락현 경내의 東朱鋪에 있었음을 알 수 있으며, 이는 앞서 살펴본 김덕승과 남이웅의 기록과 일치한다. 곧, "王裒故里" 패문은 "珠琉店"("東朱店"), 즉 東朱鋪 부근에 있었음을 알 수 있다.

명 천계 6년(1626) 聖節兼陳奏正使 金尙憲도〈王裒古里〉라는 시의 제목에 自注를 달아서 "在昌樂縣東二十里(창락현성에서 동쪽으로 20리 떨어져 있다)"라고 하였으니, 정두원의 기록이 옳다는 것을 재차 증명하고 있는 셈이다.

〈왕부고리〉
(창락현성에서 동쪽으로 20리 떨어져 있다)

이곳 마을 사람들은 오랜 세월이 흘렀음에도 왕부의 효성에 감동하여
지금도〈시경 육아편〉구절은 응당 읽지 않는다 하네.
언덕 위에 선 송백 고목은 차가운 바람에 흔들려 흐느껴 우는 듯하니
아마 왕부가 아버지를 여읜 슬픔을 그 때 미처 다하지 못했기 때문인가!

王裒古里
(在昌樂縣東二十里)

---

32   《晉書》卷88《孝友傳》, 百衲本二十四史景宋刻本, p.3b ; 民國《山東通志》卷165《人物志十一》,
民國七年鉛印本, p.3b ; 民國《昌樂縣續志》卷26《鄕賢傳》, 民國二十三年鉛印本, p.1b.

鄕里³³千秋感孝思,³⁴ 至今應廢蓼莪³⁵詩.

寒原古柏西風咽, 似助當時不盡悲.

—金尙憲《朝天錄》

그림 1-5   조선 정조 21년 간행된《五倫行實圖(오륜행실도)》〈五倫行實孝子圖(오륜행실효자도)〉중 王裒廢詩(왕부폐시), 한국 국립중앙도서관 소장본

작자인 김상헌은 왕부고리를 지나게 되자 왕부의 지극한 효성에 관한 고사를 떠올리게 되었고《시경》의 〈육아〉편조차 차마 제대로 읽지 못했던 그의 효성에 새삼 감동하게 되었다. 그래서 때마침 불어오는 차가운 가을바람에 흔들리는 오래된 고목을 보고서는 마치 왕부가 아버지의 억울한 죽음을 슬퍼하면서 붙들고 울어 그 눈물에 말라 죽었다는 송백나무를 떠올리게 되었고, 그 고목이 마치 왕부의 못 다한 슬픔 때문에 지금 그를 대신해서 울고 있는 것이 아닐까 하는 감상에 빠졌다.

---

33   鄕里(향리)란 고향, 고향마을을 뜻하는데《管子·立政》에 "백성들을 권면하여 힘써 일하게 하고 게으름을 피우지 않도록 하며 가족과 집을 그리워하여 다시 고향마을로 되돌아오게 하는 것이 향사의 임무이다(勸勉百姓, 使力作毋偸, 懷樂家室, 重去鄕里, 鄕師之事也)"라는 표현이 보인다.

34   孝思(효사)는 부모에게 효도를 다하는 것이다.《詩·大雅·下武》에 "오래도록 부모님께 효도를 다할 것을 생각하고, 효도를 다함을 준칙으로 받드네.(永言孝思, 孝思維則)"라고 하였다.

35   蓼莪(육아)란《詩經·小雅》의 편명으로 자식이 부모가 길러준 은혜를 추모하는 심정을 노래한 시인데, 이후 "蓼莪"는 돌아가신 부모님을 애도하는 뜻으로 보편적으로 인용된다.

사진 1-6 지금의 濰坊市 昌樂縣 營丘鎮 王裒社區 王裒院村 남쪽에 위치한
王裒의 墓와 송백나무

명 천계 3년(1623) 7월 2일 이민성은 濰縣에서 昌樂으로 가는 도중에 王裒故里를
지나면서 "周流店, 곧 魏 孝子 王裒의 故里이다"[36]라는 기록을 남겼고 더불어 아래
와 같은 시도 썼다.

〈왕부고리를 지나며〉

선생이 태어난 때는 토덕운의 말기라
권신들이 권한을 함부로 행사하여 살육을 일삼았네.
부친이 그릇되이 죽게 되었으나 역량이 부족하여 구원하지 못하고
한밤 중에도 부친의 복수만을 생각하며 〈獨鹿〉을 읊으니 마음만 상했네.
죽을 때까지 서쪽을 향하여 앉지 않았으니
하물며 당시 부친을 죽인 조정에 나가 사마씨가 주는 봉록을 입으로 먹
겠는가!

---

36 "(七月)初二日, 庚寅. 到昌樂縣. 朝發濰縣, ……昌樂東界值雨, 憩周流店, 即魏孝子王裒之故里
也 ." [朝鮮] 李民宬 : 《燕槎唱酬集》,《敬亭集》卷2, 韓國首爾大學奎章閣藏本, p.1b

부친의 무덤 곁 송백나무를 붙잡고 눈물 흘려 그 나무 말라죽으니

문하 제자들은 〈시경 육아편〉 읽기를 그만 둔다네.

선생이 서거한 지 벌써 천 년이 지났건만

선생이 남긴 글은 지금도 그를 경모하고 탄복하게 하네.

오늘 선생의 옛마을을 지나며 이렇게 예를 올리게 될 줄 어찌 알았겠는가!

우러러 바라보니 선생의 준수한 풍모 눈앞에 있는 것 같네.

《시경·육아편》의 "哀哀父母"라는 구절 애절하게 암송해보니

돌연 교목에 슬픈 바람 일어나고 새들도 슬픈 듯이 우네

그대는 보지 못했나? 혜강의 아들인 혜소는 부친을 죽인 조정에 출사하여 시중 벼슬을 하였으나, 탕음 땅에서 혜제를 보호하다 화살에 맞아 혜제의 어의를 선혈로 물들여 죽었음을!

過王裒故里

先生生丁[37]黃運[38]末, 權臣擅命專殺戮.

---

37   生丁(생정)이란 출생의 뜻이다. 조선 문인 尹愭(윤기, 1741-1826, 字는 敬夫이고 號는 無名子로서, 조선 말기 문신이며 학자)의 《元曉口占》에 "봄이 오니 이름난 정원 알아보고 감상하기 좋고, 나는 운이 좋게도 태평성대에 태어났구나.(春來好辦名園賞, 幸我生丁世太平)"라는 표현이 보인다.

38   黃運(황운)이란 "土運", "土德"이라고도 하며 五德(곧, 五行인 水, 木, 火, 土, 金) 중 하나이다. 고대에는 음양오행설과 王朝의 命運을 결합하여 하나의 왕조를 오행 가운데 하나의 운에 대응시켜 오행이 상생상극의 원리로 순환하듯이 하나의 왕조도 순환 발전하고 쇠망하여 다른 운을 가진 왕조로 교체된다는 관점이 있었다. 이러한 관점에 따라 東漢은 火德으로, 그 뒤를 이은 魏나라는 오행상행의 원리에 따라 土德으로 해석했다. 《宋書·武帝本紀》《晉禪宋詔》에 "옛날 화운이 이미 쇠미해지자 위나라 조조가 성공을 거두었으나 토운이 왕성하지 못하여 이후 세 군주가 힘써 노력해야만 했다(昔火德既微, 魏祖底績, 黃運不競, 三後肆勤)"라는 표현이 보인다.

父死非法力不贍,[39] 中夜枕戈[40]傷獨鹿.[41]

終身不作西向坐, 況口當時典午[42]粟.[43]

淚著墓畔松柏枯, 詩廢門人蓼莪讀.

先生去今千餘載, 敬慕遺編嘗嘆服.

豈料今日式故閭, 俯仰風神[44]如在目.[45]

39　贍(섬)이란 충분하다는 뜻으로 《孟子·公孫丑上》에 "힘으로 다른 사람을 굴복시키면 이는 마음
　　속으로 따르는 것이 아니라 그 사람의 힘이 부족하기 때문이다.(以力服人者, 非心服也, 力不贍也)"
　　라는 표현이 보이고 趙岐의 注에 "섬은 족하다는 뜻(贍, 足也)"이라고 해석했다.

40　枕戈(침과)란 兵器를 머리에 베고 잔다는 말인데 부모의 원수를 갚기 위해 절치부심한다는 전
　　고로 사용된다. 《禮記·檀弓上》에 "공자가 말씀하시기를 "부모를 죽인 원수와 함께 산다면 거적
　　위에서 창을 베고서 잠자고 벼슬길에 나서지 않으며 같은 하늘 아래 살 수 없다, 우연히 저자거
　　리나 조정에서 마주친다면 무기를 가지러 갈 필요없이 바로 결투를 해야한다.(寢苫枕戈, 不仕, 弗
　　與共天下也 ; 遇諸市朝, 不反兵而鬥)"라는 표현이 보인다.

41　獨鹿(독녹)이란 獨祿, 獨漉이라고도 쓰는데 魏晉시기 古樂府《拂舞歌》五曲 중의《獨漉篇》을 가
　　리킨다. 《獨漉篇》은 주로 억울하게 죽은 부모를 위해서 복수하는 내용이다. "독록의 물, 독록의
　　물, 그 물 깊고 혼탁하네. 비록 혼탁할 수는 있으나 깊은 물 어찌 나를 빠져죽이려 하나? 정다운
　　한쌍의 기러기 논가에서 노니네. 그 기러기 내가 화살로 쏘려했는데 그 새끼 외롭게 흩어질까 염
　　려되네. 물 위에 둥둥 떠도는 개구리밥 바람에 흔들리네. 나의 마음은 누구와 함께 할까? 내 마음
　　저 떠도는 개구리밥과 같네. 홀로 누운 침대 장막 펄럭이니 누군가 있는 것 같네. 한밤에 걸린 화
　　려한 옷 정말 누군가 와서 서있는 듯하네. 명검은 칼집 속에서 울음 울며 침상에 기대어 칼집 속
　　에서 녹슬어만 가네. 아버지의 억울함 갚지 못한다면 살아서 무엇하리? 용맹한 호랑이 산 속을
　　노니네. 호랑이가 사람을 물려하면 호걸과 현인도 피하지 못할 것이네.(《獨漉篇》"獨漉獨漉, 水深泥
　　濁. 泥濁尚可, 水深殺我. 雍雍雙雁, 遊戲田畔. 我欲射雁, 念子孤散. 翩翩浮萍, 得風遙輕. 我心何合? 與之同並.
　　空床低幃, 誰知無人. 夜衣錦繡, 誰別偽真? 刀鳴削中, 倚床無施. 父冤不報, 欲活何爲? 猛虎班班, 遊戲山間. 虎
　　欲齧人, 不避豪賢.)"(元)左克明輯《古樂府》卷8《舞曲歌辭》, 明 嘉靖 刻本, p.5b.

42　典午(전오)는 司馬 벼슬을 가리킨다. 司馬氏가 曹氏의 魏나라를 멸망시키고 晉나라를 건국한 이
　　후, 司馬라는 글자를 避諱하기 위해 "典"자로 "司"자를 "午"자로 "馬"자를 대신한 것이다. 北周
　　庾信의 《哀江南賦》에 "병거 위에서 병사를 통솔하고 궁중에서 나와 전오가 되어 군사를 다스리
　　네(居笠轂而掌兵, 出蘭池而典午)"라는 표현이 보인다.

43　粟(속)은 俸祿의 뜻이다. 式은 "軾"과 통하며 사람이 마차 위에 섰을 때 넘어지지 않도록 손으로
　　잡을 수 있게 마련된 가로대를 말하며 여기서 "가로대를 잡는" 행위는 敬意를 표시하는 일종의
　　禮節을 행한 것이다. 《淮南子·修務訓》에 "단간목이 벼슬을 사양하고 고향에 낙향해 있을 때, 위
　　문후가 그가 사는 마을 지났는데 수레의 가로목을 잡고 경의를 표했다(段幹木辭祿而處家, 魏文侯
　　過其閭而軾之)"라는 표현이 보인다.

44　風神은 風采의 뜻이다. 宋 王讜의 《唐語林·豪爽》에 "황제께서 황손이었을 때 풍채가 수려하여
　　빼어났고 기백이 호방했다(上爲皇孫時, 風神秀異, 英姿雋邁)"라는 표현이 보인다.

45　在目이란 눈앞에 있다는 뜻으로 唐 杜甫《三川觀水漲二十韻》에 "붉은 구름 무시로 출현하고

爲誦哀哀父母句, 喬樹悲風助嗚咽.

君不見嵇康之子[46]爲侍中, 蕩陰翼帝衣濺血.

—李民宬《燕槎唱酬集》

이 시는 7언 고시의 형태를 띠고 있으나 마지막 두 구에서 "군불견"이라는 악부체 관용사를 첫머리에 첨가하여 작가의 비평적 견해를 드러내었다. 우선 전반부에서는 비분강개한 심정으로 왕부의 傳記를 詠史하듯이 읊고 중반부를 지나서는 왕부의 유적을 직접 목도하면서 느끼는 감상을 詠嘆하고 있다. 이 시는 크게 3개의 부분으로 나누어진다. 1구에서 8구까지는 왕부에 관한 전기적 사실을 詠史하면서 비분강개한 심정으로 동정하고 있다. 선생이 태어날 때는 서한 왕조의 기운이 거의 다한 때라 권신들이 조정에서 전횡하여 무고하게 살육을 일삼았기에 선생의 부친도 그릇 죽게 되었으나 선생은 아직 어리고 능력이 없어 부친을 돕지 못했다. 부친이 죽은 후에는 한밤중에도 부친의 복수만을 생각하며 잠을 이루지 못했으며 부친에 대한 복수를 다짐하는 〈독록〉 시를 읊조리며 마음만 상했다. 그래서 죽을 때까지 조정이 있는 서쪽을 향하여 앉지 않았으며 부친을 죽인 사마씨의 조정에 출사

번개의 섬광 항상 눈앞에 번쩍이고 있네(火雲出無時, 飛電常在目)" 라는 표현이 보인다.

46   嵇康之子(혜강지자)는 바로 嵇紹(혜소)를 이른다.《晉書·忠義傳·嵇紹》의 기록에 따르면 嵇紹는 字가 延祖이고 譙國(초국) 銍縣(질현)사람이다. 10살 때 嵇紹의 아버지 嵇康이 司馬昭(사마소)의 모함으로 피살되어 고아가 되었으며 홀로된 어머니에 대한 효성이 무척 지극하였다. 아버지인 혜강의 절친한 벗이었던 山濤(205 - 283, 字는 巨源, 河内郡 懷縣, 즉 지금의 河南 武陟西 사람으로서 西晉時期 名士로서 "竹林七賢"가운데 한 명)가 晉 武帝에게 "父子罪不相及(부자간의 죄는 서로에게 미치지 않음)"의 변론을 전개하여 승인받고서 혜소를 추천했는데 무제는 조서를 내려 秘書承의 직위를 제수하였고 이후 혜소는 汝陰太守, 豫章内史, 給事黃門侍郎, 散騎常侍, 侍中 등의 직위를 차례로 역임했다. 永興 元年(304) 晉 惠帝 司馬衷(사마충)이 병사를 일으켜 河間王 司馬顒(사마옹)의 반란을 진압하고자 했으나 전세가 불리하자 惠帝는 혜소를 行宮으로 불러 합세하도록 했다. 혜소가 惠帝의 行宮이 있던 蕩陰 근처에 이르렀을 즈음에, 惠帝의 군대는 이미 대패하여 그의 주변에 있던 신하와 호위대는 모두 흩어지고 도망쳤으니 오직 혜소만이 남아 그의 곁을 지켰다. 혜소는 비처럼 쏟아지는 화살을 자신의 몸으로 막아 혜제를 보호하다가 불행히도 화살에 맞아 죽었으며 그 때 그의 선혈이 혜제에게 튀어 혜제의 어의를 붉게 적셨다. 전쟁이 끝난 후에 호종하는 신하들이 혜제의 옷을 빨려고 하자 혜제가 말하기를 "이는 시중 혜소의 피이니 씻어내지 말라."고 했다.

하지 않고 고향에서 후진을 양성했는데 당시 억울하게 죽은 부친의 무덤 곁 송백나무를 붙잡고 항상 슬퍼하면서 눈물을 흘렸기에 그 나무가 말라죽었다. 《시경·육아편》을 읽을 때마다 돌아가신 부모를 생각하며 크게 슬퍼했기에 문하의 제자들도 《시경·육아편》의 강독을 그만 두게 되었다.

9구에서 12구까지는 작자 자신이 왕부가 살았던 옛 고향마을을 직접 지나면서 보고 느낀 감상을 기술했는데, 선생이 서거한 지 벌써 천 년이 지났건만 고향 마을에는 선생이 남긴 글이 지금도 남아 있어 그를 경모하고 탄복하게 하고, 멀리 조선에서 온 작자는 문헌으로만 읽어 왔던 선생의 옛 마을을 지나며 직접 예를 올리게 되니 감개 무량함을 느끼고 마치 선생의 준수한 풍모를 눈앞에 보고 있는 것과 같다고 감탄한다.

13구부터는 入聲 屋韻이었던 압운이 入聲 屑韻으로 환운되면서 작가의 비평적 감상과 견해를 밝히는 부분으로 전환되고 있다. 작자 스스로 선생을 회상하며 〈육아〉편의 "哀哀父母"라는 구절을 직접 나지막하게 읊조려 보았는데 돌연 교목에 슬픈 바람 일어나고 새들도 슬픈 듯이 우는 것처럼 느껴져 내면에서 깊은 감동이 일어났다. 왕부와는 달리 부친을 죽인 조정에 출사하여 侍中 벼슬을 한 혜강의 아들 혜소는 충성을 바쳤지만 비참한 죽음을 맞이하였다. 혜소가 탕음 땅에서 혜제를 보호하다 화살에 맞아 혜제의 어의를 자신의 선혈로 물들이며 죽었으니 혜소를 충신이라고 이를 만하지만, 실제로는 역사서 어디에도 그를 만고의 충신으로 평가하는 기록은 찾아볼 수 없다. 이는 혜제가 그 부친을 죽인 조정에 나간 것이므로 혜소의 충은 부모에 대한 효를 다하지 못한 충으로서 효의 연장선에 있는 것이 아니었기 때문이다.

조선시대 지도층에게 있어 충과 효는 둘 다 반드시 실천되어야 하는 핵심적인 윤리 덕목이었지만 효를 인간 윤리를 성립시키는 근본 요소로 보아 더욱 중시했으며 이러한 가치관은 공자에까지 거슬러 올라가는 유학의 전통적인 가치관에 기초하고 있었다. 《禮記·檀弓上》[47]에는 유명한 자하와 공자의 문답이 나오는데, 부모를 죽인 불구대천의 원수가 아직 살아 있다면 그 원한을 갚기 전에는 조정에 출사해서는 안 된다는 공자의 언술이 나온다. 이러한 공자의 윤리관을 미루어 짐작해보면, 임금이 만약 부모를 죽인 원수라면 그 임금에게 반드시 복수를 해야하는가의 문제는 차치하더라도 적어도 그 임금의 조정에 출사하지 않아야 한다는 것은 분명한 선비의 도덕 규범으로 도출된다 할 것이다. 그러므로 이 시를 쓴 조선 사신 이민성은 부모를 죽인 조정에 나선 혜소를 비판한 반면, 부모를 죽인 조정을 향해 앉는 것조차 거부하고 일생동안 출사하지 않은 왕부를 찬양하고 있는 것이다. 그래서 부모가 죽으면 낙향하여 무덤 곁에 초막을 짓고 3년상을 지내는 것이 원칙이었으며 아무리 임금이라도 특별한 경우가 아니면 이러한 효행의 규범을 무시하고 起復(기복)[48]을 명할 수 없었다. 충보다 효를 중시한 조선 문인들의 일화는 조선시대 역사에서 심심치 않게 확인할 수 있다. 임진왜란의 명장 곽재우 장군은 정유재란이 재발하여 국가의 명운이 백척간두의 위험에 처했음에도 어머니가 세상을 떠나자 벼슬을 그만 두고 전장을 벗어나 삼년상을 치르고 임금의 부름에도 응하지 않았으니 국가에 대한 충보다 어버이에 대한 효를 우선시한 대표적인 사례라 볼만하다.[49]

---

47   《禮記·檀弓上》: 자하가 공자에게 묻기를 "부모를 죽인 원수와 함께 산다면 어떻게 해야 합니까?" 공자가 대답하기를 "거적때기 위에서 창을 베고 삼아 잠자고 출사하지 않으며 같은 하늘 아래 살 수 없다. 만약 저자거리나 조정에서 우연히 마주치면 무기를 가지러 돌아가지 말고 바로 결투를 해야 한다." 다시 묻기를 "형제를 죽인 원수라면 어떻게 합니까?" 공자께서 답하기를 "벼슬길에 나갈 수 있으나 그와 같은 나라에서 하면 안 되고 만약 왕명을 받아 출타 중에 마주친다면 결투해서는 안 된다." 다시 묻기를 "사촌형제를 죽인 원수라면 어떻게 해야 합니까?" 공자께서 답하기를 "결투를 해서는 안 되고 사촌형제의 가족이 만약 싸운다면 무기를 들고 그 뒤를 따라 도와준다."라고 하셨다. (子夏問於孔子曰:「居父母之仇如之何?」夫子曰:「寢苫枕戈, 不仕, 弗與共天下也；遇諸市朝, 不反兵而鬪。」曰:「請問居昆弟之仇如之何?」曰:「仕弗與共國；銜君命而使, 雖遇之不鬪。」曰:「請問居從父昆弟之仇如之何?」曰:「不爲魁, 主人能, 則執兵而陪其後。」)

48   喪을 당해 휴직하던 관원을 상복 기간이 다하기 전에 불러 직무를 수행하도록 명령하는 것이다.

49   《忘憂先生文集 年報》에 "정유년 8월 29일 계모 허씨가 장군이 주둔하고 있던 창녕 화왕산성에서 병으로 죽자 상여를 모시고 산성을 나가서 현풍 가태리 비슬산 자락에 가묘를 모셨다. 그러고는 왜란을 피해 강원도 울진현에 은거하였다. 임금께서 특별히 起復하도록 3차례 명했으나 그 때마다 모두 상소를 올려 사정을 해명하고는 기복하지 않았다."(萬曆二十五年丁酉. 秋八月. ……是月二十九日. 繼母許氏病卒於城中. 奉喪柩出城. 權厝於玄風嘉泰里琵瑟山麓. 遂避地於江原道蔚珍縣.

〈왕부의 옛 고향을 지나다〉

화려한 편액의 네 글자를 보면서 그 사람을 생각하니
효자의 향기로운 이름은 만고의 세월이 흘렀으나 여전히 청신하네.
일찍이 〈육아〉편을 읽을 때는 공연히 슬픈 감정이 일어났는데
지금 유적을 지나게 되니 더욱 눈물이 흘러 수건을 적시네.

過王裒故里[50]
華扁[51]四字想斯人, 孝子芳名萬古新.
曾對蓼莪空起感, 今過遺址更沾巾.

— 申悅道《朝天時聞見事件啟》

　이 시는 명 崇禎 元年(1628) 10월 12일에 冬至, 聖節兼辨誣使臣團의 서장관인 신열도 일행이 "王裒故里"를 지날 때 지어진 시이다. 전편의 시에서 신열도는 "王裒故里"라고 쓰여 있는 화려한 편액을 보고서 부모에 대한 효성이 극진했던 왕부를 떠올리고 그에 대한 감상을 서술하였다. 王裒는 이미 세상을 떠난 지 천년도 넘었지만 효성으로 빛나는 이름은 여전히 고향의 백성들에게 전송되고 있었다. 작자는 예전에 《詩經》의 〈蓼莪(육아)〉편을 읽을 때 그렇게 큰 감흥을 느끼지 못했지만 사행 여정 중에 王裒故里를 지나면서 지극한 효성으로 이름난 王裒의 유풍을 직접 만나게 된 후 가슴 깊이 뭉클한 감정이 느껴지는 것을 금할 수 없었다. 전편의 시에서 신열도가 "王裒故里"의 坊表를 본 후에 지금까지 마을 사람들이 왕부를 그리워하는 마음에 감탄하는 동시에 왕부의 지극한 효성에 감동을 느끼는 과정을 묘사하였다.
　사행록의 기록에 따르면, 王裒故里 혹은 "王裒故里" 패문이 위치한 곳은 마땅히 昌樂縣 동쪽 20리에 있는 東朱鋪였을 것이다. 그런데 중국 사료 중에는 이와 관련

　　自上特命起復者三. 而皆上疏陳情不起.)" 라는 기록이 보인다.

50　題注 : "在靑州".

51　華扁(화편)은 화려한 편액을 말한다. [朝鮮] 金宗直《又題學諭義軒雨千峰所揭》"指商華扁物皆春, 仁義充來萬象新."

하여 상세히 기술한 것이 없으며, 다만 嘉慶《昌樂縣志》중에 "북해 영릉인이다(北海營陵人)"와 같이 간략한 기록만이 있을 뿐이다. 魏晉 시기에 昌樂은 北海 營陵이었지만 王裒故里의 구체적인 소재지를 확증할 방법이 없다. 嘉靖《靑州府志》에 "魏나라 효자 王裒墓는 창락현 동남쪽 60리 거리의 王保社에 있으며 매해 겨울 10월에 有司가 제사를 지낸다."[52]라는 기록은 왕부묘가 있는 장소를 알려준다. 왕부묘는 또한 嘉慶《昌樂縣志》卷首圖의 〈縣圖〉중에 표시되어 있는데[53] 왕부묘는 창락현 馬宋集의 동쪽, 阿陀集의 서쪽에 자리잡고 있었다.

咸豐《靑州府志》중에 수록된《昌樂縣道里近表》의 기록에 따르면, "東南 : 5리를 가면 吳家池子에 이르고 더 20리를 가면 辛旺集에 이른다. 다시 25리를 가면 馬宋集에 이르고 다시 20리를 가면 阿陀集에 이르며 다시 20리를 가면 椿樹嶺에 이른다. 두 지역과 경계를 이루는데 북쪽은 昌樂縣이고 남쪽은 安邱縣이니 대략 90리쯤 된다."[54] 현대의 지도와 대조하여 보면, 嘉靖《靑州府志》에서 기록한 魏孝子 王裒墓는 지금의 濰坊市 昌樂縣 營丘鎮 王裒社區 王裒院村에 있었을 것으로 추정된다.

이 위치는 현재의 王裒墓 소재지와 서로 일치하고 있기는 하지만, 康熙《昌樂縣志》卷首〈縣圖〉[55]에 표시된 "東朱店", 즉 東朱鋪와는 거리가 제법 멀다. 명말 사행록 중에는 이와 비슷한 정황들이 적지 않게 보인다. 아마도 해당 지역의 어떤 명승지나 고적, 혹은 선현의 묘역 같은 것은 등주와 래주, 청주를 지나는 관도에서 비교적 멀리 떨어져 있었을 가능성이 매우 크다. 해당 지역의 주요한 교통 요지가 되는 급체포나 역참 부근에 坊表를 세워둔 것은 본지의 유구한 역사와 지역에서 배출된 인재를 선양하기 위한 목적이었을 것이다.

52　"魏孝子王裒墓, 在(昌樂)縣東南六十里王保社, 每歲冬十月有司致祭." 嘉靖《靑州府志》卷11《陵墓》, 明嘉靖刻本, p.13a.

53　嘉慶《昌樂縣志》卷首圖《縣圖》, 淸嘉慶十四年刻本, p.13b.

54　"東南 : 邪五里至吳家池子, 迂二十里至辛旺集, 又邪二十五里至馬宋集, 又邪二十里至阿陀集, 又邪二十里至椿樹嶺, 一地二界北昌樂縣, 南安邱縣, 凡九十里." 咸豐《靑州府志》卷3《道理表》, 淸咸豐九年刻本, pp.14b-15a.

55　康熙《昌樂縣志》卷首《圖》, 淸康熙十一年刻本, p.1a.

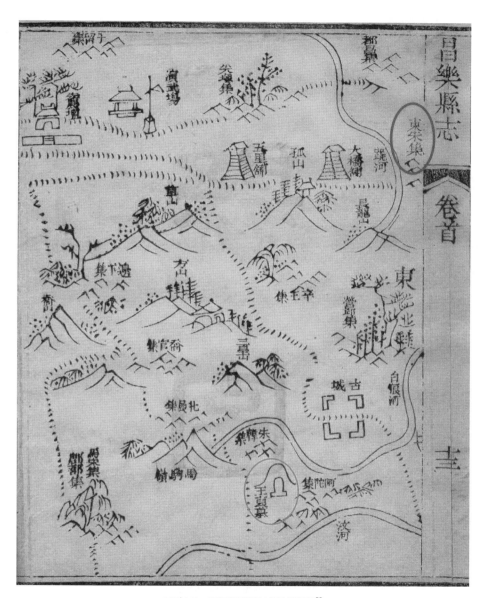

그림 1-7   嘉慶《昌樂縣志》의《境圖》[56]

56   嘉慶《昌樂縣志》卷首圖《縣圖》, 淸嘉慶十四年刻本, p.13b.

사진 1-8   지금 濰坊市 昌樂縣 營丘鎭 王裒社區 王裒院村 남쪽에 위한 王裒墓

사진 1-9   지금의 濰坊市 昌樂縣 營丘鎭 王裒社區 王裒院村의 村碑

　명나라 말기 조선 사신들이 경유한 창락현의 東朱鋪, 東朱集, 朱留店 등이 가리키는 곳은 모두 지금의 濰坊市 昌樂縣 朱劉街道 朱劉東社區에 해당한다. 宋 紹聖5년(1098)의 〈李琪等造像(碑)〉에 있는 "大宋國 濰州 昌樂縣 東文鄕 朱流保任疃村"[57]이라는 기록으로 보건대, 宋代에는 "朱劉"를 "朱流"로 적었다. 글자의 의미로 이해해본다면, 朱流는 주홍색의 하천이라는 뜻이다.

　濰坊市 昌樂縣 朱劉街道 朱劉東社區의 劉津樂 書記의 이야기를 들어보면, 마을 남쪽에 오래된 마른 하천(지금의 昌樂桂河)이 있었는데, 도랑에 붉은 진흙이 들어 있었다고 한다. 이전에 산사태가 났을 때 붉은 진흙이 쓸려 내려와 朱劉店으로 흘러 들어서 하천의 물이 주홍색을 띠게 되었다는 것이다. 이것이 아마도 《齊乘》에서 지금의 朱劉를 흘러가는 桂河를 "朱流河"라고[58] 부른 원인일 것이다.

　元 皇慶元年(1312)의 〈劉氏先塋之記(碑)〉에는, "公은 외국 출신으로 姓은 劉氏이고 諱는 英, 字는 漢卿이다. 濰州 서쪽 35리에 있는 朱留店, 淸惠鄕, 萬家莊이 곧 공의 조상의 거주지이다."[59] 濰州는 隋나라때 설치했던 州名이고 명대 말기에는 萊州府 濰縣이 되었다. 앞서 서술한 바와 같이 濰縣城으로부터 昌樂縣까지 50리 거리였고 東朱鋪까지는 30리 거리였다. 吳翿의 〈朱留鋪〉 시에서 "향기가 십리 길에 가득하니 10리를 뻗은 번화한 거리는 온통 하늘거리는 버드나무 가지로 덮여 있다"라고 묘사한 것으로부터 명대 말기 東朱鋪의 규모는 元代의 "朱留店"보다 더 크고 번화했던 것임을 짐작할 수 있다.[60] 그러므로 〈劉氏先塋之記(碑)〉에서 언급한 "朱留店"은 틀림없이 명대 말기 東朱鋪와 동일한 곳을 지칭하는 것이다. 명 嘉靖《昌樂縣志》에서는 "창락현은 府 동쪽 70리에 있고, 왼쪽으로는 朱留와 경계를 이루고

57　民國《昌樂縣志》卷17《金石志》, 民國二十三年鉛印本, p.16b "維大宋國濰州昌樂縣東文鄕朱流保任疃村"

58　"(濰)州西……又有朱流河出方山……西北流入海."《齊乘》卷2《益都水》, 淸文淵閣四庫全書本, p.12a.

59　"公忙古歹, 姓劉氏, 諱英, 字漢卿. 濰州西三十有五店曰朱留, 鄕曰淸惠, 莊曰萬家, 乃公之祖居." 民國《昌樂縣志》卷17《金石志》, 民國二十三年鉛印本, p.47b.

60　이밖에 驛道 노선의 변화나 두 장소의 거리 변화와 같은 상황을 배제할 수 없다. 오랜 세월이 흐르고 사료가 부족하여 더 자세한 고증을 할 수 없었다.

오른쪽으로는 堯水가 관통한다."[61]"창락현의 급체포는 세 곳이 있는데 ……길의 동쪽 10리에 孤山鋪가 있고, 다시 10리를 지나면 東朱鋪가 있으니, 이로부터 濰縣의 경계에 닿게 된다."[62] "東朱店集은 (昌樂)縣 동쪽 20리 거리에 있다."[63] 萬曆《萊州府志》에도 유사한 기록이 있다. "劉氏는 昌樂縣 朱留店 출신이다."[64]

이상의 기록으로부터 보건대, 급체포로 보자면 조선 사신들이 창락현 동쪽 20리에서 경유한 곳의 명칭은 "東朱鋪"가 맞을 것이다. 이곳은 명 嘉靖 연간 이전에 설치되었으며 "朱留店", "東朱店"이라고 불렸다. 集市의 명칭으로 보자면 "東朱店集"이라고 불렸고, 昌樂縣 在城鄉 東朱社[65]에 속하였었다. 이 때문에 조선 사신들은 東朱鋪를 "周流店", "珠琉店", "朱留鋪", "東朱店"으로 다양하게 지칭하게 되었던 것이다.

관련 지방지의 기록[66]에 따르면, 淸 康熙 11년(1672)부터 淸末까지 "東朱鋪", "朱留店", "東朱店", "東朱集", "朱裏店"의 다섯 개 명칭이 병존하였고 昌樂縣 靑慧鄉 朱留社에 소속되어 있었다. 민국 23년(1934)에는 "朱劉店", "朱留店", "朱留", "東朱廠"의 네 개의 명칭이 병존하였으며 昌樂縣 第二區에 속하였다. 1950년에는 "朱劉店"으로 불렸고 三區 朱劉區에 속했었고, 1958년 1월에는 朱劉鄉에 속하였다. 1958년 9월에는 朱劉公社에, 1984년에는 昌樂縣 朱劉鎭에 속했으며, 2005년부터 지금까지는 朱劉東村과 朱劉西村으로 나뉘었고 각각 朱劉街道 朱劉東社區와 朱

---

61   "昌樂在府東七十里, 左界朱留, 右通堯水" 嘉靖《昌樂縣志》卷1《地理志》, 明嘉靖刻本.

62   "昌樂之鋪路有三：……其鋪路東十里曰孤山鋪, 又十里曰東朱鋪, 由此抵濰縣界" 嘉靖《昌樂縣志》卷1《地理志》, 明嘉靖刻本.

63   "東朱店集在(昌樂)縣東二十里" 嘉靖《昌樂縣志》卷1《市集》, 明嘉靖刻本, p.11a.

64   "劉氏, 昌樂縣朱留店人." 萬曆《萊州府志》卷6《烈女》, 明萬曆三十二年刻本, p.37b.

65   "鄉里：國(朝)三鄉, 一在城, 二仁惠, 三淸和, 領九十八社, 今並爲九十七社. 在城鄉, 領二十八社：……西莊社, 東朱社, 跪河社……." 嘉靖《昌樂縣志》卷1《地理志》, 明嘉靖刻本, p.9a.

66   康熙《昌樂縣志》卷1《地理志》, 淸康熙十一年刻本；咸豐《靑州府志》卷22下《山川考二下》, 咸豐九年刻本；民國《山東通志》卷2下《輿圖志第一·昌樂》, 民國七年鉛印本；民國《昌樂縣續志》卷2《疆域志》, 民國二十三年鉛印本, pp.2b-13a；山東省昌樂縣史志編纂委員會編：《昌樂縣志》, 山東人民出版社1992年版, pp.70-72；昌樂縣地方史志編纂委員會編：《昌樂縣志》中華書局2008年版, pp.38-41.

劉西社區에 속해 있다.

사진 1-10　지금의 昌樂縣 朱劉街道 朱劉東社區 주민위원회

　　劉津樂 서기는 지금의 朱劉東村 내의 동남쪽에 이전의 官道와 驛店의 건축 유적지가 남아 있다고 알려 주었다. 이 관도는 옛날 濰縣과 益都(靑州府城의 소재지로 뒤에서 상술함)를 연결하는 登靑萊驛道의 일부분이었으며, 이곳의 역참은 이전에 사람들이 朱劉店을 왕래할 때 숙박하거나 식사를 하던 곳이다. 劉 서기를 따라서 옛 관도와 역참의 유적지를 찾아가보았다. 옛 驛道의 유적지는 길이가 약 500미터, 넓이는 약 6-8미터 정도 되었고 동서 방향으로 나 있었다. 노면은 단단하게 다져져 있으며 일부분에는 주민들의 주택이 들어서 있다. 설명에 따르면, 驛店의 건축은 명대부터 민국 시기까지 북방에서 자주 보이는 靑磚으로 쌓은 거주지 양식이라고 한다. 오랜 세월이 흐르고 보수가 되지 않아서 이 건축물의 옥상은 파손되었고 안팎으로는 풀과 덩굴이 무성하게 덮고 있었다.

사진 1-11   저자가 劉津樂 서기와 함께 찍은 기념사진

사진 1-12   지금의 朱劉東村 내 동남쪽에 있는 驛道의 옛 유적

사진 1-13   劉書記가 본서 연구팀에게 朱劉店의 옛 驛道와 驛店의 역사를 설명해주고 있다. 劉書記의 뒤로 보이는 푸른 벽돌 건축이 바로 옛 驛店의 유적이다. 비록 오랜 세월이 지나서 조선 사신이 유숙한 곳의 구체적인 위치를 고증할 수는 없지만 고대 건축, 특히 역참과 같은 건축의 위치는 일반적으로 연속성이 있다. 이곳이 옛 東朱鋪일 가능성이 매우 크다.

이상의 설명을 종합해보면, 조선 사신이 언급한 周流店(朱留鋪, 珠琉店, 東朱店)과 王裒故里(王裒古跡" 題門, 魏孝子王裒之故里, 王裒古里, 王裒故里, 魏孝子王裒故里, "王裒故里" 欄門 王裒故閭, "王裒古里" 牌坊)는 마땅히 지금의 昌樂縣 朱劉街道 朱劉東社區 朱劉東村과 朱劉西社區 朱劉西村이 맞을 것이다. 구체적인 명칭은 다음과 같이 변화하였다. (宋)朱流→(元)朱留店, 朱流→(明末)東朱鋪, 朱留店, 東朱店, 東朱店集→(清康熙11년부터 清末까지)東朱鋪, 朱留店, 東朱店, 東朱集, 朱裏店→(民國23년)朱劉店, 朱留店, 朱留, 東朱廠, 靑龍街→(1950-2005)朱劉店村→(2005년부터 지금까지) 朱劉東村和朱劉西村이다.

제2절　逢萌舊墟[67]

　　(3月) 16日, 庚午에 王老店에 도착하였다. 아침에 창락현을 출발하여 仙山古迹(현 동쪽 10리에 있다), 伯夷故蹤과 逢萌故里(현 동쪽 15리에 있다), 王裒故閭(周流店에 있다), 그리고 平津別業(濰縣 서쪽 10리)을 지났다. 濰水를 건너 濰縣의 北館馹에 도착했다. …… 王老店에 도착했다.(이곳은 昌邑 지역이다). 약 백십리 길을 걸었다.

　　(三月)十六日, 庚午, 到王老店. 早發昌樂, 過仙山古迹(縣東十里), 伯夷故蹤, 逢萌故里(縣東十五里), 王裒故閭(在周流店), 平津別業(濰縣西十里), 渡濰水抵濰縣之北館馹. ……抵王老店(昌邑地), 約行一百一十里.

　　　　　　　　　　　　　　　　　　　　　　　―李民宬《癸亥朝天錄》

　　(9월)19일, 庚午, 맑음. (濰縣北館에서 출발하여) 平津別業(평진별업)[68]

67　사행록에 기록된 다른 이름으로 "龐萌古跡" 題門, "逢萌古里" 牌榜, 逢萌故里, 逢萌古里, "蓬萌故里" 欄門 등이 있다.

68　平津(평진)은 漢武帝 때의 정승이었던 平津侯(평진후) 公孫弘(공손홍)을 말한다. 그는 승상의 자리에 있으면서도 무명 이불을 덮고 현미밥[脫粟]을 먹어 겉으로는 검소하고 근신하는 듯했으나 실은 간사한 소인이었다.

을 지났다. …… 逢萌舊墟(방맹구허)[69]를 지나니 바다에 떠서 어디로 갔는고? 淸聖遺蹤(청성유종)[70]을 지나게 되니 이런 생각이 든다. '어찌 돌아가지 않으리요.' 하고는 殷紂王(은주왕)을 피하여 숨어 있다가 周文王(주문왕)이 죽고 周武王(주무왕)이 은나라를 공격하매 말 머리를 두드리며 간언하였으니, 한결같은 절개는 千秋에 늠름하다. 孤山은 말이 없고 香火는 차갑게 식었으니 슬픈 탄식을 금할 수 없다. 이 날은 50리를 가서 昌樂縣 南關에서 유숙하였다.

　(九月)十九日, 庚午, 晴.(從濰縣北館發行)過平津別業, ……逢萌舊墟, 浮海何之 ; 淸聖遺蹤, 蓋歸乎來, 避紂當時, 於焉豹隱, 而養老君亡, 觀政斯急, 則叩馬一節, 千載凜凜 ; 孤山無語, 香火凄涼, 不堪嗚呼, 是日行五十里, 宿昌樂縣南關裏.

— 洪翼漢《花浦朝天航海錄》

　(10월)12일, 己亥, 맑음. 아침에 (濰縣을) 출발하였다. …… 魏孝子 王裒와 逢萌故里를 지났다. …… 저녁에는 昌樂縣 東館에 도착하였다. 역관은 濰縣으로부터 50리 거리에 있으며, 知縣은 劉秀芳이다.

　(十月)十二日, 己亥, 晴. 早發(濰縣)……過魏孝子王裒及逢萌故里, ……夕抵昌樂縣東館, 馹距濰縣五十里, 知縣劉秀芳.

— 申悅道《朝天時聞見事件啟》

　주청사신단의 서장관 이민성은 명 천계 4년(1624) 귀국 노정에서 "仙山古迹", "伯夷故蹤", "逢萌故里", "王裒故閭", "平津別業"을 지난 후에 "王老店"에 도착했다. 명 천계 4년(1624) 홍익한 일행은 濰縣 北館에서 출발하여 "平津別業"과 "王裒故里", "逢萌舊墟", "淸聖遺蹤", "孤山"을 지난 후에 昌樂縣 南關에 도착하였다. 명 천계 8년(1628) 冬至聖節謝恩使의 서장관이었던 신열도 역시 북경행의 유현 - 창

69　逢萌(방맹)은 漢나라 때 사람이다. 王莽(왕망)이 한나라를 찬탈하자 방맹은 이 가족을 이끌고 바다를 건너 요동으로 옮겨 갔다.

70　淸聖(청성)은 伯夷(백이)를 가리킨다. 淸聖遺蹤(청성유종)에 관해서는 3절에서 상술하겠다.

락현 여정에서 "王裒古里"와 "逢萌故里"를 지나갔던 일을 기록하였다.

"逢萌舊墟(방맹구허)"라는 표지는 東漢의 선비인 逢萌(방맹)이 살던 옛집을 말한다. 《後漢書》와 《資治通鑒》의 기록에 의하면, 逢萌은 혹은 逢萌이라고도 하는데, 字는 子康이고 北海 都昌(지금의 山東 昌邑) 출신이다. 젊은 시절 逢萌의 집안은 빈천하였는데 비록 亭長이라는 낮은 직위에 있었지만 그가 지향한 뜻은 高遠하였으므로 "대장부가 어찌 다른 사람의 부림을 받겠는가(大丈夫安能爲人役哉)"라고 하였다. 그리고 도성인 長安으로 가서 학문을 탐구하였고 마침내 《春秋》의 학문을 통달하였다. 外戚 王莽이 帝位를 찬탈하면서 자신의 둘째 아들인 王宇를 죽이자 逢萌은 "삼강이 이미 끊어졌다(三綱已絕)" "떠나지 않으면 화가 미칠 것이다(不去, 禍將及人)"라고 말하며 가솔들을 이끌고 멀리 遼東으로 피난하였다. 建武 元年(25)에 漢 光武帝 劉秀가 제위를 이은 후에 逢萌은 "琅琊의 勞山으로 가서 뜻을 수양하고 道를 닦았다.(琅琊勞山, 養志修道)" 그의 재능과 인덕이 탁월하게 뛰어났으므로 그곳의 사람들이 아버지처럼 공경하였고 逢萌의 덕행으로부터 교화를 받았다. 逢萌이 《春秋》와 陰陽術에 정통하다는 소식을 들은 光武帝는 逢萌을 불러들여 明禮少府라는 관직을 주려 하였으나 逢萌은 이미 연로하여 세상일에 도움이 되지 않음을 핑계로 들어 피하여 나가지 않고 천수를 다하였다.

"逢萌故里"를 지나면서 이민성은 〈過逢萌故里〉라는 시를 남겼다.

〈逢萌故里를 지나다〉

王莽이 겸손하고 공경하던 때, 楊雄이 賦를 짓고 송양하던 시절
어떤 사람이 지혜와 재능을 모두 갖출 수 있을까.
군자는 기미를 알아채는 것을 귀히 여긴다네.
梅福은 南昌에서 현위를 지내며 숨어 지냈고 逢萌은 北海로 돌아가 버렸지.
천년을 지나며 구릉과 계곡이 변하였으니 옛 흔적은 여전히 모호하다네.

過逢萌故里

王莽謙恭[71]日, 楊雄[72]賦頌[73]時.

何人能秉哲,[74] 君子貴知幾.[75]

梅尉[76]南昌隱, 逢公北海歸.

千秋陵谷變, 舊跡尚依俙.[77]

—李民宬《燕槎唱酬集》

71　王莽謙恭(왕망겸공)이란 王莽이 제위를 찬탈하기 전에 거짓으로 공경하고 겸손한 척하였다는 뜻이다.《漢書·王莽傳》에 "王莽의 字는 巨君이고 孝元皇后의 동생의 아들이다. …… 왕망의 여러 형제들은 모두 將軍과 五侯의 아들이므로 기세가 등등하고 사치하였으니, 마차와 말을 타고 유람 가는 소리가 요란하였다. 그러나 왕망은 홀로 가난하였으며 절약하며 공손하고 검소하였다. …… 永始 元年에 왕망이 新都侯에 봉해졌다. …… 곧 騎都尉 光祿大夫 侍中의 자리로 옮겼는데 숙직하며 자리를 지키고 삼가며 경계하니, 爵位가 더욱 높아졌으나 절약하며 더욱 겸허해졌다. 그리고 輿馬와 衣裘를 풀어서 손님들에게 나누어 주곤 하였으니 집안에는 남은 것이 없었다"라는 기록이 있다.

72　楊雄(양웅)의 字는 子雲이고 四川 成都人으로 漢代 文人이다. 漢成帝 때 儒家典籍의 章句에 주석을 달고 해석하였으므로 訓詁學의 길을 열었다.

73　賦頌(부송)은 賦를 지어 송축한다는 뜻이다. 楊雄은 王莽이 나라를 세웠을 때 관리가 되어서《劇秦美新》이라는 문장을 지었다. 문장 중에서 秦始皇과 秦나라를 비평하면서 王莽이 건국한 "新朝"를 적극 찬양하였다. 이 문장으로 인해 양웅은 많은 쟁론을 불러일으켰는데 宋代 大儒인 朱熹는 "莽의 大夫 楊雄이 죽었다(莽大夫楊雄死)"라고 일컬었다.

74　秉哲(병철)은 재능, 지혜를 모두 겸비한 것이다. 南朝 劉勰《文心雕龍·時序》에 "明帝에 이르러 재능과 지혜를 겸비하였으니 아름다운 문채가 모여들었다.(逮明帝秉哲, 雅好文會)"라고 하였다.

75　知幾(지기)는 예견력이 있어서 사물의 변화와 발생의 전조를 알아챈다는 의미이다.《周易·系辭下》에 "기미를 알아채니 신령하도다. 君子는 윗사람과 사귈 때 아첨하지 않고 아랫사람과 사귈 때 과도하지 않으니 그것이 기미를 아는 것이로다. 幾는 미미한 움직임이니, 吉한 조짐이 먼저 나타나는 것이다.(知幾其神乎. 君子上交不諂, 下交不瀆, 其知幾乎? 幾者, 動之微, 吉之先見者也.)"라고 하였다.

76　梅尉(매위)는 南昌縣 縣尉였던 東漢 문인 梅福을 가리킨다.《漢書·梅福傳》의 기록에 의하면, 梅福(매복)의 字는 子眞이며 九江 壽春(지금의 安徽 壽縣)사람이다. 젊어서 長安에서 학문을 배웠는데,《尚書》와《春秋穀梁傳》에 밝았다. 학식이 다른 사람보다 뛰어났고 南昌尉를 지냈다. 漢成帝 때 외척 왕씨 일족의 세력이 강성하여 대장군 王鳳이 권력을 쥐었을 때, 京兆尹 王章이 왕봉을 비난한다가 살해당하자 신하들 가운데 감히 말을 꺼내는 사람이 없었는데, 梅福만이 간언을 하며 참말을 하였다. 漢平帝 元始 연간에 王莽이 정권을 찬탈하자, 매복은 처자들과 이별하고 단신으로 구강을 떠났다. 이후 會稽에 나타났으나 성명을 바꾸어 살다가 吳市門에서 죽었다고 한다. (《漢書》卷67《列傳第三十七》, 百衲本二十四史景宋景佑刻本, pp.7b-15a)

77　依俙(의희)는 依希, 依稀라고도 쓰는데, 모호하고 희미하다는 뜻이다.

이 시는 이민성이 명 천계 4년(1624) 3월 16일에 "逢萌故里"를 지나면서 지은 것
이다. 詩題의 뒤에 "역시 창락현 동쪽 15리 거리에 있다[亦在昌樂縣東十五里]"라
고[78] 自註를 달아놓았다. 이 시는 이민성 등이 사행 임무를 완성한 후에 北京으로부
터 登州로 돌아가는 귀국길에 지어졌다. 〈過逢萌故里〉, 〈過伯夷故跡〉 두 편의 시
는 모두 《燕槎唱酬集》 중에 수록되어 있는데, 〈過伯夷故跡〉이 앞에 실려 있고 〈過
逢萌故里〉가 뒤에 수록되었으므로[79] 제목의 주석 중에서 "亦"이라고 쓴 것이다. 이
민성은 "伯夷故蹤"과 "逢萌故里"가 모두 昌樂縣 동쪽 15리 거리에 있다고 했는데,
〈過逢萌故里〉, 〈過伯夷故跡〉 두 시의 배열 순서로 보건대 "伯夷故蹤"은 "逢萌故
里"의 서쪽에 있었던 것으로 추정된다.

이 시에서는 王莽이 제위를 찬탈하기 전에 거짓으로 공경하고 겸손한 척하던 시
절과 楊雄이 賦文을 지어 王莽이 건국한 새 왕조를 찬양하던 그러한 시절에 누가
능히 재부와 지혜를 모두 겸비할 수 있을까라는 의문을 보인다. 재능과 덕을 겸비
한 사람은 사건이 발생하기 전에 미세한 징조를 더욱 중시하는 법이니, 王莽이 왕
권을 전횡하기 전에 東漢 文人 梅福은 南昌에서 은거하였고 逢萌은 北海로 돌아갔
으며 또한 遼東으로 가서 은둔하였다. 이렇게 지혜로운 이들은 은거하며 어지러운
세상을 피하였으니, 옛적에 그들이 은거하던 곳의 지형과 유적은 오랜 세월 동안
많이 변화하여 "逢萌故里"에 있는 逢萌의 유적도 모호해져 버렸다고 한탄한다.

> (濰縣으로부터) 35리를 이동하니 패문이 있는데, "蓬萌故里"라고 쓰여 있
> 다. 방맹은 王莽의 시대에 바다로 떠났다가 遼東에서 타향살이를 했던 사
> 람이다.
>
> (自濰縣)行三十五里,有櫺門,書之曰:"蓬[80]萌故里",萌莽時浮海,客遼東者也.
>
> —鄭斗源《朝天記地圖》

---

78   [朝鮮] 李民宬:《敬亭集》卷8《燕槎唱酬集下》, 韓國首爾大學奎章閣藏本, p.24a.
79   [朝鮮] 李民宬:《敬亭集》卷8《燕槎唱酬集下》, 韓國首爾大學奎章閣藏本, pp.23b-24a.
80   "逢"자를 誤記한 것이다.

　　정두원의 문장으로부터 알 수 있는 것은 "逢萌故里"의 패문, 즉 坊表는 유현 서쪽 35리 거리에 있었다는 것이다. 앞서 말한 바와 같이, 濰縣城의 서쪽으로 50리 거리에 昌樂縣城이 있었다. 그러므로 "逢萌故里" 패문은 마땅히 昌樂縣 동쪽 15리 거리에 있었을 것이다. 이러한 추측은 이민성의 기록과 일치한다. 嘉靖《昌樂縣志》의[81] 기록에 의하면, 昌樂 동쪽 10리에 孤山鋪가 있고 동쪽 20리는 東朱鋪가 있다. 이로부터 알 수 있는 것은, 조선 사신들이 본 "逢萌故里" 패문은 마땅히 孤山鋪와 東朱鋪 사이에 위치하였다는 점이다.

　　康熙《昌樂縣志》卷首의 〈縣圖〉에[82] 묘사된 바에 따르면, 淸初에 昌樂縣 동쪽 경계로부터 昌樂縣城 구간에 이르기까지 모두 네 곳의 鋪舍 標識가 있었는데, 동쪽으로부터 서쪽으로 차례로 東朱店(東朱鋪), 大橋鋪, 孤山鋪, 五里鋪라고 하였다. 康熙《昌樂縣志》중에 昌樂縣 東路 急遞鋪에 관한 기술과 嘉靖《昌樂縣志》의 기록은 일치하고 있다. 이밖에 嘉慶《昌樂縣志》의 기록에 의하면, "(昌樂縣의) 墩台는 세 곳인데, 각각 丹河鋪, 五里鋪, 大橋鋪로서 각 곳에 馬守兵 5명을 두었다."[83] 康熙《靑州府志》도 역시 다음과 같이 기록하였다. "大橋는 城 동쪽 15리 거리에 있다. 石橋와 오래된 흙다리를 知縣 劉可訓이 자신의 급료를 기부하여 증수하였다."[84] 이 이야기는 淸初에 경제적, 혹은 군사적 이유로 해당 지역의 정부가 昌樂縣 동쪽 5리와 동쪽 15리에 각각 五里鋪와 大橋鋪를 증설하였음을 설명해준다.

　　바꾸어 말하면 조선 사신들이 언급한 명대 말기 "逢萌故里" 패문은 마땅히 淸初 昌樂縣 동쪽 15리 거리에 있는 大橋鋪에 있었을 것이다. 民國《昌樂縣續志》에 수록된 〈大橋〉라는 제목의 시 한 편을 통해서 조선 사신이 이곳을 경유하면서 보았던

81　"(昌樂縣)鋪舍, 昌樂之鋪路有三, 鋪舍十有二. ……其鋪路東十里曰孤山鋪, 又十里曰東朱鋪, 由此抵濰縣界." 嘉靖《昌樂縣志》卷1《地理志》, 明嘉靖刻本.

82　康熙《昌樂縣志》卷首《境圖》, 淸康熙十一年刻本, p.1a.

83　"(昌樂縣)墩台三：丹河鋪, 五里鋪, 大橋鋪各處馬守兵五名." 嘉慶《昌樂縣志》卷10《兵防考》, 淸嘉慶十四年刻本, p.1b.

84　"大橋, 城東十五里, 石橋久圮, 知縣劉可訓捐俸增修." 康熙《靑州府志》卷11《津梁》, 淸康熙十五年刻本, p.37a.

늦가을과 초겨울 무렵의 아름다운 풍경을 상상할 수 있다.

〈대교〉

北風이 산들산들 불어오니 역시 시절에 맞고
劇縣은 막 맑게 개었으니 그림 속에 시가 있는 듯.
흐르는 물 위로 겨울 까마귀 우는 소리 들리는 大橋驛,
빈 산 나뭇잎 누른 빛 속에 있는 伯夷祠.
시험 삼아 찾아가보았으나 잘려진 비석에 이끼가 무성하고
내려오는 길에 석양빛이 깔리매 귀밑털이 차갑게 느껴지네.
경치가 뛰어난 곳에 이르러 연못의 돌에 말을 묶어 놓으니
푸른 연기 자욱한 속에 술집의 깃발이 펄럭이는구나.

大橋[85]
前人
北風嫋嫋亦多時, 劇縣[86]新晴畫裏詩.
流水[87]寒鴉大橋驛, 空山黃葉伯夷祠.
試尋斷碣[88]荒苔蘚, 欲下殘陽[89]冷鬢絲.
勝地石塘[90]聊系馬, 靑煙搖漾酒家旗.

85　民國《昌樂縣續志》卷16《藝文志》, 民國二十三年鉛印本, pp.55b-56a. 嘉靖《昌樂縣志》, 康熙《昌樂縣志》, 嘉慶《昌樂縣志》중에는 이 시가 수록되지 않은 것을 보면《大橋》시의 창작시기는 청대 중기나 후기일 것이다.

86　劇縣(극현)은 東漢 시기에 설치했던 縣의 이름이며, 여기서는 창락현을 가리킨다.

87　流水(유수)는 淸代 昌樂縣 東朱鋪와 大橋鋪 사이에 있던 跪河이며 지금은 桂河라고 불린다.

88　斷碣(단갈)은 부러진 비석이다. 淸 納蘭性德《滿庭芳》詞에 "남은 것은 몇 줄의 역사일 뿐, 사그라지는 석양빛 아래 부러진 비석의 잔해가 남아있네(剩得幾行靑史, 斜陽下, 斷碣殘碑)"라고 하였다.

89　殘陽(잔양)은 기울어가는 햇빛, 석양빛을 일컫는다.

90　石塘(석당)은 돌로 쌓은 물가의 둑을 가리킨다. 唐 段成式《猿》詩에 "그림자 가라앉은 파협에 바위 색은 깜깜한 밤처럼 칠흑 같고 발자국 끊어진 물가의 둑 위로 차가운 여울 소리 들려온다(影沈巴峽夜岩色, 蹤絕石塘寒瀨聲)"라고 하였다.

작가는 시 속에서 가을비가 지나간 후에 昌邑縣城에서 출발하여 "大橋驛"을 거쳐 지나가면서 東朱鋪로 갈 때 보았던 장면들을 묘사하였다. 작가는 말을 타고 "대교(大橋)"를 건넜는데 그 아래로 "흐르는 물[流水]"이 잔잔하게 흘러가고 있었으며 깍깍 우는 "겨울 까마귀[寒鴉]"가 멀지 않은 곳에서 날아가는 모습이 보였다. 멀리 내다보이는 "빈 산[空山]"은 즉 孤山으로, 산 위에는 이미 "누르스름한 나뭇잎[黃葉]"으로 가득 덮여 있었고 산 정상의 "백이사(伯夷祠)"는 차가운 바람 속에 엄숙한 모습으로 서 있었다. 석양이 낮게 깔릴 때 차가운 기운이 느껴져 "귀밑털이 차가와 졌다[冷鬢絲]". 그러나 작가는 여전히 "大橋驛" 안에 있는 황폐한 풀 속에서 일찌감치 잘려진 石碑를 찾아내었고 聖賢을 그리워하며 사모하였다.

사진 1-14　지금의 昌樂市 朱劉街道 大橋村 동쪽에 있는
"東橋"로부터 孤山 동쪽 주봉우리를 멀리 바라본 풍경

〈逄萌故里〉
(영구 옛 성 동남 모퉁이에 있다)

왕망이 아들 왕우를 죽이자 삼강이 끊겨져 재앙이 미칠 것을 예견한 방맹은
도성의 동문에 의관을 걸어두고는 멀리 요동 바닷가로 피하였네.
방맹의 고매한 인품은 천 년 세월 동안 변함없이 맑고
옛 마을에는 아직도 그의 기풍이 남아있네

우리 집 옛 담장 동쪽이 방맹의 옛 마을이니,

그와 더불어 친구를 삼고자 하여 지금 방맹의 옛 마을을 찾아왔다네.

비록 유구한 세월이 지났으나 방맹이 그리워

머리를 긁적이며 차마 떠나지 못하겠네.

逢萌故里

(在營邱古城東南隅)

前人

怵目[91]研綱絕, 掛冠東都門.

淸風邁千載, 故里今尚存.

吾家老牆東, 與君爲契友.[92]

今我訪邑蹤, 曠世[93]感搔首.[94]

　　　　　　　　　　　　　　　　　　　　─民國《昌樂縣續志》[95]

　옛 문헌 중에 逢萌故里에 관한 사료와 기록이 전해지는 곳은 세 곳인데, 각각 萊州府 昌邑縣, 靑州府 益都縣과 昌樂縣이다. 乾隆《昌邑縣志》에는 "逢公里는 漢 逢萌故里이며, 현의 서남쪽 10리 지역에 있다. 지금 있는 '南逢'과 '北逢'의 마을이 그곳이다."[96]라고 하였다. 民國《昌樂縣志》에는 "逢萌故里는 창락현 營邱古城의 동남

---

91 怵目(출목)은 무서운 광경을 보고 몹시 놀라는 모습이다.

92 契友(계우)는 의기가 투합하고 마음이 잘 맞는 친구를 가리킨다. 羅貫中《三國演義》第四十五回에 "주유가 여러 관리에게 말했다. '이 사람은 나의 동창이며 친한 친구이다(瑜告衆官曰 : '此吾同窗契友也)'"라는 표현이 있다.

93 曠世(광세)는 역사가 유구하며 오랜 시간이 흘렀음을 나타낸다.

94 搔首(소수)는 머리를 긁는 모습인데, 걱정이 되거나 깊이 생각하며 불안한 마음을 표현한 것이다.《詩·邶風·靜女》에 "사랑하지만 볼 수 없으니 머리를 긁적이며 머뭇거리네(愛而不見, 搔首踟蹰)"라는 표현이 있다.

95 民國《昌樂縣續志》卷16《藝文志》, 民國二十三年鉛印本, p.60b.

96 "逢公里, 漢逢萌故里, 在縣西南十里. 今有村曰'南逢', '北逢'者是." 乾隆《昌邑縣志》卷1《古跡》, 淸康熙七年刻本, p.47b.

쪽 모서리에 있다."[97]라고 하였고, 《太平寰宇記》에는 "益都……高士塚은 漢 高士
逢萌이 王莽의 난을 피하여 은거하였던 곳이니, 後漢 시대에 여러 번 부름을 받았
으나 나가지 않았다."[98] 그 밖의 지방지 중에는 逢萌墓를 기록한 곳이 두 곳인데, 즉
昌邑과 昌樂이다.[99] 民國《山東通志》에 의하면, "逢萌墓는 昌邑縣 남쪽 5리에 있다.
昌樂에도 역시 방맹묘가 있는데 옛 營邱城 서쪽이다."라는[100] 기록이 있다. 비교적
이른 시기에 방맹묘와 관련된 사적을 기록한 것은 北魏의 酈道元이 편찬한 《水經
注》이다. 역도원은 "濰水는 동북쪽으로 逢萌墓를 지나 흐른다. 방맹은 昌邑縣 출신
인데, 어린 나이에도 굳은 절의가 있었다. 縣亭의 말직에 있는 것을 부끄럽게 여겨
바다로 배를 타고 나가 遼東에 이르렀다. 다시 돌아와서는 不其山에서 은거하며 학
문을 익혔다. 明帝가 수레를 보내어 방맹을 초빙하였으나 방맹은 거짓으로 미친 척
하여 가지 않았다. 유수는 또 북쪽으로 都昌縣 故城의 동쪽을 지나간다."[101]

逢萌墓가 昌樂에 있었다는 기록으로 또 참고할 만한 것은 元代《齊乘》중에 "逢
萌塚은 郡志에 따르면 濰州 營陵古城 가운데 있다."[102]라고 한 것이다.《水經注》에
의하면, 濰水는 逢萌塚을 경유하여 지났고 그 다음으로 都昌故城을 지나갔으니 초
기의 都昌故城은 昌邑縣의 서쪽 2리 정도에 위치해 있었고[103] 濰水는 昌邑 동쪽 3

---

97 "逢萌故里, 在(昌樂)營邱(丘)古城東南隅." 民國《昌樂縣志》, 民國二十三年鉛印本.
98 "益都……高士塚, 漢高士逢萌避王莽亂, 遂隱居, 後漢累征不起."《太平寰宇記》卷18, 清文淵閣
    四庫全書補配古逸叢書景宋本, p.7.
99 "濰縣漢逢萌墓, 在營丘古城縣西三十里, 有碑記, 題曰：漢隱士逢公之墓." 萬曆《萊州府志》卷6
    《墳墓》, 明萬曆三十二年刻本, p.57a. 昌樂은 隋代부터 元代까지 濰州에 속하였으므로 명대 말
    기 濰縣이나 民國 시기 이전의 濰縣 지방지 중에도 종종 昌樂에 위치한 명승지나 묘역에 관한
    내용이 나타난다. 본 연구에서는 이러한 상황을 감안하여, 萬曆《萊州府志》중에 기재된 逢萌墓
    의 소재에 대한 기록을 昌樂縣으로 귀속시켰다.
100 "逢(逢)萌墓, 在(昌邑)縣南五里. 昌樂亦有萌墓, 在古營邱(丘)城西." 民國《山東通志》民國七年鉛
    印本.
101 "濰水東北徑逢萌墓. 萌, (昌邑)縣人也, 少有大節, 恥給沾縣亭, 遂浮海至遼東, 復還, 在不其山隱
    學. 明帝安車征萌, 以佯狂免. 又北徑都昌縣故城東."(北魏)酈道元撰, (清)楊守敬纂疏：《水經注
    疏》卷26《濰水》, 清抄本, p.70a.
102 "逢萌塚, 郡志在濰州營陵古城中"《齊乘》卷5《亭館下》, 清文淵閣四庫全書本, p.12b.
103 嘉慶《大清一統志》卷175《萊州府一》, 四部叢刊續編景舊鈔本, p.17b ;《方輿考證》卷21《山東五》,
    民國濟寧潘氏華鑒閣刻本, pp.10b-11a.

리 즈음을 경유하여 흘렀다.[104]

또한 乾隆《昌邑縣志》중에서 "逢公里"에 관해 기록한 것을 보면[105] 逢萌墓는 명대 말기에 萊州府 昌邑縣에 있었으니, 즉 지금의 濰坊 昌邑市 都昌街道 南逢村, 王家北逢村, 劉家北逢村, 高家北逢村, 徐家北逢村 일대가 된다. 乾隆《大淸一統志》에서는 逢萌墓가 昌樂이나 혹은 濰州 營陵古城 중에 있다는 설명은 "모두 억지로 붙인 말이 아닌지 의심스럽다(疑此皆附會)"[106]고도 하였다. 淸 葉圭綬는《續山東考古錄》에서 최초의 都昌故城은 昌邑縣 경내에 있었으므로 逢萌墓도 마땅히 昌邑에 있었을 것이라고 여겼다.[107] 淸 熊會貞 역시《水經注疏》중에서 고증하길,《寰宇記》에서 逢萌塚이 益都에 있다고 한 것이나《齊乘》에서 營陵古城 안에 있다고 한 것은 모두 후인들이 억지로 갖다 붙인 것이며,《水經注》와《魏書·地形志》의 기록이 서로 일치하므로 逢萌墓는 마땅히 昌邑縣 남쪽에 있을 것이라고 말했다.[108]

기왕에 逢萌墓가 昌邑에 있다면 어째서 명대 말기의 조선 사신들은 창락현 동쪽 15리 거리에 있는, 즉 명말청초의 大橋鋪가 "逢萌故里"의 소재지라고 생각했을까? 昌樂 지방지 중에서 종종 逢萌墓가 昌樂에 있다고 기록했던 원인은 魏晉 시기 산동 반도 동부의 행정구획의 변화가 잦았기 때문에 명칭이 자주 변경되고 중복되었기 때문일 것이다. 앞서 말한 바와 같이《後漢書》에는 逢萌이 北海 都昌人이라고 기록되었는데, 초기의 都昌故城은 지금의 昌邑市 경내에 자리잡고 있었다. 康熙《昌樂縣志》에 "都昌은 (昌樂)縣 동북쪽 20리(지금의 昌樂縣 朱劉街道 都昌村 부근)에 있다. 春秋 齊景公이 晏子를 이곳에 봉작했는데, 안자는 사양하고 받지 않았다. 漢나

104　康熙《昌邑縣志》卷2《地理志》, 淸康熙十一年增刻本.

105　乾隆《昌邑縣志》卷1《古跡》, 淸康熙七年刻本, p.47b.

106　乾隆《大淸一統志》卷135《靑州府二》, 淸文淵閣四庫全書本, p.24a.

107　"今縣南五里逢醜父墓, 實逢萌墓. 寰宇記, 都昌故城, 今爲昌邑縣是也. 通志, 昌邑城乃都昌城東南一隅. 齊乘, 以縣南五里大營城爲都昌城, 與濰水先徑逢萌塚, 後徑都昌城不合. 今從寰宇記."《續山東考古錄》卷13《萊州府上》, 淸咸豊元年刻本, p.9b.

108　"會貞按：寰宇記, 高士逢萌塚在益都, 齊乘五, 在營陵古城中, 皆出後人傳會. 地形志, 膠東有逢萌塚, 與酈氏所敘合, 在今昌邑縣南."(北魏)酈道元撰, (淸)楊守敬纂疏：《水經注疏》卷26《濰水》, 淸抄本, p.70a.

라 때 縣으로 변경되었다가 지금은 폐지되고 社名을 삼았다."[109]라는 기록이 있다.

그리고 民國《山東通志》의 기록을 보면, "漢 都昌은 지금의 昌邑에 있으며 劉宋 시기에 靑州에 속하였고 後魏 때는 다시 漢의 행정구획으로 복원되었다. 齊, 周, 隋 나라 때는 益都를 柳泉이라고 칭하였다. 昌樂의 이동과 설치 과정을 참고로 고찰해 보면, 舊志에서 臨朐의 경계에 있다고 하였는데, 혹 唐나라 營邱는 臨朐의 동북쪽 경계에 있었으며 지금의 昌樂에 속하므로 그렇게 말하였을 것이다. 살펴보니, 隋志 에 都昌에는 箕山, 皋山, 白狼山이 있는데 箕山은 지금의 臨朐 동쪽이고 皋山은 濰 縣의 서남쪽이고 白狼山은 지금의 昌樂 남쪽에 있으니, 이로써 齊, 周, 隋나라에서 都昌이 昌樂에 있다고 한 명백한 증거가 된다. ……齊, 周, 隋나라 때는 都昌縣을 이곳에 두었다."[110] 라는 기록을 참고할 만하다.

다시 말하면, 초기에 都昌城은 昌邑에 있었으나, 北魏 시기에 都昌의 治所가 昌 樂으로 옮겨졌던 것이다. 그러므로 변화된 "都昌"의 지리적 위치에 대한 생각과 이 해가 서로 달랐기 때문에 逢萌墓가 昌樂에 있다는 의견이 생겨나게 되었다.

---

109 "都昌, 在(昌樂)縣東北二十里. 春秋齊景公封晏子於此, 辭弗受. 漢改爲縣, 今廢, 爲社名" 康熙 《昌樂縣志》卷1《地輿志》, 淸康熙十一年刻本, p.17b.
110 "漢都昌在今昌邑, 劉宋寄治靑州, 後魏仍還漢治, 齊, 周, 隋稱益都爲柳泉. 備考徙置昌樂, 舊志 謂在臨朐境, 或唐時營邱卽省臨朐之東北境入今昌樂, 故云然. 按隋志都昌有箕山, 皋山, 白狼 山, 箕山在今臨朐東, 皋山在濰縣西南, 白狼山在今昌樂南, 是齊, 周, 隋都昌在昌樂之明證互詳, ……齊, 周, 隋都昌縣置此." 民國《山東通志》卷17《疆域志第三》, 民國七年鉛印本, pp.23a-25b.

사진 1-15　지금의 昌邑市 都昌街道 高家北逢村의 村碑

民國《昌樂縣續志》에 의하면, "漢나라 逸民인 방맹의 묘는 지금의 縣城 동남쪽 50리에 있다. 王莽의 난리 때 피난하여 遼東으로 갔으며 光武帝가 흥하자 비로소 돌아왔다. 세상을 떠난 후에 營邱古城 안에 장사 지냈다."[111] 淸代 昌邑縣의 어느 마을 사람은 〈逢萌故里〉라는 한 편의 시를 남겼는데, 題注에 逢萌故里는 "營邱古城의 동남쪽 모퉁이에 있다."[112]라고 하였다. 營邱古城, 즉 營丘古城은 지금의 昌樂縣 營丘鎭 古城村에 위치해 있다.

"逢萌故里" 패문이 세워졌던 정황은 "王裒故里"의 坊表와 마찬가지로 명승지나 성현의 유적이 본래 驛道의 길가에 있지 않더라도 길 옆이나 급체포 부근에 坊表나 石碑를 세워서 그 지역의 유구한 역사와 심오한 문화적 의미를 자랑스럽게 보여주고자 했던 것이리라.

111　"漢逸民逢(逢)萌墓, 在今縣城東南五十里. 王莽時避難遼東, 光武興始還, 卒, 葬營邱古城內." 民國《昌樂縣續志》卷4《古跡志》, 民國二十三年鉛印本, p.4a.

112　"在營邱(丘)古城東南隅" 民國《昌樂縣續志》卷16《藝文志》, 民國二十三年鉛印本, p.60b.

사진 1-16   지금 昌樂縣 營丘鎮 古城村 太公祠 안에 있는 "漢隱士逄(逢)萌墓" 石碑

사진 1- 17   지금의 昌樂縣 營丘鎮 古城村 太公祠 안에 있는 "漢隱士逄(逢)萌墓道碑"

조선 사신 이민성이 말한 "逢萌故里"와 홍익한이 언급한 "逢萌舊墟", 그리고 정두원이 기록한 "逢萌故里" 패문의 소재지는 淸代 大橋鋪(大橋驛)로서, 지금의 昌樂縣 朱劉街道 大橋村 마을이다. 본서 연구팀이 大橋村을 방문하여 인터뷰했을 때, 마을 주민들은 "逢萌"의 사적에 대해 자세히 모르는 사람이 많았다.

그러나 大橋村의 마을주민 張孝福(남, 84세), 張秀淸(남, 66세)씨가 마을 중에 여전히 오래된 옛 官道(옛 驛道)가 남아있다고 알려주었다. 옛 官道는 원래 가운데는 움푹 파이고 양쪽은 솟아 있는 요철 모양의 흙길이다. 관도에서 높은 곳과 낮은 곳의 차이는 5-6미터이며 노면의 폭은 7-8미터이다. 주민들이 도로 양쪽을 정비해서 마을주민들이 다니기 좋도록 하였다. 마을주민들은 노면을 흙으로 갈아서 약 2미터 정도 높게 하였다.

그리고 大橋村은 大橋 때문에 붙여진 이름인데 마을에 있던 세 량의 다리를 마을주민들은 모두 "大橋"라고 불렀다. 두 량의 다리는 이미 철거되었고 그 위로 시멘트 길이 생겼다. 오직 大橋村 동쪽에 교량이 하나 남아 있어서 현지 사람들은 그곳을 "東橋"라고 불렀다. 張孝福씨가 설명해 준 바에 의하면, 이미 없어진 두 채의 石橋와 비교해보았을 때 현재 남아있는 교량의 규모가 훨씬 크다. 이 교량이 아마도 康熙《靑州府志》에 기재된 昌樂縣 동쪽 15리에 있다는 "大(石)橋"일 것이다.

현지 조사 결과를 보면, 마을 주민들이 언급한 옛 官道(옛 驛道)는 정동쪽에서 정서쪽 방향으로 나 있고 폭은 약 6-7미터이며 노면은 단단하게 다져져 있다. 옛 驛道는 다만 남측에 인공적으로 쌓은 듯한 흙담이 남아 있고 북측의 흙담은 마을 주민들이 가옥을 수리할 때 철거되었다. 옛 驛道는 동쪽으로 마을에 남아있는 "東橋"와 서로 이어진다. "東橋"의 길이는 약 30미터이며, 다리의 남북 양쪽의 낙차는 10여 미터 정도 된다. 교량의 아래쪽 기저는 돌로 쌓았고 교량의 윗면은 노면을 시멘트로 발랐다.

지방지의 기록과 현지 조사 및 인터뷰 결과를 종합하면[113]지금의 昌樂縣 朱劉街

---

113   嘉靖《昌樂縣志》卷1《地理志》, 明嘉靖刻本 ; 康熙《昌樂縣志》卷1《地輿志》, 淸康熙十一年刻本,

道 大橋村은 아마도 宋代에 건설된 것으로 일찍이 石橋村, 大石橋村 등으로 불렸 는데, 桂河 위에 石橋가 있었으므로 이름 붙여진 것이다. 명 嘉靖 연간에는 昌樂縣 在城鄕에 속하였다가, 청 康熙 연간에는 大橋村이라고 불렸고 昌樂縣 淸慧鄕 朱留 社에 속하였으며 청 嘉慶 연간에는 大橋鋪, 大橋驛으로 불렸고 昌樂縣 東朱廠에 속하였다. 淸末부터 民國 23년(1934)까지 大橋村 혹은 大石橋村으로 불렸으며 昌 樂縣 東朱廠에 속하였다가 1930년에는 昌樂第二區 朱留(劉)鎭에 속하였다. 1946 년에는 昌樂縣 朱劉鄕에 속하고 1950년에는 昌樂縣 朱劉區에 속하였으며, 1958년 에는 朱劉人民公社에 속하고 1984년에는 朱劉鎭에 속하였다. 2005년부터 지금까 지는 昌樂縣 朱劉街道에 속해 있다.

사진 1-18   지금의 昌樂縣 朱劉街道 大橋村의 村碑

p.9 ; 民國《昌樂縣續志》卷2《疆域志》, 民國二十三年鉛印本, p.4a ; (淸)劉宅仁 :《重修大石橋河 橋碑記》, 民國《昌樂縣續志》卷16《藝文志》, 民國二十三年鉛印本, p.16 ; 山東省昌樂縣史志編 纂委員會編 :《昌樂縣志》, 山東人民出版社1992年版, pp.70-75 ; 昌樂縣地方史志編纂委員會 編 :《昌樂縣志》中華書局2008年版, pp.38-41. 현지 조사와 인터뷰는 본서 연구팀이 濰坊市 昌 樂 縣地方史志辦公室 趙守誠 부주임(남, 84세)의 도움을 받았다.

사진 1-19   본서 연구팀이 大橋村의 村民과 인터뷰하는 모습

사진 1-20   현재 大橋村 안의 驛道 유적

사진 1-21   大橋村 안에는 "東橋"의 남쪽만이 남아있다.

제3절 淸聖遺蹤,[114] 伯夷待淸處,[115] 夷齊祠[116]

淸聖遺蹤(청성유종)의 "淸聖"은 청정한 聖人을 의미하는 것으로 商末 周初의 伯夷를 가리킨다. "청성"이란 말은《孟子·萬章下》에 "伯夷는 성인 중에 청정한 자이다(伯夷, 聖之淸者也.)"라는 구절에서 나왔다.《史記》의 기록에 따르면, 伯夷는 商末 孤竹國 國君의 큰 아들이다. 孤竹君은 伯夷의 동생인 叔齊에게 군위를 계승하게 하였다. 孤竹君이 죽은 후 叔齊는 伯夷에게 양위하였으나 伯夷는 부친의 명을 어길 수 없다고 여겨서 피하여 멀리 도망하였다. 叔齊 역시 왕위를 이어받지 않고 멀리 도망하였다. 孤竹國의 백성들은 어쩔 수 없이, 孤竹君의 둘째 아들을 國君으로 삼았다.

그 후에 백이와 숙제 두 사람은 殷 紂王의 亂世를 피해 北海의 물가까지 오게 되었다. 西伯侯 姬昌, 즉 이후의 周文王이 노인을 선대한다는 소문을 듣고 두 사람은 곧 姬昌을 찾아갔다. 그들이 막 목적지에 도착했을 때, 姬昌이 공교롭게도 세상을 떠났다. 백이와 숙제는 周武王 姬發이 주문왕의 牌位를 지니고 동쪽으로 紂王을 정벌하러 가는 것을 보고 주무왕에게 간언하며 말하였다. "부친이 죽었는데 장례를 치르지 않고 곧 전쟁에 나서다니 효도한다고 할 수 있습니까? 신하가 군주를 시해하니, 인자하다고 할 수 있습니까?(父死不葬, 爰及干戈, 可謂孝乎? 以臣弑君, 可謂仁乎?)" 다행히 太公 姜尙의 도움으로 형제 두 사람은 안전하게 떠나갈 수 있었고 北海의 해안에 있는 首陽山으로 가서 은둔하였다.

周武王이 周왕조를 수립한 후에 천하가 모두 귀순하였으나, 伯夷는 효성스럽지도 않고 인덕도 없는 군주에게 귀의하는 것은 수치스러운 일이라고 생각하였고 周나라의 곡물을 먹지 않으며 다만 들판의 과일에 의존하여 배를 채웠다. 아사하기

---

114   사행록에 기록된 다른 이름으로 淸聖遺跡, "淸聖遺跡" 坊表, "淸聖遺蹤" 櫚門 등이 있다.
115   사행록에 기록된 다른 이름으로 "伯夷待淸處" 石碑, 伯夷故蹤, 伯夷故跡, 夷齊舊隱處, 伯夷待淸 등이 있다.
116   사행록에 기록된 다른 이름으로 "夷齊祠" 石碑, 伯夷廟, "孤山夷齊廟" 石碑 등이 있다.

전에 한 편의 노래를[117] 지어서 자신이 죽더라도 절개를 지키려는 의지를 드러냈으니, 마침내 형제 두 사람은 首陽山에서 굶어죽었다.[118] 宋代에 伯夷를 추증하여 淸惠侯에 봉하였고 叔齊를 仁惠侯로 추존하였다. 元代에는 伯夷를 昭義淸惠公에 봉하고 叔齊를 崇讓仁惠公에 봉하였다.[119] 孟子는 伯夷를 평하여 "진정한 군주가 아니면 모시지 않고 진정한 백성이 아니면 부리지 않으며, 치세에 관로에 나아가고 난세에 물러날 줄 아는(非其君不侍, 非其民不使, 治則進, 亂則退)" 聖人이라고 말하였다.[120]

> 昌樂은 본래 옛 營邱의 땅이다. 漢나라 때는 營陵縣이었으며 宋나라 때는 이곳에 安仁縣을 설치하였다가 곧 昌樂縣으로 바꾸었다. 元나라 때는 濰州에 속하였으며 明나라 때는 元나라의 소속을 바꾸었으니 靑州에 속하게 되었다. 이곳은 濰縣에서 105리 떨어져 있다. 현 경계의 동쪽에는 "淸聖遺跡"이라는 표지가 있다.
>
> 昌樂本古營邱地. 漢爲營陵縣, 宋於此置安仁縣, 尋改昌樂, 元屬濰州, 大明改元屬, 屬靑州. 自濰縣百五里也. 界之東, 表 "淸聖遺跡".
>
> —金德承《天槎大觀》

김덕승은 창락현의 연혁을 기술한 후에 창락현의 동쪽 경계, 곧 昌樂과 濰縣의 접경 지역 서쪽에 "淸聖遺跡"이라고 명명된 표지물이 있다고 말하였다. 앞 절에서 홍익한이 묘사한 것과 비교해보면, 김덕승의 기록에 의거하여 두 가지 점을 명확히

---

117 노래의 가사는 다음과 같다. "저 西山에 올라가 고사리를 캐려네. 포악함이 포악함을 대체하면서 그 잘못을 모르네. 神農, 禹임금, 夏임금이 홀연 모두 사라졌으니, 나는 어디로 가서 귀의할꺼나? 아, 탄식하며 나아가니 명이 이미 쇠하였도다!(登彼西山兮, 采其薇矣. 以暴易暴兮, 不知其非矣. 神農, 禹, 夏忽焉沒兮, 我安適歸矣? 於嗟徂兮, 命之衰矣!)"《史記》卷61《伯夷列傳一》, 百衲本二十四史景宋慶元刻本, p.11a.

118 《史記》卷61《伯夷列傳一》, 百衲本二十四史景宋慶元刻本, pp.9b-11a.

119 《大明一統志》卷5《永平府》, 明天順五年內府刻本, p.6b.

120 《孟子》卷3《公孫丑章句上》, 四部叢刊景宋大字本, p.9b.

할 수 있다. 첫번째로, "清聖遺跡"의 표지물(坊表 혹은 石碑 등)은 창락현 경내에 위치해 있었고, 또한 창락현 東朱鋪 쪽에 근접한 곳이었다. 두 번째로 비록 홍익한을 대표로 하는 조선 사신들이 분명히 "清聖遺跡"이라는 표지물을 보고 또 기록까지 하였지만 표지물에 쓰여진 내용대로 기술하지 않고, 주관적인 습관에 따라 이곳을 "清聖遺蹤"이라고 기록하였다는 것이다.

조선 사신들은 종종 "伯夷故蹤"에 대해서 기록하고 있는데, 글자의 의미로 본다면 "清聖遺蹤"과 동일한 곳을 가리키는 것은 아닐까 생각된다.

> (3월)16일, 庚午에 王老店에 도착하였다. 아침에 昌樂을 출발하여 지난 곳은 …… 伯夷故蹤과 逢萌故里는 縣 동쪽 15리 거리에 있다. 王裒故閭는 周流店에 있다. …… 濰縣의 北館馹에 도착했다. …… 王老店에 도착했으니 이곳은 昌邑 지역이다. 약 백십리 길을 걸었다.
>
> (三月)十六日, 庚午, 到王老店. 早發昌樂, 過……伯夷故蹤, 逢萌故里, 縣東十五里. 王裒故閭, 在周流店. ……抵濰縣之北館馹. ……抵王老店, 昌邑地, 約行一百一十里.
>
> —李民宬《癸亥朝天錄》

이민성은 여정 중에 경유한 "伯夷故蹤"을 사행록에 남기고 또 〈過伯夷故跡〉이라는 한 편의 시를 남겨서 자신의 감상을 풀어내었다.

〈伯夷 故跡을 지나다〉

清聖의 남겨진 들판에는 들풀이 무성한데
맑은 바람 상쾌하게 불어오니 정신과 영혼이 오싹하다.
西山 밑에 거하며 周의 곡식을 먹지 않는 것을 차라리 기뻐하였고
北海에서 그해 혼용한 紂임금을 피하였다네.
흔적이 흐려지고 구릉의 모습도 혹 변하였으나

빛나는 이름은 해와 달과 다투며 홀로 오랫동안 남았네.

營丘에도 똑같이 황량한 들판에 한 채의 묘당이 있으니

나약한 마음을 북돋기에 천년의 세월이 흘러도 잊혀지지 않네.

過伯夷故跡

淸聖遺墟野草蕃,[121] 淸風颯爽凜[122]精魂.

西山[123]底處[124]甘周餓, 北海[125]當年避紂昏.

跡混丘陵容或變, 光爭日月獨長存.

營丘[126]一種[127]荒原廟, 立懦[128]千秋特不諼.[129]

—李民宬《燕槎唱酬集》

이 시는 이민성 일행이 "伯夷故跡"을 지날 때 지은 시로서, 《癸亥朝天錄》 중에서

---

121 蕃(번)은 매우 무성하다는 의미이다.

122 凜(름)은 엄숙하여 경외심을 느끼게 한다는 뜻이다.

123 西山은 《史記·伯夷列傳》에서 왔으니, 즉 首陽山을 가리킨다. 《史記·伯夷列傳》, "저 西山에 올라가 고사리를 캐려네. 포악함이 포악함을 대체하면서 그 잘못을 모르네. 神農, 禹임금, 夏임금이 홀연 모두 사라졌으니, 나는 어디로 가서 귀의할거나? 아, 탄식하며 나아가니 명이 이미 쇠하였도다!(登彼西山兮, 采其薇矣. 以暴易暴兮, 不知其非矣. 神農, 禹, 夏忽焉沒兮, 我安適歸兮? 於嗟徂兮, 命之衰矣!)" 《史記》卷61《伯夷列傳一》, 百衲本二十四史景宋慶元刻本, p.11a.

124 底處(저처)는 어느 곳이라는 뜻이다.

125 北海는 渤海를 가리킨다. 《孟子·梁惠王上》, "그러므로 왕께서 왕도 정치를 못하시는 것은 太山을 끼고서 北海를 건너는 류의 일처럼 어렵지 않습니다(故王之不王, 非挾太山以超北海之類也)"라는 표현이 나온다.

126 營丘(영구)는 昌樂을 가리킨다. 營丘는 옛 지명인데, 齊나라가 처음에 都城으로 삼았던 곳이다. 姜尙이 齊나라에 봉해진 후 營丘에 도읍을 정하였다고 전한다. 현재는 정확한 위치를 고증하기 어려운데, 역대로 臨淄 營丘, 昌樂 營丘(원래는 馬宋鎭), 혹은 壽光縣 廣陵 小營(江陰侯 吳良이 駐軍한 장소)이라고 하는 등의 논쟁이 있었다.

127 一種(일종)은 서로 같으며, 동일하다는 뜻이다.

128 立懦(입유)는 나약한 사람의 감정을 북돋는다는 뜻으로 쓰였다. 《孟子·萬章下》에 "백이의 유풍을 들으니 완악한 사내가 곧은 마음을 갖고 나약한 사람이 뜻을 세우게 된다(聞伯夷之風者, 頑夫廉, 懦夫有立志)" 라고 하였다.

129 諼(훤)은 "萱"과 통하며 잊어버린다는 뜻이다. 唐 韓愈《江漢答孟郊》詩에 "어떻게 다시 보내주셨는지, 살뜰한 깊은 마음 잊지 못하겠네(何爲復見贈, 繾綣在不諼)"라고 하였다.

기술한 바로는 "伯夷故蹤"을[130] 지날 때 작성한 것이다. 詩題의 뒤에 自注를 붙여서 "(伯夷故跡)은 昌樂縣 동쪽 15리에 있다[在昌樂縣東十五里]"라고[131] 밝혀놓았다.

이민성은 창락현에서 유현으로 가는 도중에 본 "淸聖遺蹤"의 패방 부근이 모두 시든 풀로 덮여 있는 것을 묘사했다. 이때 시원한 바람이 얼굴을 스치면서 마치 백이와 숙제의 혼백이 천년이 지난 지금도 여전히 존재하는 듯하여 숙연하고 공경하는 마음을 금할 수 없었다. 백이와 숙제는 무도한 周나라의 양식을 먹지 않고 차라리 굶주렸으며 무도한 은주왕을 피하여 北海의 물가에서 지냈다. 비록 孤山의 형상은 길고긴 세월 중에 변하고 달라졌지만 백이와 숙제 두 사람의 이름은 긴 역사를 이기며 전해 내려왔다. 창락현의 황량한 벌판에도 영평부와 똑같이 이제묘가 세워져 백이와 숙제의 교화를 전하니, 오래도록 나약한 사람들에게 원대한 뜻을 세우도록 권면한다는 것이 이 시의 내용이다.

이민성이 멀리 이제묘를 바라보며 두 사람의 절개와 고상한 의행을 칭송하는 한편, 이제묘를 건립한 역사적 의의를 되새기고 오랜 세월 유가의 정신을 학습하면서 살아온 유학자로서 자신의 마음을 스스로 다지고 살피게 되었음을 보여준다. 전편의 시는 작가가 "伯夷故跡"이 있는 곳에서 가까운 곳으로부터 먼 곳까지 바라본 경치를 묘사하고 있다. 그리고 백이와 숙제가 周나라의 곡식을 먹지 않고 北海의 해안에서 은거하며 紂임금을 피하였던 사적을 서술하며 두 사람의 절개와 고상한 행동을 찬양하는 한편, 夷齊廟를 건립한 역사적 의의를 설명하였다.

그런데 한 가지 주의할 점이 있다. 즉 명 천계 4년(1624)은 이민성이 처음으로 명나라에 출사했던 해가 아니라는 것이다. 이민성은 일찍이 萬曆 30년(1602)에도 역시 冊封奏請使臣團의 서장관 신분으로 遼東의 육로를 거쳐서 京師로 가는 사행길에 참여한 적이 있었다.[132] 萬曆 31년(1603) 정월에, 이민성 일행은 永平府 灤河 옆의

130　[朝鮮] 李民宬：《敬亭集續集》卷3《癸亥朝天錄》, 韓國首爾大學奎章閣藏本, p.47a.

131　[朝鮮] 李民宬：《敬亭集》卷8《燕槎唱酬集下》, 韓國首爾大學奎章閣藏本, p.23b.

132　"만력 30년, 임인. 선생의 나이 33세. 10월에 성균관전적겸사헌부감찰로 승진하였다. 왕세자책봉주청사 서장관으로 파견되어 연경에 갔다. 김신원, 장만과 함께 사행하였다.(三十年, 壬寅, 先生三十三歲. ……十月, 升成均館典籍兼司憲府監察, 差王世子冊封奏請使書狀官赴京, 與金公信元, 張公晚, 偕

夷齊廟를[133] 지나면서 〈謁夷齊廟〉라는[134] 시 한 편을 남겼다. 이 시 역시 백이와 숙제의 숭고한 절행을 숭앙하며 추모하는 정을 표현하였다. 이 때문에 이민성은 22년 후에 다시 해로로 명나라로 향하는 사행길의 도중에 "營丘", 즉 昌樂을 지나면서 〈過伯夷故跡〉이라는 시를 짓고 그 중에서 "營丘에도 똑같이 황량한 들판에 한 채의 묘당이 있으니(營丘一種荒原廟)"라고[135] 서술한 것이다. 아래에서 이민성이 영평부의 이제묘를 방문하고 지은 시를 살펴보겠다.

　　〈夷齊廟를 배알하다〉

　　란하강 곁에 서 있는 '이제묘'를 공경스럽게 바라보니
　　백이와 숙제의 절개는 지금도 밝게 빛나네.
　　문왕이 노인을 잘 모신다는 소문을 듣고 그곳에 귀순하려고 갔으나
　　무왕이 아버지 문왕의 신주를 수레에 싣고 주왕을 정벌하러 가는 것을
　　보고
　　무왕의 수레를 가로막았으니 이는 만세를 위한 계책이었네.
　　무왕이 거절하자 고사리를 캐어먹었으니 어찌 일신의 재앙을 돌보았
　　으리.
　　장자는 초 위왕의 초빙을 거절하면서 황당한 변론을 하니
　　백이와 숙제가 남을 속여 명예를 탐하며 수양산에서 죽었다고 주장하였네.

　　謁夷齊廟
　　恭瞻廟貌灤河傍, 二子至今有耿光.

　　行.)" [朝鮮] 李民宬:《癸亥朝天錄》,《敬亭集》卷14《敬亭先生年譜卷1》, 韓國首爾大學奎章閣藏本, pp.3b-4a.

133　"만력 31년, 계유. 선생의 나이 34세. 정월에 고죽성에 도착하여 이제묘를 배알하였고, 시를 지었다. (萬曆三十一年, 癸卯, 先生三十四歲. 正月, 到孤竹城, 謁夷齊廟, 有詩)" [朝鮮] 李民宬:《癸亥朝天錄》,《敬亭集》卷14《敬亭先生年譜卷1》, 韓國首爾大學奎章閣藏本, p.4a.

134　[朝鮮] 李民宬:《敬亭集》卷1《詩》, 韓國首爾大學奎章閣藏本, pp.5b-6a.

135　[朝鮮] 李民宬:《敬亭集》卷8《燕槎 唱酬集下》, 韓國首爾大學奎章閣藏本, p.24a.

聞風養老將焉往, 載主伐君非所臧.

扣馬[136]要爲萬世計, 采薇寧顧一身殃.

蒙莊謾騁荒唐辯, 誣道貪名死首陽.

—李民成《燕槎唱酬集》

이 시는 마땅히 이민성이 永平府를 지날 때 지은 것일 것이다. 永平府는 明淸 시기의 府級 행정구역으로 현재 秦皇島의 대부분 지역과 唐山의 대부분 지역을 포함한다. 明朝에 처음 永平府라고 불리기 시작했는데, 商周 시기에는 孤竹國이라고 불렸지만 후에는 여러 번 명칭이 바뀌었으니, 肥如, 肥子, 平州, 永平路, 盧龍 등으로 개명되었다.

이민성은 사행길에 만난 "이제묘"를 보고 공경하는 마음을 금치 못하며 백이와 숙제가 의로운 마음으로 왕위를 거절한 채 은둔하고, 또한 강한 충성심으로 옳지 않은 나라를 섬기지 않기 위해 고비를 캐먹다고 굶어죽은 절개에 대한 고사를 시로 남겼다. 그리고 그들의 충성심과 절의를 지키기 위한 행동이 유가의 도덕과 윤리에 길이 남는 미담이 된 것에 공경하며 흠모하는 마음을 표현하였고, 도가 사상가인 장자가 벼슬을 거절하며 한 말은 황당한 변론이며 또한 백이와 숙제가 명예를 탐하였다고 비판한 것 역시 억울한 모함이라는 자신의 생각을 표현하였다. 오랫동안 유가 경전을 익히며 유학의 정신을 도야해온 유학자로서 이민성이 지향했던 사상과, 그가 유학의 본향이라고 할 수 있는 곳에서 백이와 숙제의 사묘를 직접 지나면서 느꼈을 감동이 고스란히 전해져 온다.

문장 중에 蒙莊(몽장)은 莊周를 가리키는 것으로 장자가 蒙(몽) 사람이었으므로 이런 별호를 붙인 것이다. 楚威王은 莊周가 현자라는 말을 듣고는 사람을 보내 후한 예물로 그를 맞이하여 재상으로 삼으려 했으나, 장주는 초의 사신에게 "나는 시

---

136 《史記》卷61《伯夷列傳》의 기록에 의하면, 周武王이 殷紂王을 정벌하러 가려하자, 백이와 숙제는 말고삐를 당기며 간언하였는데 주무왕이 듣지 않자 곧 首陽山으로 도망갔다. 후에 "扣馬(구마)"는 직간한다는 뜻의 전고가 되었다.

궁창에서 놀면서 즐거워할지언정 나라 가진 자에게 코를 꿰이지는 않겠소이다. 평생 벼슬 않고 내 뜻대로 유쾌하게 살겠소!"라고 말하며 큰 재물과 높은 지위를 거절하였다.[137] 莊子의 입장에서 본다면, 백이가 주나라의 곡식을 먹는 것을 수치로 여기고 "수양산에서 굶어죽어 뼈와 살이 드러난 채 장례도 지내지 못하였던(餓死於首陽之山, 骨肉不葬)" 사적은 "명예를 찾으려 하고 죽음을 가볍게 여기며 양생에 근본을 두고 천수를 누릴 생각이 없는(皆離名輕死, 不念本養壽命)" 어리석은 행동이다. 즉 백이는 명성을 얻기 위해 생명의 의미를 돌아보지 않았으므로 莊子의 "道"에 어긋나는 짓을 하였다. 莊子의 입장에서 보았을 때, 伯夷는 "찢긴 채 죽은 개나 물에 떠내려가는 돼지, 표주박을 든 걸인과 다름없는(無異於磔犬, 流豕, 操瓢而乞者)" 삶을 산 것에 불과했다. 장자는 도가 사상의 견지에서 백이를 비평하였으며 선진 시기 문인들 중에서도 백이에 대해 가장 낮은 평가를 내렸다.[138]

조선 사신들은 또한 "伯夷待淸處"와 "夷齊祠" 등과 관련된 기록도 남기고 있다.

> (3월) 16일, 맑음. 아침에 昌樂縣 東門을 나왔다. …… 또 길의 왼쪽에 伯夷待淸處라는 다섯 자가 쓰여진 石牌가 있다. 또 동쪽으로 가면 夷齊祠의 石碑가 있는데, 사당은 孤山 위에 있다. ……濰縣北館에 도착하니 옛 주인이 아침식사를 내주었다.
>
> (三月)十六日, 晴. 朝, 出昌樂東門, ……路左有 "伯夷待淸處" 五字石牌, 又東有 "夷齊祠" 石碑, 祠在孤山上, ……到濰縣北館舊主人朝飯.
>
> ―尹暄《白沙公航海路程日記》

---

137 《史記》권63《老子韓非列傳》

138 《莊子·雜篇·盜跖》에 기록된 바, "세상에 이른바 어진 지식인이라고 하는 자 중에는 백이와 숙제만 한 이가 없었다. 백이와 숙제는 고죽국의 왕을 사양하고 수양산에서 굶주려 죽어서 뼈와 살이 장사 치러지지 않았다. …… 이 여섯 사람은 찢긴 채 죽은 개나 물에 떠내려가는 돼지, 표주박을 들고 걸식하는 사람과 다르지 않으니, 모두 명예를 찾아서 죽음을 가볍게 여기며 양생에 근본을 두고 천수를 누릴 생각이 없는 자들이다(世之所謂賢士, 莫若伯夷叔齊. 伯夷叔齊辭孤竹之君而餓死於首陽之山, 骨肉不葬. ……此六子者, 無異於磔犬, 流豕, 操瓢而乞者, 皆離名輕死, 不念本養壽命者也。)"라고 하였다. 葛煒. 從《莊子》析伯夷形象[J]. 河北科技師範學院學報(社會科學版), 2015, 14(03):p.39.

(10월) 12일, 己亥, 맑음. 아침에 (濰縣을) 출발하였다. …… 멀리 孤山
이 바라보이는데, 그 위에 伯夷廟가 있다. 옛날 伯夷가 北海의 물가에
거주했다고 하여 후인들이 그를 기려 제사를 지내는 곳이다. 길의 옆
에 碑가 있고 伯夷待淸處라는 다섯 글자가 새겨져 있다. 저녁에 昌樂
縣 東館에 도착하였는데, 역관은 濰縣으로부터 50리 거리에 있다.(知
縣은 劉秀芳이다.)

(十月)十二日, 己亥, 晴. 早發(濰縣)……望見孤山上有伯夷廟, 以伯
夷居北海之濱, 故後人因祀之. 道側有碑, 刻 "伯夷待淸處" 五字. 夕抵
昌樂縣東館, 駉距濰縣五十里, 知縣劉秀芳.

— 申悅道《朝天時聞見事件啓》

(濰縣으로부터) 40리를 이동하니 패문이 나타났는데, "淸聖遺蹤"이
라고 쓰여 있었다. 그리고 碑가 있는데 "伯夷待淸處"라고 쓰여 있다.
孟子가 "伯夷가 紂를 피하여 떠나서 北海의 해안에 거주하면서 天下
가 맑아지기를 기다렸다."라고 했는데, 곧 이곳이다. 또 다른 碑가 있
는데, 쓰여 있길 "孤山夷齊廟"라고 하였다. 사당은 孤山의 정상에 있
다. 孤山은 (창락)縣 동쪽 10리 거리에 있으며 높이는 대개 우리나라의
鞍峴山과 같다.

(自濰縣)行四十里, 有櫊門, 書之曰 : "淸聖遺蹤". 又有碑, 書之曰 :
"伯夷待淸處", 孟子曰 : "伯夷避紂, 居北海之濱, 以待天下之淸" 者, 即
此也. 又有碑, 書之曰 : "孤山夷齊廟", 廟在孤山之上. 孤山在縣東十
里, 其高如我國之鞍峴.

— 鄭斗源《朝天記地圖》

신열도와 윤훤의 기록에 의하면, 명대 말기 孤山의 북측에 있는 驛道의 옆에는
"伯夷待淸處"라는 石碑가 새워져 있었다. 雍正《山東通志》의 기록에 따르면, "伯
夷待淸處는 (濰縣) 서쪽 15리에 있는 孤山 아래에 있다. 孟子가 '백이가 紂임금을 피

하여 北海의 물가에서 살았다'라고 한 곳이 바로 이곳이다."[139]신열도와 윤훤의 기록에 의거하여 보충하면, 雍正《山東方志》에서 언급한 "伯夷待淸處"는 마땅히 "伯夷待淸處" 石碑를 가리키고 있음을 확정할 수 있다.

정두원의 묘사에 따르면, 당시에 가는 도로를 따라서 이 석비 외에도 "淸聖遺蹤"이라는 패문, 즉 坊表가 있었다. 그리고 석비와 방표는 동일한 지점에 위치해 있었는데, 즉 濰縣 서쪽 40리, 昌樂縣 동쪽 10리 거리에 있는 孤山鋪 부근이다.

이것은 이민성이 《癸亥朝天錄》 중에서 "伯夷故蹤은······(昌樂)縣 동쪽 15리 거리에 있다."[140]라고 기술한 것과 약간 차이가 있다. 다만 글자의 의미만 가지고 이해한다면, "伯夷故蹤"은 홍익한이 언급한 "淸聖遺蹤"이나 혹은 정두원이 언급한 "淸聖遺蹤" 패문이 가리키는 의미와 유사하므로, 마땅히 동일한 지점을 가리키는 것일 것이다. 그러므로 이민성의 기록은 아마도 誤記이며 정확한 기록은 응당 "伯夷故蹤은 昌樂縣 동쪽 10리에 있다(伯夷故蹤在昌樂縣東十里)"라고 보는 것이 맞을 것이다.

앞에서 김덕승의 《天槎大觀》의 기록에서 창락현의 동쪽 경계를 언급한 것과 또한 창락현 동쪽 20리에 있는 東朱鋪 부근에 "淸聖遺跡"의 坊表가 있다고 언급한 것을 보았다. 이민성, 신열도, 정두원 등 조선 사신의 기록을 종합하며 보면, 김덕승이 "淸聖遺跡" 坊表의 위치에 대해 기술한 것은 대략적인 위치였음을 알 수 있다. 김덕승은 창락현의 연혁을 기술한 후에 창락현의 동쪽 경계, 곧 昌樂과 濰縣의 접경 지역 서쪽에 "淸聖遺跡"이라고 명명된 표지물이 있다고 말하였다. 홍익한이 묘사한 것과 비교해보면, 김덕승의 기록에 의거하여 두 가지 점을 명확히 할 수 있다.

---

139 "伯夷待淸處, 在(濰縣)縣西十五里孤山下, 孟子 : '伯夷避紂居北海之濱', 即此." 雍正《山東通志》卷9《古跡志》, 清文淵閣四庫全書本, p.56a. 山東의 明淸 시기 여러 지방지 중에는 보편적으로 "坊表"라는 항목이 존재한다. 그러나 내용은 대부분 府城 혹은 縣城內의 坊表이다. 아주 소수의 縣志만이 縣城外의 坊表를 수록하고 있다. 예를 들어 康熙《黃縣志》같은 지방지가 그러한 예이다. 昌樂縣과 관련된 지방지 중에는 縣城 밖의 坊表에 대한 기술이 없으므로 다만 사행 문헌에 근거하여 고증하고 분석하였다.

140 "伯夷故蹤······(在昌樂)縣東十五里" [朝鮮] 李民宬 :《敬亭集續集》卷3《癸亥朝天錄》, 韓國首爾大學奎章閣藏本, p.47a.

첫번째로, "淸聖遺跡"의 표지물(坊表 혹은 石碑 등)은 창락현 경내에 위치해 있었고, 또한 昌樂 東朱鋪 쪽에 근접한 곳이었다. 두 번째로 비록 홍익한을 대표로 하는 조선 사신들이 분명히 "淸聖遺跡"이라는 표지물을 보고 또 기록까지 하였지만 표지물에 쓰여진 내용대로 기술하지 않고, 주관적인 습관에 따라 이곳을 "淸聖遺蹤"이라고 기록하였다는 것이다.

관련 지방지의 기록과 현지 인터뷰 조사결과를 종합해보면,[141] 명대 말기 昌樂 孤山鋪는 지금의 昌樂縣 朱劉街道 十里堡村이다. 明 十里堡村은 朱劉店 서쪽 3.8킬로미터 정도 떨어진 거리에 있었으며, 대체로 宋代에 건립된 마을이었다. 이웃한 고을인 靑州—濰州(명대 말기 濰縣) 사이의 驛道를 조사해보면, 이 곳에 驛站이 세워져 있었다. 明 嘉靖 연간에 孤山鋪라고 칭해졌으며 昌樂縣 在城鄕에 속하였다. 淸 康熙 60년(1721), 孤山鋪, 十里鋪라고 칭해졌고 昌樂縣 靑惠鄕에 속하였으며 淸 嘉慶 14년(1809), 역시 孤山鋪, 十里鋪라고 칭해졌고 昌樂縣 尖塚廠에 속하였다. 民國 23년(1934)에는 十里堡라고 칭해졌고 昌樂縣 第一區 風陰鄕에 속하였다. 1950년에는 昌樂縣 一區 城關區에 속하였으며 1955년부터 1958년까지 昌樂縣 城關鎭에 속하였다. 1958년부터 1962년까지 昌樂縣 東風人民公社에 속하였으며 1962년부터 1984년까지 昌樂縣 城關公社에 속하였다. 1984년부터 2005년까지 昌樂縣 昌樂鎭에 속하였고 2005년부터 지금까지 十里堡村이라고 칭해지며 昌樂縣 朱劉街道에 소속되어 있다.

伯夷待淸處 石碑에 관해서, 十里堡村 마을 주민 田慶和(男, 56세)씨가 이야기를 해주었다. 전씨가 젊었을 때 마을 안에 그런 石碑 한 덩이가 있었던 것 같은데, 현재는 그 흔적을 알 수 없다. 古驛道에 관해서, 田和慶씨는 지금 十里堡村 안의 東西大

141　嘉靖《靑州府志》卷11《驛傳》, 明嘉靖刻本, p.42a ; 康熙《靑州府志》卷6《驛傳》, 淸康熙六十年刻本, p.8a ; 康熙《昌樂縣志》卷首圖《境圖》, 淸康熙十一年刻本, p.13b ; 嘉慶《昌樂縣志》卷8《田賦考》, 淸嘉慶十四年刻本, p.14b ; 民國《昌樂縣續志》卷2《疆域志》, 民國二十三年鉛印本, p.12a ; 山東省昌樂縣史志編纂委員會編 : 《昌樂縣志》, 山東人民出版社1992年版, pp.70-75 ; 昌樂縣地方史志編纂委員會編 : 《昌樂縣志》中華書局2008年版, pp.38-41. 현지조사결과는 본서 연구팀이 濰坊市 昌樂縣 地方史志辦公室 趙守誠 副主任(남, 84세)을 인터뷰한 결과를 말한다.

街가 바로 이전에 濰縣으로부터 昌樂으로 통하던 옛 官道라고 알려주었다. 이 길은 동쪽으로 山東 濰氫動力科技有限公司의 공장을 지나며 大橋村으로 향하고, 서쪽으로는 昌樂縣城 쪽으로 향한다. 본서 연구팀이 현지 조사한 결과에 의하면, 十里堡村 안의 驛道 유적은 길이가 약 4백미터 정도이며 그 중에 약 2백미터는 물과 진흙으로 노면이 굳게 다져졌다. 동서 양쪽 방향으로 길이 나 있으며 넓이는 약 10미터 정도이다. 양 쪽으로는 민가이다. 마을 서쪽과 동쪽 측면에 있는 驛道 유적은 노면이 단단히 다져져 있으며 넓이는 약 4미터이다.

사진 1-22   十里堡村의 마을 주민 田慶和씨가 연구팀에게
옛 驛道와 마을 내 유적을 설명하고 있다.

사진 1-23 　十里堡村 동쪽에 남아있는 驛道 유적

　　이 밖에 윤훤이 기록한 바에 의하면 "伯夷待淸處" 碑의 동쪽에 "夷齊祠"의 石碑
가 있다고 하였고, 정두원 역시 孤山鋪 부근에 일찍이 "孤山夷齊廟"의 석비가 있다
고 하였다. 이 사당은 昌樂縣 동쪽 10리 거리에 있는 孤山의 위에 있었으며, 朝鮮의
"鞍峴"[142]과 높이가 비슷하였다. "夷齊祠"의 석비와 "孤山夷齊廟" 석비가 가리키
는 것은 마땅히 동일한 하나의 표지석이었을 것이다. "夷齊廟"는 "伯夷廟"와 "叔齊
廟"를 합한 명칭으로서 이와 관련하여 조선 사신들이 여러 편의 詩作을 남겼다. 그
중에 신열도가 지은 〈過伯夷廟〉 시를 살펴보자.

142 　서울시 서대문구 峴底洞부터 弘濟洞까지 이어지는 산언덕으로 鞍山, 母嶽山, 혹은 고유어로
　　"길마재", "기르마재"라고도 불리며 주요한 봉우리의 높이는 296미터이다. 鞍峴의 소재지는 조
　　선시대에 明淸 양대에 걸쳐 중국사신들이 義州로부터 漢陽으로 진입할 때 반드시 지나가는 경
　　로였다. 산 아래턱에 사신을 영접하던 慕華館, 迎恩門 등이 있었다.

〈伯夷廟를 지나다〉

당시에 옥 같은 풍채로 꼿꼿하게 서서 말 앞에서 간언을 하매
만고에 길이 남을 綱常이 해와 달처럼 밝아졌네.
차갑고 맑은 바람이 불어와 소스라치듯 머리털이 곤두서니
멀리 신령한 묘당을 바라보기 위해 잠시 갈 길을 멈추네.

過伯夷廟[143]
當年玉立[144]馬前爭, 萬古綱常[145]日月明.
凜凜[146]淸風猶豎髮,[147] 爲瞻神宇暫停行.
— 申悅道《朝天時聞見事件啟》

윗글에서 신열도의 기록을 인용한 것과 같이, 이 시는 응당 명 崇禎元年 10월 12일에 창작되었을 것이다. 이 시는 백이와 숙제 두 사람이 일찍이 周武王의 말 앞에서 막아서서 죽음을 무릅쓰고 간언하였던 절개를 이야기하고 있다. 이렇게 만세에 길이 남을 人倫의 도리는 가히 해와 달과 함께 찬란히 빛나며 오랜 세월 전해내려왔다. 차가운 바람이 불어 마치 "伯夷의 서슬 퍼런 풍모"와 같이 얼굴에 닿으니, 신열도의 의지는 더욱 높아지고 또한 夷齊廟를 우러러보며 자신도 모르게 발걸음을 멈추게 되었다는 내용을 담고 있다.

---

143 題注: "在濰縣西孤山上."
144 玉立(옥립)은 곧고 단정하여 굽히지 않음을 비유한다.
145 綱常(강상)이란 儒家의 "三綱五常"을 가리키는 것으로 그 중에 三綱은 君臣, 父子, 夫婦이며, 五常은 仁, 義, 禮, 智 信을 말한다.
146 凜凜(늠늠)이란 춥고 차갑다는 뜻이다.
147 豎髮(수발)은 여기에서 머리털이 곤두설 만큼 굳센 의지를 솟구치게 한다는 뜻이다.《孟子·萬章下》에 "백이의 풍문을 듣고 완악한 사내가 겸손해지고 나약한 사내가 뜻을 세우게 되었다(聞伯夷之風者, 頑夫廉, 懦夫有立志)"라고 하였다.

그림 1-24　한국국립중앙도서관 소장《航海朝天圖》의 〈齊昌樂縣〉 그림에 나타난 夷齊廟

앞서 살펴본 바와 같이 이민성이 〈過伯夷故跡〉의 시를 지었을 때, 사행여정을 함께 했던 이경전 역시 사행길에서 만나게 된 백이와 숙제의 유적에 대한 감흥을 〈夷齊 二首〉의 시로 남겼다.

〈백이와 숙제〉 2수 중 제1수

표연히 나라를 저버리고 떠났으니 깨끗한 절개에 티끌 한 점 없고,
홀로 붉디붉은 마음과 정성을 지녀 성인에게 부끄럽지 않네.
고사리는 본래 나의 수명을 늘릴 수 있는 것이 아니니
다만 일생 동안 떳떳한 윤리를 지킬 수 있으리라 생각하였네.

夷齊 二首
其一[148]
飄然[149]委國[150]皎無塵,[151] 獨把丹誠[152]傲聖人.
薇蕨[153]本無延我壽, 一生惟解爲彝倫.[154]

백이와 숙제 두 사람은 속세를 떠나듯 孤竹國의 國君의 자리를 버리고 멀리 北海로 피하여 갔으니 진실로 공명정대하고 떳떳한 사람이었다. 그들의 세속을 초월

---

148 [朝鮮] 李袤編著, [韓國] 韓山李氏果菴集刊行委員會編《果菴先生文集》, 韓國現代文化社1998年版, p.3. 其一, 其二는 필자가 붙인 것이다.
149 飄然(표연)은 고상하고 초월한 모습이 탈속의 경지에 있는 듯한 모양이다.
150 委國(위국)은 國君의 지위를 저버린 것이다. 漢 王充의 《論衡·答佞》에 "백성자고는 나라를 버리고 농사를 지었고 오릉자는 관직을 사양하고 정원에 물을 주었네(伯成子高委國而耕, 於陵子辭位灌園)."라고 하였다.
151 皎(교)는 깨끗하고 흰 모습이며, 無塵(무진)은 먼지나 티끌이 묻지 않은 것으로 속세를 초월하여 탈속한 경지를 나타낸다.
152 丹誠은 붉고 진실한 마음이다.
153 薇蕨(미궐)은 고비와 고사리를 가리키는 것으로 옛날 가난한 이들이 캐어 먹던 식물이다.
154 解는 해답의 의미이다. 彝倫(이륜)은 불변의 윤리로서, 옛날 봉건사회에서 지켜야할 윤리와 도덕 등을 가리킨다.

한 맑은 마음과 희고 결연한 절개, 그리고 붉디 붉은 충성심은 그들의 삶을 성현에 비견할 수 있도록 하였다. 비록 들판의 나물에 의존하는 것만으로는 두 사람의 생명을 연장할 수 없었지만, 그들은 생명을 다하여 윤리와 강상의 도리를 체현하였다.

제2수는《石樓先祖朝天錄》에 수록되어 있다. 앞서 서술한 1623년 사신단의 정사 이경전과 서장관 이민성의 연행록 기술에 비추어 볼 때 이경전이 이제묘를 지나며 느낀 감흥을 시편으로 남긴 시기는 응당 귀국길인 1624년 3월 16일경일 것이다.

〈백이와 숙제〉 2수 중 제2수

성성한 백발로 불안한 마음 가득 안고 포악한 주왕을 피하여 왔으니
때가 왔다고 해도 武王의 신하가 되지 않았네.
(주무왕은) 節義을 주장하거나 도덕 윤리에 얽매이지 않고
싸워서 周나라의 8백년 역사를 얻었다네.

其二[155]
白髮棲遑[156]避虐辛,[157] 時來不[158]作武王臣.

---

155 이 시는《果菴先生文集》과《石樓先祖朝天錄》에 모두 수록되었다.《果菴先生文集》의《夷齊 二首》중 제2수가 이 시인데,《石樓先祖朝天錄》중에는 한 수만 수록되었고 제목은《夷齊》이다. 혼동을 피하기 위해서 본서에서는 "其二"로 바꾸었다.

156 棲遑(서황)은 바쁘면서 불안정한 모습으로 분주히 도망하는 불안한 모습이다.

157 虐辛(학신)은 商朝의 마지막 군왕인 紂王(역시 帝辛, 後辛, 殷紂라고도 불린다)의 姓은 子이고, 이름은 受 혹은 受德이라고 한다.《史記》의 역사기록에 의하면, "紂"는 周武王이 "殘義損善"하였다는 의미로 추증한 폄의의 諡號다. 帝乙의 아들인 紂王은 전쟁을 일으켜 東夷를 평정하였는데, 이로써 막대한 국력이 소모되었다. 紂王의 통치 기간 중에 번다한 세금과 부역 및 엄중한 형벌로 인해 백성들의 원성이 길에 가득했다. 紂王은 商朝 三公 중의 九侯와 鄂侯 및 西伯侯를 감옥에 가두었는데, 이로 인해 제후들의 반란의 직접적인 원인이 되었다. 그리고 충심으로 간언을 하였던 충신 比干을 죽이고 箕子를 구금하였다. 紂王은 妲己를 총애하여 酒色에 빠져서 忠言을 듣지 않았으며 폭정을 시행했으므로 暴君으로 불렸다.《史記》卷3《殷本紀三》, 百衲本二十四史景宋慶元刻本, pp.9b-14a.

158 《果菴先生文集》과 다른데 원문이 다른데《石樓先祖朝天錄》을 따랐다. [朝鮮] 李慶著, [韓國] 韓山李氏果菴集刊行委員會編《果菴先生文集》, 韓國現代文化社1998年版, p.3 참고.

不將節義[159]扶倫紀, 爭得周家八百春.[160]

　　　　　　　　　　　　　　　　　　　　　　　　—李慶全《石樓先祖朝天錄》

　　이 시의 앞 두 구는 백이와 숙제가 殷紂王의 폭정을 피하여 北海의 물가에서 은거하였던 일과 周武王이 자신의 부친인 주문왕을 장사 지내지도 않고 紂王을 정벌하러 출정하자 백이와 숙제가 주무왕의 신하가 되기를 바라지 않았다는 내용을 서술하였다. 그러나 뒤의 두 구에서는 節操와 義行을 내세우거나 人倫에 얽매이지 않고 싸웠기에 周나라가 周文王부터 周赧王까지 약 8백년 간 지속되었음을 이야기하였으니, 주무왕의 행적의 정당성을 나타낸 것으로 보인다. 이경전이 〈夷齊〉 2수의 제1수에서 백이와 숙제 두 사람의 節義를 칭송하고 인륜과 常道의 중요성을 긍정하는 한편, 제2수에서 주무왕의 周 왕조 건립의 당위성을 강조한 것은 일견 모순되는 점이 있는 듯하다.

　　이 시의 내용은 그가 사행길에 오른 이유나 그의 경력과 연관 지어 생각해봄직하다. 石樓 李慶全은 東人의 태두였던 영의정 李山海의 아들로 태어나 후에 관직에 진출하여 자연스럽게 東人의 일원이 되었으며, 광해군을 지지한 부친 이산해를 따라 大北派의 중진으로 성장했다.[161] 광해군 시기에 대북파가 정치적으로 득세하였기에 이경전은 순탄한 관직 생활을 하였다. 그러나 1609년 부친 이산해가 죽고

159　節義는 역시 "節誼"로도 쓰이는데, 절조를 지닌 충성스럽고 의로운 행동을 가리킨다.

160　周家 八百은 周文王 시절 東周를 세운 후로 周赧王까지 (西周) 약 8백년 간 周왕조가 연속되었음을 가리킨다. 明 朱孝宗 朱佑樘의 《靜中吟》에 "주나라는 8백년간 광영을 이어갔으니, 사직의 안위는 인재를 얻는 것에 달려있다(周家八百延光祚, 社稷安危在得人.)"라고 하였다.

161　이경전의 부친인 영의정 이산해(李山海, 1539-1609)는 東人(기호학파)의 우두머리였다. 당시 西人이었던 좌의정 정철(鄭澈, 1536-1593)이 1591년 광해군을 세자로 천거하려다 선조의 미움을 산 일을 계기로 서인들에 대한 유혈숙청이 단행되었고 동인이 정권을 쥐었다. 동인은 정철을 사형시켜야 한다는 과격파인 이산해가 주도하는 北人과 귀양만 보내자는 온건파인 유성룡(柳成龍, 1542-1607)이 주도하는 南人으로 다시 분당하였다. 이후 北人은 1599년 홍여순(洪汝諄)을 대사헌으로 임명하는 것에 대한 의견 차이로 인해 이산해, 이이첨(李爾瞻, 1560-1623) 등이 이끄는 大北과 남이공(南以恭, 1565-1640) 등이 이끄는 小北으로 다시 분당하였다. 광해군을 옹립한 대북파 관료들은 광해군 시대에 최대 당파가 되어 조정에서 권력을 누렸으나 인조반정으로 광해군이 실각하자 대북 세력은 몰락하고 소북파는 일부가 서인과 남인에 흡수되었다.

대북파의 또 다른 영수였던 李爾瞻과 소원해지면서 그는 대북파에서 멀어져 정치적으로 南人들과 가까워졌다.[162] 이후에 1623년 인조가 반정을 감행하여 왕위에 오르며 광해군이 실각하였고, 정치적 실권을 잃은 북인들 또한 정치적으로 몰락하여 西人들에 의해 대대적인 숙청을 당하였다. 그러나 이경전은 당시 남인들과 어울렸으므로 西人의 大北派에 대한 숙청의 화를 면할 수 있었다. 이경전은 인조반정 이후 위험해진 정치적 입지를 다지기 위해 인조의 冊封奏請使를 자청하였고 위험천만한 해로 사행의 임무를 완수함으로써 인조의 신임을 얻게 되었다. 그래서 동인의 핵심인물이었음에도 불구하고 다시 재기할 수 있는 발판을 마련하였으며 1627년 정묘호란이 일어났을 때는 선조를 호종하여 강화도로 가기도 했다. 그러나 인조반정 이후 몰락한 북인에 대한 평가는 대체로 성격이나 행적 면에서 비난을 면치 못했는데, 이경전의 경우에도 부친인 이산해의 명망을 등에 업고 간사한 행실을 하였다거나 당쟁을 가속화시킨 원흉으로 지목되고 있다.[163] 또한 이경전은 1640년(인조 18) 형조판서를 사직했는데, 후세 사관은 이경전의 이러한 처사에 대해 "간사하고 처세에 능하였다"고 부정적으로 평가하였다.[164]

　이 시에서 광해군을 殷나라 紂王에, 인조를 周나라 武王에 비유하였다고 본다면, 폭군이었을지언정 은나라 주왕에 충절을 다했던 백이와 숙제의 의로운 행동을 존경하면서도 한편으로는 은나라의 폭정을 종식하고 주나라를 세움으로써 오랫동안

162　李建昌의《黨議通略(당의통략)》宣祖朝에서는 "이산해는 광해 초년에 죽었으며, 그 아들 경전은 이첨과 틈이 나서 小北이 되었다가 이내 南人으로 돌아왔다"고 기술하고 있다.

163　《조선왕조실록》1645년(인조 22) 5월 3일의 기사. "李慶全이 사망하다. 이경전은 李山海의 아들이다. 사람됨이 간사스러워 아비와 형의 권력을 끼고 조정에서 정권을 휘둘렀다. 처음에는 李爾瞻과 함께 협잡하여 품계가 높은 벼슬에 빠르게 올라갔다. 후에 이이첨이 마음대로 행동하여 복을 해칠 것을 알고는 등을 돌렸다. 이 때문에 반정의 초기에 축출을 면할 수 있었다. 한지에서 이십여 년을 보내며 시와 술로 즐거운 나날을 보내면서 검소한 모양을 뽐내었고 훈신들과 친하게 지내며 세상 사람들에게 체면을 세우다가 세상을 떠났다."

164　《조선왕조실록》1640년(인조 18) 5월 30일자 기사. "형조판서 이경전이 병으로 사직하였다. 이경전은 사람이 간사스러워 능히 세상을 잘 헤쳐갔으며 입는 관복은 항상 낡은 듯했다. 전 왕조에서 이이첨이 패알 것을 알고 스스로 소원해진 탓에 화를 면하였다. 丁丑 이후로 판서를 배수받았다."

치세를 누리게 한 주무왕을 지지하는, 다소 복잡하고 모순적인 심경이 엿보인다.
이렇게 이경전이 〈夷齊〉 제2수의 시편 말미에서 백이, 숙제의 절의만을 찬양하지
않고 주무왕의 주나라 건립의 당위성을 함께 강조한 것은 그의 정치적 입장에서 본
다면 어쩌면 당연한 결과일 것이다.

　　이경전은 또 다른 한 편의 〈伯夷〉라는 시를 지었는데, 이 시편 역시 이경전의 이
력을 대입하여 읽어본다면 이면의 함의가 새롭게 느껴진다.

　　〈伯夷〉

　　　　법도와 예절은 하늘과 땅, 사람을 벗어나지 않았으니
　　　　옛날부터 큰 일이 있으면 정결한 사당에서 제를 올렸네.
　　　　서로 응하여 제위를 양도할 때 정성을 다해 묻고 답하니
　　　　삼백 가지거나 삼천 가지라도 모두 仁으로써 행하네.

　　　伯夷[165]
　　　典禮無逾天地人,[166] 從來大事在精禋.[167]
　　　想應揖讓[168]都俞裏,[169] 三百三千[170]總是仁.

　　　　　　　　　　　　　　　　　　　　　　　　　　　　—李慶全

165　[朝鮮] 李袤編著, [韓國] 韓山李氏果菴集刊行委員會編《果菴先生文集》, 韓國現代文化社1998
　　年版, p.2.
166　天地人은 지극한 다스림으로 천지인의 지극한 도를 다한다는 뜻으로, 여기서는 법도와 예절을
　　지키는 다스림으로 천지인의 지극한 도를 다한다는 의미이다.
167　精禋(정연)은 정결한 사당(祠堂), 곧 국가의 중요 제사를 올리는 사당을 일컫는다.
168　揖讓(읍양)은 선양하는 것으로 즉 현명한 사람에게 양위하는 것을 말한다.
169　都俞(도유)는 모두 감탄사이다. 都, 俞, 吁, 咈은 모두 감탄사인데, 허가할 때는 都, 俞라고 말하
　　고, 부정할 때는 吁, 咈를 쓴다. 후에 "都俞吁咈"는 군신이 정치를 논하고 문답하면서 화목하고
　　원만한 모양을 형용하게 되었다. 출전은《書·益稷》에 나온다."禹曰：'都! 帝, 慎乃在位.'帝曰：
　　'俞!'" 又《堯典》："帝曰：'吁, 咈哉!'"
170　三百三千(삼백삼천), 예절의 조목이 많음을 형용하는 말로,《예기(禮記)》《예기(禮器)》에 "경례가
　　삼백 가지이고 곡례가 삼천 가지인데, 그 근본을 따져 보면 성경 한 가지일 뿐이다.[經禮三百,
　　曲禮三千, 其致一也]"라고 하였다.

이 시에서는 주로 백이와 숙제가 왕위를 양보할 때 법도에 따르고 인의를 행한 것을 칭송하는 내용을 담고 있다. 시에서 백이와 숙제가 서로 왕위를 양보하였던 문제를 다룬 것을 당시 인조반정이라는 정치적 격변을 겪었던 조선의 정치 상황에 투영하여 본다면, 이경전이 당시 조선의 혼란한 정치 국면에 대해 느끼고 있던 불만을 은근히 토로한 것이라고 볼 수도 있겠다. 즉 이경전이 〈백이〉라는 시를 통해 백이와 숙제의 양위가 법도와 예절에 맞았음을 칭송한 것은, 백이의 옛 이야기와는 대조적인 당금 조선의 정치 현실을 은근히 비판한 것일지도 모른다.

이제묘는 고대의 유적지로서 백이와 숙제의 사적과 관련된 여러 장소에 세워져 있었고, 중국의 문인들도 이곳을 방문하여 백이와 숙제를 기리고 그들의 사적에 대한 감상을 담은 여러 편의 시와 문장을 남겼다. 해당 지역의 지방지에 수록된 시와 문장들은 이제묘라는 공간이 가진 문화적 의미를 보여준다. 산동 청주부 이제묘에 대해 중국 문인들이 남긴 몇 편의 시를 살펴보도록 하자.

아래는 명대 嘉靖 연간에 생존했던 관료 겸 문인인 劉廷錫이[171] 남긴 〈孤山懷古〉라는 시이다.

〈孤山에서 옛 일을 회상하다〉

높은 봉우리 겹겹이 솟아있고 강물은 유유히 흘러가는데
옛 사당은 깊은 운무 위로 불쑥 드러나 보이네.
고죽의 기풍은 오랜 세월 변함없이 이어지고
수양산의 기운은 담박하여 해와 별이 차갑게 비치네
산 속 아지랑이는 늙은 고목에 스며 솔잎 더욱 마르게 하고

171　劉廷錫(유정석)은 명대 嘉靖 연간에 생존했던 관료 겸 문인으로서, 자는 君榮이고 호는 塔山이며 濰縣 사람이다. 嘉靖 元年(1522) 鄕試에 합격한 후에 保定府推官에 임명되었고 후에 戶部主事에 발탁된 후 戶部員外郎中 등을 역임하였으며 兩淮鹽運使를 지냈다. 청렴한 관리로 칭송 받았으며 퇴임한 후 고향에 돌아와 縣 동남쪽 40리에 있는 塔山(지금의 靈山) 아래에서 지냈으므로 산이름을 따서 자신의 호로 삼았다. 明 神宗 萬曆 元年(1573)에《濰縣志》10권을 편찬하였다. 이 책은 濰縣을 기록한 최초의 지방지로 인정받고 있다.

옛 석비는 온통 푸른 이끼에 덮여 새겨진 글씨 희미하게 남아있네
당연한 듯이 고사리 뜯어 나물을 제기에 올리고
고요한 마음으로 음악을 연주하며 음식 차려 제사를 올린다네

孤山懷古[172]
劉廷錫
奇峰矗矗水漫漫, 古廟雲深海上看.
孤竹風吹天地久, 首陽氣薄日星寒.
嵐侵老樹龍髥[173]瘦, 苔覆遺碑鳥篆[174]殘.
自合采薇供俎豆, 無煩簫鼓奠盤餐.

　劉廷錫의 고향은 유현이었으므로 유현에서 가까운 고산을 방문하여 이제묘를 둘러볼 수 있었고 백이와 숙제를 위해 음력 2월 봄과 음력 8월 가을에 사당에서 사당에서 행해지는 제사에도 참석할 기회가 있었던 듯하다. 이 시에 따르면 이제묘는 고산의 위에 있었으며 오랜 세월 동안 백이와 숙제의 전설을 전하며 그 늠름한 절개와 기상을 유지하였다. 사당의 주위에는 이파리마저 말라가는 오래된 소나무들과 푸른 이끼에 덮인 석비들이 서 있어 사당의 역사가 오래되었음을 보여주고 있었다. 그리고 때에 맞추어 고사리를 캐어서 만든 나물을 올리고 음악을 연주하면서 백이와 숙제의 사적을 기리는 제사를 지내었으니, 당시에 청주부 문인들이 제사에 배석하여 백이와 숙제가 지켜내었던 올곧은 節義와 忠君의 정신을 마음에 새겼음을 보여준다.

172　乾隆《濰縣志》卷6《藝文志》, 淸乾隆二十五年刊本, p.26b.
173　龍髥(용염)은 용의 수염, 즉 제왕의 수염이다. 종종 솔잎이나 소나무를 비유하는 말로도 쓰인다.
174　鳥篆(조전)은 篆書의 일종으로 필획이 새의 발톱 모양과 같아서 붙여진 명칭이다. 글씨체의 풍격이 독특할 뿐 아니라 상징성도 풍부하다.

〈孤山의 夷齊太公祠를 알현하다〉

백이 숙제가 가로막아 간언함은 천추의 세월에 빛날 선비의 풍모였으나
무왕은 천자의 의장을 앞세우고 영웅들을 지휘하여 결국 주왕을 정벌했네
그 때 조정은 썩은 냄새 진동하여 잘못된 일들이 심하게 일어났으나
이곳 고죽국에는 형제가 서로 왕위를 양보하여 맑은 향기 가득했네
초야에서 맑음을 지켜서 인덕을 또한 얻었으니
수양산에서 굶어 죽은 후에도 그들의 의로움 어찌 다할 리 있소냐!
바닷가가 동북쪽이든 혹은 오월에 있든 따져서 무엇하리!
충렬한 선비를 기리고자 하는 마음은 모두 일맥상통한 것을!

謁孤山夷齊太公祠
黃重賢
扣馬千秋國士風, 鷹揚[175]黃鉞[176]指揮雄.
當年臭味差池[177]甚, 此地馨香伯仲[178]同.
牧野淸時仁亦得, 首陽餓後義何窮.
海濱東北寧吳越, 忠烈由來一脈通.

　　시에서는 주무왕이 황금으로 장식한 긴 도끼를 들고 위용을 자랑하며 위풍당당
한 기세로 진군하여 은나라 주왕을 정벌하러 가는 모습을 형용하였다. 그러나 당년
에 역시 주나라가 은나라를 정벌하고 왕권을 교체하는 일이 일어났고, 전쟁과 탐욕
으로 가득한 어지러운 세상 속에서도 고죽국의 백이와 숙제는 서로 왕위를 양위하
며 군자다운 맑은 풍모를 갖추었음을 찬탄하였다. 黃重賢이 어떤 인물인지 자세히

175　鷹揚(응양)은 힘차게 날아가는 매처럼 威武를 떨친다는 의미이다.
176　黃鉞(황월)은 황금으로 장식한 긴 자루에 달린 도끼인데, 天子의 儀仗이며 또한 정벌할 때 사용
　　되기도 한다.
177　差池(차지)는 실수와 착오가 있다거나 의외의 일이라는 뜻이다.
178　伯仲(백중)은 형제의 순서를 나타내는 말로, 역시 형제라고 칭해지기도 하는데 여기서는 백이와
　　숙제 형제를 가리키는 말로 쓰였다.

밝혀져 있지 않으나, 백이와 숙제의 節行을 기리며 백이와 숙제가 살았다는 수양산이 영평부의 수양산이든 혹은 청주부의 고산이든 그들의 강한 충성심과 뜨거운 절의는 변함없이 하나로 이어져 있음을 칭송하였다. 여기서 특이한 점은 孤山의 夷齊祠를 夷齊太公祠라고 지칭한 것인데, 아마도 황중현이 살아 있을 당시에 이제사에서 백이, 숙제와 함께 太公 姜尙의 신위를 함께 제사 지내고 있었을지도 모를 일이다. 모두 옛 청주부의 이름난 성인이므로 같은 사묘에서 제향을 하게 되었을 가능성이 있다.

〈淸聖廟를 알현하다〉
(창락현성 동쪽 고산 정상에 있다. 성 동쪽 십리보에 있으니, 즉 백이와 숙제가 천하가 맑아지기를 기다리면서 살았다는 곳이다.)

은나라 말기 常道가 어지러이 무너져
속세를 피해 북해의 바닷가에 숨었네.
사람들이 사는 마을 교외에 초가를 지었으니
남으로 고산 자락에 맞닿았네.
천하가 다시 맑아지기를 기다렸으니
종신토록 은자로 살고자 한 것은 아니었기에
주문왕이 노인을 잘 봉양한다는 소문을 듣고
문왕에게 귀순하려 서쪽 빈 지방으로 갔네.
후에 주무왕이 은나라 주왕을 정벌하는 것을 보고는
〈채미가〉를 지어 그의 신하가 되지 않을 뜻을 드러냈고
주나라 곡식을 거절하여 굶주리면서 절개를 굽히지 않아
수양산에서 결국 죽음을 맞이하였네.
옛 전적을 살펴 강태공이 봉해진 영구성에 이르니
강태공의 유풍이 아직도 다 사라지지 않았고
백이, 숙제가 맑은 세상을 기다렸던 곳을 손으로 가리키니
백이, 숙제를 사모하는 마음 아직도 백성 사이에 남아있네.

고산의 정상에 사당을 지어

시절에 맞추어 백이와 숙제를 위해 제사를 지내는구나.

사당 옆에 비석이 세워져 있는데

석비에 새긴 글씨에는 이끼가 화려하게 피어 금이 생겼네.

오호라! 왕조가 바뀔 때 누군가는 벼슬에 나가고 누군가는 은거함은

다만 옳다고 여기는 것을 행하매 도리가 같지 않을 뿐이라.

백이와 강태공 모두 성인이라 일컬어지니

각각 벼슬하고 은거한 것은 자신의 뜻대로 처신한 것이다.

謁淸聖廟

(在昌樂城東孤山上, 城東十里堡卽其待淸處)

前人

殷季亂無象,[179] 遁跡北海濱.

結廬在人境, 南與孤山鄰.

以待天下淸, 非終作逸民.[180]

周文興養老, 西歸乃就邠.[181]

後値武代紂, 采薇示不臣.

杭餓弗屈節, 首陽終其身.

考古至營邱, 雪泥[182]未就淪.

---

179 無象(무상)은 常道를 잃었음을 말한다.《文選·王粲＜七哀＞詩之一》에 "서경에 난리가 나서 도
     리를 잃었으니 표범과 호랑이 같은 이들이 환란을 만들어내는구나(西京亂無象, 豺虎方遘患)"의
     구절에서 李善이 河上公의 말을 인용하여 "象은 道이다(象, 道也)"라고 주석을 달았다.

180 逸民(일민)은 학문과 덕행이 있으면서도 세상에 나서지 아니 하고 민간에 파묻혀 지내는 사람이다.

181 邠(빈)은 즉 "豳(빈)" 지방으로 고대 제후국의 명칭이다. 周 后稷의 증손인 公劉가 邰 지방에서
     이곳으로 옮겨와 거주하였는데, 지금의 陝西 彬縣에 해당한다.

182 雪泥(설니)는 "雪泥鴻爪(설니홍조)", 즉 눈 위의 기러기 발톱 자국에서 나온 말로서, 눈이 녹으면
     발자국이 흔적 없이 사라지듯이, 인생의 자취도 흔적이 없는 것임을 비유한 것이다. 蘇軾(소식)
     이 동생인 蘇轍(소철)에게 화답하여 보낸《화자유(和子由)》싯귀가 출전이다. "인생 이르는 곳마
     다 무엇과 같을꼬? 날아가는 기러기 눈밭을 밟아, 그 위에 우연히 발자국을 남긴 것과 같아, 기
     러기 날아가고 눈 녹아 버리면 어찌 동서를 헤아릴 수 있으리.(人生到處知何似 應似飛鴻踏雪泥 泥

指示待淸處, 遺愛[183]尙在人.

有廟建山巓, 歲時祀爲神.

有碑建廟側, 石刻苔花皴.[184]

籲嗟乎! 易代之際仕與隱, 獨行其是不同倫.[185]

伯夷太公稱二老, 一進一退各屈伸.[186]

— 民國《昌樂縣續志》[187]

　　이 시는 어느 무명 문인의 작품으로 청성묘에서 모시고 있는 백이의 사적을 시로
표현하였다. 즉 앞부분에서는 백이가 은나라 주왕의 폭정을 피해 북해의 물가에서
은둔하면서 세상이 다시 맑고 평온해지기를 기다렸는데 그곳이 고산의 옆에 있는
지역이었음을 밝혔다. 그리고 후에 주문왕이 백성을 잘 보살피며 선정을 베푼다는
소문을 듣고 그에게 귀순할 생각으로 邠 지역으로 옮겨갔으나, 주무왕이 은주왕을
정벌하자 수양산에서 고사리를 캐먹으며 무도한 주나라의 신하가 되지 않으리란
의지를 보이고 결국 굶어 죽음으로써 은나라에 대한 충의와 절개를 지켰음을 묘사
하였다.

　　그리고 그곳에서 멀지 않은 곳에 강태공이 제후로 봉해져 제나라를 다스렸던 營
邱 땅의 유적이 남아 있음을 떠올렸고, 강태공과 백이가 모두 망해가는 은나라의
백성이었으나 서로 다른 행보를 보였음을 언급하였다. 즉 강태공은 무도한 은나라
를 버리고 새로이 주나라를 섬겨 강성하게 만들어 마침내 제나라의 왕이 되었으나,

上偶然留指爪 鴻飛那復計東西)"

183　遺愛(유애)는 "甘棠遺愛(감당유애)"에서 온 말로, "감당유애"는 선정을 베푼 사람을 사모하는 마
　　음이 간절하다는 뜻이다.

184　皴(준)은 주름이 잡힌다는 뜻이다.

185　同倫(동륜)은 같은 마음이거나 동일한 道德 표준을 가리킨다.《禮記·中庸》에 "지금 천하는 수레
　　에 같은 바퀴를 끼우고 같은 글자를 적으며 같은 도리를 행한다(今天下車同軌, 書同文, 行同倫)"라
　　는 구절에 孔穎達는 주석을 붙여 "同倫을 행하는 것이니, 倫은 道이다. 사람들의 행동이 모두 같
　　은 도리를 따르게 되었음을 말한다(言人所行之行皆同道理)"라고 설명하였다.

186　屈伸(굴신)은 둥그렇게 굽히거나 곧게 펴는 것으로 뜻을 확장하여 진퇴를 의미한다.

187　民國《昌樂縣續志》卷16《藝文志》, 民國二十三年鉛印本, pp.59b-60a.

백이는 끝까지 은나라의 백성이기를 고집하며 충정을 다하여 절명하였다. 시인은 상반된 행적에도 불구하고 두 사람 모두 옛 성인으로 일컬어지는 것은 각자 자신이 옳다고 생각하는 도리를 행하였기 때문이니 다만 그 도리가 같지는 않았을 따름이라고 풀이하였다. 이름을 밝히지 않은 이 시인은 청나라의 멸망과 새로운 민국의 시작을 목도하면서 왕조가 바뀌는 시기에 백성 된 자가 겪는 가치와 이상의 혼란을 직접 느꼈을지도 모른다. 시인은 벼슬자리에 나아갔던 강태공이나 혹은 벼슬을 거절하고 절의를 지켰던 백이, 숙제가 모두 자신의 자리에서 최선을 다하여 올곧은 삶을 살고자 했음을 찬탄하며, 그들의 삶의 궤적에 대한 깊은 이해를 표현하였다.

夷齊廟가 언제 처음 건축되었는지는 현재로서는 고증하기 어렵다. 明 熊榮의 〈重修昭賢祠記〉 중에서 昭賢祠(夷齊廟)의 제사는 "한나라부터 당나라, 송나라와 명나라까지 바뀌지 않았다. 有司가 봄 2월과 가을 8월에 규제에 따라 제사를 지낸다. (自漢而唐而宋及國朝, 未之有改也, 有司春秋二仲從事制也)"라고 한 기록으로 보건대, 이제묘가 건축된 역사는 매우 오래 되었을 것이다.[188]

元代 王登의 〈重修孤山廟碑記〉[189]의 기록에 의하면, 비록 漢代 北海와 孤山은 서쪽 방향으로 濰州(명대 말기의 濰縣)로부터 매우 멀었지만 "고을 사람들이 백이와 숙제를 흠모하여 그 산 위에 사당을 건립하였다." 元 至元 18년(1281) 10월, 元世祖 忽必烈은 "명을 내려 백이를 昭義淸惠公에, 숙제를 崇讓仁惠公에 추증하였다."[190] 孤山廟(夷齊廟)의 옆에는 龍神廟가 있었으며, 매번 가물 때마다 백성들이 기우제를 지내면 바로 효험을 얻을 수 있었다. "사묘의 흙담이 너무 오래되어서 신령이 의지할 곳이 없게 되었으므로(廟圯已久, 神無所依)", 至正 26년(1289), 山東 東西道宣尉使 趙侯가 督知濰州 張萃澈에게 명하여 孤山廟(夷齊廟)를 고치고 수리하였다. 어떤 사람이 질문하길, "북해에서 거주한 사람은 백이라고 하던데, 숙제의 이름은 들어보

---

188 (明)熊榮 :《重修昭賢祠記》, 嘉慶《昌樂縣志》卷11《藝文考》, 淸嘉慶十四年刻本, p.11b.

189 " 邦人思之, 立祠其上." 咸豐《靑州府志》卷26《營建考二》, 淸咸豐九年刻本, pp.25b-26a.

190 "宣命贈伯夷昭義淸惠公, 叔齊崇讓仁惠公." 咸豐《靑州府志》卷26《營建考二》, 淸咸豐九年刻本, p.26a.

지 못했다"라고[191] 질문한 것에 대해 王登은 "수양산에서 굶주린 것은 형제가 함께
하였다. 어찌 난리를 피하여 동생을 버리고 다른 곳에 갔겠는가. 아니면 두 분의 현
명함을 흠모하여 형에게 제사지내면서, 동생을 배향하게 된 것이리라"[192]라고 문장
을 마무리지었다.

　그로부터 약 100년 뒤에 明 天順 5년(1461)에 편찬된 《大明一統志》에 따르면, 고
산에는 백이와 숙제의 두 채의 사당이 있었다고 하는데, 원나라 왕등이 1349년에
중수한 후 거의 백 년이 지났으므로 사당은 많이 훼손되었고 본래의 이름도 제대로
전해지지 않았다.

> 夷齊廟는 孤山 위에 있으며 伯夷, 叔齊의 두 사당이 있었다. 伯夷가 紂王
> 을 피해 北海의 물가에 거처하였다는 이야기가 전하므로, 후인들이 그들을
> 제사 지내게 되었다. 元나라 때 封爵된 碑刻이 그곳에 있다.[193]

　두 채의 사당은 어느덧 백이와 숙제의 사당이라는 유래만 어렴풋하게 알려져서,
원나라 왕등이 말했던 孤山廟(夷齊廟)와 神龍廟는 명대 天順 연간에 伯夷廟와 齊叔
廟로 바뀌어 夷齊廟라고 통칭된 듯하다.

　명나라 成化10년(1474) 여름 靑州知州 李昻은 〈重修昭賢廟記〉라는 문장을 지었
다. 이앙은 성화 연간(1465—1487)에 山東 靑州知州로 부임하여 8년간 재임하면서
고을의 명소들 가운데 훼손되거나 낙후된 곳을 세심하게 살펴서 재정비하였으니,
그중의 하나로 고산에 있던 사당을 다시 중수하였고 이를 기념하기 위해 廟記를 남
겼다. 이 글에서 창락현 동쪽 10리에 있는 孤山 위에 昭賢廟라는 사당이 있다고 하
였으며, 산 정상에 평평한 곳에 사당이 자리 잡고 있는데 오랜 세월을 지내며 훼손

---

191 "謂居北海者伯夷也, 不聞叔齊." 咸豐《靑州府志》卷26《營建考二》, 淸咸豐九年刻本, p.26a.
192 "首陽之餓, 兄弟同之, 豈避亂而舍而他適乎. 否則慕二公之賢者, 因祀其兄而配其弟也." 咸豐
　　《靑州府志》卷26《營建考二》, 淸咸豐九年刻本, p.26b.
193 "夷齊廟 , 在孤山上, 有伯夷叔齊二廟, 以伯夷避紂居北海之濱, 後人因祀之, 有元時封爵碑刻存
　　焉."《大明一統志》卷二十五《萊州府》, 明天順五年內府刻本, p.18b.

되었으므로 1474년에 수리하게 되
었고 安丘縣令 袁麟이 일을 맡아주
었다고 설명하였다.[194]

그후 1530년경에 이제묘는 다시
수리를 거쳤다. 萬曆《萊州府志》에
"孤山은 濰縣 서쪽 35리 거리에 있
다. ……嘉靖 9년(1530) 御史 熊榮
이 고산의 정상으로 사묘를 옮겼으
니, 규모가 웅장하였다. 有司가 歲
時에 맞추어 제사를 지냈다."[196]라고
하였는데, 당시에 이제묘를 수리하
게 된 경위와 규모에 대해서는 다음
의 기록을 살펴볼 수 있다. 嘉靖 9년
(1530), 당시 巡按御史를 지냈던 熊
榮이 夷齊廟가 "세월이 오래되어 흙
담이 무너지고 비바람을 가릴 수 없

그림 1-25   "濰縣八景"중의 "孤山晚照"그림 중에
나타난 夷齊廟[195]

게 된 것(年久傾圮, 風雨弗蔽)"을 보고 "심히 측은한 마음이 들었기에(深用惻焉)", 당
시 昌樂知縣이었던 黃軹에게 昭賢祠(즉 夷齊廟)를 다시 수리하게 하였다. 黃軹은
원래 고산의 중턱에 있던 夷齊廟를 孤山의 정상으로 옮기고 또 본래의 규정에 따라
重建하였다. 그리고 옛 이름을 따라서 "昭賢祠"라고 칭하였다. 다시 중수한 昭賢
祠(즉 夷齊廟)의 모습은 "가운데에 대전이 있고 앞에는 門이 있으며, 좌우에는 행랑
이 있는데 각 세 칸이다. 올라갈 때 계단이 있고 주위에는 담장이 있다. 규제에 제법

---

194   (明)李昂,《重修昭賢廟記》, 嘉慶《昌樂縣志》卷十一,《藝文考》, 淸嘉慶十四年(1809)刻本, p.12b.

195   康熙《濰縣志》卷首圖《孤山晚照》, 淸康熙十一年刻本, p.11a.

196   "孤山, 在濰縣西三十五里, ……嘉靖九年御史熊榮移廟山之絶頂, 規模宏壯, 有司歲時致祭." 萬
        曆《萊州府志》卷2《山川》, 明萬曆三十二年刻本, p.112b.

들어맞는다(中爲祠, 前爲門, 左右爲廂, 各三楹. 登有級, 圍有牆, 規制頗稱之役)"[197]라고
묘사되었다.

黃軹이 昭賢祠(夷齊廟)를 중수한 지 오래되지 않아서, 新任 昌樂知縣인 朱木이
昭賢祠(夷齊廟)의 서쪽에 祈雨에 제법 효험이 있던 孤山廟를 중건하였다. 명 嘉靖
《昌樂縣志》와 《靑州府志》[198]에 따르면, 가정 27년(1548)에 지현 朱木이 이제묘를 다
시 중건하였고, "이제묘"의 서쪽에 "고산묘"를 지었다. 내용을 보면, 이제묘는 송나
라 때 사액된 뒤로 "昭賢廟", "昭賢祠"라고 불렸고, 원나라 至順 元年(1330)에 사액
된 뒤로 "聖淸廟", "聖淸祠"라고도 불렸다. 그리고 1530년에 중수될 때 꽤 큰 규모
로 지어져서 대전 세 칸에 양쪽으로 행랑도 이어졌고 또 玩山亭이라는 정자도 함께
있었던 것을 알 수 있다. 또한 1548년에 朱木이 다시 이제묘를 수리할 때 고산 신령
을 모신 사당을 "孤山廟"라는 명칭으로 이제묘의 서쪽에 다시 중건하였다.

咸豊《靑州府志》[199]의 기록에 따르면, 淸 咸豊 연간에 昭賢祠의 명칭은 淸聖廟
로 바뀌었다. 咸豊《靑州府志》에서는 고산 이제묘의 연혁과 변천을 종합하여 정리
하는 한편, 이제묘와 용신묘는 모두 "孤山之廟"일 뿐 나뉘어 있지 않다고도 말하였
다. 즉 후대의 府志와 縣志에서는 사당을 두 개로 나누어 "夷齊廟"와 "孤山廟" 혹
은 "淸聖廟"와 "孤山廟"라고 한 것은 잘못이라고 지적하고, 孤山의 정상에는 본래
한 채의 사당, 즉 夷齊廟 밖에 없다고도 하였다.

그러나 앞서 살펴본 바와 같이 元 王登의 〈重修孤山廟碑記〉의 문장을 읽어보면
"孤山之廟"를 언급하면서 "夷齊廟" 옆에 "龍神廟"가 있다고 분명히 언급하였고 또
明 朱木이 "龍神廟"를 중수하면서 "孤山廟"라는 명칭으로 지칭하였으므로, 분명
히 명대에 "이제묘"와 "고산묘"("용신묘")가 있었던 것은 맞을 것이다. 다만 "용신

---

197 (明)熊榮 : 《重修昭賢祠記》, 嘉慶《昌樂縣志》卷11《藝文考》, 淸嘉慶十四年刻本, p.11b.

198 "夷齊廟, 在城東孤山. 御史熊榮命知縣黃軹重建. ……國朝成化間重修. 歲以春秋仲月上丁日致
     祭, 視鄕廟. 孤山廟, 在夷齊廟西, 知縣朱木重建." 嘉靖《靑州府志》卷10《祀典志》, 明嘉靖刻本,
     p.28a.

199 咸豊《靑州府志》卷26《營建考二》, 淸咸豊九年刻本, p.25a.

묘”를 “고산묘”의 명칭으로 바꾸면서 이전의 “이제묘”와 혼동되는 상황이 발생하였던 것 같다. 창락현의 연혁을 비교적 자세히 기록한 縣志와 역대 지방지 등을 대체로 살펴보건대 백이와 숙제를 함께 배향하는 사당과 고산의 신령을 제사 지내는 사당이 각 두 채 있었는데, 명칭은 시대에 따라 조금씩 다르게 불렸다.

　　청대에 고산에 있는 이제묘를 수리한 기록은 1886년 膠縣 사람 柯劭忞[200]이 지은 〈重修孤山廟碑記〉[201]를 통해 확인할 수 있다. 청말 민국초기의 학자였던 가조민은 민국 丙戌년(1886)에 이제묘가 수리된 과정과 그동안 이제묘가 거쳐 왔던 연혁을 총괄하여 간략하게 설명하였다. 즉 고산의 이제묘는 오랜 역사를 가진 곳으로, “秦, 漢, 魏, 晉 이래로 六朝와 唐, 隋나라를 거치는 동안” 계속 존재했으며 여러 차례 수리와 중건을 거치면서 유지되어왔다. 그리고 蔡邕의 〈夷齊廟碑〉에서 永平府의 首陽山이 비를 내리는 영험을 보였던 것을 기록하면서, 백이가 거처하던 北海 지역에 있는 孤山에도 “別殿으로 龍神祠가 있는데, 孚澤廣陵侯의 존칭을 받았다. 가뭄이 든 해에 기도를 하면 늘 영험하게 응답하였고, 사방에 항상 비를 뿌리는 은덕을 내렸다.”라고 하면서, 고산에는 이제묘와 함께 “용신사”(“용신묘”)가 있었음을 설명하였다.

　　이후에 淸末, 民國을 지나면서, 昭賢祠(夷齊廟)는 세월의 흐름 속에서 무너지고 다시 수리하는 과정을 거쳤다. 이와 같이 오랜 연혁을 가진 청주부 창락현의 이제묘는 현재에도 그 유적이 남아있다. 2017-2018년에 昌樂縣은 옛 유적의 원형을 따

200　柯劭忞(1848 - 1933)의 字는 仲勉 혹은 鳳孫, 鳳蓀, 鳳笙, 奉生 등을 쓰며 만년의 호는 蓼園, 室名은 歲寒閣이다. 山東省 膠州市 大同村 사람으로 淸末民國 시기 관리이며 근대 학자였다. 柯劭忞은 관료 문인 가문 출신으로 淸德宗 光緖 12년(1886) 進士가 되어 翰林院編修, 侍讀, 侍講, 典禮院學士, 資政院議員 등을 지내었다. 宣統2년(1910)부터 宣統3년(1911)까지 京師大學堂 總監督을 지내었다. 淸朝가 멸망하고 民國이 성립한 후에 청나라의 은택을 잊지 못하고 겸손하게 淸遺老를 자임하여 살았다. 일찍이 혼자 힘으로 《新元史》를 편찬하였고, 日本東京帝國大學의 文學博士學位를 수여받았다. 1914년에 《淸史稿》의 편찬 작업에 참여하였고, 淸史館館長 趙爾巽이 죽은 후에 대리 館長, 總纂 등을 역임하였다. 후에 輔仁大學 董事會 董事를 맡았다. 1933년 北京에서 병사하였다.

201　(靑) 柯劭忞, 《重修孤山廟碑記》, 民國《昌樂縣續志》卷十六, 民國二十三年(1934)鉛印本.

라서 다시금 夷齊廟를 수리하고 복원하여 "昭賢廟"를 중수하였다. "소현묘"가 위
치한 孤山은 명대 말기 昌樂縣 孤山鋪 지역에 있었으며, 명대 말기 昌樂縣 孤山鋪
는 지금의 昌樂縣 朱劉街道 十里堡村이다.

　관련된 여러 지방지의 기록을 종합하면,[202] 조선 사신이 기재한 "夷齊祠", "伯夷
廟", "孤山夷齊廟"의 명칭의 변화는 다음과 같다. (宋) 昭賢廟 → (元) 聖淸廟, 北海
孤山廟 → (明 天順 年間) 伯夷廟, 叔齊廟 → (明 嘉靖) 昭賢廟, 夷齊廟, 昭賢祠 → (淸
康熙) 昭賢廟, 夷齊廟 → (淸 嘉慶) 淸聖廟 → (淸 咸豐) 夷齊廟 → (民國) 夷齊廟, 孤山
廟, 淸聖祠 → (현재) 昭賢廟, 孤山廟(俗稱).

202　嘉靖《山東通志》卷18《祠祀》, 明嘉靖刻本, p.35a ; 康熙《山東通志》卷20《祠祀》, 淸康熙四十一年
　　刻本, p.13b ; 咸豐《靑州府志》卷26《營建考二》, 淸咸豐九年刻本, pp.25a-26a ; 民國《山東通志》
　　卷38《疆域志第三》, 民國七年鉛印本, p.48a ; 嘉靖《昌樂縣志》卷2《祀典志》, 明嘉靖刻本 ; 嘉
　　慶《昌樂縣志》卷5《古跡考》, 淸嘉慶十四年刻本, pp.3a-4a ; 山東省昌樂縣史志編纂委員會編 :
　　《昌樂縣志》, 山東人民出版社1992年版, p.528.

사진 1-26   지금의 昌樂縣 朱劉街道 十里堡村 남쪽에서 멀리 조망한 孤山의 모습

사진 1-27   孤山의 동쪽에서 멀리 조망한 孤山

사진 1-28   복구하기 이전 昭賢廟(속칭 孤山廟)의 모습

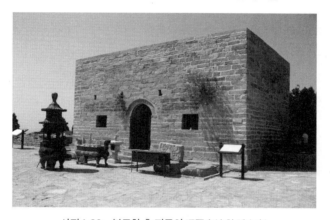

사진 1-29   복구한 후 지금의 昭賢廟(속칭 孤山廟)

사진 1-30   지금의 昭賢廟 앞의 석비 잔해. 위에 "北海孤(山)夷齊廟"라고 새겨져 있는데, 조선 사신 정두원이 "孤山夷齊廟"라고 한 기록과 유사하다.

제4절 仙人石跡[203]

(9월)19일. 庚午. (유현에서 출발하여) 昌樂縣에서 유숙하였다. ……王裒故里, 逢萌(逢萌)舊墟등의 유적을 지나갔으며 石上仙跡(석상선적)은 또 완연하게 보였다. 이날 50리를 이동하였다.

(九月)十九日, 庚午.(從濰縣發行)宿昌樂縣, 所過……又有……王裒故里, 逢萌(逢萌)舊墟等遺跡, 石上仙跡又宛然可見, 是日行五十里.

― 李德泂《朝天錄(一云航海錄)》

(3월)16일, 庚午. 王老店에 도착하였다. 아침에 昌樂을 출발하였고 仙山古跡(선산고적)을 지났다. 縣 동쪽 10리 거리에 있다. ……王老店에 도착했다.(이곳은 昌邑지역이다) 약 110리를 걸었다.

(三月)十六日, 庚午, 到王老店. 早發昌樂, 過仙山古跡, 縣東十里, ……抵王老店, 昌邑地, 約行一百一十里.

― 李民宬《癸亥朝天錄》

(濰縣으로부터) 45리를 가면 패문이 있는데 "仙人石跡(선인석적)"이라고 쓰여 있다. 내가 보니 반석 위에 사람의 발자국이 완연한데, 어느 시대의 것인지는 알 수 없다.

(自濰縣)行四十五里, 有欄門, 書之曰 : "仙人石跡", 臣見盤石上, 人跡宛然, 不知何代事也.

― 鄭斗源《朝天記地圖》

　　첫번째 예문과 두번째 예문에서 이덕형과 이민성은 각각 천계 4년(1624) 9월과 4월에 昌樂縣 동쪽을 지날 때 "石上仙跡", "仙山古跡"이라고 불리는 유적을 보았다.

203　사행록에는 仙山古跡, 石上仙跡, 仙人石跡, "仙人石跡" 碑, "仙人石跡" 欄門이라고도 기록되었다.

이민성은 또한 그곳이 창락현 동쪽 10리 지역, 즉 창락현 孤山鋪 부근이라고 기술했다. 세번째 예문에서 崇禎 2년(1629) 10월 하순 무렵, 정두원 일행은 창락현 동쪽 5리를 지나면서 "仙人石跡"의 패문을 보았다. 그 부근의 암석 위에는 사람의 발자국인 듯한 흔적이 남아 있으므로 이 패문을 세워 표시한 것이다. 그 석비가 위치한 방위와 글자의 의미로 보자면, 위의 세 가지 예문에서 언급된 "石上仙跡", "仙山古跡", "仙人石跡"의 패문은 동일한 지점을 가리키는 것이 맞을 것이다. 그러나 두번째 예문과 세번째 예문에서 언급한 구체적인 위치는 다르다.

> 仙人石跡碑는 徐聖公의 유적을 일컫는다. 서성공은 집안이 가난하였으나 성격이 호탕하였다. 재물을 보면 훔쳤고, 여유가 생기면 걸인들에게 나눠주었다. 구름 같이 떠돌아다니므로 그가 가는 곳을 알 수 없었다. 그가 어떤 사람의 집에 들렀는데 가져갈만한 물건이 없으므로 솥을 가지고 왔으나, 그 집의 빈곤한 사정이 가엾어서 그릇을 메고 가서 돌려주었다. 그러나 그 집주인은 서성공을 붙잡아서 관아에 데려갔다. 서성공이 홀연히 분을 내니 등에 메었던 긴 나뭇대가 저절로 날아올랐다. 서성공이 바람을 타고 하늘로 올라갈 때 그 고을을 지나면서 이 바위를 밟았는데, 바위 위에 진흙을 밟은 듯한 족적이 생겼다. 후대 사람들이 기이한 일이라고 여기고 표지를 남겼다.
>
> 仙人石跡碑, 謂徐聖公也. 家貧好蕩, 見財必取資, 給則與乞人. 行若浮雲, 人不知所之. 過一人家, 無物可取, 取釜以歸. 憐其貧者, 器而負還, 厥主囚之官, 徐忽慨然, 所荷一遍擔木, 即自飛騰. 徐乘而上天, 過其村, 履此石, 石上跡如踏泥形. 後人異而表之.
>
> ─金德承《天槎大觀》

명 천계 4년 9월 중순, 창락현 동쪽을 지나던 동지겸성절사신단의 김덕승의 기록에 따르면, 그가 본 것은 패문(방표)이 아니었고 "仙人石跡"이라고 쓰여진 石碑였다. 김덕승은 "仙人石跡"의 석비가 세워진 연유를 자세히 기술하였으니, 仙人은 곧 徐聖公을 가리킨다. 서성공은 원래 도적이었으며 거주하는 곳이 일정치 않아 행방을 종잡을 수 없었다. 그러나 그는 제법 의협심이 있어서 항상 도적질한 물건을 나누어서 걸인들에게 주고는 하였다. 도둑질을 한 후에 붙잡혀서 관아에 가게 되자, 서성공은 크게 소리치며 분노하였고 그대로 형구를 멘 채로 승천하였다. 그가 "仙人石跡"의 석비가 있는 곳을 지날 때 그 돌을 한 번 밟고 그대로 신선이 되어 날아올랐고, 돌 위에는 발자국의 흔적이 또렷하게 남았다고 한다. 후대 사람들은 서성공이 특별한 사람이라고 여겨서 그 일을 기록하였다. "仙人石跡"의 석비에 관한 명확한 기술은 중국 지방지에서 나타나지 않는다. 다만 嘉靖《昌樂縣志》의《人物志》에 徐聖公의 전설이 비교적 상세하게 실려 있다.

> 徐神公은 어느 때 사람인지 알 수 없는데, 徐賊이라고 불렸다. 그는 가난해서 다른 사람의 재물을 얻어 썼지만 반은 주인에게 남겨주고 반은 다른 사람을 돕는 데 썼다. 후에 어느 집에서 붙잡혀 관가로 보내졌다. 그는 옥중에서 형틀에 묶여 있었는데, 밤에 홀연히 빠져나갔다. 다음날 아침에 그를 찾아보니 현 동쪽 5리쯤에 있는 암석 위에 발자국이 남아있었다. 사람들은 그가 신선이 되어 날아갔다고 여겼다. 郡志에 따르면 徐問眞과 歐陽修는 서로 잘 지내며 교류하였다. 하루는 서문진이 애써 떠나고자 하니 구양수가 만류해도 듣지 않았다. 서문진은 "내 친구가 나와 공이 교유하는 것을 비난하니 할 수 없습니다."라고 말하였다. 구양수가 전송할 사람을 보냈는데, 그가 보니 과연 철관을 쓴 대장부가 있었으며 8척 남짓한 장신이었다. 통성명을 기다리는 동안 그는 표주박으로 술을 떠서 손바닥에 받아 마시고는 곧 온데간데 알 수 없게 되었다. 서문진은 구양수에게 引氣法을 가르쳐주어 발의 병을 낫게 해주었다. 蘇軾이 시험삼아 해보니 역시 효험이 있었다고 하니 바로 이 사람이 서성공이 맞을 것이다.
>
> 徐神公, 不知何時人, 呼爲徐賊. 窮得人財物, 半以留主, 半以濟人. 後爲失家所獲, 送於官, 械繫獄中, 夜忽脫去. 明旦追尋, 至縣東五里石

上, 止有腳鐐跡, 人以爲仙去. 按郡志, 有徐問眞與歐陽修善, 一日求去
甚力, 修留之不可, 曰: 我友罪我與公卿遊. 修使人送之, 果有鐵冠丈
人, 長八尺餘, 俟於通, 以瓢覆酒於掌飲之, 隨不知所往. 嘗教修引氣,
愈足疾. 蘇軾試之亦驗, 疑即此人.

—嘉靖《昌樂縣志》[204]

嘉靖《昌樂縣志》에서는 "徐聖公"이 송대의 문호인 歐陽修와 교유하였던 道人 徐
問眞이라고 보았다. 《夷堅支志》의 기록에 의하면[205] 徐問眞은 東萊 濰州(명대 말기
의 濰縣)사람으로, 道家의 술법에 정통하여 사람들의 병을 잘 치료해주었다. 그는
일찍이 구양수와 좋은 친구 사이였다. 어느 날 徐問眞은 "내 친구가 나와 공이 교유
하는 것을 비난합니다."라고 말하며, 자신은 권세 높은 귀인과는 친구를 맺을 수 없
다고 하였다. 그리고 갑자기 떠나갔는데 종적을 알 수 없었다. 嘉靖《昌樂縣志》는
〈方技傳〉 부분에서 "徐神公의 일은 황당하기도 하고 증거가 많지 않으므로 간략하
게 줄여 쓰고 상세히 기록하지 않았다(徐神公……之事, 既荒誕, 亦無考據, 故略而不錄)"
라고[206] 하였다. 이 때문에 이후 康熙《昌樂縣志》, 嘉慶《昌樂縣志》, 民國《昌樂縣續
志》에는 모두 "徐聖公"의 사적을 수록하지 않았다.

그러나 嘉靖《昌樂縣志》의 기록에 근거한다면 다음의 세 가지를 분명히 알 수
있다. 첫번째로, "仙人石跡" 碑는 마땅히 창락현 동쪽 5리에 위치했으니, 이 설명
은 조선 사신 정두원의 기록과 일치한다. 두번째로, 전설을 통해 사행록의 민속학
적 의의를 간접적으로 증명할 수 있을 것이다. 분명히 "徐聖公"혹은 "徐神公"의 사
건은 神怪의 요소가 있지만 그러한 전설이 나온 것은 당시 일반 민중들이 갈망하
는 사회 정의를 표현한 것이다. 현존하는 지방지 중에 嘉靖《昌樂縣志》이외에 이에
대한 기록이 없으므로 조선 사신의 기록을 통해서 명말 창락현의 민중들이 "徐聖

---

204 嘉靖《昌樂縣志》卷3《人物志》, 明嘉靖刻本.
205 (宋)洪邁:《夷堅支志·庚》卷6《徐問眞道人》, pp.8b-9a.
206 嘉慶《昌樂縣志》卷30《方技傳》, 清嘉慶十四年刻本, p.1a.

公"을 잊지 않고 있었으며 그를 위해 석비를 세우고 기념하고 있었던 것을 알 수 있게 된다. 세번째로 김덕승의《天槎大觀》의 독창성이 증명된다. 김덕승이《천사대관》을 저술할 때《大明一統志》의 관련 기록을 참고하였다고 하는 연구결과가 있는데,[207] "서성공"의 기록만 가지고 본다면 김덕승은 사행 여정 중에 현지의 백성들을 광범위하게 접촉하고 관련된 지방지와 서적들을 수집하였으며 이를 바탕으로《대명일통지》의 관련 기록을 종합하여《천사대관》을 완성한 것임을 알 수 있다.

명말 "仙人石跡"의 석비는 창락현 동쪽 5리 즈음에 있었으니, 마땅히 지금의 창락현 寶都街道 曲家莊村 부근일 것이다. 관련된 지방지의 기록과 인터뷰 결과를[208] 종합해보면, 曲家莊村은 宋元 무렵에 세워진 것으로 보인다. 淸 康熙 60년(1721)에는 五里鋪라고 불렸고 昌樂縣 靑惠鄕 尖塚社에 속하였다. 淸 嘉慶 14년(1809)에도 역시 五里鋪 혹은 曲家莊이라고 불렸으며 昌樂縣 尖塚廠에 속하였다. 淸末民初에는 城東五里堡, 曲家莊이라고 불렸으며 昌樂縣 第一區 劇東鄕에 속했다. 1950년에는 昌樂縣一區 城關區에 속하였고, 1955년부터 1958년까지 昌樂縣 城關鎭에 속하였다. 1958년부터 1962년까지 五里堡子村으로 불렸고 昌樂縣 東風人民公社에 속하였다. 1962년부터 1984년까지 昌樂縣 城關公社에 속했으며, 1984년부터 2005년까지 昌樂縣 昌樂鎭에 속했다. 2005년부터 지금까지 曲家莊村이라고 불리며 昌樂縣 寶都街道 曲家莊社區에 속한다.

---

207   이성형,《《天槎大觀》의《大明一統志》수용양상 고찰》,《한문고전연구》2016년, 제33집, pp.275-320.

208   康熙《昌樂縣志》卷首圖《境圖》, 淸康熙十一年刻本, p.13b ; 嘉慶《昌樂縣志》卷首《縣圖》, 淸嘉慶十四年刻本, p.13b ; 民國《昌樂縣續志》卷2《疆域志》, 民國二十三年鉛印本, p.11b ; 民國《昌樂縣續志》卷3《山川志》, 民國二十三年鉛印本, p.13b ; 山東省昌樂縣史志編纂委員會編 :《昌樂縣志》, 山東人民出版社1992年版, pp.70-75 ; 昌樂縣地方史志編纂委員會編 :《昌樂縣志》中華書局2008年版, pp.38-41. 현지조사 결과는 본서 연구팀이 옛 濰坊市 昌樂縣 地方史志辦公室 副主任이었던 趙守誠(남, 84세)씨를 인터뷰한 것을 말한다.

제5절 安仁舊治,[209] 昌樂縣城[210]

(3월) 9일. 丁巳. 맑음. 새벽에 (益都 詎米店을 출발하여)……昌樂縣 西
關 劉守樂의 집에서 점심 식사를 하였다. 安仁舊治, 伯夷待淸, 逢萌古
里를 지나서 濰縣 北關 李梓의 집에서 유숙하였다.

(三月)初九日, 丁巳, 晴. 晨(自益都詎米店發行)……中火昌樂縣西關劉
守樂家, 歷安仁舊治, 伯夷待淸, 逢萌古里, 宿濰縣北關李梓家.

—洪翼漢《花浦朝天航海錄》

명 천계 5년(1625) 3월 9일, 홍익한 일행은 귀국길의 노정에서 창락현 西關에서
점심식사를 한 후에 "安仁舊治", "伯夷待淸", "逢萌古里"를 거쳐 유현 北關에 도착
했다. 앞서 말한 것처럼 "伯夷待淸"은 "伯夷待淸處" 碑를 가리키며 창락현 동쪽 10
리 거리에 있는 孤山鋪에 위치해 있었다. 그리고 "逢萌古里"란 "逢萌古里"의 牌坊
을 가리키는 것으로 이 패방은 창락현 동쪽 15리 거리에 있었다.

"安仁"은 宋代에 이곳에 설치되었던 安仁縣의 縣治所인 "安仁城"을 가리키는
것으로, 지방지를 살펴보면 安仁縣의 구체적인 위치에 대해 세 가지 설이 있다. 첫
번째로, 昌樂縣 동남쪽 50리 거리에 있는 營丘故城[211]이라는 설인데 이곳은 지금의
昌樂縣 營丘鎮 古城村 부근이다. 宋《太平寰宇記》의 기록에 따르면 옛 昌樂城이 처
음 세워진 것은 夏代이며 宋 乾德 3년(965)에[212] "營丘故縣에서 壽光縣 長壽鄕을 나
누어서 安仁縣을 설치하였고, 이곳이 곧이어 昌樂縣으로 바뀌었다"[213]라는 기록이

209 사행록에는 역시 "安仁舊治"牌坊이라고도 기록되어 있다.
210 사행록에는 昌樂, 昌樂縣, 昌樂南館(關), 昌樂東門, 昌樂縣西關, 齊昌樂, 昌樂縣東館驛 등으로
도 기록되었다.
211 《太平寰宇記》卷18《河南道十八》, 淸文淵閣四庫全書補配景宋本, p.19 ; 咸豊《靑州府志》卷24上
《古跡考上》, 淸咸豊九年刻本, p.23b.
212 康熙《大淸一統志》卷104《靑州府》, 淸乾隆九年武英殿刻本, p.5a.
213 "析壽光縣長壽鄕(於)營丘故縣置安仁縣, 尋改爲昌樂縣",《太平寰宇記》卷18《河南道十八》, 淸文
淵閣四庫全書補配景宋本, p.19.

있다. 두번째로, 즉 지금의 昌樂縣城 부근이라는 설이다. "安仁城은 옛 지방지에도 그 위치가 상세하지 않다. 역사서에서는 宋나라 때 安仁縣을 설치하였고 곧 昌樂으로 바뀌어 濰州에 속하게 되었다고 한다. 安仁城이 즉 지금의 昌樂城이라는 것은 의심의 여지가 없다. 營邱古城은 濰縣으로부터 30리 떨어진 산 남쪽에 치우쳐 있으므로 鎭을 이곳으로 옮겨서 靑萊의 요충지를 담당하게 한 것이다."[214] 세번째로, 昌樂縣의 서북쪽 10리에 昌樂故城이 있었으며,[215] 즉 지금의 창락현 寶都街道 高家河村 부근이라는 설이다.

　　民國《山東通志》에 기록된 것을 보면, "昌樂故城은 현 서북쪽 10리 거리에 있다. 宋初에 壽光縣 長樂鄕을 營邱故界에 나누어 설치하였고 明初에 지금의 治城 안쪽으로 이동하였다. 혹자는 이곳을 宋 安仁縣城이라고 한다."[216] 비록 宋代 安仁縣 治所가 어디에 있었는지 확정할 수는 없지만, 홍익한의 기록에 따라 "安仁舊治"는 마땅히 石碑 혹은 牌坊을 가리키는 것임을 알 수 있으며 패방이 세워진 위치는 창락현성 동쪽에 가까웠을 것이다.

　　　　(3월)16일, 맑음. 아침에 昌樂東門을 출발하니 "安仁舊治"라는 네 글자의 패방이 있었다. 동쪽 5리 즈음에는 仙人石跡이 있었다. …… 濰縣北館에 도착하니 옛 주인이 朝飯을 내어 주었다. …… 寒亭에서 점심을 먹고 昌邑 경계의 王祿店에 도착해서 表姓의 人家에서 유숙하였다.

　　　　(三月)十六日, 晴. 朝, 出昌樂東門, 有 "安仁舊治" 四字牌坊, 東五里有仙人石跡, ……到濰縣北館舊主人朝飯……到寒亭中火, 到昌邑境

214　"安仁城, 舊志未詳其處, 按史稱宋置安仁縣尋改昌樂屬濰州, 則安仁城即今昌樂城無疑矣. 蓋營邱古城去濰縣僅三十里僻處山南, 故移鎭於此, 以當靑萊之沖云."(嘉慶《昌樂縣志》卷5《古跡考》, 清嘉慶十四年刻本, p.2a)

215　嘉靖《昌樂縣志》卷1《地理志》, 明嘉靖刻本 ; 咸豐《靑州府志》卷24上《古跡考上》, 清咸豐九年刻本, p.23b ; 雍正《山東通志》卷九《古跡志》, 淸文淵閣四庫全書本, p.45a.

216　"昌樂故城, 在縣西北十里. 宋初析壽光縣長樂鄕於營邱故界置, 明初始移今治城內, 或曰宋安仁縣城." 民國《山東通志》卷37《疆域志第三》, 民國七年鉛印本, p.12a.

王祿店表姓人家宿.

—尹暄《白沙公航海路程日記》

(仙人石跡碑)의 서쪽에 "安仁舊治(안인구치)"가 있으니, 宋의 安仁
縣이 그곳이다.
　　(仙人石跡碑)西有 "安仁舊治", 宋時安仁縣是也.

—南以雄《路程記》

1624년 3월 16일, 奏聞(請封)兼辨誣使臣團의 부사인 윤훤 일행은 동쪽에서 서쪽
으로 향해가며 창락현을 경유하였는데, 창락현 東門이 있는 곳에서 "安仁舊治"라
고 쓰여진 牌坊을 보았다. 그리고 1624년 冬至使 남이웅 역시 기록하길, "安仁舊
治"는 창락현의 예전 지명인 宋代 安仁縣을 가리킨다고 하였다.

현지의 유구한 역사와 그곳에서 배출된 유명한 인물들을 한껏 자랑하기 위한 목
적으로, 명대 말기의 驛道(특히 急遞鋪) 옆이나 혹은 城池의 부근에는 옛 유적과 명
승을 나타내는 牌坊이나 石碑가 세워지곤 하였다. 그런데 석비가 나타내는 지역은
때로는 패방이나 석비가 위치하고 있는 곳이 아닌 경우가 있었다. 바꿔 말하면, 사
행록 중에 기재된 "安仁舊治" 패방만을 봐서는 창락현성이 宋代 安仁縣의 縣治所
가 소재했던 장소인지 확정하여 판단할 수 없다는 의미이다.

濰坊市 昌樂縣 地方史志辦公室의 趙守誠 부주임이 소개하길, 원래 창락현의 동
문으로 불리던 "永淸門"은 일찌감치 철거되었는데, 그 위치는 지금의 昌樂縣 利民
街와 昌樂商業步行街(역 앞의 상점가) 교차점 부근이었다고 한다.

사진 1-31   명대 말기 "安仁舊治" 牌坊이 있던 옛 장소
昌樂縣 利民街와 昌樂商業步行街(역 앞의 상점가)의 교차점

　　(7월)초9일, 戊申. 아침에 (濰縣으로부터) 출발해 50리를 이동하여 昌
樂縣에 도착했다. 知縣 仲嘉가 나와서 접견하였고 하인들이 늘어서서
맞이하여 접대해주었다. 그리고 다음 여정을 위한 음식들을 보내주었
으므로 감사하기 위해 관아로 갔는데 (지현은) 군진을 연습시키는 일
로 射廳에 갔다고 말한다.

　　(七月)初九日, 戊申. 朝(自濰縣)啟行, 行五十里到昌樂縣, 知縣仲嘉來
見, 下人侍候支供, 且送下程饌物, 即以回謝事往於衙門, 則以習陣事
往於射廳云.

—崔應虛《朝天日記》

　　(7월)초9일, 맑음. (濰縣에서 출발하여) 昌樂에서 점심을 먹었다. 知縣
이 의관을 갖추고 나와서 접견했으며 마주 대하고 차를 마셨다. 예의
와 접대가 매우 공손하니 이야기를 나누다가 시간이 훌쩍 지났다. 科
擧의 법규를 논하였는데, 지현은 청년 文官으로 용모가 단정하고 젊
은 태가 났다. 己未榜에 及第하여 19세에 登科하였고 지금 나이는 21
세라고 한다. 이름은 仲嘉이며 스스로 말하길 孔子의 제자 仲由의 후

예라고 하였다.

　(七月)初九日, 晴.(從濰縣發行)中火於昌樂, 知縣冠帶來見, 相對啜茶, 禮
接甚恭, 談話移時. 亦論科擧之規, 乃少年文官, 顏貌端妙, 己未榜及第,
十九登科, 時年二十一, 名仲嘉, 自言孔子弟子仲由後裔云.
　　　　　　　　　　　　　　　　　　　　—安璥《駕海朝天錄》

　명 천계 원년(1621) 7월 9일, 謝恩, 冬至兼聖節使臣團의 정사 崔應虛(최응허)와 서
장관 安璥(안경) 일행은 濰縣에서 출발하여 정오 무렵에 昌邑縣에 도착하였다. 이
때 昌樂知縣으로 재임하고 있던 仲嘉(중가)는 조선 사신이 도착했다는 소식을 듣
고, 머리에는 관모를 쓰고 관복을 착용한 후에 정식으로 조선 사신들의 휴식처를
방문하여 사신들을 위문하였다. 仲嘉는 여러 명의 관역들을 대동하고 사신들을 시
중들게 했으며 또 사신들이 도중에 먹을 음식을 들고 갔다. 그 뿐만 아니라, 仲嘉는
또 매우 공손하고 친절하게 조선 사신들과 교유하는 담화를 나누었다.

　7월 6일, 崔應虛와 安璥 일행이 萊州府城을 지날 때 萊州知府 林銘鼎(임명정)과
掖縣知縣 薛文周(설문주)는 사신단이 萊州府城 내로 들어와 휴식하는 것을 허락하
지 않았다. 안경은 "멸시와 모욕을 당하는 처지가 되다니, 어찌 여행 중에 문이 닫
히는 재앙을 감당하리."라고[217]탄식을 금치 못했다. 이와는 선명하게 대조적으로 昌
樂知縣 仲嘉는 "太祖 高皇帝가 내린 제서에, 외국인이 바다를 건너오는 일을 일체
금하니, 이 규칙을 범하면 도적으로 간주한다"는 조항 때문에[218] 조선 사신이 창락
현성에 들어오는 것을 거절하는 일도 없었고, 오히려 정식으로 예절을 갖추어 사신
들을 친절하게 접대하였다.

　咸豐《靑州府志》의 기록에 의하면, "仲嘉는 浙江 秀水 사람으로 진사 출신이다.
천계 원년(1621)에 창락지현을 지냈는데, 엄하게 도적질을 금하였고 은혜롭게 백성

217　[朝鮮] 安璥:《駕海朝天錄》, "未免人輕侮, 那堪旅瑣災", 美國哈佛大學燕京圖書館藏本, p.27b.
218　[朝鮮] 安璥:《駕海朝天錄》, "太祖高皇帝制曰：外國人駕海來, 一切禁斷, 犯則以賊論", 美國
　　哈佛大學燕京圖書館藏本, p.16b.

들을 대하였으므로 선정을 베푼다는 명성이 자자하였다."[219]《嘉禾征獻錄》에도 기록이 있으니, "秀水 사람인 ⋯⋯ 仲嘉의 字는 子復이고 萬曆 己酉(만력 37년, 1609) 擧人이며 己未(만력 47년, 1619) 進士 출신이다. 昌樂知縣을 제수받았으며 建安에 補任되었다. 天啟 丁卯(천계7년, 1627), 本省의 同考官과 營繕車駕職方主事를 역임했으며, 甲戌(숭정 7년, 1634)에는 會試 同考官을 지냈고 山西僉事로 관직을 마쳤다. 그의 계부의 이름은 春曉이고 친부의 이름은 春暄이니 아마 春龍의 從子일 것이다. 吳江 사람의 계파이므로 계보에 넣었다."[220]

사행록과 중국사료를 종합하여 보면, 仲嘉는 만력28년(1600)에 출생했으며 선조는 吳江 사람이다. 천계 원년(1621)부터 천계2년(1622)까지[221] 昌樂縣知縣으로 부임하였다. 仲嘉는 9세의 나이에 擧人으로 선발되었고, 19세에 進士가 되었으며 21세에 知縣으로 부임하였다. 安璥의 입장에서 본다면, 仲嘉처럼 이렇게 어릴 때부터 총명하고 재기가 넘쳐 젊은 나이에 관직에 들어서는 것은 드문 일이었다. 그렇기 때문에 중가와 안경은 명나라와 조선의 과거제도에 대하여 서로 이야기하며 정담을 나누었다. 중가가 정말로 성격이 호탕하고 용감하며 선정을 펼쳤던 공자의 제자 仲由(字 子路)의 후손이 맞는지에 대하여는 후대의 연구가 필요하다.

---

219 "仲嘉, 浙江秀水人, 進士. 天啟元年(1621)知昌樂. 嚴以禦盜, 惠以待民, 政聲大著." 咸豐《靑州府志》卷36《人物傳二》, 淸咸豐九年刻本, p.39b.

220 "秀水⋯⋯有仲嘉, 字子復, 萬曆己酉(萬曆三十七年, 1609)擧人, 己未(萬曆四十七年, 1619)進士, 授昌樂知縣, 補安. 天啟丁卯(天啟七年, 1627), 本省同考, 歷營繕車駕職方主事, 甲戌(崇禎七年, 1634)會試同考, 終山西僉事. 其繼父名春曉, 本生父名春暄, 殆春龍從子也, 系吳江人, 寄籍." (淸)盛楓輯, 《嘉禾征獻錄》卷25《行人司》, 淸鈔本, p.4b.

221 "(昌樂)知縣: ⋯⋯仲嘉, 秀水(人), 進士, 天啟元年任; 劉養粹, 固始(人), 進士, 天啟三年任." 咸豐《靑州府志》卷10《官職表劉》, 淸咸豐九年刻本, p.32b.

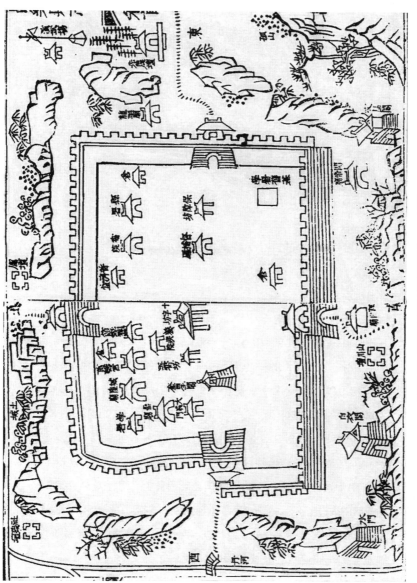

그림 1-32 嘉慶《昌樂縣志》天제권의《昌樂縣城圖》

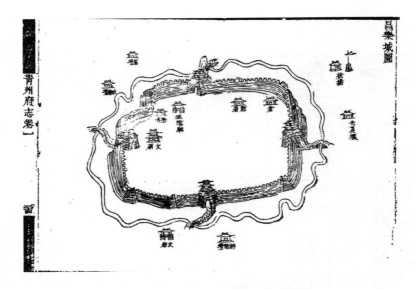

그림 1-33　咸豐《靑州府志》之《昌樂縣城圖》

　　(3월)15일, 아침에 안개가 끼고 저녁에 맑아졌다. ……靑州北館에 도착하니 옛 주인이 朝飯을 내어 주었다. …… 泜米河店에 도착하여 점심식사를 하였다. 강을 건너서 …… (창락현)南館의 劉姓의 인가에서 유숙하였다. …… 7-9시 무렵에 袁槪院의 差官 李惟棟과 毛帥의 差官 文姓 아무개가 짐을 조사한 일을 보고하고 本國으로부터 接伴使의 書簡과 毛帥 앞으로 온 문서를 전해주었다. 적이 닥쳐온 소식을 듣고 크게 놀라고 두려운 마음에 밤이 되도록 잠을 이루지 못했다.

　　(三月)十五日, 朝霧晩晴. ……到靑州北館舊主人朝飯後, ……到泜米河店中火, 過河, ……到(昌樂縣)南館劉姓人家宿. ……初更, 袁槪院差官李惟棟, 毛帥差官文姓人以行查事回, 自本國傳接伴使書簡及毛帥前呈文草, 得適賊之報, 驚愕網極, 達夜不寐.

　　　　　　　　　　　　　　　　　　　　　　　—尹暄《白沙公航海路程日記》

(9월)19일, 庚午, 맑음. (濰縣北館에서 출발하여) 平津別業을 지났다. ····· 이날 50리를 갔고, 昌樂縣南關에서 유숙하였다. 이곳에서 한 秀才를 만났는데, 스스로 말하기를,

"觀政(관정) 王應豸(왕응치)의 아들인데 萊州에서 아버지를 따라 같이 왔습니다."

라고 하였다. 그리고 나에게 묻기를,

"공이 국왕의 명을 받들고 상국에 사행을 왔으니 체통이 매우 중한데, 屋輻를 버리고 말에 올라서 가는 조촐한 행장이 시인 묵객과 같음은 무슨 까닭입니까?"

하기에, 내가 대답하였다.

"불초한 소생이 동해 가에서 일찍부터 中華를 사모하는 마음이 간절했는데, 이제 사행의 대열에 참여하여 경전과 역사책에서 상상하던 바를 오늘날 목도하게 되었습니다. 내가 말에 올라 채찍을 드날리며 강산과 풍월로 벗을 삼고 온갖 민속을 구경하여 훗날 생소한 손님과 같이 되지 않는 것이 어찌 옳지 않겠소? 내가 또 어찌 부녀자의 행색과 같이 步輻(보교)를 타고 장막에 내 형체를 숨기고 내 시야를 가리겠소? 마땅히 긴 채찍과 쾌활한 준마를 타고 내키는 대로 달려 혹 이름난 화원을 구경하고 혹은 명승지의 누각에 오르며 혹은 선현의 유적을 찾아 가슴을 후련하게 하는 것이 또한 옳지 않겠소?"

수재가 찬탄하며 말하였다.

"공의 말이 옳으니, 비록 季子가 풍악을 듣고 그 나라의 정사를 아는 것과 子長이 멀리 유람한 것도 이보다 더 낫지는 못할 것입니다. 내가 북경에 들어가 玉河館(옥하관)에서 공을 기다릴 것이니, 공은 마땅히 錦囊에 간직한 시를 내보여 이 저속한 안목을 맑게 씻어 주십시오."

하며 재삼 간곡히 부탁하고 작별하였다.

(九月)十九日, 庚午, 晴.(從濰縣北館發行)過平津別業, ·····是日, 行五十里, 宿昌樂縣南關裏. 遇一秀才, 自言王觀政應豸之子, 自萊州隨父同行云. 問余曰 : 公奉國王命, 來聘上國, 禮面甚重, 而舍車跨馬, 一鞭行裝, 有同騷人墨客之澹泊, 何也? 余答曰 : 款啟鯫生,[222] 介在海隅, 嘗懷慕華之心, 今忝觀周之列, 而芸編[223]汗竹之所想象者, 盡入今日之目前, 則盍吾以遊騎吟鞭, 弄草嘲花, 酬應萬類, 不斷作異時之生客如何? 且餘豈若小婦人然哉! 深車蔽帷, 妝束我形骸, 掩閟我心眼, 宜以長鞭快馬, 隨意縱靶, 或穿過名園花竹, 或登臨勝地樓台, 或冥搜古先遺風, 以寬了九雲夢[224]胸襟, 不亦可乎? 秀才咄曰 : 公之言然, 雖季子之觀樂, 子長之遠遊, 蔑以加矣. 仆當到京裏, 候公於玉河館裏, 公當披錦囊所收, 以洗我塵眯之目. 再三丁寧而去.

— 洪翼漢《花浦朝天航海錄》

　　명 천계 4년(1624) 9월 19일 사은겸주청사신단의 서장관 홍익한 일행은 연경행의 노정 중 창락현에 도착해서 유숙하였다. 홍익한은 여기서 王新을[225] 만났고 두 사람은 담화를 나누며 교유하였다. 王新은 상국에 빙례(聘禮)를 행하러 온 조선 사신이 체면을 돌보지 않은 채 가마를 두고 말을 타고 가는 것을 자못 기이하게 여겼다. 홍익한은 이에 대해 조금도 기죽지 않은 기세로 대답하길, 자신의 마음 속에 품은 "慕華之心"을 풀어내기 위해 말을 타고 아무런 구속도 없이 길가의 풍경과 명승

---

222 款啟(관계)는 견식이 적음을 말한다.《莊子·達生》에 "오늘 다녀간 손휴는 좁은 구멍처럼 견문이 적은 사람이다(今休, 款啟寡聞之民也)"라고 하였다. 鯫生(추생)은 막 배우기 시작한 초학자를 일컫는 것으로 겸손하게 하는 말이다.

223 芸編(운편)은 書籍을 가리킨다. 芸은 香草로 책갈피에 끼워 방충 작용을 하므로 이렇게 칭하게 되었다. 宋 陸遊의《夏日雜題》詩의 다섯번 째에 "천성이 손 가는대로 책에 주석을 달고 다듬는 것을 좋아하니, 벌레를 피하려고 세세히 넣어둔 책갈피마다 향기가 난다(天隨手不去朱黃, 辟蠹芸編細細香)"라고 하였다.

224 九雲夢(구운몽)은 마음이 크고 넓음을 말한다. 宋 蘇軾의《同正輔表兄遊白水山》시에 "영원히 뿔 위에 있는 만나라와 촉나라같이 되길 사양하였으니, 아홉 개의 큰 연못과 같은 가슴을 씻어 내리네(永辭角上兩蠻觸, 一洗胸中九雲夢."라는 구절이 있다. 雲夢(운몽)은 고대의 전설로 전해지는 연못의 이름이다. 일설에는 說爲洞庭湖 남부의 연못을 일컫는다고 한다.

225 "왕신은 왕응치의 아들이며 지현을 지냈다(王新, 應豸子, 知縣.)" 乾隆《掖縣志》卷3《選舉》, 清乾隆二十三年刊本, p.18b.

고적을 감상하고 책에서만 읽었던 중화의 풍습을 가까이 접하고 있노라고 이야기 한다. 王新은 감탄하며, 홍익한은 가히 사신의 신분으로 魯國에 와서 周樂을 감상 하였던 吳國 公子 季禮나, 중국을 유람하며 《史記》를 완성한 司馬遷에 비견할 수 있다고 칭송하였다. 그리고 북경의 玉河館에서 서로 만나서 홍익한의 詩作을 같이 읽자고 약속하였다.

명 숭정 9년(1636) "병자호란"이 일어났을 때, 홍익한은 조선이 청나라와 和議하 는 것을 강하게 반대하다가 청나라 군대에 끌려가 盛京(지금의 沈陽)에 압송되었으 며 결국 죽임을 당했다. 홍익한의 詩作은 일실된 것이 많은 탓인지《花浦朝天航海 錄》,《花浦遺稿》중에는 두 사람이 다시 만나서 교유한 기록이 보이지 않는다.

《화포조천항해록》의 기록에 따르면, 9월 11일 홍익한 일행이 등주를 출발하여 북경으로 향할 때 수행하던 譯官 黃孝誠은 홍익한에게 이렇게 권한다. "서장관은 옛날 遼路에서는 관례에 따라 말을 타고 연경으로 갔지만",[226] "지금은 그렇지 않으 니 전후의 서장관들이 屋轎를 타지 않은 사람이 없었고, 또 명나라는 小官이라도 반드시 옥교를 타므로 중국인들이 보는 곳에서 말을 타고 혼자 가는 것은 예의가 없는 듯 보일 수도 있습니다."[227] 그러나 홍익한은 "가마를 탄다고 반드시 체모가 더 해지는 것도 아니고 말을 탄다고 반드시 위엄이 떨어지는 것도 아니네."라고 하고, "또 가마의 비용이 많이 들고 노새의 비용은 적게 드니 아주 조금이라도 나라 살림 에 보탬이 되지 않을 수 없네."[228]라고 말하였다. 이렇게 홍익한은 말을 타고 북경으 로 향하는 사행의 여정에 올랐던 것이다.

관련 지방지의 기록에 의하면,[229] 조선 사신이 본 창락현성은 元末明初에 처음 세

---

226 "書狀官自古於遼路例以馬坐赴京", [朝鮮] 洪翼漢 :《花浦先生朝天航海錄》卷1, 韓國國立中央 圖書館藏本, p.23b.

227 "於今不然, 前後書狀官無不乘屋轎且中朝雖小官必乘屋轎, 於華人所見處騎馬單行, 似爲埋沒" [朝鮮] 洪翼漢 :《花浦先生朝天航海錄》卷1, 韓國國立中央圖書館藏本, p.23b.

228 "乘轎不必增體貌, 騎馬不必損威儀", "而且轎直多, 騾直少, 辭多就少, 亦不無補涓埃於國用." [朝鮮] 洪翼漢 :《花浦先生朝天航海錄》卷1, 韓國國立中央圖書館藏本, p.23b.

229 嘉靖《青州府志》卷11《城池》, 明嘉靖刻本, pp.30b-31a ; 嘉靖《昌樂縣志》卷1《地理志》, 明嘉靖 刻本 ; 咸豐《青州府志》卷25《營建考一》, 清咸豐九年刻本, pp.8b-9a ; 嘉慶《昌樂縣志》卷6《建

워졌다. 처음에는 土城으로 지어졌으며 둘레의 길이는 4리이고 높이는 1장 8척 정도 되었고, 성 바깥의 護城河의 폭은 1장이고 깊이는 6척이 되었다. 성문은 네 방향으로 나 있었는데, 동쪽은 孤峰, 남쪽은 洪陽, 서쪽은 臨丹, 북쪽은 望海라고 불렸다. 명 正德5년(1510), 知縣 謝譽가 성의 외벽을 중수하였고, 명 嘉靖3년(1524), 知縣 何洪이 네 채의 성문 위에 城樓를 건축하고 남문을 중수하여 阜民門이라고 불렀다. 嘉靖15년(1536), 知縣 黃軹이 護城河를 파서 물이 흐르게 하고 물가에는 버드나무를 심었다. 嘉靖18년(1539), 성벽의 일부분이 무너져 내려서 知縣 徐琮이 성벽을 정비하고 수리하였으며 성벽의 높이를 2장으로 높이고 두께 역시 2장으로 두텁게 하였다. 그후 嘉靖26년, 萬曆24년, 萬曆31년에 각각 知縣 朱木, 張美, 宋名世가 이어서 昌樂縣城을 중수하였다. 이 무렵의 창락현성이 곧 조선 사신들이 보았던 모습일 것이다.

　적어도 淸 咸豊 연간부터 창락현성의 동문은 永淸門으로, 남문은 熙寧門으로 이름이 변경되었다. 그후에 民國 시기까지 창락현성은 여러 차례 중수를 거쳤다. 濰坊市 昌樂縣地方史志辦公室 趙守誠 부주임이 소개한 바에 의하면, 경제 발전에 따라서 원래의 창락현성은 대부분 철거되었고 다만 昌樂縣 城關街道 北關小學 부근에 한 단락의 성벽 유적이 남아 있다. 동문 永淸門의 옛 유적은 지금의 昌樂縣 利民街와 昌樂商業步行街(역 앞의 상점가)의 교차점 부근에 있고, 서문 臨丹門의 옛 유적은 지금의 昌樂縣 人大 부근에 있으며, 남문 熙寧門의 옛 유적은 지금의 昌樂縣 縣府機關의 유아원 부근에 있고 북문 望海門의 옛 유적은 지금의 昌樂縣 城關街道 北關小學 부근에 있다.

置考》, 淸嘉慶十四年刻本, pp.1a-2b ; 民國《昌樂縣續志》卷5《營繕志》, 民國二十三年鉛印本, p.1 ; 昌樂縣地方史志編纂委員會編 : 《昌樂縣志》中華書局2008年版, pp.72-73.

사진 1-34　지금의 昌樂縣 人民政府 건물

이상을 종합하여 昌樂東界로부터 昌樂縣城까지 이르는 여정 중에 조선 사신이
경유한 지명을 명대의 호칭에 따라서 순서대로 정리하면 다음과 같다.

1. 周流店(朱留鋪, 珠琉店, 東朱店, 東朱鋪, 東朱店集, 朱留店) - 王裒故里("王裒古跡" 題
門, 魏孝子王裒之故里, 王裒古里, 王裒故里, 魏孝子王裒故里, "王裒故里" 欄門, 王裒故
閭, "王裒古里" 牌坊)

2. 逢萌舊墟("龐萌古跡" 題門, "逢萌古里" 牌榜, 逢萌故里, 逢萌古里, "蓬萠故里" 欄門)

3. 淸聖遺蹤(淸聖遺跡, "淸聖遺跡" 坊表, "淸聖遺蹤" 欄門, 孤山鋪), 伯夷待淸處("伯夷
待淸處" 石碑, 伯夷故蹤, 伯夷故跡, 夷齊舊隱處, 伯夷待淸), 夷齊祠("夷齊祠" 石碑, 伯
夷廟, "孤山夷齊廟" 石碑)

4. 仙人石跡(仙山古跡, 石上仙跡, 仙人石跡, "仙人石跡" 碑, "仙人石跡" 欄門)

5. 安仁舊治("安仁舊治" 牌坊)

6. 昌樂縣城(昌樂, 昌樂縣, 昌樂南館(關), 昌樂東門, 昌樂縣西關, 齊昌樂, 昌樂縣東館
馹).

문헌 고증과 현지 조사 및 인터뷰 등을 통해 실사한 현재의 명칭을 차례로 다음과 같이 정리하였다.

1. 昌樂縣 朱劉街道 朱劉東社區 朱劉東村과 朱劉西社區 朱劉西村

2. 昌樂縣 朱劉街道 大橋村

3. 昌樂縣 朱劉街道 十里堡村

4. 昌樂縣 寶都街道 曲家莊村 부근

5. 昌樂縣 利民街와 昌樂商業步行街(역 앞 상점가)의 교차로 부근

6. 昌樂縣城 동문 永淸門의 옛 유적은 지금의 昌樂縣 利民街와 昌樂商業步行街(역 앞 상점가)의 교차로 부근이다. 서문 臨丹門의 옛 유적지는 지금의 昌樂縣 人大 부근이다. 남문의 熙寧門의 옛 유적지는 지금의 昌樂縣 縣府機關 幼兒園 부근이다. 북문 望海門의 옛 유적은 지금의 昌樂縣 城關街道 北關小學 부근이다.

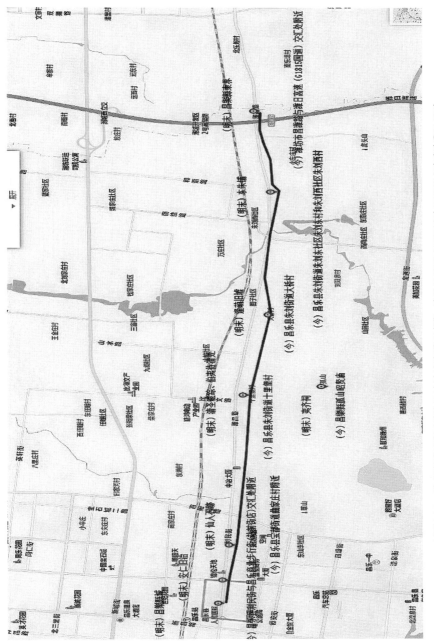

사진 1-35 현재의 지도에 표기한 조선 사신의 해로사행노선 중 昌樂縣 東界로부터 昌樂縣城까지의 육로 구간

제2장 昌樂縣城에서 益都縣 十里鋪까지

제1절 齊初封地, 方朔古壘

(10月)18日. 을해일, 맑음. 오후에 바람이 세차게 불었다. 아침에 (창
락현 남관)에서 출발하여 문창각과 제초봉계를 차례로 지났다……저
녁에 청주부 북관에 도착하여 위씨의 집에 묵었다.

(十月)十八日, 乙亥, 晴, 午後風急. 朝發(昌樂縣南關), 過文昌閣, 過齊
初封界, ……晚, 入青州府北關魏姓人家.

—趙濈《燕行錄(一云朝天錄)》

명 천계 3년(1623) 10월 18일, 冬至聖節兼謝恩使 조즙 일행은 昌樂縣(창락현) 南
關(남관)에서 출발하여 여정에 올라 길을 가다가 "齊初封界(제초봉계)"라는 표지를
보았다. "제초봉계"란 姜太公이 처음으로 봉해진 "古營丘(고영구)", 즉 "周 武王이
상나라를 멸하고 국사였던 강태공을 처음으로 제후로 봉한 땅"[1]이다.《史記·齊太
公世家》[2]의 기록에 따르면, 태공은 성이 姜이고 이름은 呂尙(여상)이며 동해 해변가
사람으로, 周 文王과 周 武王 때의 國師였다. 주 무왕을 보좌하여 탁월한 전략으로

---

1   "武王克商, 封師尙父于齊營丘."《元和郡縣誌》卷11《河南道六》, 清武英殿聚珍版叢書本, p.18a.
2   《史記》卷32《齊太公世家第二》, 清武英殿刻本, pp.1a-5a.

은나라 紂王을 정벌하고 주나라 왕조를 개창했다. 여상은 개국공신으로서 그 공훈
이 혁혁하여 齊나라 營丘(영구)에 제후로 봉해졌고, 제나라에서 선정을 베풀어 부
국강병을 이룩하였다. 이로 인하여 사방의 백성들이 제나라로 분분히 몰려들어 의
탁했기에 주위 제후국 가운데 가장 강성한 나라 중 하나가 되었다.

이후 주 무왕의 어린 아들인 成王이 등극하자 각지에서 반란이 일어났다. 성왕은
召公을 제나라에 파견하여 태공에게 "모든 제후와 실력자들을 제나라가 통제하고
정벌하도록 하라"[3]고 하며 그에게 군사 전권을 위임하였다. 이에 제나라는 끊임없
는 정벌과 병합을 통해 주변 제후들을 안정시켰고 동시에 영구를 수도로 둔 제나라
는 주변 제후국들과는 비교할 수 없는 대국으로 발전했다. 이후 周 夷王의 치세에
이르러, 왕은 信紀侯의 참언을 듣고는 제나라 5대 군주 哀公을 죽이고, 애공의 이복
동생인 呂靜을 군주로 삼았으니 그가 바로 胡公이다. 호공은 이후 薄姑城(박고성)
으로 수도를 옮겼는데, 애공의 또 다른 이복동생인 呂山은 호공과의 불화로 인해
결국 옛 도읍 영구의 사람들과 함께 병사를 일으켜 호공을 죽이고 제나라 7대 군주
獻公이 되었다. 헌공은 제나라 수도를 박고성에서 臨淄(임치)로 옮겼다.

현재 강태공이 처음으로 봉해진 "고영구"의 소재지가 정확히 어디인지는 여러
학설이 분분한데 대체로 두 가지 설이 유력하다. 우선, 지금의 山東 昌樂縣 營丘鎭
古城村 일대라는 설[4]이 있다. 乾隆《大淸一統志》에 따르면, "漢書 地理志에 營陵은
古營邱(丘)라고도 한다. 應劭(응소)가 말하기를 국사 여상을 營邱에 봉했는데 陵이
란 글자는 邱와 같다."[5] 라 하였으므로 창락현 영구진 고성촌이 제나라가 처음 봉해

3　"東至海, 西至河, 南至穆陵, 北至無棣, 五侯九伯, 實得征之."《史記》卷32《齊太公世家第二》, 淸
　　武英殿刻本, p.4a.

4　嘉靖《山東通志》卷19《陵墓》, 明嘉靖刻本, p.8 ; 嘉靖《靑州府志》卷6《地理志一》, 明嘉靖刻本,
　　p.50a ;《大明一統志》卷24《靑州府》, 明嘉靖刻本, p.14a ; 康熙《靑州府志》卷4《城池》, 淸康熙
　　六十年刻本, p.3b ; 嘉慶《昌樂縣誌》卷5《古跡考》, 淸嘉慶十四年刻本, p.2a ;《肇域志·山東三》,
　　淸抄本, p.18b ; 民國《昌樂縣續志》卷16《藝文志》, 民國二十三年鉛印本, pp.13a-14a ; 趙守誠 :
　　《齊都古營丘試探》,《東嶽論叢》1986年第2期, pp.19-20.

5　"漢書·地理志 : 營陵, 或曰古營邱(丘). 應劭曰 : 師尙父封于營邱, 陵亦邱也." 乾隆《大淸一統志》
　　卷135《靑州府》, 淸文淵閣四庫全書本, p.7a.

진 땅이라는 관점의 근거가 되며 이러한 기록은 府縣誌에 집중적으로 보인다. 두 번째로는 지금의 山東 臨淄區 齊都鎭 古城村 일대라는 설[6]이 있다.《水經注》에 "임 치성에 작은 언덕이 하나 있는데 小城 안에 있다. 주위가 300보 정도이고 높이는 9 丈인데 북쪽은 5장 높이로 낮으며 여기서 淄水가 그 앞으로 발원한다."[7]라 하였으 니 이는《爾雅》의 "물이 좌측으로 흐르는 것을 營丘라고 하고 오른쪽이 높은 것을 臨丘라고 한다."[8]라는 설명과 유사하다. 그래서 임치성은 "齊城이라는 명칭"[9]으로 불렸다. 이 밖에 최근에 山東 靑州 東夏鎭 蘇埠屯村(소부둔촌),[10] 山東 高靑縣 陳莊 村[11] 등에서 다량의 유물이 발굴되어 이 곳들이 옛 영구성이 아닐까라는 가설이 지 속적으로 제기되고 있다. 이처럼 현재 옛 영구 땅이 구체적으로 어디인지는 정확하 게 알 수 없으나 명말 조선 사신들이 기록한 "齊初封地(제초봉지)"의 표지가 창락현 에 있었다는 점은 분명하다.

또한, 조즙의 기록에 따르면, "제초봉계" 표지를 지나기 전에 창락현 성의 "文昌 閣"을 먼저 지났다고 했다. 康熙《昌樂縣誌》에 "문창각은 南門의 동쪽 성벽 長樂門 위에 있으며 知縣 劉芳奕(유방혁)이 건축했다"[12]라고 했고 咸豐《靑州府志》에 "유방 혁은 洛陽의 擧人으로 崇禎(숭정) 6년에 知縣를 지냈다"[13]라는 기록이 보인다. 이를

---

6   《漢書》卷28上《地理志第八上》, 百衲本二十四史景宋景佑刻本, p.29a ;《水經注》卷26《淄水》,
     明嘉靖十三年刻本, pp.10a-11a ;《元和郡縣圖志》卷10《河南道六》;《括地志》卷5,《靑州》;
     《寰宇通志》卷75《靑州府》, 明景泰刻本, p.9a ; 嘉靖《靑州府志》卷7《地理志二》, 明嘉靖刻本,
     p.33b ;《續山東考古錄》卷27《雜考》, 淸咸豐元年刻本, p.3a ; 民國《山東省志》卷26《疆域志三》,
     民國七年鉛印本, p.29b ; 張達民 :《營丘考》,《管子學刊》1987年第1期, pp.90-95 ; 王恩田 :
     《齊都營丘續考》,《管子學刊》1988年第1期, pp.80-86.
7   "臨淄城中有丘, 在小城內, 周回三百步, 高九丈, 北降丈五, 淄水出其前"《水經注》卷26《淄水》,
     明嘉靖十三年刻本, pp.10b-11a.
8   "水出其左營丘…… 右高臨丘"《爾雅》卷中《釋丘第十》, 四部叢刊景宋刻本, p.12a.
9   《水經注》卷26《淄水》, 明嘉靖十三年刻本, p.11a.
10   [日] 黃川田修撰, 藍秋霞譯,《齊國始封地考 一山東蘇埠屯遺址的性質》,《文物春秋》2005年第4
     期, pp.69-78.
11   王恩田 :《高靑陳莊西周遺址與齊都營丘》,《管子學刊》2011年第3期, pp.98-101.
12   "文昌閣, 在南門東郭長樂門上, 知縣劉芳奕建." 康熙《昌樂縣誌》卷1《公署》, 淸康熙十一年刻本,
     p.15b.
13   "劉芳奕, 洛陽擧人, 崇禎六年任(超了知縣)." 咸豐《靑州府志》卷10《官職表六》, 淸咸豐九年刻本,

통해 보건대 명 崇禎(숭정) 6년(1633)에 건축된 長樂門 위의 "文昌閣"은 조즙이 보았던 문창각이 아니다. 그런데 嘉慶《昌樂縣誌》에는 "문창각 중 하나는 성의 동남 모퉁이에 다른 하나는 馬宋集에 있다."[14]라는 기록이 있으므로 조즙 일행이 지나간 문창각은 창락현성의 장락문 위에 있던 것이 아니라 창락현성의 동남쪽에 있던 또 다른 문창각이다. 이는 "제초봉계"의 표지가 창락현성 남관 부근에 있었음을 말해 준다.

> (창락)현의 南館[15]에는 "제초봉지"라는 글이 걸려있으니 창락은 본래 영구의 땅이기 때문이다.
> (昌樂)縣之南館揭" 齊封初地", 昌樂本營邱(丘)地也.
> —金德承《天槎大觀》

> 창락현은 靑州에 속한다. 한나라 때 영릉의 땅이었는데 지금은 청주에 속한다. 창락현으로부터 서쪽으로 청주부까지는 70리의 거리이다. 1리를 가면 欄門(패문)이 있는데 "제봉초지"라 쓰여 있으니 태공이 처음 봉해진 곳이다.
> 昌樂縣屬靑州, 漢營陵地, 皇明屬靑州. 自昌樂縣, 西至靑州府, 七十里程也. 行一里, 有欄門, 書之曰 : "齊封初地", 太公初封之處.
> —鄭斗源《朝天記地圖》

위의 김덕승의 기록은 조즙과 일치하니 곧, "제초봉지" 표지는 昌樂縣城 南關 부근에 있었다. 그런데 정두원의 기록은 김덕승, 조즙의 기록과 비교해보면, 방위와

---

p.34a.

14   "文昌閣, 一在城東南隅, 一在馬宋集." 嘉慶《昌樂縣誌》卷6《建置考》, 淸嘉慶十四年刻本, p.5b.

15   "館"은 여기서 객사의 뜻이다. 명말 조선 사신의 사행록에서는 그들이 묵거나 지나쳤던 객사의 방위로 객사의 명칭을 대신하는 경우가 종종 있다. 예를 들어 조선 사신들은 북경에서는 대부분 玉河館에 묵었는데 그곳이 북경의 남쪽 玉河 곁에 있었으므로 "南館"이라는 명칭으로 옥하관을 대칭하는 경우가 많았다.

거리에 조금 차이가 있다. 곧, 정두원은 두 사신과 달리 "제초봉지" 패문이 창락현
성에서 서쪽으로 1리 떨어진 곳에 있다고 했다. 이는 필자들이 볼 때, 정두원이《朝
天記地圖》를 기술했던 주관적 방식 때문인 것 같다. 이곳뿐만 아니라 정두원의 기
록은 경유지 지명이나 里程이 다른 조선 사신들보다 상세하기는 하나 가끔씩 실제
당시 중국 方志의 정보와 다른 경우가 종종 있다.

즉,《朝天記地圖》에서 묘사된 경유지 府縣의 성곽도를 보면, 대부분의 성곽이 정
방형이며 正東, 正西, 正南, 正北에 사대문을 가지고 있다. 그러나 이는 실제 중국 지
방지의 성곽도와는 다르다. 예를 들어《朝天記地圖》의〈昌邑縣圖〉[16]에서 묘사한 4개
의 성문과 그 위치는 중국 지방지와 전혀 일치하지 않는다. 萬曆《萊州府志》에 기재
된〈昌邑縣城圖〉[17]를 보면 명말 창락현성에는 동문과 서문 단 2개의 성문밖에 없다.

이처럼 정두원은 제한된 정보에 임의로 주관적인 판단을 추가하여 불완전한 성
곽도를 그리고, 이에 기초하여 경유지의 구체적인 이정을 표시하는 방식을 취했던
것으로 보인다. 이러다 보니 성곽으로부터 해당 경유지까지의 이정은 상세하게 기
록한 반면, 부현 성곽의 어느 지점에서 출발했다는 구체적인 기록이 없다. 이러한
기술방식은 "제초봉지" 패문의 경우처럼 해당 부현의 성곽 부근 지명이나 방표의
구체적인 위치나 거리를 자주 오기하는 원인이 되었던 것 같다. 民國《昌樂縣續志》
에 따르면, 옛날 창락현의 남관 문창각은 동서를 잇는 孔道,[18] 곧, 등주, 래주, 청주를
있는 역도가 반드시 지나는 경유지였다고 했으므로 정두원 일행도 응당 昌樂縣 南
關에서 출발하였음을 말해준다. 이는 정두원이 남관 부근에 있던 "제초봉지" 패문
의 위치를 西關 부근으로 오기했음을 증명하는 것이다. 옛날 昌樂縣 南關은 지금
의 昌樂縣 縣府機關幼稚園(현부속 공립유치원) 남쪽 일대이다.

16   [朝鮮] 鄭斗源:《朝天記地圖》, 韓國成均館大學尊經閣藏本.

17   萬曆《萊州府志》卷首《圖》, 明萬曆三十二年刻本, pp.9b-10a.

18   "南關文昌閣爲東西孔道" 民國《昌樂縣續志》卷30《篤行傳》, 民國二十三年鉛印本, p.14b.

그림 2-1　嘉靖《昌樂縣誌》에 수록된 〈縣境山川圖〉의 일부

嘉靖《昌樂縣誌》에 수록된 〈縣境山川圖〉[19]를 보면, 조선 사신들이 창락현의 서쪽으로 나와서 "제초봉지"와 "方朔古壟(방삭고롱)" 방표를 지난 후 東丹河를 건넜음을 알 수 있다. 嘉靖《靑州府志》에 "창락현 동단하는 方山의 서쪽 기슭에서 발원하여 창락현성 서쪽을 돌아 나간다."[20]라고 했고 嘉靖《昌樂縣誌》에는 "東丹河橋는 (창락현)성에서 서쪽으로 3리 떨어져 있다."[21]라고 했으니 구체적으로 말하면, 조선 사신들은 동단하교를 이용하여 동단하를 건넌 것이다. 동단하와 관련된 중국 역대 지방지 기록을 보면[22] 명나라 가정 연간부터 1990년대 초까지 동단하와 小丹河라는 두 명칭이 병존했었음을 알 수 있으며 지금은 소단하로 통칭된다. 지금의 소단하는 창락현 丹河의 지류로서 창락현 喬官鎭(교관진) 田家泉子村에서 발원하여 북쪽으로 寶都街道(보도가도)를 지나 보도가도 戴家莊村(대가장촌)의 서쪽에서 大丹河에 합류하여 계속 북으로 흘러 발해까지 이른다. 소단하는 전체 길이가 22.6km, 평균 강폭은 140m, 유역면적은 62㎢인 常流河(일년 내내 흐르는 강)이다.

사진 2-2   지금의 昌樂縣 小丹河 寶都街道 구간 하천안내도

19   嘉靖《昌樂縣誌》卷首《縣境山川圖》, 天一閣藏本, p.10b.

20   "昌樂東丹河, 源發方山西麓, 轉流城西." 嘉靖《山東通志》卷6《地理志一》, 明嘉靖刻本, p.38a.

21   "東丹河橋, 在(昌樂縣)城西三裡." 嘉靖《昌樂縣誌》卷1《地理志》, 天一閣藏本.

22   山東省昌樂縣史志編纂委員會 編:《昌樂縣誌》, 山東人民出版社1992年版, p.86 ; 昌樂縣地方史志編纂委員會 編:《昌樂縣誌》中華書局2008年版, pp.49-50.

사진 2-3   지금의 昌樂縣 小丹河 寶都街道 구간 – 건기에 물이 마른 모습

사진 2-4   지금의 昌樂縣 利民街와 小丹河의 교차지점에 세워진 小丹河橋

(창락)현의 서쪽에 "方朔古里(방삭고리)"라 쓰인 패문이 있다. 동방
삭은 平原사람으로 그 무덤이 陵縣에 있는데 여기가 그의 옛 마을이
라 하니 아마도 그가 잠시 머물러 살았던 곳인 듯하다. 宋나라 元豊(원
풍) 연간에 동방삭을 知辯侯(지변후)로 봉했다.

(昌樂)縣之西有 "方朔古里" 之門, 朔, 平原人, 墓在陵縣, 而此有古里,[23] 疑其寓居也. 宋元豐間, 封朔爲知辯侯.

　　　　　　　　　　　　　　　　　　—南以雄《路程記》

　　(창락현)에서 5리를 가면 패문이 서 있는데 "방삭고롱"이라 쓰여 있
다. 아마도 한나라 때 동방삭이 지나갔던 곳인 듯하다.
　　(自昌樂縣)行五里, 有欄門, 書之曰 : "方朔古壟[24]", 臣疑漢東方朔經
過之地.

　　　　　　　　　　　　　　　　　　—鄭斗源《朝天記地圖》

　　남이웅과 정두원의 기술에 따르면, 창락현성 서쪽에 "방삭고리" 혹은 "방삭고
롱"이라 쓰인 방표가 서 있었다. 남이웅은 방삭이 곧 동방삭을 가리키는 것이며 그
가 平原縣 사람이고 그 묘가 능현 즉, 창락현에 있는 것이고 이곳이 동방삭의 옛 고
향마을이라고 생각했다. 그러나 정두원은 단지 동방삭이 창락현을 거쳐 간 적이 있
기 때문에 이를 기념하기 위해 방표를 세웠을 뿐이라고 생각했다.
　　《漢書·東方朔傳》과《史記·滑稽列傳》의 기록[25]에 따르면, 동방삭은 西漢의 문신
으로 자는 曼倩(만청)이고 平原郡 壓次縣(압차현, 지금의 山東省 德州市 陵城區)사람
이다. 동방삭은 문무를 겸비하여 어릴 때부터 유가 경전, 史書와 제자백가의 저술
을 두루 익혔을 뿐만 아니라 무술과 병법까지 익혔으며, 기억력이 뛰어났고 외모
또한 출중하여 "키가 9척 3촌에 이르고 눈은 구슬을 달아 놓은 듯 광채가 났고, 치

23　古里는 故里와 통하며 곧, 고향의 뜻이다. 여말선초 문인 李穡(이직)의《書懷(감회를 적음)》에 "異
　　鄕衣食苦難繼, 古里桑麻今若何.(타향 땅에서 먹고 사는 일의 어려움이 계속되는데 지금 고향 땅 누에
　　기르고 삼 매는 일 어떠한가?)"라는 표현이 보인다.

24　壟(롱, 농)은 무덤의 뜻이다.《禮記·曲禮上》에 "適墓不登壟.(묘지의 봉분에 올라가면 안 된다)"라고
　　했고 鄭玄의 주에 "壟, 塚也.(농은 무덤이다)"라는 표현이 보이며 金昌協의《露梁三塚有感, 其一
　　[노량(사육신이 묻힌 무덤)의 세 무덤을 본 감회)》시에 "颯爽春天變雪霜, 蕭條古壟寄綱常.(쌀쌀한
　　봄날 돌연 눈서리 날리니 쓸쓸한 옛 무덤에 강상의 윤리 서려 있네)"라는 표현이 보인다.

25　《漢書》卷65《東方朔傳》, 百衲本二十四史景宋景佑刻本, pp.1a-23a ;《史記》卷126《滑稽列傳
　　六十六》, 百衲本二十四史宋慶元二年刻本, pp.7b-10b.

그림 2-5 　《歷代聖賢半身像》중에 실린 〈東方朔〉 초상[30]

아는 조개를 엮어 놓은 듯 가지런했다."[26] 라고 전해진다. 漢 武帝가 즉위하여 천하의 인재를 모았는데 동방삭은 스스로를 천거하여 公車府[27] 侍召의 직을 맡았다. 그가 공거부에 있을 때 무제에게 상소를 올렸는데 그 양이 죽간 3000편에 이르렀기에 두 사람이 함께 겨우 들 수 있을 정도였으며 무제가 이 죽간 상소문을 다 읽는 데만 두 달이 소요되었다 한다. 그 후 동방삭은 侍郎, 太中大夫, 給事中, 中郎 등의 벼슬을 차례로 역임했다.

비록 세간에는 해학으로 그 이름이 널리 알려졌지만, 그는 결코 權貴에 영합하는 법이 없었고 필요한 때에는 무제에게 직언하기를 서슴지 않았으며 무제 또한 그의 건의를 대부분 채용했다. 동방삭은 우스갯소리와 해학을 좋아하여 "광인"으로 알려졌으나 그는 이에 대해 "세속을 피해 조정에 은둔하고자 한 것(避世於朝廷間者)"[28]이라 스스로를 변호했다. 동방삭은《對泰山》,《責和氏璧》,《屛風》,《殿上柏柱》,《從公孫弘借車》등의 문장을 남겼으며《漢書》에는《答客難》과《非有先生論》두 편이 수록되어 있는데, "이 두 편이 가장 뛰어나다(此二篇最善)"[29]고 평가했다.

26　"身高九尺三寸, 目若懸珠, 齒若編貝"《漢書》卷65《東方朔傳》, 百衲本二十四史景宋景佑刻本, p.1b.

27　公車府(공거부)는 漢代 인재를 선발하는 조정의 기구였다. 한대 조정에서 선발한 인재는 우선 공거부에 파견했다.

28　《史記》卷126《滑稽列傳六十六》, 百衲本二十四史宋慶元二年刻本, p.8b.

29　《漢書》卷65《東方朔傳》, 百衲本二十四史景宋景佑刻本, p.22a.

30　《歷代聖賢半身像》, 臺北故宮博物院藏本, p.13.

〈동방삭 고향마을)〉[31]

한무제가 한밤중에 미앙궁 선실전에서 야연을 열려고 할 때,

동방삭은 황제 앞에서 엄숙하게 서서

창을 잡고 궁전 계단 아래 호위를 서는 말단 벼슬 서랑에 불과했으나,

녹색 두건을 쓰고 견구로 팔을 걸은 미남자 董偃(동언)을 물리치도록 간언했었네.

무수한 조정 대신들은 쥐구멍에 머리 내민 새앙쥐처럼 수레 끌채 아래 망아지처럼

주견 없이 우물쭈물 머뭇거리며 魏其侯 竇嬰(두영)과 武安侯 田蚡(전분)의 시비를 가리지 못했으나,

해학과 풍자를 일삼아 일개 배우라 조소받던 동방삭은

되려 혼자서 조정의 기강을 바로 세웠다네!

東方朔古里
夜開宣室[32]儼[33]珠旒[34] 執戟郎官[35]走綠鞲[36]

31　題注에 "(창락현에서 서쪽으로 5리 떨어진 곳에 있다)在昌樂縣西五里."라 하였다.

32　宣室(선실)이란 한나라 때 未央宮의 正殿이었던 宣室殿을 말한다.《漢書·賈誼傳》에 "文帝가 가의가 생각나서 그를 불렀다. 가의가 궁에 들어가 문제를 뵈었는데 문제는 마침 제사고기를 받고 선실에 앉아 있었다. 귀신에 관한 일이 궁금했기에 귀신의 근본을 물었다"라는 기록이 보이고 蘇林(소림)은 선실을 미앙궁의 前正室이라고 해설했다.(文帝思誼, 徵之至, 入見上方, 厘坐宣室. 上因感鬼神事, 而問鬼神之本. 蘇林曰 : '未央前正室'.)"《漢書》卷48《賈誼傳》, 百衲本二十四史景宋景佑刻本, pp.5b-6a."鄭夢周의 시《寄李正言》에 "宣室承恩應未遠, 石灘明月不須誇.[궁궐에서 임금의 은혜가 머지않아 내릴 것이니 石灘(석탄, 충남 공주에 있음)의 맑은 달 자랑할 필요가 없겠네]"라는 표현이 보인다.[朝鮮] 鄭夢周 :《圃隱集》卷2, 韓國國立中央圖書館藏本, p.14b.

33　儼(엄)이란 공경하고 엄숙한 모습이다.《禮記·曲禮上》에 "공경하지 않음이 없으며 엄숙하게 생각한다(毋不敬, 儼若思)"라는 표현이 보이며 鄭玄은 注에서 "儼은 조심하고 엄숙한 모양으로 앉아서 생각함에 반드시 공경하고 엄숙해야 한다.(儼, 矜莊貌. 人之坐思, 貌必儼然.)"라고 해설했다.

34　珠旒(주류)란 황제의 면류관 혹은 면류관 앞에 늘어뜨린 구슬 주렴이다. 송나라 梅堯臣(매요신)의《和王景彝學士紫宸早謁》에 "아침에 구중 궁궐 문 열려 황제께 엎드려 조회 올리니 아침 햇살 면류관 옥비녀에 비추이네(朝開閶闔九重深, 望拜珠旒照玉簪)"라는 표현이 보이고 金富軾(김부식)의《裕陵挽詞》에도 "바로 어제 숲 정자에서 황제의 수레 노니는 것을 보았고 백관이 지척에서 면류관 쓴 황제를 바라보았네(昨日林亭玉輦遊, 百官咫尺望珠旒)"라는 표현이 보인다.

首鼠³⁷轅駒³⁸俱碌碌³⁹ 漢庭綱紀一俳優.

—金尙憲《朝天錄》

---

35 郎官(낭관)이란 秦漢시기 황제를 좌우에서 따르던 관원이다. 走란 쫓아낸다는 뜻이다.《史記·穰侯列傳》에 "진나라는 양후로 하여금 魏나라를 정벌하게 하여 4만 명의 목을 베고 위나라 장수 포연을 몰아내어 위나라 3개 현을 얻었다.(秦使穰侯伐魏, 斬首四萬, 走魏將暴鳶, 得魏三縣.)"《史記》卷72《穰侯列傳十二》, 百衲本二十四史宋慶元二年刻本, p.5a.

36 綠幘(녹구)란 "綠幘(녹책)"과 "臂韝(견구)"를 합쳐 줄인 말이다. 녹책이란 옛날 시중을 드는 사람들이 머리에 두르던 녹색 두건을 말한다. 견구란 보통 가죽으로 만드는데 일을 할 때 옷소매를 묶어 활동의 편의를 돕는 목적으로 사용되었다.《漢書》卷65《東方朔傳》에 "[董君(동언)은 녹색 두건을 머리에 두르고 견구를 팔에 묶고 관도공주를 앞장서 수행했고 황제 앞에 엎드렸다.(董君綠幘傳韝, 隨主前, 伏殿下)"라는 표현이 보인다.

37 首鼠(수서)"란 "首施(수시)"라고도 쓰며 우물쭈물 우유부단하게 결정을 못 내리고 말을 얼버무리는 모습을 묘사하는 말이다.《三國志·吳志·諸葛恪傳(제갈각전)》에 "산월은 지세의 험준함을 믿어 여러 대 동안 조회를 오지 않으니 느슨하게 대하면 우물쭈물 머뭇거리며 다그치면 뒤돌아보며 의심한다.(山越恃阻, 不賓曆世, 緩則首鼠, 急則狼顧)" [朝鮮] 徐居正等 纂 :《東文選》卷106《牒》, 韓國國立中央圖書館藏本, p.11b.

38 轅駒(원구)란 "轅下駒(원하구)"라고도 쓰며 원래는 아직 수레 끌채에 익숙하지 못한 망아지를 가리키는 말인데 이후에 器局(기국)이 크지 못하고 昏庸無能(혼용무능)한 인물을 상징하는 어휘로 전용되었다. "수서"와 "원구"는 용렬하고 무능한 관리를 지칭하는 말이다.《史記》의 기록에 따르면, 한 무제 元光 4년에 魏其侯 竇嬰(두영-5대 文帝 두황후의 사촌오빠)과 가까운 灌夫(관부)가 주연 자리에서 武安侯 田蚡(전분-6대 景帝 王皇后의 同母異父 동생)에게 불경죄를 저질러 구금되었다. 이에 두 사람이 관부의 처결을 두고 조정에서 다투게 되었다. 한 무제가 여러 대신들에게 두 사람의 시비를 가리도록 했다. 어사대부 韓安國은 중립적인 입장을 취했고 主爵都尉 汲黯(급암)은 위기후가 옳다고 했으나 內史인 鄭當時(정당시)는 처음에는 위기후가 옳다 했다가 나중에는 자신의 견해를 견지하지 못했다. 전분과 두영은 둘 다 황제의 친족이었으므로 나머지 신하들은 한마디 말조차 꺼내지 못했다. 이를 본 무제가 화가 나서 내사 정당시에게 "공은 평소에는 위기후와 무안후의 장단점을 잘도 논하다가 오늘 조정의 쟁론에서는 수레 끌채 아래의 망아지처럼 우물쭈물 아무 말도 못하는가? 내가 공과 같은 무리도 모두 목을 벨 것이다"라고 말한 후 퇴청하였다. 무안후 전분은 어사대부 한안국에게 화를 내면서 "내가 공과 함께 늙은 대신들과 대적하려는데 그대는 어찌 우물쭈물 머뭇거리기만 한단 말이오?"라고 따져 물었다.《史記》卷107《魏其武安侯列傳第四十七》, 百衲本二十四史宋慶元二年刻本, pp.11-12b.

39 碌碌(녹록)은 부화뇌동하고 졸렬한 모습을 나타낸다.《史記·平原君虞卿列傳》에 "공들은 당 아래에서 희생의 피를 마시시오. 여러분들은 부화뇌동하고 무능한 인물들이니 소위 다른 사람 덕에 일을 이루는 사람들이오.(公相與歃此血於堂下. 公等碌碌, 所謂因人成事者也)"라는 표현이 보인다.《史記》卷76《平原君虞卿列傳十六》, 百衲本二十四史宋慶元二年刻本, p.4a. 崔致遠(최치원)의《孫端權知舒州軍州事》에도 "대장부가 세상에 태어남에 응당 칼날을 밟고 공명을 취해야지 어찌 옹졸하게 무리를 따라 계단에 늘어서서 벼슬이나 구하리오?(大丈夫生世, 須履鋒刃, 以取功名, 安可碌碌依階求仕?)"라는 고사에서 왔다. [新羅] 崔致遠 :《桂苑筆耕集》卷14《擧牒》, 韓國國立中央圖書館藏本, p.4a.

이 시는 명 천계 6년(1626) 9월 중순 聖節兼陳奏使(성절겸진주사) 정사 金尙憲이 북경으로 가는 길에 창락현을 지날 때 지은 것이다.

《漢書·東方朔傳》에 따르면, 한 무제의 고모인 館陶公主(관도공주, "太主"라고도 불림)는 남편인 堂邑侯 陳午가 세상을 떠나자 董偃(동언)이라 불린 젊은 미남을 총애하였다. 관도공주는 동언이 장안의 권세 있고 부귀한 자들과 사귈 수 있도록 아낌없이 경제적인 지원을 해 주었고 덕분에 동언은 장안에 널리 알려지게 되었다. 관도공주와 동언은 서로 짜고 한 무제가 관도공주의 관저에서 동언을 만나보게 하였는데 이때 동언은 하인처럼 녹색 두건을 머리에 쓰고 주방에서 일하는 사람처럼 소매를 걷은 모습으로 관도공주와 함께 한 무제를 알현했다. 이에 무제가 동언에게 의관을 하사하고 "主人翁(주인옹)"이란 칭호를 주면서 황궁을 출입할 수 있도록 허락했다.

무제의 총애가 깊어짐에 따라 동언은 무제를 모시고 투계, 蹴鞠(축국), 사냥개 경주, 경마 등을 함께 구경 다녔고 무제는 더욱 흡족스러웠다. 그래서 무제는 미앙궁의 정전인 선실전에 잔치를 열어 관도공주를 초대하고 동언도 입궁하여 참석하게 했다. 이때 동방삭은 창을 손에 쥐고 선실전 앞을 지키고 있었는데 한 무제가 동언을 선실전으로 들어오게 했다는 사실을 알고는 한 무제에게 동언을 사형시켜야만 하는 3가지 죄상을 상주했다.[40] 그리고 선실전은 "선대 황제가 거처하던 곳"[41]이므

---

40 동방삭이 말한 3가지 죄는 다음과 같다. "동언은 신하로서 관도공주와 사통하였으니 이것이 첫 번째 죄입니다. 남녀유별의 교화와 혼인의 예를 어지럽히고 국가의 제도를 상하게 했으니 이것이 두 번째 죄입니다. 젊은 폐하께서 육경을 배우는 데 전념하고 왕실의 일에 유념하며 당요와 요순을 열심히 좇으시며 하은주 3대를 공경하고 있는데, 동언은 폐하께서 육경을 따르고 배우지 못하게 할 뿐만 아니라 되려 화려함을 곁에 두고 사치를 일삼게 하고 말과 사냥개 경주의 쾌락을 즐기게 하고 귀와 눈의 욕망을 충족시키면서 사악하고 그릇된 도를 행하게 하여 음란하고 기이한 길로 빠뜨리니 이는 국가의 대역 죄인이며 군주를 갉아먹는 암적 존재입니다. 동언은 음란함의 수괴이니 이것이 세 번째 죄입니다.(偃以人臣私侍公主, 其罪一也. 敗男女之化, 而亂婚姻之禮, 傷王制, 其罪二也. 陛下富於春秋, 方積思於《六經》, 留神於王室, 馳騖于唐虞, 折節三代, 偃不遵經勸學, 反以靡麗爲右, 奢侈爲務, 盡狗馬之樂, 極耳目之欲, 行邪枉之道, 經淫辟之路, 是乃國家之大賊, 人主之大蜮. 偃爲淫首, 其罪三也.)"《漢書》卷65《東方朔傳》, 百衲本二十四史景宋景佑刻本, p.11.

41 《漢書》卷65《東方朔傳》, 百衲本二十四史景宋景佑刻本, p.11b.

로 동언 같은 자가 들어오게 해서는 안 된다고 했다. 동방삭의 간언을 듣고서 한 무제는 주연의 장소를 다른 곳으로 옮겼으며 이후 점점 동언을 멀리하게 되었다.《漢書》에서는 후궁이나 외척이 예제를 어기게 된 것이 "동언으로부터 비롯되었다"[42]라고 비판하고 있다.

이 시의 전체적인 내용을 살펴보면, 한 무제가 정전인 선실전에서 야연을 열어 관도공주와 그녀가 총애하는 동언을 초대하고자 했으나 무제의 곁에서 창을 잡고 호위하던 동방삭이 이를 알고는 요망한 인물인 동언이 국사를 논의하는 정전인 선실전에 들어오게 해서는 안 된다고 직언하였다. 또한 무제의 신변에 무수히 많은 신하들이 있었으나 하나같이 용렬하고 무능하여 국가와 사직을 보위하는 데 별 도움이 되지 않았음에 비해, 동방삭은 비록 익살스러운 사람이었으나 아무런 두려움도 없이 나서서 과감하게 진언하여 서한 조정의 기강을 바로 세웠다고 말하고 있다. "漢庭"이란 서한 조정을 말하는 것이고 "俳優(배우)"란 원래 음악과 춤, 익살을 부려 웃음을 파는 것을 업으로 삼는 예인을 가리키나 동방삭 이후로는 차츰 군주의 신변에서 조정의 예제와 綱常을 수호하고 군주의 총애를 받는 사람이라는 뜻으로도 쓰이게 되었다.

이 시는 尤韻으로 운을 맞춘 칠언절구의 완정한 근체시의 형태를 갖추고 있다. 김상헌은 이 시에서 동방삭이 동언을 배척한 典故와 무안후와 위기후가 서로 반목했던 고사를 인용하여 동방삭이 비록 해학과 골계로 한 무제의 총애를 얻은 인물이기는 하나 대의를 가슴에 품고 개인의 득실과 안위를 생각지 않고 서한 조정의 기강을 바로잡기 위해 직언을 서슴지 않았다고 찬양하고 있는 것이다.

이 시는 청대의 유명한 시인인 王世禎의《池北偶談》[43]에 수록되어 당시 중국 문인들에게 널리 알려지게 되었다. 왕세정은 김상헌의 시를 "아름다운 구절들이 많다(詩多佳句)"[44]라고 높이 평가했다. 김상헌(1570-1652)은 일생 동안 임진왜란, 정묘

---

42 《漢書》卷65《東方朔傳》, 百衲本二十四史景宋景佑刻本, p.12a.

43 (淸)王世禎 :《池北偶談》卷15《朝鮮詩》, 淸康熙四十年刻本, p.10a.

44 (淸)王世禎 :《池北偶談》卷15《朝鮮詩》, 淸康熙四十年刻本, p.9b.

호란, 병자호란을 모두 겪었으며 "崇明排淸(숭명배청)"의 이념을 끝까지 견지하다
가 죽었기에 조선 사람들 사이에서 높은 지조와 절개를 지킨 선비의 상징이 되었으
며 이는 조선 후기에 안동 김씨 후손들이 크게 세도를 떨칠 수 있었던 명분을 제공
하기도 했다. 후세에 동방삭에 대한 여러 가지 평가가 있지만 김상헌은 자신이 일
생동안 견지했던 신념과 마찬가지로 일신의 안위를 생각하지 않고 임금에게 직언
을 서슴지 않았던 동방삭의 높은 지조와 절개를 특히 높이 평가하여 이러한 시를
남긴 것이다.

　　위에서 살펴본 김상헌의 시 이외에 1624년 8월 선사포에서 출항했던 사은겸주
청사신단의 부사 吳翽(오숙)도 조선으로 돌아가는 길에 동방삭을 소재로 〈過東方
朔舊壟, 厭次〉[45]라는 시를 지었다.

　　　　〈동방삭 묘를 지나며(차운이 어렵다)〉

　　　　동방삭이 죽은 지 오랜 세월이 지났으나
　　　　곰곰히 생각해보니 더욱 경외스러울 따름이라네!
　　　　서왕모의 곁에 몰래 숨어 신선의 복숭아를 훔쳐먹고
　　　　한무제의 허락도 없이 복날 개고기를 함부로 잘라 갔었다네.
　　　　다만 해학과 농담으로 비틀어 말할 따름이니
　　　　이는 세속을 벗어나 자신을 온전히 할 줄 알았음이라네.
　　　　강렬한 빛 온 우주에 가득 비추임은
　　　　동방삭이 다시 세월을 주관하는 목성이 되어 밤마다 하늘에 걸려있기 때
문이라네!.

45　[朝鮮] 吳翽：《燕行詩》,《天坡集》卷2, 韓國韓國學中央硏究院藏書閣藏本, pp.33a-34a. 문집에
　　편록된 순서를 보면 이 시는 실제로는 조선으로 돌아오는 길에 창락현 부근이 아니라 덕주 부근
　　에서 쓴 것이다.

過東方朔舊壟, 厭次

方朔死千載, 想來猶凜然.⁴⁶

偸桃王母側, 割肉武皇前.

但道詼諧枉, 那知道氣⁴⁷全.

光芒⁴⁸橫宇宙, 夜夜歲星⁴⁹懸.

—吳翻《燕行詩》

이 시는 先韻으로 압운하고 완정한 대구를 이루고 있으며 기승전결로 내용이 전개되고 있는 전형적인 오언율시의 근체시이다. 1구와 2구는 동방삭이 죽은 지 이미 오랜 세월이 지났지만, 그의 무덤이 있는 곳을 몸소 지나게 되니 위대했던 인물에 대한 존경심과 두려움이 자신도 모르게 일어나면서 동방삭에 얽힌 여러 생각이 일어나게 되었다고 말한다. 3구와 4구에서는 동방삭과 관련하여 사람들 사이에 자주 회자되던 "偸桃(투도)"와 "割肉(할육)"의 고사를 말하고 있다. 우선 "偸桃(동방삭이 신선의 복숭아를 몰래 훔쳐 먹음)"의 고사를 살펴본다. 《博物志》에 따르면, 한 무제가 仙道를 좋아하여 명산과 큰 호수에 제사를 지내고 신선의 도를 구했다. 이에 서왕모가 사신을 흰 사슴에 태워 보내 한 무제를 불러 고하기를 九華殿(구화전)에 장막을 치고 기다리라고 했다. 7월 7일 한밤중 七刻이 되었을 때 서왕모가 紫雲車(자

---

46   凜然(늠연)이란 두려워할 정도로 존경하고 숙연한 태도를 형용하는 것으로 남조 송나라 때의 문인 劉義慶(유의경)의 《世說新語·賞譽》에 "왕제가 처음에는 숙부에게 조카로서 존경심이 없다가 그의 말을 듣고는 자기도 모르는 사이에 경외하고 숙연한 마음이 생겼다.(濟先略無子姪之敬, 旣聞其言, 不覺凜然, 心形俱肅)"라는 표현이 보인다.

47   道氣(도기)란 청신하고 세속을 벗어난 기질을 말하는데 唐나라 杜甫의 《過南隣朱山人水亭》에 "그대의 청신하고 세속을 벗어난 절개를 본 이후로 여러 차례 따르고 쫓았었네(看君多道氣, 從此數追隨)"라는 표현이 보인다.

48   光芒(광망)"이란 사방으로 비추이는 눈 부신 빛을 말하는데 晉나라 干寶의 《搜神記》에 "눈에 밝은 빛이 나서 번쩍번쩍 사방으로 비추인다(眼有光芒, 燁燁外射)"라는 표현이 보인다.

49   歲星(세성)이란 목성을 말한다. 옛사람들은 목성이 12년에 한 번 하늘(天球)을 돌고 그 궤도가 황도(黃道-태양의 궤도)와 거의 일치하는 것으로 파악했다. 그래서 천구를 12분할하고 12次로 칭했는데 목성은 매년 하나의 차를 지나게 되므로 목성이 지나게 되는 차로 연도를 헤아릴 수 있었다. 그래서 목성을 세성(세월이 흐름을 알게 하는 행성)으로 부른 것이다.

운거)를 타고 이르렀다. ……서왕모의 곁에는 세 마리의 파랑새가 있었는데 마치 임
금을 호위하듯이 서왕모 곁을 지켰다. 九微燈(구미등)을 설치하고 무제는 동쪽을 등
지고 서쪽을 바라보고 앉았다. 서왕모가 7개의 복숭아를 꺼냈는데 크기가 탄환만
큼 컸다. 그중 5개를 무제에게 주고 2개는 서왕모가 먹었는데 무제가 복숭아씨를
무릎 앞에 모아두니 서왕모가 "그 씨로 무엇을 하려고 그러시오?"라고 물으니 무
제가 답하기를 "이 복숭아가 달고 맛있어서 그 씨를 심어 보려 합니다."라고 했다.
이에 서왕모가 웃으면서 "이 복숭아는 삼 천년에 한 번 열매를 맺는다오." 했다. 그
때 구화전에는 오직 무제와 서왕모만 출입이 허락되어 다른 사람은 들어가지 못했
는데 동방삭이 몰래 궁전의 남쪽 행랑채의 朱鳥牖(주오유-남으로 난 창문)틈을 통해
서왕모를 훔쳐보았다. 서왕모가 이를 보고서 무제에게 말하기를 "저 창문 틈으로
훔쳐보는 자는 이전에 세 번이나 나에게 와서 이 신선 복숭아를 훔쳐 갔지요."라고
했다. 이에 무제가 크게 놀랐다. 이로부터 세상 사람들이 동방삭이 원래는 신선이
었다고 여겼다.[50]

　이어서 "割肉(복날 고기를 마음대로 베어감)"의 고사를 살펴보자. 《漢書》〈東方朔
傳〉에 따르면, 삼복 날에 무제가 여러 관료들에게 고기를 내려주라고 명했는데 이
를 담당한 大官인 丞이 해가 저물도록 오지 않았다. 이에 동방삭이 독단적으로 칼
을 꺼내 고기를 자르면서 동료 관료들에게 말하기를 "복날이니 일찍 귀가해야지
요. 제 몫을 취해 가겠습니다."하고는 자른 고기를 가져 가버렸다. 대관이 이 사실
을 무제에게 고했다. 동방삭이 궁궐에 들어오자 무제가 "어제 내가 고기를 하사했
는데 대관을 기다리지 않고 스스로 칼로 고기를 베어간 이유가 무엇이오?"라고 물
으니 동방삭이 관모를 벗고 사죄했다. 이제 무제가 "어서 일어나시오, 스스로 자책

50　漢武帝好仙道, 祭祀名山大澤, 以求神仙之道. 時西王母遣使乘白鹿告帝當來乃供帳九華殿以待
　　之. 七月七日夜漏七刻, 王母乘紫雲車而至……有三靑鳥, 如烏大, 使侍母旁. 時設九微燈. 帝東
　　面西向, 王母索七桃, 大如彈丸, 以五枚與帝母食二枚. 帝食桃輒以核著膝前, 母曰: 「取此核將
　　何爲?」帝曰: 「此桃甘美, 欲種之.」母笑曰: 「此桃三千年一生實.」唯帝與母對坐, 其從者皆不
　　得進, 時東方朔竊從殿南廂朱鳥窺母, 母顧之, 謂帝曰: 「此窺窺小兒嘗三來, 盜吾此桃.」帝
　　乃大怪之. 由此世人謂方朔神仙也.《博物志》卷八)

하시는구료!"라고 말하니 동방삭이 재차 엎드려 "동방삭이 왔네! 동방삭이 왔어! 하사한 고기를 받는데 대관을 기다리지 않으니 얼마나 무례한지고! 칼을 뽑아 스스로 고기를 베었으니 이 얼마나 호쾌한가! 베어가되 조금만 베어가니 이 또한 얼마나 청렴한지고! 집에 돌아가 아내에게 고기를 주니 또한 얼마나 자애로운가!"라고 노래했다. 무제가 웃으며 말하기를 "선생더러 자책하라 했더니 되려 자화자찬만 하게 했구료!"하며 재차 술 한 석과 고기 백 근을 내려주었다.[51] 3구와 4구는 동방삭이 원래는 신선이었다는 전설과 조정에서 해학적인 언행과 익살로 무제를 즐겁게 하고 허물없이 지냈다는 전고를 인용하여 역사적으로 다양하게 평가되는 동방삭의 다면적인 모습을 동시에 떠올리도록 한다.

5구와 6구는 세상 사람들은 동방삭의 겉모습과 표면적인 언행만 보고 일면 저속하고 일탈적이며 일면 해학적이고 익살스럽다고 여기지만 실제로는 이른바 궁전에 은둔한 은자로서 맑고 곧은 기질을 갖추고 무제에게 올바른 간언을 직언했던 절개 있는 선비였다고 평가하고 있다.

7, 8구에서 작자는 동방삭이 원래는 세월을 주관하는 목성의 화신이었다는 전고를 인용하였다. "東漢시기의 志怪小說(지괴소설)인 郭憲(곽헌)의 《東方朔傳》에 따르면,[52] 무제가 말년에 신선술에 심취하여 동방삭과 친하게 지내면서 불사약, 吉雲, 甘露 등을 구하고자 하였다. 동방삭이 죽기 전에 같이 벼슬을 하던 大王公에게 "천하 사람 가운데 나를 아는 사람은 대왕공 밖에 없소이다."라고 했다. 동방삭이 죽자 무제가 대왕공을 불러 물었다. "그대는 동방삭을 아오?" "모릅니다." "그럼 공이 잘

---

51 伏日, 詔賜從官肉. 大官丞日晏下來, 朔獨拔劍割肉, 謂其同官曰 : "伏日當蚤歸, 請受賜." 即懷 肉去. 大官奏之. 朔入, 上曰 : "昨賜肉, 不待詔, 以劍割肉去, 何也?" 朔免冠謝. 上曰 : "先生起, 自責也!" 朔再拜曰 : "朔來! 朔來! 受賜不待詔, 何無禮也! 拔劍割肉, 一何壯也! 割之不多, 又何 廉也! 歸遺細君, 又何仁也!" 上笑曰 : "使先生自責, 乃反自譽!" 復賜酒一石, 肉百斤, 歸遺細君.(《漢書》卷六十五《東方朔傳》).

52 「朔未死時, 謂同舍郎曰 : 『天下人無能知朔, 知朔者唯太王公耳.』朔卒後, 武帝得此語, 即召太王 公問之曰 : 『爾知東方朔乎?』公對曰 : 『不知.』公何所能? 曰 : 『頗善星曆.』帝問諸星皆具在否, 曰 : 『諸星具在, 獨不見歲星十八年, 今複見耳.』帝仰天歎曰 : 『東方朔生在朕傍十八年, 而不知 是歲星哉!』」(漢·郭憲《東方朔傳》據《五朝小說大觀》).

하는 것이 무엇이오?" "저는 星曆을 잘 봅니다." 이에 무제가 모든 별들이 잘 있는지 물었다. 그러자 대왕공이 말하기를 "모든 별들이 다 잘 있습니다. 원래 세성이 18년간 보이지 않다가 이제야 다시 보이게 되었을 뿐입니다."라고 답했다. 무제가 하늘을 바라보고 "동방삭이 18년 동안이나 나의 곁에 살아 있었는데 그동안 그가 시간을 주관하는 세성임을 몰랐구나!"라고 탄식했다.

작자는 이 전설을 인용하여 동방삭이 죽은 지 오래되었으나 그의 눈부시게 빛나는 절개와 기개는 영겁의 세월과 더불어 온 우주에 밝게 드리울 것이라며 지극히 높은 칭송으로 마무리하고 있다. 앞서 살펴본 김상

그림 2-6   《航海朝天圖》에 수록된 〈昌樂縣圖〉에 묘사된 "東方朔古壟" 패방

헌의 시와 마찬가지로 오숙 또한 자신의 일신의 안위를 생각하지 않고 옳은 일이라면 서슴지 않고 직언했던 동방삭의 기개를 지극히 높이 평가하고 있는 반면, 신선술에 밝다거나 세속적이고 해학을 즐기고 익살스러웠으며 때로는 일탈을 일삼고 무례했다는 등 세간의 평가에 대해서는 변호하는 듯한 태도를 취하고 있어 자못 흥미롭다.

乾隆《大淸一統志》의 기록에 따르면 "동방삭의 묘는 능현에서 동쪽으로 40리 떨어진 곳에 있다.《水經注》에 '厭次縣(염차현) 서쪽에 동방삭의 무덤이 있고 그 옆에 사당이 있다.'라고 했고《齊乘》에 '古厭次城의 북쪽이 애초에는 묘의 앞이었다.'고 했으며《縣誌》에서는 '현의 동북쪽으로 20리 떨어진 神顯店의 서남쪽에 있었

다.'고 되어있다. 舊志에 따르면, '武定府 陽信縣의 서쪽에도 동방삭의 묘가 있다.' 고 했으며 '한나라의 厭次古城은 지금 능현 동북쪽 30리에 있다.'[53] 라고 했다. 고염 차성은 지금의 창락현이 아니라 山東 德州市 陵城區 神頭鎭 서쪽 일대이다. 정두 원과 김상헌은 "방삭고롱" 패문 혹은 "방삭고리" 표지가 창락현 서쪽 5리에 있었다 고 했고 남이웅은 비록 "방삭고리" 패방이 창락현의 어디에 있었는지 명확하게 기 록하지는 않았지만, 동방삭의 묘가 능현에 있는 것이지 창락현에 있는 것이 아니며 "방삭고리"란 동방삭이 한때 살았던 곳을 뜻하는 것으로 인식했다.

조선 사신 이민성도 동방삭의 묘와 관련하여 시 2수를 남기고 있는데 두 시의 제목은 〈過東方朔墓〉로 동일하다. 이민성이 기록한 《癸亥朝天錄》의 명 천계 3년 (1623)7월 11일 기록[54]과 천계 4년(1624)3월 11일 기록[55]을 보면, 하나는 북경으로 가 는 길에 다른 하나는 조선으로 돌아가는 길에 각각 지은 것으로 추정된다. 이민성 이 북경으로 가는 길에 쓴 〈過東方朔墓〉에는 제목에 "능현성에서 동북쪽으로 25 리 떨어진 곳에 있다."[56]라는 주가 달려 있어 동방삭 묘가 지금의 창락현이 아니라 덕주시 부근에 있었음을 정확하게 표기하고 있다. 그렇다면 왜 창락현에 "방삭고 롱" 패문 혹은 "방삭고리"라는 패방이 서 있었던 것일까? 조선 사신 남이웅의 인식 처럼 창락현은 동방삭의 고향이나 그의 무덤이 있는 곳이 아니고 한때 잠시 거처한 곳이기 때문에 이런 패문을 세운 것인가?

---

53   "東方朔墓, 在陵縣東四十里."《水經注》: 厭次縣西有東方朔塚, 其側有祠.《齊乘》: 在古厭次城 北, 初在墓前.《縣誌》: 在縣東北二十里神顯店西南. 按舊志, 武定府陽信縣亦載有東方朔墓, 俱 西. 漢之厭次故城, 在今陵縣東北三十里." 乾隆《大淸一統志》卷127《濟南府二》, 淸文淵閣四庫全 書本, p.22b.

54   "아침에 안성에서 출발하여 40리를 가서 우성현에 도착했다……능현이 옛날 평원군에 속하므 로 동방삭고리 또한 평원군에 있는 것이고 그 묘도 능현에 있다.(朝發晏城行四十里, 抵禹城縣. …… 按陵縣舊屬平原郡, 方朔故里亦在平原, 而墓在陵縣)" [朝鮮] 李民宬 :《癸亥朝天錄》,《敬亭集續集》 卷2, 韓國首爾大學奎章閣藏本, p.13a.

55   "아침에 토교포에서 출발하여 20리를 가서 능현을 지났다.(早發土橋鋪, 行二十里, 過陵縣.)" [朝鮮] 李民宬 :《癸亥朝天錄》,《敬亭集續集》卷3, 韓國首爾大學奎章閣藏本, pp.45b-46a.

56   "在陵縣城東北二十五里" [朝鮮] 李民宬 :《燕槎唱酬集》,《敬亭集》卷6, 韓國首爾大學奎章閣藏 本, p.19b.

창락현의 옛 지방지 가운데 동방삭의 묘가 창락현에 있다고 언급한 문헌은 嘉靖
《昌樂縣誌》와 康熙《昌樂縣誌》단 두 종뿐인데, 둘 다 "동방삭의 무덤은 (창락현) 동
북쪽 부근에 있는데 동방삭이 평원 염차 사람임을 고려해보면 왜 여기에 장사를 치
렀는지 알 수 없다"[57] 라고 하여 동방삭의 묘가 창락현에 있었다는 사실에 의문을
제기한다. 그래서인지 이후에 간행된 嘉慶《昌樂縣誌》나 民國《昌樂縣續志》에는
이런 기록을 찾아볼 수 없다.

　潍坊市 昌樂縣 地方史志 辦公室 전 副主任(학예연구사) 趙守誠(조수성) 선생에 따
르면, 옛 창락현성 서문 臨丹門(임단문) 부근에 동방삭의 衣冠塚(의관총)이 있었고
그 위치가 지금의 창락현 人民醫院 門診樓(문진루) 부근이었음을 옛날 토박이 주민
들이 증언해 주었다 한다. 그러나 여기에 왜 동방삭의 의관총이 있었는지에 관하여
는[58] 조수성 선생조차 제대로 된 설명을 제시하지 못했다. 康熙《昌樂縣誌》卷首圖

57　"東方朔塚, 在(昌樂縣)東北近域. 按：東方朔, 平原厭次人, 不知何以葬此" 嘉靖《昌樂縣誌》卷1
　　《地理志》, 天一閣藏本 ; 康熙《昌樂縣誌》卷1《墳塚》, 清康熙十一年刻本, p.18a.
58　"동방삭의 사당은 (壽光)현의 동남 15리 巨洋水의 동쪽에 있다. 사당이 있으므로 선비들이 묘를
　　새로이 조성했는데 실제 묘가 수광에 있는 것이 아니다.(東方朔廟, 在縣城東南十五里巨洋水東. 土人因
　　廟而更爲之墓, 墓不在壽光也.)" [咸豐《青州府志》卷26《營建考二》, 清咸豐九年刻本, p.23a]라는 기
　　록이 있고 "漢 大中大夫 동방삭의 묘는 (수광)현성 동남 15리 동방삭 사당 곁에 있다.《漢書》에
　　(동방)삭은 평원 염차사람이라 했고《水經注》에 富平縣에 동방삭의 무덤(塚)이 있으며 무덤의 곁
　　에 사당(祠)이 있다고 했다. 부평이라고 하고 염차라고 한 것은 이름은 연변되었으나 그 위치는
　　그대로 인 것이다. 지금 능현 서북 神頭鎭에 동방삭의 묘가 있으니《漢書》나《水經注》가 언급한
　　곳은 이곳이다. 당나라 顏眞卿(안진경)이 평원에 부임했을 때 동방삭의 像贊을 쓰고 그의 사당
　　아래에 비석을 세웠다. 지금 그 비석이 능현 縣政府에 있다. 그런데 수광 東方村에도 동방삭의
　　묘가 있다.《齊乘》에는 수광현 동방촌에는 동방삭의 사당이 있다고만 했는데 그렇다면 후세사
　　람들이 사당이 있으므로 새로이 무덤을 조성한 것인가?……《齊乘》에 따르면 동방삭 사당이 德
　　州 동쪽 40리 고염차성의 북쪽, 무덤의 남쪽에 있다.(漢大中大夫東方朔墓, 在(壽光)縣城東南十五
　　里東方朔廟側. 按《漢書》：朔, 平原厭次人.《水經注》：富平縣有東方朔塚, 塚側有祠, 其實曰富
　　平, 曰厭次. 名有沿革, 地無遷移, 今陵縣西北神頭鎭有朔墓, 或即其地. 唐顏眞卿守平原時書像
　　贊, 立碑祠下, 今碑在陵縣縣政府內, 而壽光東方村亦有朔墓. 據《齊乘》祇雲壽光縣東方村有東
　　方朔廟, 想後人因廟而爲之墓與?……按齊乘：東方朔祠墓在德州東四十里古厭次城北, 祠在墓
　　南)" [民國《壽光縣誌》卷3《古跡志》, 民國二十五年鉛印本, p.56b]라는 기록이 보인다. 이런 기록
　　을 보건데, 명말 조선사신들이 목도했던 창락현 서쪽에 세워져 있던 "동방삭고리" 패문(방표)은
　　아마도 창락현 사람들이 이러한 설에 근거하여 세운 것같다.

〈縣圖〉[59]를 보면 "方朔塚(방삭총)"이라고 표시된 곳을 확인할 수 있는데 그 위치는 창락현성 동북지역이며 이는 조선사신이 기록한 패방의 위치와도 다르다. 만약 조선사신이 언급한 패방과 康熙《昌樂縣誌》〈縣圖〉에 표시된 방삭총이 애초에 같은 것이라고 한다면 창락현의 동방삭의 의관총이 청대에 들어 이전되었다는 것인데 자세한 내력을 지금으로서는 알 수 없다. 조수성 선생은 창락현 서쪽 5리는 바로 지금의 西店村 일대라고 했는데, 지금의 지도로 측량해보면 조선 사신이 경유했던 옛 창락현성의 남문에서 서쪽으로 5리 되는 곳은 바로 지금의 西店村이 되므로 조수성 선생의 말과 일치한다.

결국 이상의 고증을 종합해보면, 조선사신 김상헌, 남이웅, 정두원이 기록한 창락현 서쪽에 있던 "동방삭고리", "방삭고리"나 "방삭고롱" 패문은 모두 동일한 하나의 패문을 가리키며, 그 위치는 지금의 昌樂縣 寶都街道 西店村 부근이다. 중국 지방지[60]에 따르면 서점촌은 다음과 같은 연혁을 가지고 있다. 명나라 가정 연간에는 西小店으로 불렸으며 城鄉丹河社에 속했고, 청나라 嘉慶(가경) 연간에는 西店集, 西店村으로 불리게 되었고 창락현 西店廠(서점창)에 속했다. 청나라 宣統 2년에는 西堯鄉(서요향)에 속했고 민국 23년에는 西店莊으로 불리게 되었고 창락현 제7구에 속했으며, 현재는 西店村으로 불리며 昌樂縣 寶都街道에 속하고 있다.

---

59   康熙《昌乐縣志》卷首《境图》, 清康熙十一年刻本, p.1a.

60   康熙《昌樂縣誌》卷首圖《境圖》, 清康熙十一年刻本, p.13b ; 嘉慶《昌樂縣誌》卷首《縣圖》, 清嘉慶十四年刻本, p.13b ; 民國《昌樂縣續志》卷2《疆域志》, 民國二十三年鉛印本, p.11b ; 民國《昌樂縣續志》卷3《山川志》, 民國二十三年鉛印本, p.13b ; 山東省昌樂縣史志編纂委員會編 : 《昌樂縣誌》, 山東人民出版社1992年版, pp.70-75 ; 昌樂縣地方史志編纂委員會編 : 《昌樂縣誌》中華書局2008年版, pp.38-41. 및 前任 濰坊市 昌樂縣 地方史志 辦公室 副主任 趙守誠(남, 84세)씨와의 인터뷰에 근거함.

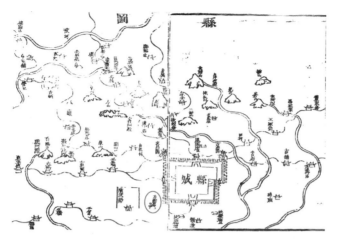

그림 2-7   康熙《昌樂縣誌》卷首圖〈境圖〉에 표기된 "方朔塚"

사진 2-8   지금의 昌樂縣 寶都街道 西店村 村碑(明末 "方朔古壟" 欄門이 있던 자리)

사진 2-9   趙守誠씨가 증언한 "東方朔 衣冠塚"의 옛터.
지금은 昌樂縣 人民醫院 門診樓가 들어서 있다.

사진 2-10   지금 山東 德州市 陵城區 神頭鎭
S323 성급 도로 곁에 서 있는 東方朔墓 坊表

사진 2-11   지금의 山東 德州市 陵城區 神頭鎭에 있
는 東方朔墓

사진 2-12   70년대에 세워진 東方朔墓碑

제2절 古劇南城, 雙鳳橋(東丹河橋), "營陵舊城" 牌坊, 古營丘

(9월)20일 신미일, 맑음. 아침에 (창락현 남관리)를 출발하여 고극남성, 동방삭구롱, 영릉고역을 지났다.

(九月)二十日, 辛未, 晴. 早發(昌樂縣南關里), 歷古劇南城,[61] 東方朔舊壟, 營陵古域.

— 洪翼漢《花浦朝天航海錄》

(7월)9일, 맑음. (유현에서 출발하여)창락에서 점심을 해 먹고 ……(창락)현 서쪽 5리에 방삭구롱이, 10리에 고극남성이 있었고, 그 외에 왕부, 방맹이라고 현액된 고적들이 있었다.

(七月)初九日, 晴.(從濰縣發行)中火于昌樂, ……(昌樂)縣西五里, 有方朔舊壟, 十里有古劇南城, 其他題門處多是王裒, 龐(逄)萌之古跡.

— 安璥《駕海朝天錄》

洪翼漢(홍익한)에 비해 安璥(안경)의 기록이 더욱 상세한데 즉, 창락현 서쪽 5리 떨어진 곳에 "方朔舊壟(방삭구롱)" 題門(坊表)이, 10리 떨어진 곳에 "古劇南城(고극남성)" 제문이 있었다고 기록했다. "고극남성"에서 "劇(극)"이란 "劇縣"을 가리키는데 애초에 "극현"이라 불린 곳은 지금의 산동 壽光縣과 창락현에 각각 존재했었지만, 이 두 곳은 지리적으로 가까웠기에 오랜 세월이 지나는 동안 차츰 두 곳을 구분하지 않고 합쳐 기록하는 바람에 송대 이후 지방지에는 한 곳을 가리키게 되었다.[62]

---

61 원문에는 "古劇長城"이라 써 있는데 이는 명백한 오기이므로 바로 잡았다.

62 《通典》에 기록하기를 紀國城은 壽光縣에 속하고 현의 남쪽에 있었는데 漢나라 때 劇縣故城도 현의 남쪽에 있었다고 했다.《寰宇記》에 紀城은 옛 기후의 나라로서 지금은 없어졌는데 그 성이 현의 남쪽에 있었다고 하였으며, 또 극남성이란 옛 기나라로 한나라 때 극현이었고 지금 그 성이 현의 남쪽에 있다고 하였다. ……酈道元(역도원) 때 이미 기국성과 극현고성을 동일한 것으로 혼동했다.《通典》에서는 하나는 기나라로 다른 하나는 한나라 때의 속현으로 인식했으나 《寰宇記》에서는 이 둘을 모두 기나라(의 국도)로 보고 있으니 세상사람들이 한나라 때 2개의 극현이 있었다는 사실을 이미 망각한 지 오래된 것이다.(《通典》: 壽光下有紀國城, 在縣南. 又漢劇縣故

우선, 지금의 수광현에 속했던 옛 극현의 연혁 변화를 살펴보자. 劇縣故城은 원래 紀城이라고 불렸으며 옛 紀나라의 國都를 가리킨다.《史記》에 "哀公 때 紀侯가 스스로 周를 참칭했으므로 주나라가 애공을 팽형에 처하고 그 동생 靜을 세웠는데 그가 바로 胡公이다"[63]라는 기록이 보인다. 곧, 옛 기나라는 주나라 때 姜姓이 봉해진 봉국 중 하나였고, 齊 莊公 4년 "기후가 제나라에 굴복할 수 없어서 동생 季(계)에게 나라의 반을 주고 그 도읍를 떠났으니 이는 제나라의 공격 때문이다"[64]라고 했으니 기후가 옛 도읍을 떠나 서쪽으로 이동하여 새로 세운 도읍이 劇城인 것이다.

劇城은 "齊城에서 서쪽으로 97리 떨어진 곳에 있다."[65] 紀나라와 齊나라는 이후에도 계속 마찰이 있었고 齊 桓公 7년(B.C 695)에 魯 桓公이 "齊侯와 기후를 黃에서 회맹토록 하여"[66] 잠시 제나라와 기나라 사이에 평화가 유지되었으나 제나라가 강성해짐에 따라 기나라는 결국 齊 襄公 8년(B.C 690)에 제나라에 병합되었다. 그 후 제나라는 기나라의 옛 땅에 紀邑을 설치했고 西漢 前元 16년(B.C 164) 한 문제가 이곳에 齊 悼惠王(도혜왕) 劉肥(유비)의 아들 劉賢을 淄川王(치천왕)으로 봉했으며[67] 그 治所가 劇縣(극현)이었다.《水經注》에 "(극현)성의 북쪽에 옛날 台(즉 "紀台")가 있고 태의 서쪽에 池가 있다"[68]라 하였고《括地志(괄지지)》에 "극현고성은 수광현의 남쪽으로 31리 떨어진 곳에 있다"[69]라 했으니 극현은 바로 지금의 山東 壽光市 紀台

城在縣南.《寰宇記》: 紀城, 古紀侯之國, 今廢, 城在縣南. 又雲：劇南城, 故紀國, 漢曾爲劇縣, 今城亦在縣南. ……酈道元已混兩爲一.《通典》以一爲紀國, 以一爲漢縣,《寰宇記》本之, 而誤謂兩城皆爲紀國, 蓋世不知漢有兩劇縣也久矣.)"《續山東考古錄》卷16《靑州府中》, 淸咸豐元年刻本, p.2.

63 "哀公時, 紀侯譖之周, 周烹哀公, 而立其弟靜, 是爲胡公"《史記》卷32《齊太公世家二》, 百衲本二十四史宋慶元二年刻本, p.4b.

64 "紀侯不能下齊, 以與弟季, 大去其國, 違齊難也"《水經注》卷26《巨洋水》, 明嘉靖十三年黃省曾刻本, p.6a.

65 民國《山東通志》卷32《疆域志三》, 民國七年鉛印本, p.19b.

66 "會齊侯, 紀侯盟于黃"《春秋左傳注疏》卷7《經十有七年》, 淸嘉慶二十年重刊本, p.23a.

67 《史記》卷52《齊悼惠王世家二十二》, 百衲本二十四史宋慶元二年刻本, pp.10b-11a.

68 "(劇縣)城之北側有故台(卽紀台), 台西有方池."《水經注》卷26《巨洋水》, 明嘉靖十三年黃省曾刻本, p.6b.

69 "劇縣故城在壽光縣南三十一里"《括地志》卷5《右臨淄》, 淸乾隆五十年至嘉慶十四年蘭陵孫氏刻岱南閣叢書本, p.3b.

鎭 紀台村 일대가 되는데 조선 사신이 기록한 "古劇南城"은 이곳이 아니다.

　결론부터 먼저 말하자면, 조선 사신이 기록한 "古劇南城"이란 옛 극(현) 남(쪽의) 古城이라는 뜻으로 바로 昌樂故城(명청 시기 창락현성에서 서북쪽으로 10리 떨어진 곳)을 가리킨다. 관련 지방지의 기록[70]에 따르면, 漢 高祖 11년(B.C195) 고조가 劉澤(유택)을 營陵候에 봉하고 지금의 창락현 일대에 營陵, 劇縣, 劇魁(극괴) 3현을 설치했고 漢 景帝 中元 2년(B.C148)에는 北海郡을 설치하고 그 아래 營陵, 劇縣, 劇魁 3현을 두었으며 영릉을 "북해군의 치소로 삼았다."[71] 東漢 建武 28년(52)에 북해군을 北海國으로 개칭했으며 치소는 극현에 있었다. 삼국시기 魏 靑龍 원년(233)에 북해국을 다시 북해군으로 개칭했으며 치소를 劇縣에서 營陵으로 옮겼고, 北齊 天保 8년(577)에는 북해군에 예속됐던 劇縣을 폐지하고 북해군 都昌縣에 병합시켰다. 이로써 행정 구역 명칭으로서의 "극현"은 역사 속에서 사라졌다. 明 洪武 원년(1368)에 창락현의 치소를 "창락현에서 서북쪽으로 10리 떨어진[72] 昌樂故城(古劇南城)에서 지금의 창락현 소재지로 이전했다." 라고 했으니 결국 조선 사신들이 기록한 "고극남성"이란 바로 서한시기 초 북해군 극현 縣治의 소재지인 劇南城으로 명청 시기 창락현성에서 서쪽으로 10리 떨어진 곳인 지금의 昌樂縣 大丹河와 小丹河의 교차 지역인 寶都街道 戴家莊村 일대이다. (수광현 극현성과) 이름이 같고 지리적으로 가까워서 사람들이 북해군에 속하는 극현성을 극남성으로 달리 불러 구분했던 셈이다.[73]

　조선 사신들이 기록한 "고극남성"은 오랫동안 전해내려온 창락 八景 중 하나인 "劇縣春晴(극현의 봄날 맑은 경치)"[74]로 유명했다. 지금의 창락현 대단하와 소단하가

70　嘉靖《昌樂縣誌》卷1《建制沿革》, 天一閣藏本 ; 康熙《昌樂縣誌》卷1《建制沿革》, 淸康熙十一年刻本, p.3a ; 民國《昌樂縣續志》卷1《總紀》, 民國二十三年鉛印本, p.1 ; 山東省昌樂縣史志編纂委員會編 :《昌樂縣誌》中華書局1992年版, pp.70-71.

71　"爲漢北海郡治"《方輿考證》卷20《山東四》, 民國七至二十二年濟甯潘氏華鑒閣刻本, p.27b.

72　"昌樂縣西北十里" 康熙《大淸一統志》卷104《靑州府》, 淸乾隆九年英武殿刻本, p.31b.

73　"名同地近, 後人稱隸北海者爲劇南城以示別"《續山東考古錄》卷16《靑州府中》, 淸咸豐元年刻本, p.2b.

74　嘉靖《昌樂縣誌》卷1《景致》, 天一閣藏本.

만나는 강변의 봄날 풍경이 빼어나게 아름다워, 역대 지방지에 중국 문인들이 이곳의 봄날 경치를 읊은 시가 몇 편 남아있다. 아쉽게도 조선 사신들은 이곳에 대한 시를 남기지 않았는데, 여기서 중국 지방지에 남아 있는 중국 문인들의 시 2편을 살펴보면서 조선 사신들이 목도했을 "고극남성"의 풍치를 느껴보도록 하자.

〈극현의 맑은 봄 풍경〉

(明)于子仁(於子仁)[75]

극현의 맑게 개인 봄날 온 고을 복숭아 배꽃 만발하여

풍광은 마치 강남 초나라 하늘가처럼 아름답네.

(이런 풍광 대하고 보니) 마치 하양성에 새로 부임하여 복숭아 배꽃 온 고을

에 가득 심었던 젊고 아름다운 반악이 된 듯하나

다시 돌아온 나는 벌써 귀밑머리 하얗게 새었다네

수많은 제자 찾아오는 대문 앞에는 준마 울음소리 가득 들리고

그네를 타는 정원에는 갈까마귀 울음소리 멀리 들리네.

세상에서 가장 다정다감한 것이 바로 봄날 진흙을 입에 문 제비인데

술 파는 주막집 푸른 장막을 헤치고 날아 들어오네!

劇縣春晴[76]

---

75 "于子仁은 湖廣 武岡(무강)사람으로 洪武 년간에 昌樂丞이 되었는데 정사를 처리함에 청렴하고 유능했기에 관리와 백성이 경외하고 탄복했다. 임기가 다 되니 백성들이 조정에 상주하니 본 현의 知縣으로 승진하였다. 이후에 모함에 연루되었는데 백성들이 京師로 달려가 변론하고 호소하니 登州府 知府로 승진시키고 금화를 하사하고 정기를 내려 그 현량함을 선양했다.(於子仁, 湖廣武岡人. 洪武中, 爲昌樂丞, 出政廉能, 吏民畏服. 秩滿, 民保奏, 升知本縣. 後坐誣累, 民赴京訴理, 升登州府知府, 賜金幣, 旌其賢.)"(嘉靖《靑州府志》卷13《宦績》, 明嘉靖刻本, pp.38b-39a)

76 康熙《昌樂縣誌》卷6《詩》, 淸康熙十一年刻本, p.1a.

劇縣春晴滿縣花,[77] 風光渾似楚天涯.[78]

當今潘令[79]新官誥, 前度劉郎[80]老鬢華.

桃李門牆[81]嘶駿馬, 秋千庭院隱啼鴉.

多情最是銜泥燕, 飛入靑簾賣酒家.

　　이 시는 明 洪武 연간에 창락현 현령 于子仁이 지은 것이다. 이 시는 麻韻으로 압운을 한 7언 율시의 근체시 형식을 갖추고 있다. 1, 2구는 복숭아 배꽃이 만발한 극현의 밝은 봄날 풍광을 보고 마치 저 멀리 남쪽 초나라의 하늘가처럼 아름답다고 감탄하면서 시상을 일으키고 있다. 3, 4구는 대비적인 대구를 이루는데 3구에서 복

77　滿縣花(만현화)란 "河南一縣花"의 전고를 변형하여 활용한 것으로 아름다운 꽃이 핀 아름다운 고장을 상징한다. 白居易의《白氏六帖·縣令》에 "潘岳(반악)이 河陽令이 되었을 때 온 고을에 배와 복숭아 꽃나무를 심었기에 사람들이 하양을 꽃이 가득한 고을이라 칭했다.(潘岳爲河陽令, 滿植桃李花, 人號曰河陽一縣花)"라는 기록이 있다. 徐鉉(서현)의《夢遊三首》제2수에 "아름다운 편지 그 이름을 알고자 한다면 온 마을 가득 꽃이 피었으니 반씨가 아니겠는가? (錦書若要知名字, 滿縣花開不姓潘)라는 표현이 있다. (唐)白居易 輯 :《白氏六帖事類集》卷21《縣令第七十六》, 南宋紹興刻本, p.60b.; (淸)彭定求 輯 :《全唐詩》卷754, 淸康熙年間揚州詩局刻本, p.6b.

78　楚天涯(초천애)란 아득히 먼 남쪽 하늘가를 말한다. 전국시기 전성기 초나라는 장강 하류 지역의 대부분의 영토를 차지할 정도로 강성했기에 옛 사람들은 "楚天"이란 단어로 중국 남쪽 지역의 하늘을 상징적으로 지칭했다. 唐나라 杜甫의 시《暮春》에 "멀리 남쪽 하늘에는 사계절 끊이지 않고 비가 내리고 장강의 무협 계곡에는 끊임없이 긴 바람 부네(楚天不斷四時雨, 巫峽常吹萬里風)"라는 표현이 있다.(唐)杜甫 :《杜工部集》卷14《近體詩》, 續古逸叢書景宋本配毛氏汲古閣本, p.16a.

79　潘令(반령)이란 晉나라 반악(247-300, 字가 安仁이었으므로 潘安, 潘安仁이라고도 불렸음)이 하양령을 지낸 적이 있었기 때문에 그를 달리 부르는 별칭이다. 宋나라 劉克莊(유극장)의 詞《摸魚兒·海棠》에 "젊은 시절 반악이 희끗희끗 새치머리 생긴 것은 늙었기 때문이 아니라 매년 꽃을 보고 즐길 인연이 없기 때문이라 하네(霜點鬢, 潘令老, 年年不帶看花分)"라는 표현이 있다.(宋)劉克莊 :《後村集》卷188《長短句》, 四部叢刊舊鈔本, p.12b.

80　前度劉郎(전도유랑)이란 당나라 劉禹錫(유우석)의《再游玄都觀》시 "복숭아 꽃나무 심은 도사는 어디로 갔는가? 이전에 폄적되어 장안을 떠났던 내가 오늘 이렇게 다시 돌아왔는데!(種桃道士歸何處, 前度劉郎今又來)"라는 표현이다. 시의 원래 뜻은 유우석 자신을 가리키는 것인데 이후에 떠났다가 다시 돌아온 사람을 가리키는 전고로 사용된다.(淸)彭定求 輯 :《全唐詩》卷365, 淸康熙年間揚州詩局刻本, p.9a.

81　門牆(문장)이란《論語·子張》"공부자의 집 담장은 그 높이가 몇 길이나 되어서 안으로 들어가지 않으면 종묘의 아름다움과 백관의 부유함을 보지 못한다. 그러나 그 문을 들어간 자가 적다(夫子之牆數仞, 不得其門而入, 不見宗廟之美, 百官之富. 得其門者或寡矣.)"에서 유래하며 이후 師門를 가리키는 전고로 사용되었다.

숭아꽃과 배꽃이 흐드러지게 핀 극현에 원님으로 부임하는 작자는 마치 옛날 하양
성에 부임하며 온 고을에 꽃나무를 가득 심었던, 잘생긴 외모와 文才로 유명했던
반악이 된 듯 느끼지만, 4구에서 이내 貶謫(폄적)되었다가 다시 돌아온 당나라 유우
석처럼 귀밑머리가 하얗게 샌 중년임을 자각한다. 그러나 이어진 5구, 6구에서 이
러한 哀傷이 전환되는데 아름다운 봄을 마음껏 즐기기에는 늙어버렸지만 학문의
조예가 깊어짐에 따라 그를 찾아오는 제자들이 대문 앞에 가득하여 그들이 타고 온
말 울음소리 끊이지 않으며 여인들이 그네를 타는 집 안 정원에는 완연한 봄기운이
가득하기만 하다. 마지막 7, 8구에서는 이미 짝 짓기를 마치고 새둥지를 짓기 위해
입으로 진흙을 물어 나르는 봄제비가 주막집 장막을 헤치고 날아 들어오는 모습을 보
면서 작자는 나이를 잊고 다정다감한 봄날의 약동하는 기운에 새삼 빠져들게 된다.

사진 2-13 지금의 昌樂縣 薛家村 서측의 大丹河와 주위 풍경

청나라 초기 창락현의 知縣을 역임한 賀基昌(하기창)[82]도 〈劇縣春晴〉[83]라는 시를

82 "賀基昌은 光州사람이며 進士이다. 강희 8년 知縣事를 맡아 힘써 선정을 베풀고 덕으로 백성을
    편안히 했으며, 정치가 통달하여 인심이 순화되었고 폐지되었던 온갖 제도가 모두 회복되었다.
    또한 옛날 문헌을 널리 수집하여 邑志를 속간하여 오늘까지 전해진다.(賀基昌, 光州人, 進士. 康熙
    八年知縣事, 力行善政, 以德綏民, 政通人和, 百廢俱興, 且博采舊聞, 續修邑志, 以傳於今.)" 嘉慶《昌樂縣
    誌》卷19《宦績》, 清嘉慶十四年刻本, p.7a.
83 嘉慶《昌樂縣誌》卷11《藝文考》, 清嘉慶十四年刻本, p.43b.

남겼다.

> 〈극현의 맑음 봄날〉
> 청조 읍령 하기창 지음
>
> 입춘이 되어 봄 바람 솔솔 부는 옛 고을에 맑은 아침 찾아오니
> 성긴 숲 나무 사이로 새벽 안개 헤치고 아침해 붉은 홍조 띠며 밝아오네.
> 뽕나무 어린 싹 돋아나니 누에고치 통통하게 살이 찌고
> 녹음 짙은 풀밭에는 풀벌레 하나하나 생겨나네.
> 마을을 끼고 흘러가는 강물가에 봄제비 날아오고
> 꽃피는 대나무 울타리 너머 꾀꼬리는 재잘거리며 이리저리 날아다니네.
> 자류같이 멋진 말 앞발 들어 크게 울며 버들가지 드리운 길 재촉하니
> 말 안장 다래에 수놓인 엽전무늬 눈앞에 펄럭이네.
>
> 劇縣春晴
> 本朝邑令 賀基昌
> 舊縣條風散早晴, 疏林紅暈海霞明.
> 桑柔岸女盈盈出, 草綠王孫一一生.
> 水繞人家歸社燕, 花開籬落語流鶯.
> 紫騮嘶絕垂楊道, 印得連錢織繡程.

"舊縣"이란 창락현의 옛 성 즉, 고극남성을 가리킨다. "條風(조풍)"이란 일명 融風(융풍)이라고도 하며 "八風"[84] 가운데 하나로 입춘 때 부는 바람이다.《史記·律書》에 "조풍은 동북에서 불어오는 바람으로 만물이 출생함을 주관한다. 條라는 말은 만물을 조리있게 다스려 낸다는 뜻으로 그래서 條風이라 한다. (條風居東北, 主出

---

[84] 8풍 가운데 여기서 언급한 조풍 이외의 7가지는 다음과 같다. 春分 때의 明庶風, 立夏 때의 淸明風, 夏至 때의 景風, 立秋 때의 涼風, 秋分 때의 閶闔風(창합풍), 立冬 때의 不周風, 冬至 때의 廣莫風(광막풍) 등이다.

萬物. 條之言條治萬物而出之, 故曰條風.)"[85]라는 표현이 보인다. 2구의 "疏林"이란 성
긴 숲 나무의 뜻이다. 당나라 王昌齡(왕창령)의《途中作》시에 "여명이 밝기도 전 이
른 새벽 차가운 바람에 낙엽은 떨어지고 성긴 숲 나무 가지 사이로 잔월의 달빛 어
렴풋이 비추이네(墜葉吹未曉, 疏林月微微.)"[86]라는 표현이 보인다. 또한 3구의 "紅暈(
홍훈)"이란 紅潮를 뜻하는데 여기서는 해무리를 비유하고, "桑柔(상유)란 뽕나무에
막 돋아난 연한 새잎을 말한다.《詩·大雅·桑柔》에 "(무성한 저 연한 뽕나무 새잎, 그 아
래도 두루 울창하네(菀彼桑柔, 其下侯旬.)"[87]라는 표현이 보인다. "盈盈(영영)"이란 우아
한 자태를 형용하는 말이다.《文選·古詩〈靑靑河畔草〉》에 "누각 위의 아름다운 여
인 우아하게 밝은 달빛 받으며 창문가에 서있네(盈盈樓上女, 皎皎當窗牖.)"[88]라는 표
현이 보인다. 다음으로 4구의 "王孫"이란 여기서는 귀뚜라미의 별칭이고, 5구의
"社燕"이란 제비가 봄과 가을에 토지신에게 제사를 지내는 春社와 秋社 때 날아왔
다가 떠나므로 해서 붙여진 별칭이다. 송나라 蘇軾(소식)의《送陳睦知潭州》에 "마
치 봄날 제비와 가을 기러기처럼 아직 만난 설렘이 다하지 않았는데 벌써 이별해야
하네(有如社燕與秋鴻, 相逢未穩還相送.)"[89]라는 표현이 보인다. 6구의 "籬落(리락)"이
란 울타리의 뜻이고 "紫騮(자류)"는 준마를 가리키고 "流鶯(유앵)"이란 사방으로 날
라 다니며 지저귀는 꾀꼬리를 말한다. 송나라 晏殊(안수)의 詞《酒泉子》에 "봄이 오
니 온 나무에 붉은 꽃이 겹겹이 달려있고 지저귀는 꾀꼬리와 화려한 나비는 다투듯
이 날아다니네(春色初來, 遍拆紅芳千萬樹, 流鶯粉蝶鬪翻飛.)"라는 표현이 보인다. 7구
에서 "垂楊道"란 가지를 아래로 늘어뜨린 버드나무가 가로수 마냥 죽 서있는 거리
를 뜻하는 것으로, 益都와 창락현 사이를 잇는 역도의 풍경을 묘사한 것이다. 마지
막 8구의 "連錢(연전)"이란 동전이 서로 연결된 무늬나 형상을 뜻한다. 당나라 韓偓
(한악)의 〈卽目〉 제2수에 "물이 불은 계곡물 꽃무늬를 물결 일으키니 마치 돌을 쌓

---

85   《史記》卷25《律書第三》, 淸乾隆武英殿刻本.
86   (淸)彭定求輯 :《全唐詩》卷141, 淸康熙年間揚州詩局刻本, p.5a.
87   《毛詩》卷18《蕩之什詁訓傳第二十五》, 四部叢刊景宋刻本, p.8.
88   《文選》卷28《雜詩上》, 胡刻本, p.2a.
89   《蘇文忠公全集·東坡集》卷16《詩八十八首》, 明成化本, p.1b.

아놓은 듯하고 비 온 뒤 갠 하늘에 뭉게뭉게 피어나는 구름은 엽전을 이어놓은 듯
하네(溪漲浪花如積石, 雨晴雲葉似連錢.)"[90]라는 표현이 보인다.

　이 시는 막 봄이 되어 고극남성 일대가 봄기운으로 가득하고 생기발달한 풍경을
마치 한 폭의 풍경화처럼 생생하게 묘사하고 있다. 이상 중국 지방지에 수록된 〈劇
縣春晴〉이라는 두 시를 통해 명말청초 조선 사신들이 목도했을 고극남성 일대의
수려한 봄 풍경과 거기에서 살아가는 현지인들의 삶을 모습을 생생하게 그려볼 수
있다.

> (창락현에서 서쪽으로) 10리를 가서 雙鳳橋(쌍봉교)를 지났는데 "고극
> 남성"이라 쓰인 패문이 서 있었다. 《漢書》에 광무제가 극현에 왔었다
> 는 기록이 있는데 내가 생각건대 아마도 여기인 것 같다.
>
> 　(自昌樂縣西行)行十里, 渡雙鳳橋, 有欄門, 書之曰 : "古劇南城", 《漢
> 書》: 光武至於劇, 臣疑卽此也.
>
> 　　　　　　　　　　　　　　　　　　　—鄭斗源《朝天記地圖》

　위의 정두원의 기록에 따르면, "고극남성" 패문은 창락현에서 서쪽으로 10리 떨
어진 쌍봉교의 서쪽에 있었다. 그런데 이상한 점은 쌍봉교라는 이름이 조선 사행록
에는 많이 보이지만 중국 지방지[91]에는 전혀 보이지 않는다는 점이다. 또한 정두원
은 "고극남성"이 《漢書》에 "帝自幸劇(황제가 친히 극현으로 행차했다)"[92]라고 기록한,
바로 그 극현 지역이라고 생각했다. 여기서 《漢書》는 정확히는 《後漢書》를 가리킨
다. 《後漢書》의 기록[93]에 따르면, 동한 초년에 赤眉(적미)의 무리 등 여러 농민 봉기
가 일어났고 왕망에 대항하는 서한 황실 류씨 후손들도 반란군을 일으켰다. 농민

90　(淸)彭定求 輯 : 《全唐詩》卷680, 淸康熙年間揚州詩局刻本, p.8a.

91　嘉靖《山東通志》, 嘉靖《靑州府志》, 咸豐《靑州府志》, 嘉靖《昌樂縣誌》, 康熙《昌樂縣誌》, 嘉慶《昌
　　樂縣誌》, 民國《昌樂縣續志》等.

92　《後漢書》卷42《張步傳》, 百衲本景宋紹熙刻本, p.10a.

93　《後漢書》卷42《張步傳》, 百衲本景宋紹熙刻本, pp.8b-11b.

봉기군 중 張步는 琅琊(낭야) 부근의 성들을 공략한 후 스스로 五威將軍(오위장군)으로 칭하고서는 東萊(동래), 城陽, 膠東(교동), 北海, 濟南 등 지역도 차례로 공격하고 세력을 확장했다. 이때 왕망의 新을 무너뜨린 한 고조 유방의 9세손 劉秀(유수)가 바로 후한의 창업자 光武帝이다.

建武 5년(29) 남북으로 난리를 평정한 광무제는 장보의 무리에게 예봉을 돌려 임치에서 승리를 거두었고 장보는 무리를 이끌고 극현으로 달아났다. 광무제가 군대를 이끌고 극현까지 쫓아가니 장보가 다시 平壽로 달아났다. 결국 장보는 광무제에게 항복하고 安丘侯로 봉해졌다. 앞서 살펴보았듯이 북해군에 속한 극현(지금에 창락현)은 서한 고조 때 설치되어 北朝·北齊시기에 폐지되었고, 옛 기나라의 도읍인 기현(지금이 수광현)은 주나라 때부터 서한시기까지 존치되었었다. 그러므로《史記》의 기록과 함께 살펴보면,《後漢書》에서 언급한 "帝自幸劇(황제가 친히 극현으로 행차했다)"[94]라는 기록 속의 "극"지역은 바로 북해군에 속한 극현일 가능성이 높다.

> (창락현에서 서쪽으로) 9리에 쌍봉교가 있는데《郡志》에서 말한 東丹河橋이다. (창락현 서쪽에)十里鋪에 "고극남성"이라 쓰여진 현액이 걸려있는데, 춘추시기 기나라에 극남성이 있었으니 곧 한나라 때 극현이다. 마을 서쪽에는 "營陵舊封(영릉구봉)"이라 쓰여있는데 창락은 한나라 때 영릉현이었기 때문이다.
>
> (自昌樂縣西行)九里有雙鳳橋, 是《郡志》所謂東丹河橋也.(昌樂縣西)十里鋪揭 "古劇南城", 春秋時, 紀國房[95]有劇南城, 漢時劇縣也. 村西揭 "營陵舊封", 是昌樂漢時爲營陵縣也.
>
> ─金德承《天槎大觀》

정두원의 기록에 비해 김덕승의《天槎大觀》의 기록이 더욱 상세하다. 김덕승의

---

94   《後漢書》卷42《張步傳》, 百衲本景宋紹熙刻本, p.10a.
95   "房"은 誤記인 듯하다. 그대로 남겨 두고 이후의 연구를 기다린다.

기록에 따르면 창락현의 서쪽으로 9리 떨어진 곳에 "쌍봉교"라고 불리는 다리가 있는데 이는《昌樂縣誌》에 기록된 "동단하교"의 별칭이다.

조선 사신들이 동쪽에서 서쪽으로 경유한 지역을 차례로 나열하면 쌍봉교(동단 하교)→십리포("고극남성"방표)→"영릉구봉"방표 등이다.《大明一統志》의 "동단하 교는 창락현에서 서쪽으로 3리 떨어진 곳에 있다"[96]는 내용과 嘉靖《昌樂縣誌》의 "동단하교는 창락현에서 서쪽으로 3리, 西丹河橋는 창락현에서 서쪽으로 9리 떨 어져 있다"[97]는 등의 내용을 종합해보면, 김덕승이 동단하교와 서단하교를 구분하 지 않았고, 서단하를 동단하로 잘못 기록했다. 따라서 정두원의 기록으로 보충해보 면, 김덕승의《天槎大觀》의 "쌍봉교" 위치에 관한 기록은 정확하며 단지 명칭에만 오류가 있음을 알 수 있다. 즉, "쌍봉교"는 창락현에서 서쪽으로 9리 떨어진 곳에 있고《昌樂縣誌》에서 언급한 "西丹河橋"이다.

咸豊《靑州府志》의 기록에 따르면, 서단하교는 원래 土橋(흙은 다져 교각을 세우고 그 위에 목판을 갈아 놓은 다리)인데 "萬曆 43년 (靑州)知府 王家賓이 봉급을 기부하여 倡令(창령) 知縣 劉可訓이 돌로 보수했다."[98]고 한다. 관련 지방지의 기록[99]에 따르 면, 서단하교라는 명칭은 명 嘉靖 27년(1548)에 처음 보이며, 청 嘉慶 14년(1809)에 는 丹河橋라고 불렸다. 민국 23년(1934) 창락현 정부가 아치형 다리로 중수하고서 十里堡橋(십리보교)라고 개칭했다. 지금의 창락현 보도가도 薛家村(설가촌) 서측에 놓인 大丹河橋가 바로 명대의 西丹河橋이며 조선 사신이 언급한 "쌍봉교"가 있던 곳이다.

---

96 "東丹河橋, 在昌樂縣西三裡"《大明一統志》卷24《靑州府》, 明天順五年內府刻本, p.31b.

97 "東丹河橋, 在昌樂縣西三裡. 西丹河橋, 在昌樂縣西九裡" 嘉靖《昌樂縣誌》卷1《地理志》, 明嘉靖 刻本.

98 "萬曆四十三年, (靑州)知府王家賓捐俸倡令知縣劉可訓以石" 咸豊《靑州府志》卷27《營建考三》, 淸咸豊九年刻本, p.30a.

99 嘉靖《昌樂縣誌》卷1《地理志》, 明嘉靖刻本 ; 康熙《昌樂縣誌》卷1《地輿志》, 淸康熙十一年刻本, p.16a ; 嘉慶《昌樂縣誌》卷6《建置考》, 淸嘉慶十四年刻本, p.3a ; 民國《昌樂縣續志》卷6《建置 志》, 民國二十三年鉛印本, p.7a.

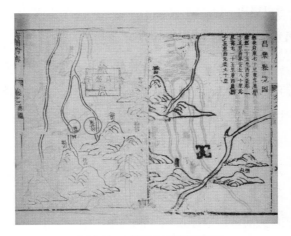

그림 2-14   昌樂縣 東丹河와 西丹河
(康熙《靑州府志》卷首圖〈昌樂縣境圖〉)[100]

사진 2-15   지금의 昌樂縣 薛家村 서측의 大丹河橋

사진 2-16   지금의 昌樂縣 薛家村 서측에 잇는 大丹河 하천 안내판

100   康熙《靑州府志》卷首图《昌乐縣境图》, 清康熙十五年刻本.

정두원과 김덕승의 기록에 따르면, "고극남성" 방표는 창락현에서 서쪽으로 10리 떨어진 곳에 있던 "十里鋪"에 있었다. 嘉靖《靑州府志》[101]에 따르면 창락현에서 서쪽으로 10리 떨어진 곳에 丹河鋪(단하포)가 있었는데, 丹河鋪는 지금의 昌樂縣 寶都街道 薛家村이다. 관련 지방지[102]에 따르면, 명 가정 27년(1548)에서 청나라 강희 11년(1672)까지 단하포로 불렸으며, 창락현 靑慧鄕 丹河社에 속했다. 청 가경 14년(1809)부터 청나라 말까지는 丹河鋪 혹은 薛家村으로 불렸으며 昌樂縣 西店廠에 속했다. 민국 초에 東薛家村, 西薛家村, 中薛家村으로 나뉘어 昌樂縣 西店廠에 속했다. 민국 19년(1930) 여전히 東薛家村, 西薛家村, 中薛家村으로 나뉘었으나 창락현 제1구 丹西鄕에 속하게 되었고 1950년 동설가촌, 서설가촌, 중설가촌이 설가촌으로 통합되어 창락현 제2구 丹河區에 속하게 되었다. 1958년에는 창락현 東風人民公社(城關)에, 1962년에는 堯溝公社(요구공사)에, 1984년 5월에는 창락현 堯溝鎭(요구진)에 속했다가 2005년 3월부터 지금까지 薛家村으로 불리며 昌樂縣 寶都街道에 속해오고 있다.

김덕승의 기록에 따르면, 明末 丹河鋪의 서쪽에 "營陵舊封" 坊表가 있었는데, 앞서 고증해보았듯이 西漢 때 昌樂縣은 營陵候의 봉지로서 원래 "緣陵"이었다가 "營陵"으로 개칭되었다. 그러므로 "營陵舊封" 坊表는 아마도 지금의 昌樂縣 寶都街道 薛家村 서측 부근에 서 있었을 것이다.

101　嘉靖《靑州府志》卷11《驛傳》, 明嘉靖刻本, p.41a.

102　康熙《昌樂縣誌》卷首圖《境圖》, 淸康熙十一年刻本, p.13b ; 嘉慶《昌樂縣誌》卷首《縣圖》, 淸嘉慶十四年刻本, p.13b ; 民國《昌樂縣續志》卷2《疆域志》, 民國二十三年鉛印本, p.11 ; 山東省昌樂縣史志編纂委員會編 :《昌樂縣誌》, 山東人民出版社1992年版, pp.70-75 ; 昌樂縣地方史志編纂委員會編 :《昌樂縣誌》中華書局2008年版, pp.38-41.

사진 2-17   지금의 昌樂縣 寶都街道 薛家村 주민위원회

(3월) 15일 아침에 안개가 끼었다가 저녁에 개었다. (滋河店 즉, 淄河
店에서 출발하여)……창락에서 서쪽으로 15리에 패문이 서 있는데 "古
營丘"라고 쓰여 있다. ……서쪽으로 10리 가까운 곳에 "영릉구성"이
라 쓰여있고, 또 "고극남성"이라고도 쓰여있다. ……(창락현)남관에
도착하여 유씨의 집에 묵었다.

(三月)十五日, 朝霧晚晴.(自滋河店, 卽淄河店發行)……到昌樂西十五
里有牌題曰 : "古營丘", ……近西十里題曰 : "營陵舊城", 又曰 : "古
劇南城", ……到(昌樂縣)南館劉姓人家宿.

—尹暄《白沙公航海路程日記》

(3월)15일 기사일. 창락현에 도착했다. ……창락 十五里鋪, 古營丘
地에 도착했다. 십리포, 고극남성에 도착했다. 창락현성 밖 南館駬(남
관일)에 도착했는데, 이 날 60 여 리를 이동한 것이다.

(三月)十五日, 己巳, 到昌樂縣. ……抵昌樂十五里鋪, 古營丘地. 抵
十里鋪, 古劇南城. 抵縣城外南館駬, 是日行六十餘里.

—李民宬《癸亥朝天錄》

명 천계 4년(1624)3월 15일 奏聞請封兼辨誣 부사 윤훤은 북경에서 조선으로 돌아가는 길에 이곳을 지나면서 서쪽에서 동쪽으로 차례로 "古營丘" 坊表, "營陵舊城", "古劇南城", 昌樂縣 南關을 지났다고 했다. 같은 사행단의 서장관 이민성은 "古營丘地", 古劇南城, 昌樂縣 南關을 지났다고 기록했다. 두 사신 모두 "營陵舊城" 방표(김덕승은 營陵舊封 방표라 기록함)와 "古劇南城" 방표는 창락현 서쪽 10리에 있다고 했으니 앞서 고증한 내용과 일치한다.

앞서 고증했듯이 창락현의 명칭은 역사적으로 營丘→緣陵→劇→營陵→安仁→昌樂으로 변해왔다. 한편, "古營丘" 방표는 창락이 주나라 때 강태공이 처음 봉해진 영구 지역임을 뜻한다. 윤훤의 기록에 따르면, "고영구" 방표는 창락현에서 서쪽으로 15리에 떨어진 곳에 있다. 嘉靖《靑州府志》의 "堯溝店(요구점)은 창락현성에서 서쪽으로 20리에 있다"[103]라는 기록과 "단하포는 창락현성에서 서쪽으로 10리에 있다"[104]라는 기록을 참고해보면, 명말 "고영구" 방표는 아마도 요구점과 단하포 사이에 있었을 것이다. 앞에서 이미 명말의 단하포가 지금의 창락현 보도가도 설가촌임을 고증했으니 이 사실에 비추어 고금의 지도를 대비해보면 명말의 창락현에서 서쪽으로 15리 떨어진 곳은 지금의 창락현 寶城街道 董家莊村(동가장촌) 부근임을 유추해볼 수 있다. 이러한 결론에 대해 濰坊市 昌樂縣 地方史志 辦公室 전 副主任(학예연구사) 趙守誠 선생 또한 동의하였다.

---

103 "堯溝店, (昌樂縣)城西二十裡" 嘉靖《靑州府志》卷11《人事志四》, 明嘉靖刻本, p.51a.
104 "丹河鋪, (昌樂縣)城西十裡" 嘉靖《靑州府志》卷11《人事志四》, 明嘉靖刻本, p.42a.

사진 2-18   지금의 昌樂縣 寶城街道 董家莊村 남쪽의 土路

명 천계 4년(1624) 謝恩兼奏請副使 오숙은 이곳을 지나면서 아래와 같은 시를 남겼다.

〈영구 땅을 지나는 도중에 서장관의 시에 차운하여〉

멀리 흘러가는 강물과 층층이 피어오르는 구름 나의 흉금을 흔드니
해지는 저녁 영구 땅을 지나며 목소리 높여 노래 한 번 불러보네.
꽃잎은 바람에 날리어 우수수 떨어지니 봄기운 한순간에 스러지고
향긋한 풀잎은 오밀조밀 발아래 가득한데 길은 굽이굽이 멀리 깊어지네
임금의 특별한 은혜를 이미 입었으니 사행의 임무 반드시 하기를 원하는데
조각배에 오르니 어찌 고향 그리는 마음 사무치게 일어나는가!
삼제의 흥망을 뉘라서 함부로 말할 것인가!
후세 사람들이 지금의 일을 평가할 것을 알기에 스스로 감정 북받쳐 오르네.

營丘途中, 次書狀韻

遠水層雲蕩[105]我襟, 營丘落日一高吟.[106]

飛花片片春全減, 芳草茸茸[107]路轉深.

殊渥[108]已輸遊子願, 扁舟那[109]系故園心.

三齊[110]興廢憑誰說, 感慨還知後視今.

―吳翻《燕行詩》

이 시는 서장관인 홍익한이 지은 시에 화답한 시이므로 홍익한의 기록에 근거하면 명 천계 5년(1625)3월 9일에 지어진 것으로 볼 수 있다. 서장관 홍익한의 기록[111]에서 3월 9일의 기록을 보면, 당시 사행단은 益都 "詎米店"(익도현 沮洱店, 이는 뒤에서 고증함)에서 출발하여 沮米河(沮洱河), "營丘舊封"("古營丘") 등을 지난 후, 濰縣(

---

105 蕩(탕)은 씻어낸다는 뜻이다.《漢書·藝文志》: "초조함을 씻어내고 마음을 편안하게 할 수 있는 방법에 대해 말하자면 죽음과 삶이 한 자리에 있는 것이라고 여기는 것이다. 그러면 마음속에 두려움이 사라진다.(聊以蕩意平心, 同死生之域, 而無怵惕於胸中)라는 표현이 보인다.《漢書》卷30《藝文志第十》, 淸乾隆武英殿刻本.

106 高吟(고음)이란 큰 소리로 음송한다는 뜻으로 정몽주의《哭李浩然》제3수에 "화산 서쪽 흰 눈 온 하늘에 가득 흩날릴 때, 나귀 타고 소리 높여 읊조리니 흥취가 아득하네(華山西畔雪漫天, 驢背高吟興渺然)"라는 표현이 보인다. [高麗] 李集 :《遁村遺稿·附錄》, 1846年重刊本, p.8b.

107 茸茸(용용)은 부드럽고 가는 털에 빽빽하게 모여있는 모양을 형용하는 의태어이다. 당나라 백거이의 시《紅線毯》에 "화려하고 아름다운 털 오밀조밀 치밀하고 은은한 향기 가득하고, 그 부드러움은 힘없는 꽃잎처럼 어떤 물건도 이기지 못하네(彩絲茸茸香拂拂, 線軟花虛不勝物)"라는 표현이 보인다.(淸)彭定求輯 :《全唐詩》卷427, 淸康熙年間揚州詩局刻本, p.5a.

108 殊渥(수악)이란 특별히 후대한다는 뜻이다. 당나라 두보의《寄李十二白二十韻》에 "아름다운 문장 총애를 받으니 세상에 유전함에 반드시 뛰어나리라(文彩承殊渥, 流傳必絶倫)"는 표현이 있다.(淸)彭定求輯 :《全唐詩》卷225, 淸康熙年間揚州詩局刻本, p.45b.

109 那는 어떻게, 어찌의 뜻이다.

110 三齊는 지금의 산동 지역을 가리킨다. 秦나라가 혼란에 빠지자 초나라 항우가 제나라의 옛땅인 산동지역을 공략하여 제, 요동, 濟北 등 3개의 나라로 나누었는데 이후에 이를 三齊라 칭한 데서 유래한다. 崔有海의 시《歸思》에 "삼제의 길위에 정기 색색이 서있고 수많은 성루 위에서 북과 나팔소리 요란하네(三齊道上旌旗色, 萬國城頭鼓角聲)"라고 하였다. [朝鮮] 崔有海 :《嘿守堂先生集·東槎錄》卷1《詩》, 韓國國立中央圖書館藏本, p.26a.

111 "(三月)初九日, 丁巳, 晴. 晨渡沮米河. 過營丘舊封, 堯溝, 放勳橋, 方朔古壟, 中火昌樂縣西關劉守樂家, 曆安仁舊治, 伯夷待淸, 逢萌古裡, 宿濰縣北關李梓家."{[朝鮮]洪翼漢 :《花浦先生集朝天航海錄》卷2, 韓國國立中央圖書館藏本, p.23b}

유현)에 도착하여 유숙하였다. 서장관 홍익한이 쓴 이 시의 原韻詩는 《花浦先生遺稿》[112] 에 남아 있다.

1연에서 작자는 멀리 흘러가는 강물과 층층이 피어오르는 고즈넉한 광경을 목도하면서 사행의 임무로 지친 흉금이 탁 풀리는 느낌을 받았다. 게다가 알고 보니 이 지역이 바로 역사서 속에서만 접하던, 강태공이 제후로 봉해지고 선정을 베풀었다는 옛 영구 지역임을 알게 되니 만감이 교차하게 되어 자신도 모르게 옛 시 한 구절을 목청껏 읊조려 보게 되었다. 2연인 3구와 4구는 완정한 대구를 이루면서 작자가 지금 지나고 있는 옛 영구 땅의 늦봄 풍경을 한 폭의 풍경화로 그려내어 수련에서 일어난 작자의 감흥을 한껏 고조시키고 있다. 곧, 초봄 온 영구 땅 곳곳에 피어났던 봄꽃은 이제 따스한 봄바람을 따라 우수수 떨어져 온 천지에 꽃비가 되어 흩날리니 온 천지에 봄기운 가득하고, 작자가 걸어가야 하는 굽이굽이 먼 사행길 양측 평원에는 푸르고 여린 야생초들이 다투듯이 오밀조밀 돋아나고 있다.

3연에서는 시상이 전환이 일어나는데 임금의 특별한 은혜를 입고 명나라에 사신으로 파견된 작자는 줄곧 사행의 중차대한 임무를 완성하려는 결의와 초심을 잊은 적이 없었지만 귀국길의 마지막 난관인 등주항에서의 출항이 가까워졌음을 깨닫자 고향에 대한 그리움과 안전한 항해에 대한 걱정으로 마음이 복잡해진다. 그러나 4연에서는 다시 이곳 산동지역이 옛날 항우의 초나라의 땅이 될 뻔했다가 다시 유방의 한나라로 통일되었음을 상기하면서 현재의 일이 미래에는 과거의 역사로서 평가된다는 사실을 다시금 자각하면서 후세 역사에 부끄럽지 않도록 사행의 임무를 철저히 완수할 것을 다짐해본다.

---

112   [朝鮮]洪翼漢 : 《花浦先生遺稿》, 韓國立中央圖書館藏本.

〈여상 3수〉[113]

〈제1수〉

맑은 위수 동쪽으로 흘러가는 磻溪(반계) 물가에서 백발 노인 낚시대 드리우니

　그 노인 바로 그 때 주나라가 은나라를 대신하리라는 예언이 적힌 황옥을 낚았음을 그 누가 알았으리!

　넓고 넓은 호수 바닷가에 낚시대 드리운 어부 수없이 많았으니

　문왕을 만나지 못했다면 더이상 그 뜻을 펼치지 못했으리라!

〈제2수〉

　잔악한 은나라 주왕의 무리가 어찌 지극히 인애로운 문왕을 대적할 수 있었으리

　당시 일시에 성나 봉기함은 백성들을 편안하게 하기 위함이었네.

　강태공이 이끈 삼천 명 정예 용사 모두가 일심이었으니

　위엄을 떨치지 않아도 상대를 쉽게 정복했다네.

〈제3수〉

　맹진에서 800명의 제후가 약속이나 한 듯 저절로 모두 모였고

　봄바람은 백이와 숙제가 고사리를 캐어먹다 죽은 수양산에 쓸쓸히 불고 있었네!

　그 누가 알았으리! 목야에서 모여 주왕을 정벌하고자 맹세함은

　강태공이 위수가에 홀로 낚시대 드리우며 세월 보낼 때 이미 도모했던 계획이었음을!

呂尙 三首

李慶全

113　[朝鮮] 李荄著, [韓國] 韓山李氏果菴集刊行委員會編《果菴先生文集》, 韓國現代文化社1998年版, p.3.

其一

清渭東流[114]白鬢垂, 一杆誰見釣璜[115]時.

悠悠湖海多漁父, 不遇文王定不加.

其二

殘賊何能敵至仁, 當時一怒爲安民.

三千[116]盡是同心士, 不必鷹揚[117]藉[118]別人.

---

114 淸渭東流(청위동류)란 渭水(위수)의 동쪽으로 흘러드는 맑은 磻溪(반계)를 일컫는 것으로 강태공이 주 문왕을 만난 곳이다. 《史記》에 따르면, "여상(강태공)이 일생을 빈궁하게 지내다가 늙었는데 낚시로 周 西伯(주 문왕)과의 만남을 구했다. 어느날 서백이 사냥을 나갔는데 '이번에 잡는 것은 용도 이무기도 호랑이도 곰도 아니고 왕을 보좌할 신하입니다.'라는 점괘를 얻었다. 이 때 정말 위수의 북쪽에서 낚시를 하고 있는 여상을 만나게 되었다. 이에 함께 이야기를 나누고 말하기를 '저의 할아버지이신 太公(古公亶父)께서 聖人이 주나라로 오시면 주나라가 흥하게 될 것이라고 하셨는데 당신이 그분 아니십니까? 우리 태공께서 당신을 오래 기다리셨습니다.'라고 하고는 여상을 "太公望(태공이 오래 기다린 분)"이라고 부르고 수레를 타고 함께 돌아와 太師로 세웠다."라고 한다. 《史記》卷32,《齊太公世家》呂尚蓋嘗窮困, 年老矣, 以漁釣奸周西伯. 西伯将出獵, 卜之, 曰「所獲非竜非彲, 非虎非羆 ; 所獲霸王之輔」. 於是周西伯獵, 果遇太公於渭之陽, 與語大説, 曰 : 「自吾先君太公曰『當有聖人適周, 周以興』. 子真是邪? 吾太公望子久矣.」故号之曰「太公望」, 載與俱帰, 立爲師.

115 釣璜(조황)이란 강태공이 문왕을 만났을 때 주나라가 은나라를 대신하리라는 예언이 세겨진 황옥을 낚았다는 고사를 가리킨다. 《宋書·符瑞志上》에 "문왕이 사냥하다가 蹯溪(반계)의 물가에 이르자 여상이 낚시를 하고 있었는데 문왕이 달려가 예를 올리며 '공을 기다린 지 7년이 되어서야 오늘 여기서 드디어 뵙게 되었습니다.'라고 하자 여상이 일어나 이름을 태공망으로 바꾸고 '제가 낚시를 하다가 황옥을 얻었는데 거기에 姬(희)씨가 천명을 받고 여씨가 천자를 보좌하는데 덕이 昌(문왕)에 합하여 저를 발탁하여 낙양에 도읍을 정하고 저를 제나라 영구 땅에 제후로 봉한다고 써 있었습니다.' 라고 대답했다. (望(太公)釣得玉璜. 其文要日 : 姬受命, 昌來提, 爾雒鈐, 報在齊." 李善注引《尙書中侯》"王卽田雞水畔, 至磻溪之水, 呂尙釣於崖. 王下拜曰, 切望公七年, 乃今見光景于斯. 尙立變名, 答曰, 望釣得玉璜, 刻曰, 姬受命, 呂佐旌德合昌, 來提撰, 爾雒鈐(定都洛陽), 報在齊.)"는 기록이 보인다. [陳宏天, 趙福海, 陳復興主編,《昭明文選譯注》第4冊, 吉林文史出版社, 2020.01, p.556]

116 三千이란 무왕이 은나라 주왕을 정벌할 때 동원한 용맹한 정예 병사 (虎賁兵) 3천 명을 말한다. 《呂氏春秋》《簡選》에 "무왕이 정예병사 3천명, 전차 300대를 이끌고 牧野(목야)에서 전쟁을 벌여 주왕을 정벌한 후, 현자를 높이고 은나라의 원로를 대우하고 백성의 요구를 살폈으며 비천한 자에게도 공이 있으면 상을 내리고 천자라 하더라도 죄가 있으면 벌했으며 은나라 유민도 주나라 사람처럼 대하고 다른 사람을 자기처럼 대하였으니 천하가 그 덕을 아름답게 생각했고 만민이 그 의로움에 탄복하여 마침내 무왕을 천자로 세웠다.(武王虎賁三千人, 簡車三百乘, 以要甲子之事於牧野而紂爲禽. 顯賢者之位, 進殷之遺老, 而問民之所欲, 行賞及禽獸, 行罰不辟天子, 親殷如周, 視人如己, 天下美其德, 萬民說其義, 故立爲天子.)"라는 기록이 보인다.

其三

八百[119]紛紛總不期, 春風吹長首山薇.

誰知際會[120]鷹揚志, 己在垂竿獨調時.

이 시는 이경전이 지은 것으로 그의 문집에는 제1수만 수록되어 있고 그의 아들
인 李袤(이무)의 문집에 3수 모두가 수록되어 있다. 이 시는 詠史詩(영사시)로서 강
태공의 주요한 행적을 떠올리며 그의 업적을 찬양하고 동시에 무왕과 백이 숙제에
대한 전고를 인용하여 강태공에 대한 역사적인 평가를 함께하고 있다. 제1수에서
는 강태공이 80세가 되도록 때를 만나지 못하고 위수가에서 낚시대만 드리우고 늙
어가고 있었지만 천하의 대세가 은나라에서 주나라로 바뀌고 있음을 읽고 있었고,
게다가 이를 대비한 계책까지 가지고 있는 현자였음을 말하고 있다. 동시에 이런
강태공의 포부도 그를 알아본 문왕이 있었기에 실현 가능한 것임을 상기시켜 문왕
의 위대함도 함께 강조했다. 이어 제2수에는 강태공이 3000명의 정병인 호분군을

---

117 鷹揚(응양)"이란 威武를 떨치는 모양 혹은 무력을 행사함을 뜻한다. 《詩·大雅·大明》에 "태사인
    여상이 이때 매가 하늘을 날듯 위무를 떨치다.(維師尙父, 時維鷹揚)"라는 표현이 있다.

118 藉(적)은 짓밟다, 업신여긴다는 뜻으로 《呂氏春秋》에 "공자를 죽이려하는 사람도 죄를 묻지 않
    고 공자를 업신여기는 사람도 막지 않았다(殺夫子者無罪, 藉夫子者不禁)"라는 표현이 보인다.

119 八百이란 盟津(맹진)에 모였던 800명의 제후를 말한다. 《史記》卷32, 《齊太公世家》에 따르면,
    "문왕이 죽자 무왕이 즉위했는데 즉위 9년에 문왕의 유업을 완성하고자 동쪽으로 정벌을 나서
    며 제후들이 호응하여 모일지를 살폈다. 군대가 행군하는데 그 앞에 태사 강태공이 왼쪽에는 황
    색 도끼를 쥐고 오른손에는 흰색 정기를 쥐고서 맹세하여 명하기를 '노젓기를 관장하는 창시는
    뭇 백성들과 함께 노를 저어라! 늦게 도착하는 자는 참하리라!' 하니 드디어 맹진에 도착했는데,
    제후들이 약속도 하지 않았는데 800명이나 모였다. 뭇 제후들이 묻기를 '주왕을 지금 정벌합
    니까?' 하니 무왕이 답하기를 '아직 정벌할 수 없다.'라고 하고는 군대를 돌렸다.(文王崩, 武王卽位
    . 九年, 欲修文王業, 東伐以観諸侯集否. 師行, 師尙父左杖黃鉞, 右把白旄以誓, 曰:「蒼兕蒼兕, 総爾衆庶, 與
    爾舟楫, 後至者斬!」遂至盟津. 諸侯不期而会者八百諸侯. 諸侯皆曰:「紂可伐也.」武王曰:「未可.」還師, 與太
    公作此太誓.)"라는 기록이 보인다.

120 際會(제회)란 원래 머리를 맞대고 가까이 모여 앉은 것을 뜻하는데, 기회를 맞아 요구에 적극적
    으로 호응한다는 뜻으로 인신하여 쓰인다. 《漢書·王莽傳上》에 "安漢公 莽(망)이 3대에 걸쳐 국
    정을 보좌하여 여러차례 황실의 요구에 호응하여 한 황실을 편안하고 광대하게 하여 禮樂을 크
    게 제정함에 이르렀으니 주공과 살았던 시대는 다르지만 받은 명은 동일한 것이었다.(安漢公莽
    輔政三世, 比遭際會, 安光漢室, 遂同殊風, 至於製作, 與周公異世同符.)"라는 표현이 보인다.

양성하고 문왕을 보좌하여 포악한 정치를 일삼던 은나라의 주왕을 정벌한 사실을
말하고 있는데, 이러한 정벌이 힘으로 왕권을 찬탈하려는 패도의 전횡이 아니라 천
명을 좇고 백성들의 민심에 따른 왕도의 구현이었음을 찬양하고 있다. 제 3수에서
는 강태공이 문왕을 도와 목야에서 주왕을 정벌한 대업은 한 때의 운으로 이루어진
것이 아니라 오래 전에 이미 강태공이 천하의 대세를 간파하고 준비한 계책에 따라
이루어진 것이며 이런 계책은 천명에 순응한 것이었으므로 미리 약속을 한 것도 아
닌데 800명의 뭇제후들이 맹진에 스스로 모인 것이라 서사했다.

그런데 제3수의 2구에서는 이 시의 다른 구들과는 대비적으로 문왕을 좇지 않고
은나라에 대한 절개를 지킨 백이와 숙제가 고사리를 캐어먹다 죽은 수양산의 쓸쓸
한 풍경을 갑자기 이야기하고 있다. 앞서 제1장 이경전의 〈夷齊 二首〉에서 이미 설
명했듯이 이경전은 선조 때 출사하여 北人이 지지한 광해군과 西人의 지지를 등에
업고 반정에 성공한 인조를 연이어 섬기면서도 실각하지 않고 벼슬자리를 유지한
인물이다. 인조반정을 무왕의 역성혁명에 비유한다면, 광해군을 은나라 주왕에, 인
조를 주나라 무왕에 대응시켜볼 수 있을 것인데, 이럴 경우, 이경전 자신은 백이와
숙제보다는 강태공의 입장을 더욱 추종하고 주 무왕의 주나라 건립의 당위성을 더
욱 중시하는 입장에 서야했을 것이며 이러한 영사시에 그러한 견해가 특별히 드러
난 듯하다. 비록 이러한 입장 표현이 그 자신의 양심적 판단에 따른 것인지 아니면,
당시 살아 있는 권력이라 할 인조와 서인들의 검열을 벗어나기 위한 자기방어기제
에 따른 것인지는 알 수 없으나 지금까지 살펴본 다른 사신들의 두 편의 영사시에
드러난 백이와 숙제, 강태공에 대한 입장과는 분명한 차이를 보인다.

중국 지방지에 따르면[121] 명말 "古營丘" 방표가 있던 창락현에서 서쪽으로 15리
떨어진 지역은 명 가정 27년(1548)에서 청 강희 11년(1672)까지는 董家莊(동가장)

---

[121] 嘉靖《昌樂縣誌》卷1《地理志》, 明嘉靖刻本 ; 康熙《昌樂縣誌》卷1《地輿志》, 淸康熙十一年刻本,
       pp.9b-19a ; 嘉慶《昌樂縣誌》卷首《縣圖》, 淸嘉慶十四年刻本, p.13b ; 民國《昌樂縣續志》卷2《疆
       域志》, 民國二十三年鉛印本, p.3b, 12a ; 山東省昌樂縣史志編纂委員會編 :《昌樂縣誌》, 山東人
       民出版社1992年版, pp.70-75 ; 昌樂縣地方史志編纂委員會編 :《昌樂縣誌》中華書局2008年
       版, pp.38-41.

으로 불렸고 창락현 仁慧鄕에 속했다. 청 가경 14년(1809)에서 宣統 원년(1909)까
지는 창락현 堯溝廠(요구창)에 속했고, 선통 2년(1910)에는 창락현 西堯鄕에 속했
으며, 민국 19년(1930)에는 창락현 第1區 堯溝鄕에, 1944년에는 창락현 第1區에,
1950년 12월에는 창락현 丹河區 堯溝鎭에, 1955년에는 창락현 堯溝鎭에, 1958년
에는 昌樂東風人民公社(城關)에, 1962년에는 昌樂縣 堯溝人民公社에, 1984년 5월
에는 다시 昌樂縣 堯溝鎭에 속했다가 2007년 8월부터 지금까지 昌樂縣 寶城街道
에 속해오고 있다.

사진 2-19　지금의 昌樂縣 寶城街道 董家莊村 민가 대문에 붙은 주소판

제3절 堯溝店, 堯溝("堯溝" 牌坊), 堯溝橋(放勳橋), "靑齊明盛" 霸門

"古營丘" 방표를 지난 조선 사신은 堯溝店(堯溝鋪, 堯溝集, 堯溝店集 등으로도 불림)
을 지났는데, 이 명칭은 이곳을 흐르는 하천인 "堯溝"(堯水, 堯河 등으로도 불림)에서
유래한다. "堯溝"는 옛날 唐堯가 靑州지역을 순수하다가 어떤 산(이후에 이 산이 堯
山으로 불리게 됨)에 올랐는데 "堯溝"가 그 "堯山"에서 발원했기 때문에 붙여진 이
름이다. (자세한 지명 고증은 본 절의 뒤에서 후술함)

(7월) 9일 맑음. (유현에서 출발하여) 창락에서 점심을 해먹고……(서쪽으로) 10리 떨어진 곳에 고극남성이 있었고……다시 더 가니……요구가 있었다, ……쌍봉하를 건너고……(거이점에서) 周씨의 집에 묵었다. 이날 총 80리를 지나왔다.

(七月)初九日, 晴.(自濰縣發行)中火于昌樂, ……(西)十里有古劇南城, ……又有……堯溝, ……渡雙鳳河, ……宿(洰洱店)周姓人家, 共八十里路.

— 安璥《駕海朝天錄》

(4월)29일 갑인일 맑음. ……아침에 청주를 출발하여 오후에 요구점에서 쉬었다. 창락현을 지났다. 저녁에 주류점에 도착했다. 이날 100리를 움직였다.

(四月)二十九日, 甲寅, 晴. ……早發靑州, 午憩堯溝店, 過昌樂縣. 夕抵周流店, 是日行一百里.

— 申悅道《朝天時聞見事件啟》

명 천계 원년(1621) 7월 9일 安璥(안경) 일행은 濰縣, 昌樂, 古劇南城, 堯溝, 雙鳳河, 益都縣 洰洱店을 차례로 지났다. 본장 제2절에서 고증한 바와 같이 조선 사신이 언급한 "고극남성"은 창락현의 서쪽으로 10리에 위치한 丹河鋪(지금의 昌樂縣 寶都街道 薛家村)이고 "雙鳳橋"는 창락현의 서쪽으로 9리에 위치한 西丹河橋(지금의 昌樂縣 寶都街道 薛家村 西側의 大丹河橋)이다. 명 천계 6년(1628) 6월 29일 신열도 일행은 靑州를 출발하여 堯溝店, 昌樂縣을 지난 후, 창락현 동쪽 경계 부근의 周流店(즉, 朱劉店)에서 유숙했다.

위의 두 기록을 통해서 堯溝店과 堯溝의 위치가 昌樂縣城과 靑州府城(즉, 益都縣城)사이임을 알 수 있으나 그 구체적인 위치를 확정할 수는 없다. 관련 중국 지방지에서 堯溝店의 구체적인 위치를 살펴보면 아래와 같다.

[122]사례 1 : 요구점은 (창락)현에서 서쪽으로 20리 떨어진 곳으로 소금 상인들이 거쳐 간 곳이다.

堯溝店, 在(昌樂)縣西二十里, 系鹽徒經行處.— 嘉靖《青州府志·要隘》[123]

사례 2 : 요구점은 (익도현)성에서 동쪽으로 50리 떨어져 있다.

堯溝店, (益都縣)城東五十里.— 嘉靖《青州府志·鄉社》[124]

사례 3 : 요구점은 (창락현)성에서 서쪽으로 20리 떨어져 있다.

堯溝店, (昌樂縣)城西二十里.— 嘉靖《青州府志·鄉社》[125]

사례 4 : 요구포는 (익도현)성에서 동쪽으로 50리 떨어져있다.

堯溝鋪, (益都縣)城東五十里.— 嘉靖《青州府志·鋪》[126]

사례 5 : 익도현(에서 동쪽으로) 50리 떨어진 곳이 요구포이다.

益都縣(東)五十里爲堯溝鋪.— 萬曆《益都縣誌·驛遞》[127]

사례 6 : 요구포는 (익도현)성에서 동쪽으로 50리 떨어져 있다.

堯溝鋪, 在(益都縣)城東五十里.— 康熙《益都縣誌·驛遞》[128]

사례 7 : 요구점집은 (창락)현에서 서쪽으로 20리 떨어져 있다.

堯溝店集, 在(昌樂)縣西二十里.— 嘉靖《昌樂縣誌》[129]

---

122   康熙《益都縣志》卷4《市集》, 淸康熙十一年刊本, p.15a.
123   嘉靖《青州府志》卷11《要隘》, 明嘉靖刻本, p.13a.
124   嘉靖《青州府志》卷11《鄉社》, 明嘉靖刻本, p.47b.
125   嘉靖《青州府志》卷11《鄉社》, 明嘉靖刻本, p.51a.
126   嘉靖《青州府志》卷11《鋪》, 明嘉靖刻本, p.41a.
127   萬曆《益都縣誌》卷4《驛遞》, 明萬曆刻本.
128   康熙《益都縣誌》卷4《驛遞》, 淸康熙十一年刊本, p.11b.
129   嘉靖《昌樂縣誌》卷1《市集》, 明嘉靖刻本.

사례 8 : (익도현)성에서 동쪽으로 ……50리 떨어진 곳이 요구집이다.

(益都縣)城東……五十里爲堯溝集.— 萬曆《益都縣誌·市集》[130]

사례 9 : 요구점집은 (창락현)성에서 서쪽으로 20리 떨어져 있다.

堯溝店集, 在(昌樂縣)城西二十里.— 康熙《昌樂縣誌·市集》[131]

사례 10 : 요구집은 (익도현)성에서 동쪽으로 50리 떨어져 있다.

堯溝集, 在(益都縣)城東五十里.— 康熙《益都縣志·市集》

　　중국 지방지를 살펴보면, 명말청초에 "堯溝"와 관련하여 堯溝店, 堯溝鋪, 堯溝集, 堯溝店集 등의 지명을 확인할 수 있는데 그 위치는 모두가 정확히 창락현에서 서쪽으로 20리(곧, 익도현에서 동쪽으로 50리) 떨어진 곳임을 분명히 기록하고 있다. 또한 咸豐《靑州府志》에 "창락성은 (청주)부성에서 동쪽으로 70리 떨어져 있다"[132] 고 했고 조선 사신 정두원도 《朝天記地圖》에서 "청주부는 창락현에서 서쪽으로 70리 떨어져 있다"[133]라고 했으니 堯溝店, 堯溝鋪, 堯溝集 등의 지명은 모두 한곳을 가리키는 것임을 알 수 있다.

　　이 지역이 이처럼 다양한 지명으로 불리게 된 이유는 등주와 내주, 청주를 잇는 길 위에 위치한 "堯溝가 큰 鎭으로서 높은 건물이 즐비하고 경제적으로 풍요로워"[134] 왕래하는 상인과 상주하는 인구가 많았고 관할하는 지역이 넓었기 때문이다. 위에서 살펴본 중국 지방지의 내용처럼, "堯溝店"은 무역 요충지로서 산동 북부 沿海(연해)에서 내륙으로 소금을 유통하는 필수 경유지이며, 많은 거주민이 거주하는 "堯溝店"은 관할 범위가 넓어 창락현과 익도현에 동시에 속했고, 명말청초에 "堯

130　萬曆《益都縣誌》卷4《市集》, 明萬曆刻本.

131　康熙《昌樂縣誌》卷1《市集》, 淸康熙十一年刊本, p.11a.

132　"昌樂城距(靑州)府城東七十里." 咸豐《靑州府志》卷23《形勝考》, 淸咸豐九年刻本, p.4a.

133　"自昌樂縣西至靑州府, 七十里程."

134　"堯溝爲巨鎭, 堘塏雄饒" 咸豐《靑州府志》卷23《考二》, 淸咸豐九年刻本, p.39b.

溝鋪"는 관방 역참으로서 청주부 익도현에 속했다. 또한 정기적인 무역거래가 빈번했기에 "堯溝店集" 혹은 "溝店集"이라고 불리기도 했던 것이다.

> (창락현 서쪽)十里鋪에 "고극남성"이라 쓰인 현액이 걸려 있는데
> ······그 서쪽으로는 요구점이 있다. 옛날에는 잡초만 무성하게 자라고
> 물길이 막혔으나 새로 물길을 내고 촌락을 이루게 되었으니, 전해 내
> 려오던 대로 새 물길을 요구라 부르고 마을 이름도 거기서 취했다. 마
> 을 앞으로 堯溝橋가 있는데 여러 차례 중건된 다리이다.
>
> (昌樂縣西)十里鋪揭 "古劇南城", ······其西有堯溝店, 舊有荒溝蓊鬱,
> 辟而成村, 仍其名, 而名其村. 前有堯溝橋, 連有重建橋.
>
> ─金德承《天槎大觀》

김덕승은 요구점 역참 마을의 형성과 그 명칭의 유래를 자세히 설명하고 있으며 그의 기록을 통해 요구점, 요하, 요구교의 구체적인 위치를 파악할 수 있다. 김덕승은 "요구교"가 요구점의 앞에 있다고 했는데《天槎大觀》《昌樂縣》부분의 기록[135]을 보면 경유지를 "淸聖遺跡" 坊表→孤山→"安仁舊治" 坊表→"齊封初地" 坊表→雙鳳橋→"古劇南城" 坊表→堯溝店 순서, 즉 동쪽에서 서쪽으로 기재하고 있으므로 堯溝店 앞에 있는 堯溝는 요구점의 서쪽에 있는 것이다. 그래서 조선 사신의 경유지를 동쪽에서 서쪽으로 나열하면 요구점→요구→요구교 순서가 됨을 알 수 있다. 또한 聖節兼冬至使 서장관 김덕승은 명 천계 4년(1624) 9월 19일에서 21일 사이[136]에 요구점을 지났으므로 그 이전에 요구교가 중수되었음도 알 수 있다.

> (3월)15일 아침에 안개가 끼었다가 저녁에 걷혔다. (임치현 淄河店에
> 서 출발하여)······창락에서 서쪽으로 15리 떨어진 곳에 도착하니 "고

---

135 [朝鮮] 金德承 :《天槎大觀》
136 당시 동행했던 서장관 洪翼漢의《花浦先生朝天航海錄》의 기록에 따름.

영구"라고 쓰인 패방이 있었고 다시 "요구"라고 쓰인 패방이 있었다. ……(창락현)남관에 도착하여 劉씨의 집에 묵었다.

(三月)十五日, 朝霧晚晴.(自臨淄縣淄河店發行)……到昌樂西十五里 有牌題曰 : "古營丘", 又題曰 : "堯溝"……到(昌樂縣)南館劉姓人家宿.

—尹暄《白沙公航海路程日記》

(9월)20일 신미일에 청주 익도현에 묵었다. 이 날은 東方朔舊隴(壟) 을 지났고 요구를 건넜는데 고랑에는 石橋가 놓여있고 放勳橋(방훈 교)라 새겨져 있었다.

(九月)二十日, 辛未, 宿靑州益都縣. 是日歷東方朔舊隴(壟), 渡堯溝, 溝上石橋, 刻以放勳橋.

—李德泂《朝天錄(一云航海錄)》

(9월)20일 신미일 맑음. 아침에 (창락현 남관)을 출발하여 古劇長城 을 지나……요구를 건넜는데 고랑의 물이 심히 맑고 얕았다. 석교는 웅장했고 다리 앞 立石에는 방훈교라 쓰여 있었으니 陶唐氏(요임금) 가 거쳐간 곳이 아닌가!

(九月)二十日, 辛未, 晴. 早發(昌樂縣南關), 歷古劇長城, ……渡堯溝, 溝水甚淸且淺, 石橋宏壯, 橋頭立石, 刻曰 : 放勳橋, 無乃陶唐氏之所 經者耶.

—洪翼漢《花浦朝天航海錄》

(10월) 18일 을해일 맑음. 오후에 바람이 심하게 불었다. 아침에 (창 락현 남관)을 출발하여 쌍봉교를 지나 고극남성을 거쳐 요구를 건넜는 데 그 곳이 堯山의 하류라고 운운했다. 방훈교를 지나 ……저녁에 청 주부 北關에서 魏씨의 집에서 묵었다.

(十月)十八日, 乙亥, 晴, 午後風急. 朝發(昌樂縣南關), 過雙鳳橋, 過古 劇南城, 過堯溝, 乃堯山下流云, 過放勳橋. ……, 晚入靑州府北關魏姓人家.

―趙濈《燕行錄(一云朝天錄)》

　　앞서 살펴본 金德承의《天槎大觀》의 기록에 더해 이상 4인의 조선 사신의 기록을 함께 살펴보면, "堯溝"의 지명 유래와 거기에 놓인 석교에 대해 더욱 자세하게 알 수 있다. 곧, "요구"라 쓰인 패방이 역도 곁에 서 있었고 "요구"라는 명칭은 이곳이 "堯山"에서 발원한 물줄기의 하류이기 때문에 붙여진 이름이다. 또한 "요구"에 놓인 석교 앞 입석에는 "放勳橋(방훈교)"라는 글자가 새겨져 있었고, 이러한 다리 이름이 붙은 이유는 陶唐氏(도당씨)인 요임금이 이곳을 거쳐 간 적이 있기 때문에 붙여졌다는 것이다. 도당씨는 곧 요임금으로 五帝 중의 한 명이며 帝嚳(제곡)의 아들로, 姓은 伊祁(이기)이며 이름은 放勳이었다.[137] 일찍이 요가 陶와 唐 지역에 봉해진 적이 있기 때문에 그런 칭호가 붙었다.[138]

　　특히, 조선 사신 조즙은 堯溝가 堯山에서 발원했으며 요구점, 방훈교 등이 있는 지역이 요구의 하류라고 언급했다.《大明一統志》의 기록에 따르면 "요산은 (청주)부성에서 서북쪽으로 8리 떨어져 있는데《三齊》에 요임금이 순수하면서 오른 곳이므로 그런 명칭이 붙었다고 기록되어 있다."[139]라고 한다. 요산은 청주지역의 명승지로 조선 사신의 사행록에서 여러 차례 언급하였는데 요산에 관해서는 뒤에 해당 장절에서 자세히 논하기로 한다. 嘉靖《昌樂縣誌》에 "요하는 (창락현)성에서 서쪽으로 20리 떨어져 있고 요산에서 발원한다."[140]라고 했고 嘉靖《靑州府志》에도 역시 "臨朐縣(임구현)……동쪽으로 50리 떨어진 곳이 요산이 있는 지역인데 堯水가 여기서 발원한다."[141]라고 했다. 그러므로 조선사신들이 언급한 "요구"는 중국 지방지

137　"正義：放音方往反. ……勳, 音許雲反. 言堯能放上代之功, 故曰放勳. 諡堯, 姓伊祁氏"《史記》卷1《五帝本紀第一》, 百衲本二十四史景宋慶元二年刻本, p.9b).

138　《史記》卷1《五帝本紀第一》, 百衲本二十四史景宋慶元二年刻本, p.29b.

139　"堯山, 在(靑州)府城西北八里. 三齊記謂堯巡狩所登, 故名."《大明一統志》卷24《靑州府》, 明天順五年內府刻本, p.27a.

140　"堯河, 在(昌樂縣)城西二十里, 源出堯山." 嘉靖《昌樂縣誌》卷1《山川》, 明嘉靖刻本.

141　"臨朐縣……東五十里爲堯山, 堯水出焉." 嘉靖《靑州府志》卷6《地理志一》, 明嘉靖刻本, p.11b.

에서 언급하고 있는 창락현에서 서쪽으로 20리 떨어진 요하(요수)와 동일한 지역임
이 틀림없다.

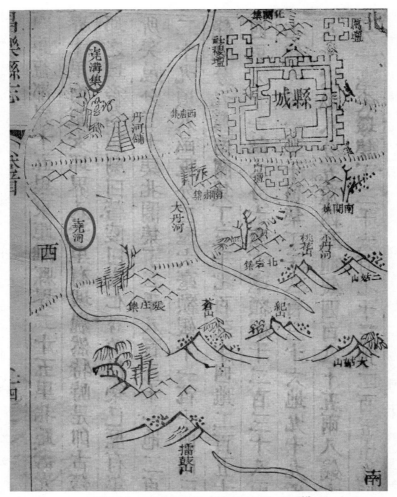

그림 2-20   嘉慶《昌樂縣誌·縣圖》중 堯河와 堯溝集[142]

여러 지방지 기록과 현재의 지도를 대조해보면 堯河는 羮水(유수), 靑水, 堯水로도 불렸고 臨朐縣(임구현) 山旺鎭(산왕진) 堯山에서 발원하여 남쪽에서 북쪽으로 臨朐縣 山旺鎭 包家河村, 閻家吾村(염가오촌)을 지나 李家高墓村에서 靑州市 譚坊鎭(담방진)으로 접어 들어 譚坊鎭 高墓村, 蘇家村, 北高村, 東鎭武村, 西齊村, 昌樂縣 寶都街道 大楊家村을 지난 후, 인공 河道로 유입되어 薛家村(설가촌) 동북쪽에서 丹河에 합류하여 북쪽으로 壽光市를 지나 渤海에 이른다. 昌樂縣 境內를 지나는 하천의 길이는 12.1km, 河床의 폭이 가장 넓은 곳은 22m, 가장 좁은 곳은 10m, 최대수심은 4m, 유역면적은 14.1

그림 2-21   淸 康熙《昌樂縣誌·縣圖》중
堯河와 堯溝店 [143]

㎢이다. 관련 지방지에 따르면 堯河의 역사적 명칭 변화는 다음과 같다. (晉)堯水→(漢)羮水→(元)靑水, 堯水→(明, 靑, 民國)堯水, 堯河→(20세기 60년대)堯河, 康堯河→(지금)堯河 등.

堯河와 관련하여 인문지리학적으로 눈여겨볼 점은 두 가지이다. 첫째, 요하는 오랫동안 익도현과 창락현의 경계를 이루는 界河였다는 점이다. 嘉靖《昌樂縣誌》에 "堯河橋는 堯溝店의 하천 서쪽에 있고 益都의 경계가 된다." 라고 했고 咸豐《靑州府志》에 "堯溝集은 하나의 땅이 두 지역으로 나뉘는데 동쪽은 昌樂縣이고 서쪽은 益都縣이다" 라 했고 民國《昌樂縣續志》에도 "堯河는 臨朐의 堯山에서 발원하여……堯溝鎭에 이르고 이 하천을 기준으로 두 현의 경계가 나누어진다." 라고 했다. 이는 명대 중기부터 1950年代까지 堯河의 하류인 堯溝를 경계로 "서쪽은 益都에 동쪽은 昌樂에 속했음"을 말해준다.

---

143 康熙《昌樂縣誌》卷首圖《縣圖》, 淸康熙十一年刊本, p.1a.

두번째, 堯河의 원래 河道 특히, 조선사신들이 건너간 堯溝 구간의 河道는 역사적으로 물길 변화가 특히 심했다. 명 가정 연간에서 청 가경 연간까지는 비록 요수의 유량이 "아주 적었지만"[144] 너른 평지를 흐르고 있었고 "하천 양안에 제방이 없었기에 비가 오면 물이 크게 불어 넘쳐 논밭의 작물이 쓸려 내려가는 우환이 있었다."[145] 또한《續山東考古錄》에 "지금 堯水(堯河)는 물길이 말랐는데, 益都縣 동쪽에 堯溝(곧, 堯河의 堯溝 구간)가 그 옛 물길이다"[146]라는 기록을 통해서 요하는 일찍부터 물길이 자주 말랐음을 알 수 있다. 1992年版《昌樂縣誌》와《濰坊水利志》의 기록[147]에 따르면 1954-1985년에 현지 관청에서 丹河에 "홍수로 인한 범람으로 재해가 끊이지 않는" 문제를 해결하기 위해서 堯河의 하류의 물흐름을 바꾸고 확장하여 丹河로 연결시켰다. 곧, 大楊家村이하 堯溝 하류는 흙으로 매워 신작로로 만들고 人工 河道를 새로이 개착하여 薛家村 東北에서 丹河로 합류되도록 했다.

昌樂縣 寶都街道 堯溝社區 주민 劉宗華(남, 68세)씨의 증언에 따르면, 원래 요하 하류(요구 구간)는 그 폭이 20m 정도였는데 1980년대에 흙으로 메워져 "南北大街"가 새로이 조성되었다 한다. 또한 昌樂과 益都를 잇는 옛 官道가 지금의 堯溝社區를 지났다고 하는데 지금의 昌樂縣 寶都街道 堯溝社區 小樓村의 남쪽 경계이자 堯東村의 북쪽 경계를 이루는 작은 길이 바로 옛 관도라 한다. 유종화씨의 안내로 필자 일행이 직접 답사한 바에 따르면, 堯溝社區의 옛 관도는 동서 방향으로 나 있었고 그 위치가 여러 지방지와 사행록의 기록과 일치했으나 주변이 주택지로 변하고 원래의 옛길은 시멘트로 덮여 옛 모습을 확인할 수는 없었다.

---

144   "流甚細" 民國《昌樂縣續志》卷3《山川志》, 民國二十三年鉛印本, p.7a.
145   "水無岸堤, 遇雨暴漲, 田禾多被被洳患" 嘉慶《昌樂縣誌》卷4《山川考》, 清嘉慶十四年刻本, p.4a.
146   "今堯水(堯河)涸絶, 益都縣東有堯溝(堯河堯溝段), 其故道也"《續山東考古錄》卷29《水考上》, 清咸豊元年刻本, p.24b.
147   山東省昌樂縣史志編纂委員會編《昌樂縣誌》, 山東人民出版社1992年版, p.350 ; 濰坊市水利史志編纂委員會編《濰坊水利志》, 內部資料1994年版, pp.89-92.

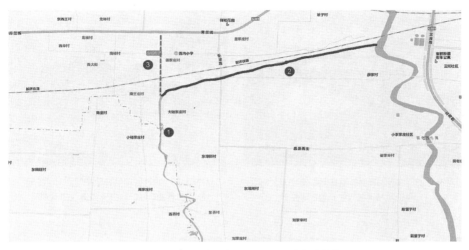

그림 2-22　옛날과 지금의 堯河를 모두 표시한 현재 지도

① 堯河 ② 1980년대 새로이 개착한 堯河 인공 河道 ③옛 堯溝 (조선사신이 목도했을 堯河 하류 구간)

사진 2-23　昌樂縣 寶城街道 南王莊村 東側에 1980년대 새로 開鑿한 堯河 人工 河道 구간(그림 2-23 ② 구간)

사진 2-24　昌樂縣 寶城街道 南王莊村 東側에 1980년대 새로 개착한 堯河 人工 河道 구간(그림 2-23 ② 구간)

사진 2-25   지금의 昌樂縣 寶都街道 堯河 人工 河道
구간에 세워져 있는 하천안내판

사진 2-26   하천을 메우고 그 위에 신작로를 낸
堯河 古河道(그림 2-23 ③ 옛 堯溝 구간) 유적지

사진 2-27   昌樂縣 寶城街道내의 옛 驛道 유적지
[사진 속 인물은 현지주민 劉宗華 씨(남 68세)임]

사진 2-28   昌樂縣 寶城街道내의 옛 驛道 유적지

조수성 선생의 설명에 따르면, 요구는 예전부터 지리적 요충지이자 상업과 경제가 무척 번영한 곳으로 민국시기에는 膠濟鐵路(교제철로)가 堯溝站을 지났기에 壽光 지역 사람들이 濟南, 北平, 南京 등으로 출타할 때 반드시 거치는 중간 환승역으로 인구의 유동도 많았다고 한다. 그래서 민간에서는 "三里堯溝, 五里鎭"이라는 별칭으로 불렸는데 이는 옛날 요구의 東西大街의 길이가 3리에 이르렀고 길 양옆으로 상점들이 즐비했으며 왕래하는 사람들이 무척 많았다는 뜻이다. 원래 堯溝鎭은 昌樂縣과 益都縣 두 현 모두에 속했으나 그 중심지는 堯河의 동쪽인 堯東村이었다. 이상의 내용들을 종합해보면 조선사신들은 堯溝의 동쪽에 있던 昌樂縣 "堯溝店"을 지났으며 그곳은 지금의 昌樂縣 寶都街道 堯溝社區 堯東村이다.

여러 중국 지방지의 기록을 살펴보면[148] 堯溝라는 지명은 晉代에 처음 보이며 元代에도 堯溝라는 지명이 보인다. 명 가정 연간부터 청말까지는 堯溝店, 堯溝店集, 堯溝 등으로 불렸으며 昌樂縣 仁慧鄕 邊下社에 속했다. 청 강희 연간에서 광서 연간까지는 堯溝店, 堯溝店集, 堯溝集,[149] 堯溝村,[150] 堯溝, 堯溝街 등으로 불렸으며 昌樂縣 堯溝廠 堯溝街에 속했다. 민국 19년(1930)에는 堯溝, 堯溝店, 堯溝街 등으로 불리며 昌樂縣 第一區 堯溝鄕에, 1952년에는 河東村, 東大街, 堯溝店 등으로 불리며 昌樂縣 堯溝鎭에 속했다. 1948년에 비로소 堯東 혹은 堯溝村으로 불리며 益臨縣 堯溝鎭에 속했고 1952년에는 昌樂縣 堯溝鎭에, 1958년에는 昌樂縣 城關人民公社에, 1962년에는 昌樂縣 堯溝人民公社에, 1984년에는 昌樂縣 堯溝鎭에 속했다가 2007년부터 지금까지 昌樂縣 寶都街道 堯溝社區에 속해오고 있다.

사진 2-29　지금의 昌樂縣 寶都街道 堯溝社區 주민위원회 사무소

148　嘉靖《青州府志》卷11《鄕社》, 明嘉靖刻本, p.51a ; 嘉靖《昌樂縣誌》卷1《地理志》, 明嘉靖刻本 ; 康熙《青州府志》卷4《鄕社》, 淸康熙六十年刻本, p.23a ; 康熙《昌樂縣誌》卷1《鄕社》, 淸康熙十一年刊本, pp.9a-10a ; 咸豊《青州府志》卷3《道里表》, 淸咸豊九年刻本, p.14b ; 民國《昌樂縣續志》卷2《疆域志》, 民國二十三年鉛印本, p.12a ; 山東省昌樂縣史志編纂委員會編《昌樂縣誌》, 山東人民出版社1992年版, pp.70-72 ; 昌樂縣地方史志編纂委員會編《昌樂縣誌(1986-2007)》, 中華書局2008年版, pp.38-41.

149　"堯水徑縣境及昌樂, 至堯溝集, 爲(益都, 昌樂)二縣界."(咸豊《青州府志》卷22上《考一之二上》, 淸咸豊九年刻本, p.39b.)

150　"逢王周氏, 系出汝南, 明洪武初, 由昌樂縣堯溝村遷居安邱逢王里, 至今傳二十一世."(光緒《安邱(丘)縣鄕土志》卷10《氏族》, 淸鈔本)

사례 1 : 요하교는 요구점에 있다. ……옛날 큰 석교가 3개 있었으나 자세한 건축 연도는 알 수 없으며 홍수로 인해 토사에 매몰되어 단 하나의 석교만이 남았었는데 지금은 다 무너지고 단지 나무와 흙으로만 만든 다리가 대신하고 있다.

例一 : 堯河橋, 在堯溝店, ……舊有大石橋三橫, 建置莫考, 久爲水所坍, 止遺一橫, 今廢, 止以木土爲之.

— 嘉靖《昌樂縣誌 · 橋樑》[151]

사례 2 : 요구교는 (청주부)성에서 동쪽으로 50리 떨어져 있으며 金大定 연간에 건축되었다. (명) 가정 15년 여름 큰비를 동반한 태풍에 허물어져 그 잔해가 조금 남아있을 뿐이다.

例二 : 堯溝橋, 在(靑州府)城東五十裡. 金大定年建. 嘉靖十五年夏, 風雨大作, 橋毀, 舊跡微存.

— 嘉靖《靑州府志 · 橋樑》[152]

사례 3 : 王公橋는 (청주)부성에서 동쪽으로 50리 떨어진 곳에 있으며 옛날에는 요구교라 불렸고 금 대정 18년에 건축되었다. 명 萬曆 43년 知府 王家賓이 녹봉을 기부하여 중수했기 때문에 왕공교로 개칭했고 청 道光 17년에 마을 사람들이 關帝廟에 헌납된 공물로 다시 보수했으므로 靈鑒橋(영감교)로 다시 명칭을 바꾸었다.

例三 : 王公橋, 在(靑州)府城東五十五裡, 舊名堯溝橋. 金大定十八年建. 明萬曆四十三年, 知府王家賓捐俸重修, 因改名王公橋. 國朝道光十七年, 里人取關帝廟積貲修之, 又改曰靈鑒橋.

— 光緒《益都縣圖志 · 營建志下》[153]

---

151   嘉靖《昌樂縣誌》卷1《橋樑》, 明嘉靖刻本.

152   嘉靖《靑州府志》卷11《橋樑》, 明嘉靖刻本, p.37b.

153   光緒《益都縣圖志》卷14《營建志下》, 淸光緒三十三年刻本, p.39b.

위의 명청 시기 지방지의 기록을 살펴보면, 堯河橋는 堯溝橋라고도 불렸으며 金大定 18년(1178)에 처음으로 건축되었고 堯溝店 역참 마을을 흐르는 堯河에는 원래 총 3개의 石橋가 놓여 있었다. 300여 년의 시간이 흐르는 동안 홍수로 인해 침식되고 허물어져 하나의 석교만 남았다가 명 가정 15년(1536)에 태풍으로 큰비가 내려 이마저도 쓸려 내려가 흔적만 남게 되었다. 명 만력 13년(1615) 靑州府 知府 王家賓이 돈을 기부하여 石橋를 중수했고 이에 지부 왕가빈을 기리기 위해 堯河橋(堯溝橋)를 王公橋로 개칭했다.

그런데 조선 사신 윤훤, 조즙, 이덕형 일행과 홍익한은 각각 명 천계 3년(1623)과 천계 4년(1624)에 堯溝店을 지나면서 堯溝店 역참 마을 내에 있던 석교 입석에 "放勳橋"라는 글자가 새겨져 있다고 기록했다. 조선 사신의 사행록을 보면 지명에 오기가 심심찮게 발견되곤 하지만, 이처럼 여러 사신들이 동일한 시기에 동일한 기록을 남겼음을 생각하면 오기의 가능성은 적다고 보인다. 그렇다면 왜 조선 사신이 기록한 석교의 명칭과 동일시기 중국 지방지의 기록에 차이가 나는 것인가?

堯河橋 석교가 중수된 후 靑州 知府 王家賓이 이곳을 떠나자 "王公橋"라는 명칭이 이후 "放勳橋"로 대체되었을 수도 있고 아니면 王公橋는 단지 官方의 공식적인 명칭이며 실제로 현지에서는 "放勳橋"라는 명칭이 보편적으로 사용되고 있었기에 이를 석교 입석에 새겼을 수도 있다. 그런데 咸豐《靑州府志》의 기록[154]에 따르면, 왕가빈은 만력 42년(1614)에 자금을 기부하여 익도현 요산 위에 있던 堯廟도 중수했었을 뿐만 아니라 만력 40년(1612)과 만력 43년 사이에 청주부성 안에 있던 試院(시원)을 雲門書院으로 바꾸었고 청주부성 東關 남측의 三元橋를 확장보수했으며, 익도현 동북지역의 普通橋, 청주부성 북쪽의 靑龍橋, 辛店橋 등도 자신이 자금을 들여 중수했다. 이후 왕가빈은 登萊兵巡道,[155] 山東按察司副使[156] 등의 벼슬을 차

---

154   咸豐《靑州府志》卷26《營建考二》, 淸咸豐九年刻本, p.7b.

155   "王家賓, 字光宇, 北直定興進士, 副使四十三年任"(光緖《增修登州府志》卷25《文秩》, 淸光緖刻本, p.5).

156   道光《濟南府志》卷26《秩官四》, 淸道光二十年刻本, p.15a.

례로 역임했다. 이처럼 왕가빈이 이 지역에 공헌한 업적이 혁혁했음을 고려하면 堯 河橋를 중수하면서 새긴 "王公橋"라는 명칭을 그가 이임한 후 "放勳橋"로 바꾸었 을 가능성은 없어보인다. 그러므로 관방의 명칭을 따르지 않고 대대로 현지에 통용 되던 명칭인 "放勳橋"를 입석에 새긴 것으로 보인다. 만약 이러한 가설이 다른 곳 에서도 재차 확인된다면 이는 기존 중국 지방지 기록을 이용하는 데 중요한 지침이 된다고 할 것이다.

한편, 위의 중국 지방지 기록에 따르면, 명말 이후 청 道光 17년(1837)에 마을 사람 들이 다시 관제묘의 헌물을 사용하여 "堯河橋"를 중수하고 다시 "靈鑒橋(영감교)" 로 개칭했음을 알 수 있다. 민국 21년(1932) 10월 昌樂縣 관청에서 아치형 교량을 다 시 짓고 "堯河橋"라는 명칭을 다시 붙였다.[157] 현지 주민 劉宗華씨의 증언에 따르면, 이 전의 堯河橋는 옛 堯溝가 흙으로 메워져 신작로가 새로이 나면서 철거되었다 한다.

사진 2-30   현지 주민 劉宗華씨가 증언한 堯河橋가 있던 자리

---

157   民國《昌樂縣續志》卷6《橋樑》, 民國二十三年鉛印本, p.7b.

그림 2-31 옛 堯溝店, 堯河, 堯溝橋의 위치를 현재의 지도 상에 표시한 그림
① 옛 堯河 ② 옛 堯河 하류(조선 사신이 기록한 "堯溝") ③ 1980년대 새로 개착한 堯河 人工 河道 ④ 옛 "堯溝店"(조선사신이 거쳐간 역참, 지금의 堯東村)이 있던 자리 ⑤ 옛 堯河橋(堯溝橋, 放勳橋, 王公橋, 靈鑒橋라고도 불림)가 있던 자리 ⑥ 조선 사신들이 지나간 옛 驛道(지금의 昌樂縣 寶都街道 堯溝社區 내 경유)

> 창락현에서 ……20리를 가니 패문이 있는데 "靑齊明盛"이라 써
> 있다.
>> 自昌樂縣, ……行二十里, 有欄門, 書之曰 : "靑齊明盛".
>> — 鄭斗源《朝天記地圖》

위 정두원의 기록에 따르면, 창락현에서 서쪽으로 20리를 가면 "靑齊明盛"이라 쓰인 패문(방표)이 있었다. 그렇다면 "靑齊明盛"이란 무슨 뜻일까? 우선, 진시황에 의해 병합된 齊나라 땅에는 12개의 군현이 설치되었고 그중 7개가 청주 경내에 있었으므로[158] 청주는 옛 제나라 강역을 대표한다. 곧, "靑齊"란 "옛 제나라를 대표하는 청주 땅"의 뜻으로 이해될 수 있다. 한편, 역사적으로 "靑齊"라는 어휘는 北魏 崔鴻(최홍)이 지은《十六國春秋》에 처음 보인다. 尙書 潘聰(반총)이 南燕을 건국한

---

158 "齊의 군현은 12곳인데 청주부 경내에 7곳이 있다. 곧, 임치, 이서, 안거, 정광, 광요, 임구 등이다 (齊郡縣十二, 在府境者七 : 臨淄, 利西, 安巨, 定廣, 廣饒, 臨朐.)"(咸豊《靑州府志》卷1《輿圖》, 淸咸豊九年刻本, p.2b)

慕容德(모용덕)에게 "靑齊는 땅이 비옥하여 東秦이라 불렸으며 땅이 사방 2천 리에 이르고 精兵이 10만여 명이며 오른쪽으로는 산과 강이 있어 천연의 요새를 이루고 왼쪽으로는 풍요로운 바다를 끼고 있어서 군사를 양성하고 부릴 최적의 땅"[159]이라고 간언했고 이에 南燕은 隆安 4년(400)에 청주성을 공략하여 차지하고 성곽을 확장 보강하여 도성으로 삼았다. 이후 北宋 때 청주는 京東東路에 속했고 齊州(명대의 曆下縣)를 포함하여 6개의 주를 관할했기 때문에[160] "靑齊"란 산동지역 전체, 특히 산동반도의 내륙 지역을 가리키기도 한다. 이런 사실들을 종합해보면 조선사신이 언급한 패문에 쓰여진 "靑齊明盛"의 "靑齊"는 구체적으로는 청주부 경내 즉, 지금의 淄博(치박), 濰坊(유방) 일대 지역을 가리키는 것이다.

　"明盛"이란 "昌明興盛(창명흥성, 정치나 문화가 밝고 크게 흥성하다)"의 줄임말이다. 당나라 문인 高適의 시《留別鄭三韋九兼洛下諸公》에 "幸逢明盛多招隱, 高山大澤徵求盡.(요행히 명성한 때를 만나 숨은 현자들을 두루 얻었으니 높은 산과 넓은 강호에서 널리 구하여 다함이 없네)"[161]라는 표현이 보인다. 그러므로 "靑齊明盛"은 청주(익도)부 지역이 청명하고 강성한 땅이라는 뜻이다. 이상을 종합하면 堯河 서쪽은 靑州府 益都縣 관할이고 "靑齊明盛" 欄門은 堯溝店 부근의 堯河 서쪽에 있었음을 알 수 있다.

159　"靑齊沃壤, 號曰東秦, 土方二千里, 精兵十餘萬, 右有山河之固, 左有負海之饒, 可謂用武之國"(北魏)崔鴻:《十六國春秋》卷63《南燕錄一》, 明萬曆刻本, p.10a.

160　"元佑 2년에 安化를 臨海軍으로 바꾸었으나 宋志에는 이런 기록이 없고 다시 濰州(유주)를 團練州로, 淄州(치주)를 軍事州로 바꾸고 京東東路에 예속시켰다. 청주는 6현을 거느렸는데 모두 府의 경내에 있었다. 치주는 서쪽에 유주는 동쪽에 密州는 동남쪽에 있었으니 靑, 齊는 본래 번화한 지역이었다. (元佑二年, 改安化爲臨海軍. 宋志無之. 複立濰州爲團練州, 淄州爲軍事州, 俱隸京東東路. 靑州領縣六, 皆今府境. 淄州在其西, 濰州在其東, 而密州在其東南, 大抵靑, 齊本都會之地)"咸豐《靑州府志》卷2, 淸咸豐九年刻本, p.33 ; "東萊(동래)는 7개 읍이 합쳐 이루어진 곳으로 멀리 靑齊지역에 호응하여 東牟(동모)지역의 오른팔이 된다.(夫東萊聯七邑, 遙應靑齊, 爲東牟右臂)" 萬曆《萊州府志》卷8《記》, 明萬曆三十二年刻本, p.61b ; "무정주는 옛 청제지역이다(武定古靑齊地)"嘉靖《武定州志》卷上《公署志第五》, 明嘉靖刻本, p.19a.

161　《全唐詩》卷213《高適三》, 淸康熙四十四至四十六年揚州詩局刻本, p.4a.

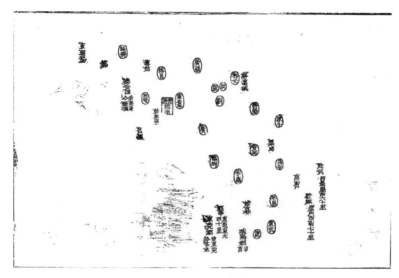

그림 2-32 靑州 境內 옛 齊郡縣 分佈圖[162]

이밖에 劉宗華씨의 증언에 따르면, 지금의 昌樂縣 寶都街道 堯溝社區를 동서로 관통하는 옛 역도는 명대 堯溝가 있던 곳을 가로질러 서쪽으로 三里莊村, 八里村, 譚中村 등을 차례로 지나 청주로 향했다 한다.[163] 三里莊村은 堯東村에서 서쪽으로 2.5㎞ 떨어진 곳에 있다. 明 中期 宮씨와 李씨 성을 가진 사람들이 益都縣과 臨胸縣에서 이주해와 마을을 세웠고 堯溝에서 3리 정도 떨어져 있어서 마을이름을 삼리장촌으로 삼았으며 현재는 昌樂縣 寶城街道에 속한다.

八里村은 원래 八里官莊村으로 불렸다. 堯溝에서 8리 정도 떨어져 있으며 옛 驛道가 지나는 곳이었으나 토지가 황폐하여 명 天啓 연간에 官府에서 여기에 官莊을 설치하고 농업을 장려하였기에 그런 이름으로 불린 것이다. 지금은 靑州市 譚坊鎭 譚坊社區에 속한다. 譚中村은 원래 譚北村, 譚南村과 함께 檀家坊[단가방, 明淸 시

162   咸豊《靑州府志》卷1《輿圖》, 淸咸豊九年刻本, pp.9b-10a.
163   山東省昌樂縣史志編纂委員會編《昌樂縣誌》, 山東人民出版社1992年版, pp.70-75 ; 靑州市志編纂委員會編《靑州市志》, 南開大學出版社1989年版, pp.133-143 ; 靑州市鎭村志編纂委員會編《靑州村鎭志(譚坊鎭卷)》, 團結出版社2019版, pp.173-192.

기 益都縣 동쪽 40리에 範疃鋪(범탄포)[164]가 있었음], 譚家店, 老譚莊, 譚家坊子, 譚家坊村 등으로 불렸다. 명 洪武 연간에 山西 大槐樹에서 譚씨 성을 가진 사람들이 이주해 와서 역도변에 가게를 열고 생업을 이어가면서 마을이 형성되었다 한다. 지금은 靑州市 譚坊鎮 譚坊社區에 속한다.

사진 2-33　지금의 昌樂縣寶 城街道 三里莊村 村碑　　사진 2-34　靑州市 譚坊鎮 八村村(原名:八里官莊村) 村碑

사진 2-35　靑州市 譚坊鎮 譚中村 주민위원회

164 《益都縣道裡近表》: "동쪽으로 길이 두 갈래로 나뉘는데 하나는 곧장 40리를 가서 檀家坊에 이른다("東：分二路, 一路直四十里至檀家坊)" 咸豐《靑州府志》卷3《表二》, 清咸豐九年刻本, pp.5b-6a ; "範疃鋪는 (益都縣)城 동쪽 40리에 있다[範疃鋪, 在(益都縣)城東四十里]" 康熙《益都縣誌》卷3《社驛》, 清康熙十一年刊本, p.12b.

제4절 洰洱河, 洰洱店, "鄭母流芳" 霸門, "沂公梓里" 霸門

앞 절에서 살펴본 바와 같이 堯河(堯水)를 경계로 동쪽은 창락현이고 서쪽은 익
도현이다. 조선사신들은 요하를 건넌 후에 청주부 익도현 경내로 진입했다. 익도현
은 옛날 청주 지역이다. 《尙書·禹貢》에 "발해와 태산 사이 지역이 청주이다. 嵎夷(
우이)를 공략하여 다스리니 치수와 유수까지 통하게 되었다."[165] 라고 했다.

관련 중국 지방지[166]의 기록에 따르면, 춘추전국시기에는 齊나라에 속했고 秦나
라 때는 齊郡이었으며 서한 때는 靑州刺史部 齊郡 廣縣, 동한 때는 靑州刺史部 齊
國 廣縣에 속했다. 魏나라 때는 益縣으로 불렸으며 靑州部 樂安國에 속했고 晉나
라 때는 利益縣으로 불렸으며 위나라 때와 마찬가지로 靑州部 樂安國에 속했다.
남북조 시기에 와서야 비로소 "益都"라고 불리게 되었으며 靑州部 齊郡에 속했다.
이후 隋나라 때는 靑州部 北海郡에, 당나라 때는 河南道 靑州北郡에, 송나라 때는
京東東路 靑州에, 원나라 때는 山東東西道宣慰司 益都路 總管府에, 명청 시기에는
山東布政使司 靑州府에 속했다. 민국 원년(1913)에 행정구역을 개편하여 府를 폐
지하고 縣만을 존치시켰기에 益都縣은 山東省에 직접 예속되었다. 1943년에는 淄
河縣에, 1944년에는 다시 익도현에, 1940년에는 益北行署에, 1945년 8월에는 靑
州市에, 1946년 6월에 다시 익도현에 속했다가 1948년 7월에는 益臨縣에 속했다.
1949년 중화인민공화국이 성립된 후 산동성 昌濰直屬區가 되었다가 1950년부터
1967년 사이에는 산동성 昌濰地區에 속했고 1981년 7월부터 1983년 10월 사이에
는 산동성 濰坊地區에, 1983년 10월부터 1986년 2월사이에는 濰坊市(地級)에 속했
다가 1986년 3월부터 지금까지 靑州市(縣級)에 속해오고 있다.

---

165 "海岱惟靑州, 嵎夷旣略, 淄濰其道." 《尙書》卷3《禹貢第一》, 四部叢刊景宋刻本, p.2.

166 嘉靖《靑州府志》卷1《建制沿革》, 明嘉靖刻本, pp.3b-4a ; 康熙《益都縣誌》卷1《沿革表》, 淸康熙
十一年刊本, p.3 ; 咸豐《靑州府志》卷2《沿革表》, 淸咸豐九年刻本, pp.2b-69b ; 光緖《益都縣圖
志》卷5《大事志上》, 淸光緖三十三年刻本, pp.1a-24b ; 靑州市志編纂委員會編《靑州市志》, 南開
大學出版社1989年版, pp.103-107 ; 靑州市鎭村志編纂委員會編《靑州鎭村志(益都街道卷)》, 團
結出版社2019版, pp.25-26.

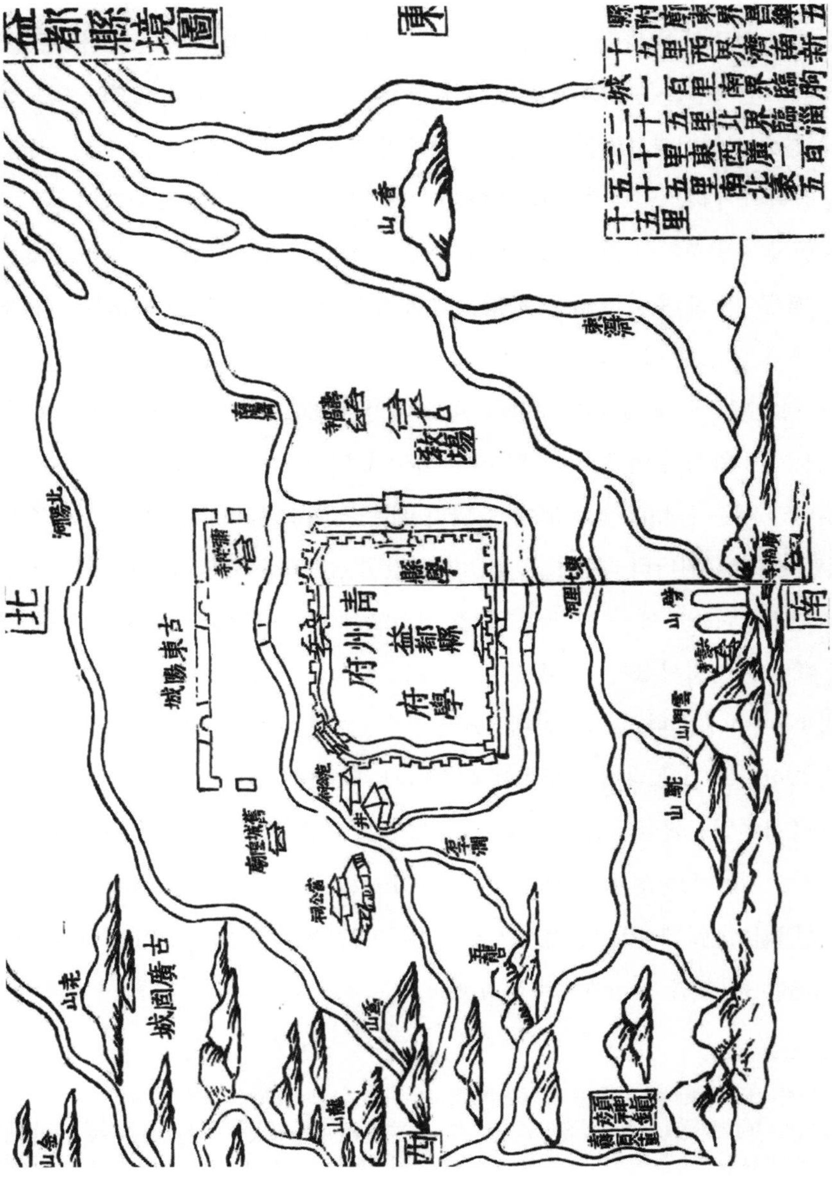

그림 2-36　嘉靖《青州府志》중〈益都縣境圖〉[167]

167　嘉靖《青州府志》卷1《益都縣境图》, 明嘉靖刻本, pp.3b-4a.

　　洰洱河(거이하)는 일명 彌水(미수)라고도 하며 臨朐(임구)의 沂山(기산)에
서 발원한다. 또한 巨洋水(거양수)라고도 하는데, 《國語》에서 말한 具水(구
수), 원굉의 《後漢紀》에 기록된 巨眛(거매), 왕소의 《晉安帝紀》에 기록된 巨
蔑(거멸)이 이것이다. 혹은 朐彌(구미) 혹은 沫(말)이라고도 하는데 실은 모
두 같은 강이다. 이 강은 여기 현 동북지역을 경유하여 익도, 수광 지역에
이르러 바다로 유입된다.

　　洰洱河一名彌水, 源出臨朐之沂山, 又曰巨洋水, 國語所謂具水, 袁宏之
巨眛, 王韶之巨蔑是也. 或曰朐彌, 或曰沫, 實一水也, 流經本縣東北, 至益
都, 壽光界入海.

―南以雄《路程記》

　　(창락현 서쪽에서 출발하여)25리[168]를 가서 미수를 건넜는데 기산에서 발원
하며 일명 洋水[169]라고도 하며 《國語》에서 具水라 한 곳이 바로 이 강이다.
이 강의 크기는 濰水(유수)만 못하다.

　　(自昌樂西)行四十五里, 涉彌水, 源出沂山, 一名洋水, 國語謂具水者, 即此
也, 其水不及于濰水之大.

―鄭斗源《朝天記地圖》

　남이웅과 정두원이 기술한 "洰洱河(거이하)"는 "彌水(미수)"라고도 불렸으며, 東
晉 袁宏(원굉328-376)의 《後漢紀》에는 "경엄이 병사를 풀어 장보를 巨眛水(거매수)
까지 추격하여 공격했는데 강의 상류 80여 리에 걸쳐 시체가 이어졌다."[170]라 하여
"거매수"로 기록했고, 동진과 南朝 劉宋 시기 王韶(왕소)가 지은 《晉安帝紀》에서
는 "거이하"를 "巨蔑(거멸)"[171]이라 기록했다. 또한 삼국시기 吳나라 사람 韋昭(위소

168　실제로는 35리이므로 잘못된 기록이다.

169　"巨洋水"의 오기이다.

170　"(耿)弇縱兵追擊(張步), 至巨眛水上八十餘里, 僵屍相屬."《後漢紀》卷5《後漢光武皇帝紀》, 四部
　　叢刊景明嘉靖刻本, p.5a.

171　(東晉, 南朝劉宋)王韶之：《晉安帝紀》, (淸)黃奭輯：《黃氏逸書考》卷10, 淸道光黃氏刻民國
　　二十三年朱長圻補刻本.

201-273)는《國語注》에서 "옛날 제나라 사람 추마유가 호공을 패수로 유인했다."[172]
라 하여 거이하를 "貝水(패수)"로 기록했는데 청대의 저명한 문헌학자인 黃丕烈(황
비열)은 이에 대해 "具, 巨, 胸(구)는 소리가 비슷하여 (巨자를) 具자로 대신하기도 하
는데, 여기서 貝자를 쓴 것은 具자와 자형이 비슷하여 대신한 것으로 실은 오해한
것이다"[173]라고 해석했다.

> 彌水는 沂山의 서쪽 기슭에서 발원하며 일명 巨洋水라고도 하는데《國
> 語》에서는 具水라 했고 원굉은 巨昧라 했으며 왕소는 巨篾 혹은 胸彌, 혹
> 은 沫이라 했으나 실은 모두 같은 강이다. 이 현의 동북 지역을 경유하여 익
> 도, 수광현을 지나 바다로 유입된다.
> 彌水, 源出沂山西麓, 一名巨洋水, 國語謂之具水, 袁宏謂之巨昧, 王韶以
> 爲巨篾, 或曰胸彌, 或曰沫, 實一水也. 流經本縣東北, 至益都, 壽光縣界入
> 海.
>
> —《大明一統志》[174]

이전에 언급했듯이 김덕승의《天槎大觀》과 남이웅의《路程記》는《大明一統志》
를 참고한 것으로 보이는데 여기 "洰洱河"에 관한 기록에서 조선 사신과《大明一
統志》를 비교해보면 그런 사실을 명확히 확인해 볼 수 있다. 그런데《大明一
統志》의 "彌水"에 관한 기록도 사실은 북위 酈道元(역도원)의《水經注》를 인용한 것이다.
곧,《水經注》에 "巨洋水(거양수)는《國語》에서 구수라고 했으며, 원굉은 이를 거매
로 불렀고, 왕소는 거멸 혹은 구미라고 했으나 모두 하나의 강으로 이름만 다양하
게 불렀을 뿐이다."[175]라는 기록이 보인다.

---

172   "昔齊騶馬繻以胡公入于貝水"(三國)韋昭解 :《國語》卷18《楚語下》, 清嘉慶道光間吳縣黃氏士禮
      居刻士禮居叢書景宋天聖明道本, p.11a.
173   "具, 巨, 胸聲相近, 則具字是也. 此作貝, 乃字形相涉, 而誤解"(三國)韋昭解 :《國語》卷18《禮記》,
      清嘉慶道光間吳縣黃氏士禮居刻士禮居叢書景宋天聖明道本, p.18b.
174   《大明一統志》卷24《靑州府》, 明天順五年內府刻本, p.29b.
175   "巨洋水, 即國語所謂具水矣. 袁宏謂之巨昧, 王韶之以爲巨蔑, 亦或曰胸彌, 皆一水也, 而廣其目

한편, 康熙《益都縣誌》에는 "彌水가 태산 동쪽으로 흘러 巨洋水가 되니 익도를 지나 南陽水에 합하여 여기로 유입된다."[176]라고 했고, 명 만력 연간의 익도현 사람 務宋延(무송연)은《洰水渡舟記》에서 "洰水는 곧 彌水인데 익도현으로부터 동쪽으로 30리 지점에서 물의 흐름이 완만해지고 너른 모래 평야를 가로질러 흐른다. 淄水나 濰水 못지않기에 그 동쪽에 큰 나루터가 형성되었다."[177]라고 비교적 상세히 "洰洱河"를 기록하였다. 중국 지방지와 조선 사신의 기록[178]을 종합하면, "洰洱河" 혹은 "彌水"의 역대 명칭 변화는 다음과 같다.

[한]巨昧→[삼국]貝水(具水)→[북위]巨洋水, 朐彌, 巨沬, 洰液→[진]巨昧, 巨蔑, 朐彌, 沬(水)→[송]巨洋水, 巨蔑水→[원]巨洋水, 洱河→[명]巨洱河, 彌河, 巨彌河, 彌水, 巨洋水, 朐水, 洰水 , 洱河, 洰洱河→[청]巨洋水, 巨蔑河, 彌河, 朐水, 洱水, 巨彌水, 巨昧→[민국]巨蔑河, 彌水, 彌河, 巨彌河, 巨昧水→오늘날 彌河 등.

彌河(미하)는 지금의 臨朐縣(임구현) 동남쪽 沂山(기산)의 水石屋村 부근에서 발원하여 남쪽에서 북쪽으로 임구현 九山鎭 付興村(부흥촌), 粟興村(속흥촌), 麻塢村(마오촌), 岸頭村(안두촌), 大村, 임구현 寺頭鎭 大崮東村(대고동촌), 石家河村, 黃山村을 지나 계속 청주시 彌河鎭 東南營村, 黃樓街道 巨彌村(거미촌), 譚坊鎭 呂樓村, 東夏鎭 莊家村 등지를 차례로 경유한 후, 壽光市에 진입하여 央子街道 豐台嶺村(

　　焉."《水經注》卷26《巨洋水》, 明嘉靖十三年黃省曾刻本, p.4a.
176 "彌水, 出東泰山, 卽巨洋水, 徑益都, 合南陽水入焉." 康熙《益都縣誌》卷1《山川》, 淸康熙十一年 刊本, p.8b.
177 "洰水"卽彌水 "在(益都)縣東三十里, 水勢散緩, 平沙四漫, 不減淄濰, 亦東方巨津也" 嘉靖《靑州府志》卷11《橋樑》, 明嘉靖刻本, p.37a.
178 《太平寰宇記》卷23《河南道二十三》, 淸文淵閣四庫全書補配古逸叢書景宋本, p.8b ;《齊乘》卷2《益都水》, 淸文淵閣四庫全書, p.5a ; 嘉靖《靑州府志》卷6《山川》, 明嘉靖刻本, p.26b ; 康熙《益都縣誌》卷1《山川》, 淸康熙十一年刊本, p.8b ; 咸豐《靑州府志》卷22上《山川考二上》, 淸咸豐九年刻本, p.34b ; 光緖《益都縣圖志》卷10《山川志下》, 淸光緖三十三年刻本, p.1b ; 民國《山東通志》卷33《山川》, 民國七年鉛印本, p.43b ; 民國《壽光縣誌》卷10《橋樑》, 民國二十五年鉛印本, p.7a ; 靑州市志編纂委員會編《靑州市志》, 南開大學出版社1989年版, pp.160-161.

풍태령촌) 동북쪽에서 단하와 합류하여 발해로 유입된다. 彌河는 겨울에는 거의 물이 흐르지 않는 계절성 하천으로 청주시 경내를 경유하는 강의 총 길이는 29.38㎞, 유역 면적은 662.5㎢, 평균 강폭은 250-300m이다.[179]

사진 2-37　지금의 彌河[180](명대의 지방지에는 巨洱河, 彌河, 巨彌河, 彌水, 巨洋水, 胸水, 泹水, 洱河, 泹洱河 등 다양한 명칭으로 기록되어 있음)

　　(7월) 9일 무신일. 아침에 (濰縣에서) 출발하여 50리를 가서 창락현에 도착했다……30리를 가서 큰 강을 건넜는데 泹洱河라고 한다. 만약 비가 조금이라도 내리면 건널 수 없기에 배가 강변에 정박되어 있

179　靑州市志編纂委員會編《靑州市志》, 南開大學出版社1989年版, pp.160-161 ; 山東臨朐縣史志編纂委員會編《臨朐縣誌》, 山東人民出版社1991年版, p.140.

180　청나라 때 수광현의 문인 李登龍은《彌水》라는 시를 한 수 남겼는데, 이 시를 통해 조선사신들이 명말 당시 목도했을 미하의 풍경을 상상해 볼 수 있다. "긴 강 출렁이는 물길 북으로 끊임없이 흘러가 멀리 큰 바다로 유입됨은 조종으로 삼아야 할 바를 알기 때문이네. 서풍에 세찬 파도 일어나 해와 달까지 닿고 가을비에 파도 깊어짐은 물속 교룡이 지나가기 때문이라네. 외줄기 길 이어진 쓸쓸한 강가 어촌은 밥 짓는 연기도 없이 고요한데 양안에 병풍처럼 늘어선 수목은 어지러이 그림자를 드리우고 있네(長河北下水溶溶, 遠注滄溟識所宗. 浪險西風搖日月, 波深秋雨走蛟龍. 孤村一徑人煙靜, 兩岸千章樹影重)"[(民國)《壽光縣誌》卷2《輿地志》, 民國二十五年鉛印本, p.19b].

었다. 㣭洱店에 도착하여 周씨의 집에 유숙했다.

(七月)初九日, 戊申. 朝(自濰縣)啟行, 行五十里到昌樂縣, ……行三十里, 過大川, 名曰㣭洱河, 若有小雨, 不得渡, 有船泊於岸矣. 到㣭洱店周姓人家止宿.

— 崔應虛《朝天日記》

(7월) 9일 맑음. (유현에서 출발하여) 창락에서 점심을 해먹고……다시 㣭洱河를 건너 周씨의 집에 묵었는데 총 80리의 여정이었다.

(七月)初九日, 晴.(從濰縣發行)中火于昌樂, ……又渡㣭洱河, 宿周姓人家, 共八十里路.

— 安璥《駕海朝天錄》

명 천계 원년(1921) 9월 9일에 謝恩冬至兼聖節使 正使 崔應虛(최응허)와 書狀官 安璥(안경) 일행은 萊州 濰縣을 출발하여 창락현성을 지나 "㣭洱河"를 건너 "㣭洱店"에서 묵었다. 익도현의 요충지의 하나였던 "거이점은 (익도)현의 동쪽으로 35리 떨어져 있었다".[181] 서장관 안경은 이곳을 지나면서 아래와 같은 〈길가는 도중에 즉석에서 지은 시(途中口占)〉라는 시 한 편을 남겼다.

〈길가는 도중에 즉석에서 지은 시〉

초목 무성히 자라 가야할 길 분간되지 않고
길에서 피어나는 흙먼지는 나그네의 옷을 더럽히네
황량한 무덤들 첩첩히 이어져 많기도 한데
둥근 석비 사이로 희미하게 개 짖는 소리 들리네.
강은 넓어 외로운 배는 작게만 보이고

---

181 "㣭洱店, 在縣東三十五里, 至堯溝十五里, 東爲登萊通衢, 團長住堯溝防守."(嘉靖《青州府志》卷11《兵防》明嘉靖刻本, p.11b)

언덕은 길어 사신의 수레를 끄는 말 쉬지 않고 달려도 끝이 없네

고국에서 멀리 서쪽으로 수천리를 왔으니

고향에 있는 가족에게 안부조차 전하지 못하네

途中口占

草樹迷[182]官路, 塵埃染客衣.[183]

荒墳多累累,[184] 短碣[185]狒依依.[186]

河廣孤舟小, 原長四牡匪.[187]

西行幾千里, 故國未言悌.[188]

—안경《가해조천록》

---

182   迷(미)는 분명하게 판단하지 못하다, 모호하여 분간하지 못하다는 뜻이다. 《周易·坤》에 "우선은 모호하여 판단치 못하지만, 이후에 얻게 되니 대체로 이롭다.(先迷後得, 主利.)"라는 표현이 보인다. 《周易》卷1上《經幹傳一》, 四部叢刊景宋刻本, p.5a.

183   客衣란 여행하는 사람의 복장, 옷을 가리킨다. 金 元好問의 시《望蘇門》에 "어르신들께서 옛날 여기를 왕래하실 때, 흙먼지 묻은 옷소매에 눈물 자국 얼룩졌지(諸父當年此往還, 客衣塵土淚斑斑)"라는 표현이 보인다. 金 元好問：《遺山文集》卷8《七言律詩》, 四部叢刊景明弘治刻本, p.20b.

184   累累(루루)는 많은 것들이 주렁주렁 연결된 모양을 가리키는데, 《漢書·五行志下之下》에 "다음 해 과연 여러 제후들이 줄줄이 楚나라에서 蔡나라를 포위하여 왔다.(明年, 中國諸侯果累累從楚而圍蔡)"라 했고 顏師古는 주석에서 "累는 끊이지 않는 모양이다(累, 不絶之貌)"라고 해설했다. 《漢書卷》27卷《五行志》, 百衲本二十四史景宋景祐刻本, p.14a.

185   碣(갈)이란 위가 둥근 석비이다. 《故唐律疏議》에 "喪葬令에 5품이상은 碑를 세우고 7품이상은 碣을 세운다(喪葬令：五品以上聽立碑, 七品以上立碣)"라는 표현이 보인다. (唐)長孫無忌：《故唐律疏議》卷27《雜律下》, 淸乾隆五十年至嘉慶十四年蘭陵孫氏刻岱南閣叢書本, p.12a.

186   狒(패)는 개가 함께 짖는다는 뜻이고 依依(의의)는 '어렴풋이 작고 분명하지 않게'라는 뜻이다.

187   四牡(사모)란 마차를 끄는 네 마리 말을 가리키고 匪(비)는 말이 쉼없이 길을 달리는 모양을 가리킨다. "네 마리 말 길을 재촉해도 주나라 길 구불구불 멀기만 하네. 어찌 돌아갈 생각이 없겠는가? 왕의 일 가벼이 할 수 없으니 내 마음 아프고 슬프네. 네 마리 말 길을 재촉하느라 검은 갈기의 흰말 헐떡거리는데 어찌 돌아갈 마음이 없겠는가? 왕의 일 가벼이 할 수 없으니 앉아 쉴 틈이 없네.(四牡騑騑, 周道倭遲. 豈不懷歸? 王事靡盬, 我心傷悲. 四牡騑騑, 嘽嘽駱馬. 豈不懷歸? 王事靡盬, 不遑啟處.)" "匪"는 "騑(비)"와 통한다. 《毛詩》卷9《鹿鳴三章章八句》四部叢刊景宋本, p.2.

188   悌(제)는 "弟"와 통하며 아랫사람이 손윗 사람을 섬기고 공경하는 것이다. 《國語·齊語》에 "아버지는 의를 말하고 자식들은 효를 말하며 임금을 섬기는 자는 敬을 말하고 어린 자들은 悌를 말할 것입니다(父與父言義, 子與子言孝, 其事君者言敬, 其幼者言悌)"라는 표현이 있다. (三國)韋昭解：《國語》卷6《齊語》, 景宋天聖明道本, p.3a.

이 시는 형식상 오언율시이고 微韻으로 압운하고 있으나 6구의 匪는 尾韻, 8구의 悌는 薺(제)韻으로 압운이 맞지 않고 평측도 근체시의 요구에 엄격하게 부합하지 않으므로 일종의 고체시형에 속한다고 볼 수 있다. 이는 작가가 제목에서 이미 밝혔듯이 "口占(구점, 즉흥적으로 입에서 흘러나오는 대로 적어냄)"으로 써낸 것을 나중에 퇴고없이 그대로 기록한 것이기 때문인 듯한데, 작자 스스로 즉흥적인 감흥을 여과없이 그대로 드러내고자 의도적으로 형식에 구애받지 않고 쓴 것으로 보인다. 그래서인지 전체적으로 특별한 기교와 눈에 띄는 개성적인 표현 없이 시상 전개가 단조롭고 내용이 평이해 보이는 것 같지만, 오히려 읽는 이로 하여금 담담하고 자연스럽게 사행의 임무를 완성하기 위해 고군분투하는 작자의 내면 심리에 공감할 수 있는 시적 공간을 창출하고 있다.

전반부 두 연(1-4구)에서 말하기를, 지난 여름 내내 무성하게 자란 잡풀과 수목들이 사신이 가야 할 驛道 길가에 우거져 앞길이 제대로 보이지 않을 지경이며, 길 자체도 흙먼지와 물웅덩이가 가득한 험한 길이라 사신이 입고 있는 옷도 온통 흙먼지 투성이이다. 또한 유현에서 출발하여 이곳에 도착하는 도중 주변은 황량하기만 하여 이지러진 석비와 이름 모를 무덤들만 즐비하다. 게다가 석비와 무덤 사이로 멀리 벌판에서 들개들이 떼지어 우는 소리만 어렴풋이 들려 늦가을에 사행길에 오른 작자의 심정을 더욱 처량하게 만들었다.

이어진 후반부 두 연(5-8구)에서는 드디어 건기라서 물이 말라버린 "거이하"에 도착하여 가마와 말을 몰아 쉼 없이 길을 재촉하는데, 강이 드넓어서 우기에 사용하기 위해 멀리 나루터에 매어놓은 나룻배는 한 조각 낙엽처럼 작게만 보인다. 이때 문득 작자는 지금이 늦가을 중양절 시절임을 깨닫는다. 그는 고향에서 가족, 친구들과 따뜻한 정을 나누며 좋은 시절을 보내던 때를 회상하게 되었으나 지금은 사신의 임무를 위해 고향에서 수천 리를 떠나왔기에 간단한 안부 인사조차 전하지 못하는 처지임을 절실히 느끼면서 깊은 향수에 빠지게 된다.

사진 2-38   지금의 彌河大橋 위를 지나는 309번 국도

(6월)13일 맑음. 유현에서 청주까지 30리를 못 미쳐 菊迷河에 유숙
했다.

(六月)十三日, 晴. 自濰縣未及靑州三十里, 宿菊迷河.

—吳允謙《海槎朝天日錄》

명 천계 2년(1622) 6월 13일 登極使 吳允謙(오윤겸) 일행은 유현에서 출발하여 창
락현성을 지나 익도현으로부터 30리가량 떨어져 있던 "菊迷河(店)" 즉, 최응허와
안경이 기록한 "거이점"에 도착하여 하룻밤을 묵었다. 이날 오윤겸은 아래와 같은
시를 한 편 지었다.

〈청주로 가는 길에 반송관 허본순의 시에 차운하여 지은 시〉
[晏城이라는 곳이 있는데 晏子(晏嬰)의 식읍이라 한다]

양옆으로 길을 끼고 늘어선 버드나무는 곳곳에 푸른 가지 드리우고
때마침 불어오는 좋은 바람 맞으며 비취 휘장 아름다운 수레 타고
사신 행차하니 노래 소리 절로 나오네.
집과 골목 끝없이 이어진 번화한 마을에 닭울음 소리 들리고

오곡이 자라는 농지는 한없이 펼쳐져 저멀리 지평선 끝까지 이어지네

강태공은 여기에 봉토를 받아 백성을 다스렸고

안영이 살았던 이곳 마을에는 그의 명성 아직도 자자하네

옛날부터 이곳 제나라 노나라의 땅에는 현사들이 많았으니

돌연 타고 가던 말을 멈추고 현사를 찾아 가르침 청하고 싶네.

靑州道中, 次伴送許指揮韻

處處垂楊挾路靑, 好風長引翠軒[189]行.

閭閻撲地[190]雞鳴聞, 黍稷連雲[191]野望平.

尙父舊封唯有土,[192] 晏嬰遺邑但流名.[193]

從來齊魯多賢士, 吾欲停驂[194]一問經.[195]

189　軒(헌)이란 고대에 고관대작이 출타할 때 타는 수레를 말한다.《左傳·哀公十五年》에 "태자가 그에게 말하기를 '나로 하여금 들어가 나라를 갖게 해주면 면복을 입히고 軺軒(초헌)을 태워주고 죽을죄를 세 번 지어도 사면해 주겠다(大子與之言曰：'苟使我入獲國, 服冕乘軒, 三死無與)'라는 표현이 보이고 杜預(두예)는 주석에서 "軒은 대부의 수레이다(軒, 大夫車)"라고 해설했다.《春秋左傳正義》卷59《哀十二年盡十五年》, 宋本十三經注疏本.

190　閭閻撲地(여염박지)란 사방으로 온통 거리와 골목이 이어진 것을 뜻하는데, 집과 누각이 즐비하며 상업이 번성하여 시장이 번화한 모습을 형용하는 것이다. 청 胡天游의 시《姑蘇》에 "거리와 골목길이 사방으로 이어져 크게 번성하여 셀 수 없이 많은 여염집 대문은 백만 호나 되는 것 같네(閭閻撲地盛繁華, 不數荊門百萬家)"라는 표현이 보인다. (淸)胡天遊：《石笥山房集·續補遺》卷下, 淸咸豐二年刻本, p.17b.

191　連雲(연운)이란 하늘의 구름에까지 이어졌다는 뜻으로 高遠하고 수량이 많음을 형용한다. 당나라 백거이의 시《李白墓》에 "이백이 달을 건지려다 빠져 죽었다는 장강 채석기에 그의 무덤이 있는데 그 주위를 둘러싸고 펼쳐진 푸른 평야는 하늘의 구름에까지 이어졌네(採石江邊李白墳, 繞田無限草連雲.)"라는 표현이 보인다.

192　"有土"란 봉읍받은 땅이 있는 군주나 제후를 가리킨다.《書經·皐陶謨》에 "하늘과 백성은 서로 통하나니 공경하십시오, 군주시여!(達於上下, 敬哉有土)"라는 표현이 보이고 孔安國의 傳에서 "봉읍을 받은 군주는 공경하고 삼가야 한다(有土之君, 不可不敬愼)"라고 해설했다.

193　"流名"이란 명성을 멀리 떨친다는 뜻이다.《後漢書·薊子訓》에 "이에 계자훈의 명성이 경사에까지 떨쳐 사대부들이 모두 그 가르침을 따르고 흠모하였다.(於是子訓流名京師, 士大夫皆承風向慕之)"라는 기록이 보인다.《後漢書》卷82下《方術列傳第七十二下》, 百衲本宋紹熙刻本, p.15a.

194　"停驂(정참)"이란 말을 세운다는 뜻이다.

195　"問經"이란 경서에 관한 문제를 학습하거나 묻는다는 뜻이다.《漢書·王式》에 "山陽사람 張長安 幼君은 앞서 왕식을 사사했고 이후 東平사람 唐長賓과 沛(패)사람 褚少孫(저소손)도 역시 찾아와 사사하여 경서 수 편을 물었다(山陽張長安幼君先事式, 後東平唐長賓, 沛褚少孫亦來事式, 問經數

(有晏城, 晏子食邑云)[196]

—《朝天詩》

《海槎朝天日錄》의 기록에 따르면[197] "伴送官 許指揮"는 바로 오윤겸 일행을 京師까지 호송한 登州 守備 許本淳(허본순)을 말한다. 5구의 "尙父舊封(상부구봉)"이란 "제초봉지" 방표를 가리키는데 앞서 고증했듯이 이 방표는 창락현성 남관 부근에 있었다. 6구의 "晏嬰遺邑(안영유읍)"이란 오윤겸이 이 시의 自注에서 밝힌 것처럼 안영의 식읍이었던 晏城으로 창락현 동쪽 경계 부근의 都昌古城(지금의 창락현 朱劉街道 都昌村 일대)를 가리킨다. 康熙《昌樂縣誌》에 "都昌은 (창락)현에서 동북쪽으로 20리 떨어져 있으며 춘추시기 齊景公이 안자를 이곳에 대부로 봉했으나 사양하고 받지 않았다. 한나라 때 현으로 바꾸었으나 지금은 폐지되어 社의 명칭이 되었다."[198]라는 기록이 보인다.

1연과 2연에서 말하기를, 계절이 한여름에 접어들어 햇살이 따갑지만 역도 양변으로는 버드나무가 끝난 데를 모르게 죽 늘어서서 시원한 그늘을 드리우고 있으며, 게다가 날씨도 청명하고 선선한 바람까지 불어 화려하게 꾸민 사신의 가마 타고 가는 작자는 자신도 모르게 긴 목청을 뽑아 시 한 수를 읊어본다. 유현에서 익도현에 이르는 길 곳곳에 집과 누각이 즐비하고 시장까지 번성하여 닭 우는 소리 수시로 들리고, 오곡이 풍성하게 자라는 농지도 일망무제로 끝없이 펼쳐져 있다. 이어진 3

篇)"는 표현이 보인다. 《漢書》卷88《儒林傳》, 百衲本二十四史景宋景祐刻本, p.17b.

196 詩尾自注 "有晏城, 晏子食邑云."

197 "(六月)初六, 晴. …… 午, 一行伴送守備許本淳來見於館."{[朝鮮] 吳允謙《海槎朝天日錄》,《楸灘集》, 韓國首爾大學奎章閣藏本}

198 "都昌, 在(昌樂)縣東北二十裡, 春秋齊景公封晏子於此, 辭弗受. 漢改爲縣, 今廢, 爲社名." 康熙《昌樂縣志》卷1《地輿志》, 清康熙十一年刊本, p.17b. 그런데 여기서 주의해야 할 점은 창락현에 안연의 봉읍이 있었다는 오윤겸의 "안영유읍"에 관한 기록은 이것이 비록 당시 반송관이었던 허본순의 설명을 따랐다 하더라도 역사적 사실과는 다르다는 것이다. 관련 지방지(嘉靖《山東通志》卷22《古跡》, 明嘉靖刻本, p.2b)에 따르면 "晏城은 齊河縣에서 북쪽으로 25리 떨어져 있으며 제나라 재상 안영의 식읍이다(晏城, 在齊河縣北二十五裡, 即齊相國晏嬰食邑)"라고 했으니 명대의 안성은 지금의 山東 德州市 齊河縣 晏城鎭이다.

연에서는 이처럼 풍광이 좋고 인심이 넉넉한 곳이 알고 보니 과연 강태공이 처음 봉토를 받아 다스린 곳이며 제나라의 명재상이던 안영이 녹읍을 받은 곳으로, 아직도 이곳 사람들의 칭송을 받고 있다는 사실을 듣게 되면서 감탄을 금치 못한다. 그래서 4연에서 자고이래로 고명한 현사들이 많이 배출된 이곳에 잠시 말을 세우고 그들을 찾아가 가르침을 청하고 싶은 마음이 일어나게 되었다.

앞서 살펴본 안경의 시가 가을의 처연한 풍경과 사행의 고단함, 그로 인한 고향의 향수 등을 그려내고 있는 것과 달리, 오윤겸은 이곳을 기후와 일기가 좋은 초여름에 지났기에 풍경에 대한 묘사나 내심의 표출에서 드러나는 시적 분위기가 사뭇 다르다. 오윤겸의 시에서는 사행의 고단함보다는 사행을 통해 옛 문헌 속에서 글로만 접하던 역사 속 인물들의 사적을 직접 견문하게 된 것에 대한 기쁨이 여실히 표현되어 있으며 심지어 앞으로의 사행길에 대한 기대와 설렘까지 느끼게 한다.

조선 사신이 언급한 "洰洱店"와 "菊迷河(店)"은 지금의 靑州市 黃樓街道 巨彌村이다. 관련 지방지 기록[199]에 따르면, 명 가정에서 만력 연간에는 洰洱店, 巨彌店, 巨彌河店 등으로 불렸고 益都縣 齊禮鄕 洰洱社에 속했다. 청 강희에서 광서 연간에는 巨彌店, 巨彌, 巨彌莊 등으로 불렸고 益都縣 齊禮鄕 洰洱社에 속했다. 민국시기에는 巨彌店, 巨彌, 巨彌街, 巨眛店 등으로 불렸고 益都縣 大尹區에 속했다. 그후 1948년에는 익도현 十五區에, 1952년에는 昌濰地區 巨彌鄕에, 1958년에는 昌濰地區 桃園人民公社 巨彌大隊에, 1984년에는 濰坊市(地級) 益都縣 楊家莊鄕에 속했다가 1986년에 비로소 靑州市(縣級) 楊家莊鄕에 속하게 되었고 1994년에는 청주시 楊家莊鎭에, 2001년에는 청주시 東夏鎭에, 2007년에는 청주시 黃樓鎭에 속했다. 2010년 이후로 靑州市 黃樓街道에 속해오고 있다. 그리고 성명미상(성명을 밝히기 원치 않음)의 현지 주민의 증언에 따르면, 지금의 巨彌村 중심을 동서로 가로지르는 도로가 익도현과 창락현을 잇는 옛 관도였다고 한다.

---

199 民國《壽光縣誌》卷2《河泊》, 民國二十五年鉛印本, p.15a ;

사진 2-39   지금의 靑州市 黃樓街道 巨彌村 주민위원회

　(3월)8일 병진일 맑음. (金嶺鎭에서 출발하여) 청주 張孟口店 趙弘興 (조홍여) 집에서 점심을 해먹고 詎米店 石應璿(석응선)의 집에서 유숙 했다. 길가에는 새로 지은 저택이 있었는데 높은 누각과 처마가 이어 져 실로 장관을 이루고 있었고 구운 기와와 번쩍이는 오지벽돌 등 최 고급 재료와 설비를 갖추어 이루다 기록할 수가 없다. 주인이 누구인 지를 묻자 말하기를 '泰昌, 天啓 연간 조선에 登極詔使로 갔던 한림 劉鴻訓(유홍훈)의 새 주거지이며 이것은 조선국의 은과 인삼으로 화 려하게 사치를 부린 것'이라 한다.

　(三月)初八日, 丙辰, 晴.(自金嶺鎭發行)至靑州張孟口店趙弘興家中 火, 到詎米店石應璿家止宿. 路傍有新造家舍, 高樓桀閣, 極其壯麗, 燔 瓦陶壁, 良材美具, 不可殫記. 問諸主人道是, 泰昌, 天啟登極詔使劉翰 林鴻訓新卜處, 而這個以朝鮮國銀參侈人耳目矣.

　　　　　　　　　　　　　　　　　　　—洪翼漢《花浦朝天航海錄》

　명 천계 5년(1625) 3월 8일 謝恩兼奏請使 서장관 홍익한은 귀국길에 익도현 金 嶺鎭을 출발하여 서쪽에서 동쪽으로 "청주 張孟口店"[200]을 지난 후 익도현 "詎米

───────────

200　張孟口店은 청주부성에서 "북쪽으로 18리 떨어진 곳에 있다"(嘉靖《靑州府志》卷3《市集》, 明嘉靖刻

店"(즉, 巨彌店)에서 유숙했다. 그런데 도중에 홍익한은 몇 년 전에 조선에 출사했던 등극조사 劉鴻訓(유홍훈)이 새로 지은 別墅(별서)를 보았으니 이는 本宅과 별도로 한적한 田莊에 지은 별장이었다. 이 별장은 최고급 재료들로 무척이나 화려하게 지은 것으로 현지인들은 유홍훈이 이처럼 호화로운 별장을 지을 수 있었던 것은 조선에 칙사로 갔을 때 은을 뇌물로 받고 인삼을 갈취하는 등 부정 축재했기 때문이라고 말해주었다. 홍익한은 이러한 현지인의 증언에 별다른 의견을 달고 있지는 않다. 이날 홍익한은 金嶺鎭(익도현 金嶺驛), 淄河店(臨淄縣), 詎米店을 차례로 지났는데 유홍훈의 별서의 위치에 대해서는 구체적으로 언급하지 않았고 중국 지방지에도 이에 관하여 어떠한 기록도 남아 있지 않아 구체적인 위치를 확인할 수는 없다. 그러나 홍익한 일행이 당일 "詎米店(거미점)"에서 유숙했으므로 이 절에서 함께 다루기로 한다.

명 만력 47년(1619) 4월 後金의 팔기군이 薩爾滸(살이호)에서 명과 조선 연합군을 격파하자 요동 지역에서의 후금과 명의 세력 균형이 빠르게 후금 쪽으로 기울기 시작하였다. 만력 48년(1620) 7월 명 神宗 萬曆帝가 붕어하고 8월 명 光宗 泰昌帝도 연이어 죽게 되자 9월 명 熹宗(희종) 天啟帝가 등극하였다. 이에 조선과의 군사적 연대를 공고히 하고자 1621년 명나라는 조선에 천계제의 등극을 알리는 등극조사를 파견한다. 당시 명나라 사행단의 正使는 유홍훈이고 副使는 楊道寅(양도인)이었는데 비록 주어진 사신의 임무를 원만하게 완수하고 명초 이래로 중단되었던 해로 사행로를 새로이 개척하기는 했으나, 두 사람이 조선에서 부정한 뇌물을 받고 부당한 방법으로 은과 인삼을 갈취했다는 원성이 조선 조정과 상단에서 자자했다.

이에 대해 몇몇 학자들은 두 사신이 사신의 임무를 원만히 완수했다고 긍정적으로 평가하고 《辛酉皇華集》을 근거로 두 사신의 부패와 탐욕에 회의를 나타내기도 했으나, 또 다른 학자들은 《皇華集》[201]이 본래 조선에서 명과의 외교를 원만하게 진

本, p.16b), 지금의 청주시 東夏鎭 張孟口村이다. 관련 내용은 후술하기로 한다.

201 양국 사신들이 창화한 시문을 모아서 편집한 시문집으로 대부분 명 황제와 명 사신을 칭송하는 내용을 담고 있으며 외교적 사안을 우호적인 분위기에서 해결하고자 하는 목적에서 조선에서

행시키기 위해 간행하던 문집으로 여기에는 명나라 사신의 부정적인 면을 기술하는 것이 애초부터 힘들기 때문에 이 문헌을 근거로 명나라 사신의 탐욕스러운 행위를 부정하기는 어렵다고 보았다.[202] 그 밖의 학자들은 유홍훈이 비록 명말 해로사행로를 새로이 개척한 공헌이 있기는 하지만 여러 차례 부정한 행위로 인하여 명과 조선 사이 관계에 부정적인 영향을 가져왔으며, 또한 이것이 이후 유홍훈이 內閣首輔에까지 올랐으나 결국 파직되어 유배를 당해 쓸쓸히 객지에서 병사한 원인 가운데 하나였다고 보기도 했다.[203] 어떤 학자는 유홍훈이 조선에서 이른바 "貪墨無比(탐묵무비-탐욕스럽기가 이전 명사신 누구와도 비교할 수 없을 정도였다)"했던 것은 분명한 사실이나 이를 가지고 그의 업적을 이분법적으로 평가할 수는 없다[204]고 보기도 했다. 본서에서는 이 문제를 조선 사신의 사행록,《조선왕조실록》과《明史》, 명청시기 지방지 등을 중심으로 사회경제사적 관점에서 간단하게 재검토해보기로 한다.

명 천계 원년(1621)2월 유홍훈과 양도인은 명나라 수도에서 출발하여 遼東陸路(요동육로)를 거쳐 4월에 조선 수도인 한양에 도착했다.《朝鮮王朝實錄·光海君日記》의 기록에 따르면[205] 한양에 도착한 유홍훈과 양도인은 "겉으로는 노여워하는 체했지만 뇌물을 요구하였고(陽示怒意, 要索貨物)"[206] 각종 명목을 내세워 뇌물로 받

간행한 것이다.

202   郭濟生：《一段被遺忘的中朝交往關係史》,《海交史研究》, 2000年 1 期, pp.35-36 ; 萬明：《明代後期中朝關係的重要史實見證：李朝檔案《朝鮮迎接天使都監都廳儀軌》管窺》,《學術月刊》, 2005年9期, pp.97-104 ; 吳翠梅：《劉鴻訓出使朝鮮 "貪墨無比" 辯》,《滄桑》2011年第1期, pp.75-76.

203   姜維東：《劉鴻訓, 楊道寅與《辛酉皇華集》》,《長春師範學院學報》, 2011年3期, pp.32-36 ; 孫衛國：《劉鴻訓天啟使行與朝鮮海上貢道之重啟》,《歷史教學》2015年第3期, pp.15-24.

204   [韓國]朴現圭：《1621년 명 등극조사의 '貪墨無比'에 관한 논란과 실상》,《韓中人文學研究》2012年 第35期, pp.357-384.

205   "詔使劉鴻訓, 楊道寅西還. 王餞于慕華館, 仍過慶德宮, 申時乃還. 鴻訓, 濟南人, 道寅, 嶺南人, 貪墨無比, 折價銀參名色極多. 至於發給私銀, 要貿人參累千斤, 捧參之後, 旋推本銀. 兩西, 松都輦下商賈, 號泣徹天. 大都收銀七八萬兩, 東土物力盡矣. 詔使之至我國者, 如張寗, 許國, 淸風峻操, 雖未易見, 而學士大夫之風流文采, 前後相望. 至於要討銀參饌品折價, 則自顧天俊始, 而劉, 楊尤甚焉."《朝鮮王朝實錄·光海君日記》卷56, 光海君十三年五月一日)

206   "唯飲食折銀一事, 勉從楊大人之."《朝鮮王朝實錄·光海君日記》卷56, 光海君十三年四月十二日.

은 인삼을 높은 가격에 백은으로 바꾸어 줄 것을 요구하거나, 심지어 개인적으로 인삼을 사서는 이를 다시 상인들이 고가에 사도록 강매하여 차익을 챙기는 행위도 서슴지 않았다. 이는 조선 조정과 명 사신들과 교역해온 상단에 극도의 반감을 불러일으켰다. 나중에 이러한 행위에 대해 유홍훈은 명나라에 사행을 온 안경에게 "과도한 접대 요구와 백은으로 무역하는 일 등은 일체가 부사였던 양도인이 하는 바를 억지로 따른 것뿐"이라고 해명하기도 했다.[207]

한편, 명 사신들이 조선에 입경한 때를 즈음하여 후금의 군대는 요동을 대대적으로 공략하여 遼陽 등 요충지를 점령하였고 명 사신들은 더이상 육로를 이용하여 귀국할 수 없게 되었다. 그래서 어쩔 수 없이 명 사신들은 해로를 이용하여 명나라로 돌아가야만 했고 조선 조정은 이들의 안전한 귀국을 위하여 이전에 없던 대규모의 선단을 꾸리는 등 최대한의 지원을 아끼지 않았는데, 이는 명 사신을 최고로 대우한다는 의미 외에 이들과 함께 오랫동안 명조의 해금정책으로 묶여 있던 해로를 새로이 개척하여 명으로 사행을 가야 하는 조선 사신들의 안전을 최대한 보장하려는 목적도 지니고 있었다.[208]

5월 하순에 명 사신 유홍훈, 양도인 및 조선 謝恩使臣團(정사 崔應虛, 서장관 安璥), 陳慰使臣團(정사 權盡己, 서장관 柳汝恒)은 함께 선단을 이루어 安州 淸川江에서 출항하였다. 최응허의 《朝天日記》에는 "(6월)5일 을해일 새벽에 타고 있던 배가 침몰하여 겨우 몸만 빠져나왔는데, 명 사신 유홍훈과 진위사가 탄 배, 丁卜俠船(정복협선) 등 모두 10척이 침몰했다. 명에 보낼 공물, 짐짝과 보따리, 노잣돈 등도 모두 물에 빠졌다. 表奏(표주)와 諮文(자문)은 겨우 젖어지고 나왔는데 건져낸 공물과 짐짝마저 항구 주변 假達들에게 빼앗겼다"[209] 라는 기록이 보인다. 이를 통해 명 사신들에게는 최소 한 척 이상의 배가 할당되었고 이들이 조선에서 명으로 가져가는 물품

---

207 [朝鮮]安璥 : 《駕海朝天錄》, 美國哈佛大學燕京圖書館藏本.

208 [朝鮮]安璥 : 《駕海朝天錄》, 美國哈佛大學燕京圖書館藏本.

209 "(六月)五日, 乙亥. 曉, 所乘船沉敗, 僅以身免, 劉天使船及陳慰使船, 丁卜俠船並十隻, 致敗方物及員役葡物盤纏並皆沉水, 表奏, 諮文則僅僅負出, 方物葡物雖或有拯出, 浦邊爲假達所奪." [朝鮮]崔應虛 : 《朝天日記》, 韓國忠淸南道靑陽郡慕德祠藏本, p.7b.

이 상당했음을 알 수 있다. 여기에는 유홍훈이 조선에서 걷어간 백은과 인삼, 담비 가죽 등의 물품도 포함되어 있을 것인데 당시의 해난사고로 인해 상당량은 바다에 빠뜨려 명나라까지 가져가지 못한 것으로 보인다.

《明史》등 사료[210]에 따르면, 유홍훈은 자가 默承(묵승)이고 호가 靑嶽(청악)이며 濟南府 常山縣(지금의 산동 淄川)사람이다. 만력 41년(1613)에 과거에 급제하여 庶起士에서 시작하여 翰林院編修까지 승진했으며 천계 원년(1621)에 천계제는 유홍훈에게 一品章服을 하사하고 양도인과 함께 등극조사로 조선에 갈 것을 명했다. 성공적으로 사행을 마치고 돌아오자 천계제는 그를 翰林院侍講으로 승진시켰으나 魏忠賢세력과 알력이 생겨 파면되었다. 그후 思宗 崇禎帝가 즉위한 후 유홍훈은 다시 복권되어 예부상서 겸 東閣大學士에 제수되었다. 이때 조정신료들이 "그가 조선에 갔을 때 담비가죽과 인삼을 가득 싣고 돌아왔다(使朝鮮, 滿載貂參而歸)"는 이유로 유홍훈을 징계할 것을 상주했으나 숭정제는 오히려 그를 太子太保에 임명하고 文淵閣大學士로 승진시켰다. 그러나 이후 "張慶臻案(장경진안)" 등의 일련의 정치적 사건에서 뇌물을 받은 것으로 의심받아 차츰 숭정제의 신임을 잃게 되었고 결국 雁門關(안문관)에 差役(차역)으로 유배되어 안문관에서 병사했다. 이러한 중국 사료의 기록을 통해 유홍훈이 실제로 정적들에게 조선에서의 탐묵무비한 행위를 빌미로 정치적 공격을 받았던 사실, 조정 내에서 뇌물 수수에도 연루된 적이 있었음을 확인할 수 있다.

> (유홍훈의) 저택은 장엄하고 화려하며 문들이 겹겹이 이어져 서있고 온
> 마을이 대부분 그의 저택이다.
> (劉鴻訓)家舍壯麗, 重門寢閣, 一里盈滿.
>
> ―崔應虛《朝天日記》

210　《明史》卷251, 康熙《鞏昌府志》卷19《官師表》, 淸康熙二十七年刻本, p.16a；康熙《平陽府志》卷20《官績》, 淸康熙四十七年刻本, pp.111b-112a；嘉慶《長山縣誌》卷6《選擧志》, 淸嘉慶六年刻本, p.2a.

(유홍훈의 저택은) 대문에서 정원까지 거리가 상당하여 마치 궁궐 같았고
문마다 "講幄師臣(강유사신)[211]", "台鼎重望(태정중망)[212]", "父子進士(부자진
사)", "太史公第(태사공제)" 라고 금칠한 글자가 걸려 있었다. 그 밖에 꽃나
무들도 갖추어지지 않은 것이 없었다.

(劉鴻訓宅)門庭深邃, 有若宮闕, 逐門懸額皆以金字, 曰："講幄師臣",
曰："台鼎重望", 曰："父子進士", 曰："太史公第". 其他花卉之屬, 無不具
焉.

—安璥《駕海朝天錄》

한편, 위의 기록은 명 천계 원년 謝恩使 정사 최응허와 서장관 안경이 해로로 중
국으로 가면서 동행했던 유홍훈의 濟南府 長山縣 집을 방문하여 그 집의 규모와
외관을 묘사한 글이다. 두 사신의 기록을 통해 유홍훈은 조선으로 출사하기 이전부
터 호화스럽고 엄청난 규모의 저택을 소유하고 있었음을 알 수 있다.

유홍훈의 부친인 劉一相은 만력 5년(1577)에 진사가 되어 南京 吏部 給事中에 부
임했고 高平縣 知縣, 稷山縣 知縣, 南京 兵部 車駕司主事, 刑部員外郎, 四川布政司
參議, 貴陽參議, 陝西按察司副使등 상당히 높은 직위를 역임하였으므로 최소한 부
친 때부터 상당한 재력을 축적해 왔을 개연성이 있다. 유일상은《匯古精華》,《喜燕
堂文集》,《船政要覽》등을 저술했고《詩宿》을 편집했으며 관련 지방지에서는 그를
"화락하고 평범하며 자애하고 선하며 힘써 갈고 닦음을 숭상하고 절개가 있었으
며",[213] "근면하면서도 기민하고 과감하여 그 직책을 다했으나",[214] "성격이 강직하

211　講幄(강유)는 천자나 태자가 강의를 듣는 장소이고, 師臣(사신)이란 師保의 직위나 太師官 칭호
　　를 가진 執政大臣을 가리키는 존칭으로 천자나 태자를 가르치는 신하라는 뜻이다. 유홍훈이 한
　　림원시강, 태자태보의 벼슬을 했기 때문에 이렇게 현액한 것이다.
212　台鼎(태정)이란 고대 조정 최고위직인 三公을 가리킨다.《周禮》에는 삼공을 太師, 太傅, 太保라
　　하였다. 그러나 秦나라 이후로 삼공은 황제의 최측근으로 여전히 명성이 높았으나 실권은 없는
　　명예직에 가까웠다. 重望(중망)이란 드높은 명망과 명예를 가진 사람을 가리킨다.
213　"豈弟慈祥, 崇厲風節" 同治《稷山縣志》卷3《宦績》, 清通志四年石印本, p.33a.
214　"勤敏果敢, 務盡其職"《長山縣鄉土志》不分卷, 清抄本.

여 시류를 용납하지 못하여 그 쓰임을 다하지는 못했다"[215]라고 평가했으니 그가 벼슬을 했던 지방이나 고향에서 그에 대한 평가도 나쁘지는 않았다.

　이상의 사행록,《조선왕조실록》과《明史》등 중국 사료의 기록을 종합해보면, 유홍훈과 양도인이 조선에 갔을 때 상당한 양의 인삼과 담비가죽 등을 뇌물을 착복하고 부정한 거래 행위로 엄청난 양의 백은을 거두어갔다는 "탐묵무비" 행위는 실재했던 것으로 보이나, 홍익한의 기록처럼 그의 財富가 전적으로 조선에서 부정한 방식으로 갈취해온 백은이나 인삼, 담비가죽 등의 물품에 의해 이루어졌다고는 보기 어렵다. 그보다는 그의 가문이 대대로 다양한 방식으로 상당한 재력을 축적을 해왔고 조선에서의 부정한 수뢰와 부당한 거래를 통한 이익 추구 행위는 그 가문의 오랜 기간 동안 이루어진 재부 축적의 과정 중 하나에 불과했을 것으로 보인다.

　필자는 이전에 내주부 손급사화원에 대해 고찰하면서 내주부 손급사화원의 호화스럽고 사치한 풍경과 규모를 목도한 홍익한이 급사중 벼슬을 지낸 것에 불과한 지방향신 孫善繼가 어떻게 한 나라의 임금에 버금가는 재부를 축적할 수 있었는지 의문을 품고 그에 대한 답을 왜 부당한 뇌물 수수에서 찾았는지 그 이유를 가설적으로 설명한 바 있다. 이러한 의문과 추론에는 명과 조선 사이 사회경제사적 발전의 간극, 양국 사대부들의 부에 대한 인식과 태도의 차이를 이해하지 못한 조선사신 홍익한의 편향적 판단이 개입했을 여지가 있음을 지적했었다. 필자가 보기에 홍익한은 여기서도 손급사화원을 목도했을 때와 비슷한 논리로 유홍훈을 비판하고 있는 것으로 보인다. 물론 손선계와는 달리 직접적인 비판은 생략하고 현지인의 말을 간단하게 인용하는 정도로만 그치고 있는데, 이는 그가 조선과의 외교에 직접적인 영향을 끼치고 있던 정계의 주요 인물이었기 때문으로 추측된다.

215　"素性以剛直不容於時, 未竟其用." 嘉慶《長山縣誌》卷7《人物志一》, 清嘉慶六年刻本, p.7b.

사진 2-40 지금의 靑州市 黃樓街道 巨彌村의 마을 도로
창락현과 익도현을 잇는 옛 관도를 확장보수한 길로서 명말 조선사신들이 이 길을 지났다.

사진 2-41 지금의 靑州市 黃樓街道 巨彌村 마을 중심 사거리
조선사신 홍익한은 이 구간 역로를 어딘가를 지나면서 조선에 등극조사로 왔던 유홍훈
의 화려하고 사치스럽게 그지 없는 신축 별서를 목도하였고 그 별서가 조선에서 貪墨無
比한 행위로 얻은 財源으로 건축되었으리라고 의심하였다.

여기서 한 가지 주의해야할 점은 조선사신 정두원의《朝天記地圖》《昌樂縣圖》의
기록 가운데 부분적으로 오기와 착오가 있다는 점이다. 앞으로의 논의에서 혼란을

방지하기 위해서 먼저 정두원 기록의 오기를 논증하여 정확하게 수정해 보기로 한다.

> 창락현은 청주에 속하며 한나라 때의 영릉 땅이다. 皇明인 지금은 청주에 속한다. ……창락현에서 서쪽으로 청주부까지는 70리가 걸린다. 1리를 가니 "제봉초지"라 쓰인 패문이 있다……방훈교를 건넜는데 다리는 요구 위에 놓였다……5리를 가니 "방삭고롱"이라 쓰인 패문이 있다……10리를 가서 쌍봉교를 지났는데 "고극남성"이란 쓰인 패문이 서있다……20리를 가니 "청제명성"이라 쓰인 패문이 서있다. 35리를 가니 "鄭母流芳"이라 쓰인 패문이 있었는데 글자의 뜻을 상세히 알지 못한다. ……45리를 가서 미수를 건넜는데 거기에는 "近公梓里(기공재리)"라 쓰인 패문이 있었으며 분명 역사적 유적일텐데 상세한 내용을 알지 못한다.

> 昌樂縣屬靑州, 漢營陵地, 皇明屬靑州. ……自昌樂縣, 西至靑州府, 七十里程也. 行一里, 有欄門, 書之曰 : "齊封初地", ……渡放勳橋, 橋跨堯溝, ……行五里, 有欄門, 書之曰 : "方朔古壟", ……行十里, 渡雙鳳橋, 有欄門, 書之曰 : "古劇南城", ……行二十里, 有欄門, 書之曰 : "靑齊明盛". 行三十五里, 有欄門, 書之曰 : "鄭母流芳", 臣未得詳焉. ……行四十五里, 涉彌水, 又有欄門, 書之曰 : "沂公梓裡", 必有古跡而臣未得詳焉.

> —鄭斗源《朝天記地圖》

제2장 제1절에서 본절까지의 고증을 통해 우리는 이미 "齊初封地", "方朔古壟", "雙鳳橋", "古劇南城", "靑齊明盛" 欄門(坊表)이 차례로 昌樂縣城 南關 부근, 昌樂縣 서쪽 5리 西店村, 昌樂縣 서쪽 9리 西丹河橋, 昌樂縣 서쪽 10리 丹河鋪, 昌樂縣 서쪽 20리 堯溝店임을 밝혔으며 이는 정두원의 위의 기록과 일치한다. 그러나 문제는 "放勳橋", "堯溝", "彌水"에 관한 정두원의 기록이다.

정두원은 "放勳橋"와 "堯溝"가 창락현에서 서쪽으로 1리 떨어진 곳에 있다고 했는데 이는 사실에 부합하지 않는다. 앞서 살펴보았듯이 창락현에서 청주부 익도현까지는 70리이며 이는 정두원의 기술과 일치하는데 익도현 急遞鋪(급체포)에 관한 萬曆《益都縣誌》의 기록에 따르면 "(익도현의) 동쪽 10리에 聖水鋪, 20리에 貫店鋪, 30리에 大尹鋪, 40리에 範疃鋪(범탄포), 50리에 堯溝鋪가 있었다."[216] 이를 만약 창락현으로부터의 거리로 환산하면 창락현의 昌樂縣 서쪽으로 20리에 堯溝鋪, 30리에 範疃鋪, 40리에 大尹鋪, 50리에 貫店鋪, 60리에 聖水鋪가 있었음을 알 수 있다. 大尹鋪는 지금의 靑州市 黃樓街道 大尹村(이는 이후 장절에서 상술하기로 함)이다. 정두원의 기록에는 "미수"가 창락현에서 서쪽으로 45리 떨어진 곳에 있었다고 했으며 이는 현재의 지도상 大尹村에서 서쪽으로 3.5km(곧, 명대의 약 7리) 떨어진 곳인데 여기에는 아무런 하천도 없으므로 사실에 부합하지 않으며 위의 명대 지방지의 정보와도 맞지 않는다. 그러므로 미수의 위치에 관한 정두원의 기록은 명백한 오기이며 정두원 일행은 분명 창락현 서쪽 35리에서 "彌水"를 건넜을 것이다. 그렇다고 하면 "鄭母流芳"과 "沂公梓里" 欄門도 모두 창락현 서쪽 35리 부근 곧, "洰洱店"(지금의 巨彌村) 일대에 서로 가까운 거리를 두고 서 있었다고 유추할 수 있다. 그렇다면 "鄭母流芳"과 "沂公梓里"의 뜻과 유래는 과연 어떻게 되는 것일까?

嘉靖《靑州府志》의 기록[217]에 따르면, "鄭康成 모친의 묘는 (청주부)성 동쪽 40리 鄭母店에 있는데 역점의 명칭인 鄭母를 바로 여기서 취한 것이다."라 했으니 "鄭母流芳"에서 "鄭母"란 곧, 서한 말기의 저명한 유학가이자 훈고학의 시조인 鄭玄의 어머니를 가리킴을 알 수 있다.

《三國志》,《後漢書》등의 사서 기록[218]에 따르면 鄭玄(127-200)은 자가 康成이며 北海 高密(지금의 산동 高密縣)사람이다. 정현은 어려서부터 학문에 뜻을 두고 京兆

---

216   "東十里, 聖水鋪 ; 二十里, 貫店鋪 ; 三十里, 大尹鋪 ; 東四十里, 範疃鋪 ; 東五十里, 堯溝鋪." 萬曆《益都縣誌》卷4《驛遞》, 明萬曆年間刻本.

217   "鄭康成母墓, 在(靑州府)城東四十里鄭母店, 店名鄭母取此." 嘉靖《靑州府志》卷11《陵墓》, 明嘉靖刻本, p.58b.

218   《後漢書》卷35《列傳第二十五》, 百衲本景宋紹熙刻本, pp.15b-23a.

(곧, 長安) 第五元先(제오원선-姓이 제오이고 이름이 원선임)을 선생으로 모시고《京氏易》,《公羊春秋》,《九章算術》등을 배웠고 東萊 張恭祖 등을 통해《周官》,《禮記》,《左氏春秋》를 통달하게 되었다. 그 후 다시 涿郡(탁군)의 盧植(노식), 洛陽의 馬融(마융) 등을 찾아가 스승으로 삼았다. 40세에 학문에서 일가를 이루었기에 고향으로 돌아갔는데 마융은 이 소식을 전해 듣고는 "정현이 지금 고향으로 떠났으니 나의 도가 이제 동쪽에도 전해지겠구나"[219]라고 했다. 고향으로 돌아간 정현은 경제적으로 빈곤하게 생활했으나 사람을 가르치고 인재를 기르는 일에 게으르지 않아 그를 따르는 제자가 점점 많아졌다. 그러나 당쟁에 연루되어 정계에 진출하는 길이 막혔기에 고향에 칩거하면서 경학 연구에만 몰두하였다.

14년이 지난 후 조정의 금령이 풀려 출사의 길이 다시 열리니 何進, 孔融(공융), 董卓(동탁), 袁紹(원소) 등 정현의 인품과 덕행, 학식을 숭모하던 자들이 그를 관직에 추천하였고 조정에서도 大司農의 직책을 내렸으나 정현은 모두 사양하고 받지 않았고 오직 학문에 전념하고 도를 전하는 데에만 몰두하여 마침내 수천 명의 제자를 거느린 정현학파를 이루었다. 정현은《周易》,《尚書》,《毛詩》,《周禮》,《儀禮》,《禮記》,《論語》,《孝經》등의 경서에 주석을 달았으며 저술로는《天文七政論》,《六藝論》,《毛詩譜》등이 있다.

> (膠州 高密)현 서쪽에 鄭公鄕이 있는데 北海相 孔融(공융)이 명하여 高密縣에 세운 마을이다. 劇縣(극현) 동쪽이 원래의 정현이 매장된 곳으로서 지금의 益都府 동쪽 50리 鄭墓店이 바로 그곳이다. 高密에 鄭公鄕이 있기에 현지인들이 鄭母라고 운운하며 와전시킨 것이다.
>
> (膠州高密)縣西有鄭公鄕, 孔北海告高密縣所立者. 劇東舊葬地, 即今益都府東五十里鄭墓店是也. 因高密有鄭公鄕, 土人訛爲鄭母云.
>
> —《齊乘·丘隴》[220]

---

219 "鄭生今去, 吾道東(傳)矣"《後漢書》卷35《列傳第二十五》, 百衲本景宋紹熙刻本, p.16b.
220 《齊乘》卷5《丘壟》, 淸文淵閣四庫全書本, p.18b.

한 정강성의 옛 무덤이 부성의 동쪽으로 40리 떨어진 鄭墓店에 있
었다. 齊乘의 高士傳에서 이르기를 "원소가 官渡(관도)에 진을 치고
정현을 압박하여 종군토록 했기에 부득이하게 따랐으나 병을 앓아 元
城에 이르자 죽게 되었고 극현 동쪽에 장사지냈다. 후에 그 묘가 훼손
되었기에 礪阜(여부)로 이장했다"라고 했으니 劇東이 원래 매장된 곳
이며 지금의 익도(청주)부의 동쪽으로 50리 떨어져 있는 정묘점이 바
로 그곳이다. 고밀에 정공향이 있었기에 현지인들이 鄭母라고 운운하
며 와전시킨 것이다. 옛 志에 정모묘라고 기록한 것은 속설을 따른 것
이므로 제승에 근거하여 바로잡는다.

> 漢鄭康成舊葬處, 在府城東四十里鄭墓店. 齊乘高士傳雲 : 袁紹屯
> 官渡, 逼元隨軍, 不得已, 載病至元城, 卒, 葬於劇東. 後因墓壞, 歸葬礪
> 阜. 劇東舊葬地, 即今益都(靑州)府東五十里鄭墓店是也. 因高密有鄭
> 公鄕, 土人訛爲鄭母云. 舊志載鄭母墓, 沿俗說也, 依齊乘正之.
> ―光緖《益都縣圖志·古跡志》[221]

《後漢書》의 기록[222]에 다르면 동한 말년 북해상을 지낸 공융은 정현을 무척이나
존중하고 흠모하였다. 그래서 현자를 추숭하고 선양하려는 뜻에서 정현의 고향이
소재한 고밀현의 현령에게 정현의 이름을 딴 독립된 마을을 설립할 것을 명했는데
정현을 太史公(司馬遷), 鄧公(陳承), 夏黃公(崔廣) 등과 동등한 지위에 놓는다는 의미
에서 "정공"이라고 칭하고 그 마을의 이름을 "정공향"이라고 정하게 했다. 동한 말
년 정공향은 바로 지금의 濰坊市 峽山區 鄭公街道 일대이다.

위의 《齊乘》과 光緖《益都縣圖志》의 기록에 따르면, 정현이 서거한 후 극현 동쪽
에 장사를 지냈고 이후 묘가 훼손되어 후인들이 高密 서북쪽의 "礪阜", 곧 지금의
濰坊市 坊子區 太保莊街道 後店西村 서쪽에 이장했다. 그런데 高密縣에 鄭公鄕이
있었기에 益都縣 사람들은 정현의 묘가 고밀현 정공향에 있을 것이라 착각했고 그

221　光緖《益都縣圖志》卷12《古跡志下》, 淸光緖三十三年刻本, p.17.
222　《後漢書》卷35《列傳第二十五》, 百衲本景宋紹熙刻本, pp.17b-18a.

래서 자기 고장에 있었던 "鄭墓(정현의 묘)"를 "鄭母(정현의 어머니의 묘)"라고 와전시켜 기록에 남겼다는 것이다. 그리고 "鄭母店"은 실제로는 익도현 동쪽 40리가 아니라 남동쪽으로 40리 떨어진 지금의 靑州市 譚坊鎭 鄭母社區 東鄭村, 中鄭村, 西鄭村 일대로서 "沮洱店"(지금의 靑州市 黃樓街道 巨彌村)으로부터 직선거리로 8.5km 떨어져 있다.

결국 명대 말기 益都縣 사람들은 애초에 익도현 劇縣에 조성된 "鄭墓(정현의 묘)"가 훼손되어 高密 서북쪽의 '礪阜(여부)'로 이장되자 원래 자기 고장 劇縣(鄭母店)에 있던 정현의 묘의 유적지를 "鄭母(정현의 어머니의 묘)"라고 착각하고 와전시켜 사람의 왕래가 빈번했던 역참마을인 "沮洱店"(지금의 巨彌村) 부근에 "鄭母流芳" 패문을 세워 鄭玄의 업적을 기리고 익도현의 문풍을 진작시키고자 했던 것이다.

사진 2-42 지금의 유방시 坊子區 太保莊街道 後店西村 부근에 있는 서한의 저명한 경학가 鄭玄의 墓
[조선사신들이 "沮洱店" 부근을 지나면서 본 "鄭母流芳" 欄門은 益都縣 사람들이 원래 익도현에 있던 "鄭墓(정현의 묘)"가 이곳으로 이장된 후, 원래 있던 묘를 "鄭母(정현 어머니의 묘)"로 착각하고 와전시켜 세운 것이다.]

사진 2-43　지금의 靑州市 譚坊鎭 鄭母社區 주민센터

한편, 정두원이 기록한 "沂公梓里(기공재리)"에서 "沂公"은 바로 北宋의 저명한
문인 王曾(왕증, 978-1038)을 가리키며 "梓里"는 故鄕을 뜻한다. 《宋史》의 기록[223]에
따르면 왕증은 字가 孝先이고 山東 益都(지금의 靑州)사람이다. 王曾은 어려서부터
총명하고 영특하여 文章을 잘 지었다. 北宋 咸平 年間에 鄕試, 會試. 殿試에 연달아
장원 급제하였다. 北宋 西崑體 문학의 대가인 楊億(양억, 974-1020)은 그의 시를 보
고 그 재능을 크게 칭찬하였고 宰相 寇准 (구준, 961-1023)또한 그의 재주를 인정하
여 秘書省著作郞, 直史館, 三司戶部判官 등을 제수하였고 그 후 大理寺郞中, 翰林
學士, 禮部侍郞, 禮部尙書 등의 요직을 역임했다. 北宋 景佑 2年 왕증은 재차 右僕
射兼門下侍郞, 章平事, 集賢殿大學士 등으로 승진하여 沂國公에 봉해졌다가 寶元
元年에 병사하였고 "文正"이라는 시호를 받았다. 저서로 《王文正工筆錄》이 있다.
왕증은 관직에 있을 때 정사를 행함에 청렴하고 조리가 분명하였으며 법도를 엄수
하였고 임금에게 진심을 다해 진언하였기에 당시 范仲淹 등 내각의 名士들의 존중
을 받았다. 康熙《益都縣誌》에 "王沂公의 방표가 훼손된 지 오래됐지만 지금도 아

223 《宋史》卷310《列傳第六十九》, 百衲本二十四史景元至正刻本, pp.12a-16a.

녀자와 아이들까지 그를 모르는 사람이 없다"[224]라는 기록이 있는데 여기서 언급한 "王沂公의 방표"가 혹시 조선 사신들이 기록한 "沂公梓里" 欄門일 수도 있으나 확정하기는 어렵다. 한편, 嘉靖《靑州府志》에 "宋 王曾의 무덤은 (靑州府)城 동쪽 40리 鄭母店에 있다"[225]라고 했다. 앞서 고찰한 "鄭母流芳" 欄門의 경우와 유사하게 왕증의 묘가 실제로는 鄭母店에 있었으나 "沂公梓里" 欄門은 "洰洱店" 부근 즉, 靑州市 黃樓街道 巨彌村에 있었다.

제5절 "蘇壯元鄕" 欄門, 東館店, "香山聳翠" 欄門, 蘇秦墓

(창락현에서 서쪽으로) 40리를 가면 "蘇壯元鄕(소장원향)"이라 쓰인 패문이 있는데, 蘇德祥(소덕상)은 宋 建隆 4년에 壯元을 했다.

(自昌樂縣西)行四十里, 有欄門, 書之曰 : "蘇壯元鄕", 蘇德祥, 宋建隆四年壯元.

— 鄭斗源《朝天記地圖》

정두원은 창락현에서 서쪽으로 40리(즉, 익도현 急遞鋪 중 하나인 大尹鋪) 부근에 "蘇狀元鄕"이라 쓰인 패문이 서 있다고 했다. 관련 사료의 기록에 따르면, 蘇德祥(?-?)은 五代시기의 후한 말에서 송초 사이 활동한 익도현 사람이며 오대 시기 후한의 승상 蘇禹珪(소우규, 894-956)의 아들로서 宋 建隆 4년(963)에 장원 급제하였다. 그 후 고향에 돌아왔을 때 태수가 그를 위해 잔치를 벌였는데 잔치 석상에 어떤 이가 "옛날 아버지는 황제를 시종하여 일찍이 재상이 되어 귀한 신분을 이루셨고 지금은 아들이 급제하여 進士試에서 장원을 하셨네"[226]라고 칭송했다 한다. 그 후 소

---

224 "王沂公之坊毁久矣, 然迄今婦人孺子無不知之" 康熙《益都縣誌》卷4《坊表》, 淸康熙十一年刊本, p.6b.

225 "宋王曾墓, 在(靑州府)城東四十裡鄭母店." 嘉靖《靑州府志》卷11《陵墓》, 明嘉靖刻本, p.59a.

226 "昔年隨侍, 嘗爲宰相郎君 ; 今日登科, 又是狀元先輩" 民國《山東通志》卷99《學校志》, 民國七年

덕상은 右補闕, 內供奉, 殿中丞 등을 역임했고《大宋新修後漢光武帝廟碑》,《贈南嶽宣義大師英公》,《新修江瀆廟碑記》등의 문장을 남겼다.

청말 민국초의 학자들은 "송 장원 소덕상은 그의 문장과 정치 행적을 후세에 남기지 않았으나, 후세 학자들은 모두 그의 관직 생활을 알고 있었으니 그의 후손인 蘇丕[227]가 歐陽修(1007-1072)와 교유하였다는 사실은 그 가문의 전통이 구양수의 풍격에 부합한 것이다. 또한 소덕상은 그 신분이 황실의 종친만큼 고귀하여 재상만이 다닐 수 있는 沙堤(사제)로 다닐 정도였으나 은거하여 출사하지 아니한 후손(즉, 소비를 말함)으로 인해 유명해졌으니 부귀영화는 명망을 쫓지 않고 명망은 부귀영화를 쫓지 않는 것임을 사람들은 깊이 생각해 보아야 하는 것이다."[228]라고 평가하고 있다.

명말 大尹鋪는 지금의 靑州市 黃樓街道 大尹村이다. 관련 지방지의 기록[229]에 따르면, 명 가정 연간에는 大尹鋪로 불렸고 益都縣 齊禮鄕 大尹社에 속했으며, 淸 康熙에서 咸豐 연간까지는 大尹鋪, 大尹集, 大尹社 등으로 불렸고, 淸 光緒 연간에는 大尹莊, 大尹鋪 등으로 불렸으며 두 시기 모두 益都縣 齊禮鄕 大尹社에 속했다. 1930년에는 益都縣 제10구 大尹鎭에, 1948년에는 益壽縣 大尹區에, 1952년에는 益都縣 제15구에, 1958년에는 益都縣 桃園人民公社에 소속되었다. 1981년에는 益

鉛印本, p.16a.

227 송나라 때 청주사람으로 젊었을 때 禮部 과거에 응시했으나 급제하지 못하자 옷을 털고 떠나면서 "이런 일에 연연하는 것은 대장부답지 못하다"라고 하고는 濰水의 물가에 초막을 짓고 살면서 50년 동안 성 내로 들어 가지 않았다. 구양수가 조정에 건의하여 沖退居士(충퇴거사)라는 호를 내렸으며 80여 세가 되어서 죽었다. 呂碧城著 ; 李保民箋注,《呂碧城詞箋注》,上海古籍出版社, 2001年版, p.250.

228 "宋狀元蘇德祥, 其文章政事無聞於後", 而 "後之學者猶稍稍知其仕宦年月, 以其孫蘇丕從歐文忠遊, 其家世文忠偶及之", 並感歎 "德祥身高三殿, 走馬沙堤, 而賴一隱居不仕之裔孫以顯, 鐘鼎之不文學, 文學之不鐘鼎, 人亦可以深長思矣." 民國《臨淄縣誌》卷2《輿地志下》, 民國九年石印本, p.63.

229 嘉靖《靑州府志》卷1《鄕社》, 明嘉靖年間刻本, p.64b ; 康熙《益都縣誌》卷4《市集》, 淸康熙十年刻本, p.15b ; 咸豐《靑州府志》卷25《鄕社》, 淸咸豐九年刻本, p.10b ; 光緒《益都縣誌》卷8《疆域志下》, 淸光緒三十三年刻本, p.1b ; 靑州市地名委員會編 :《靑州市地名志》, 天津人民出版社1991年版, pp.281-282.

都縣 王小人民公社에, 1984년 5월에는 益都縣 楊家莊鄉에, 2001년에는 靑州市 東夏鎮에, 2007년에는 靑州市 黃樓鎮에 속했다가 2010년부터 지금까지 靑州市 黃樓街道에 속해오고 있다.

사진 2-44   지금의 靑州市 黃樓街道 大尹村 주민위원회

    (9월)20일 맑음. 청주부성 밖을 지나 30리를 가서 東館店에 도착했는데 성절사 李重卿(이중경)이 역관에 먼저 도착해 있는 것을 보고 서로 대화를 나누고 집에서 부쳐온 편지를 읽었다.

    (九月)二十日, 晴. 過靑州府城外, 行三十里, 到東館店, 逢聖節使李重卿入驛館, 敍話, 見家書.

                                    ―吳允謙《海槎朝天日錄》

    명 천계 3년(1622) 9월 20일 북경에서의 사행 임무를 완수한 登極使 오윤겸은 익도현에서 동쪽으로 30리(오기이며 실제로는 20리임) 떨어진 "東館店"에서 북경으로 가던 李重卿(이중경) 즉, 冬至兼聖節使 李顯英[230]을 만나 대화를 나누었고 이현영

――――――――――――――

230 李顯英(이현영, 1573-1642)은 자가 重卿이고 호는 蒼古, 雙山이며, 韓山(지금의 忠淸南道舒川)사람이다. 宣祖28년(만력20년, 1592)에 급제하여 承文院에 부임했고 平安道評事, 平安道持平, 修撰,

이 직접 가지고 온 가족들의 편지를 받았다. 오윤겸은 이 때 다양한 소식을 접한 듯한데, 그가 조선에 귀국한 후 임금을 알현하기 위해 기다리면서 쓴 아래의 〈答錦溪君朴公(東亮)書, 壬戌〉이라는 편지에는 "東館店"에서 이현영과 만나 이야기하다가 "伯令[231](朴東亮[232]의 둘째형인 朴東說[233])이 사망하였다는 소식을 접하고 비통해 했다

校理, 知制教, 校洞縣監, 副修撰, 瑞興府使, 禮賓寺正, 奉嘗寺正, 弼善, 兵曹參判 등의 관직을 역임했다. 명 천계 2년(1622)에 동지겸성절사로 명나라에 출사하였고 "인조반정"에서 공을 세워 大司諫에 제수되었다. 명 숭정 9년(1636) "병자호란"이 발발하자 의병을 이끌고 후금군과 싸웠다. 그 후 청나라 瀋陽(심양)에 압송되었다가 명 숭정 15년(1642)에 조선으로 돌아오는 도중 平壤에서 병사했다. 이에 조정에서는 이현영을 영의정에 追贈하고 "忠貞"이라는 시호를 내렸다. 한국학중앙연구원, 한국역대인물종합정보시스템 (http://people.aks.ac. kr/index.aks) 이현영 항목 참조 및 요약.

231　伯令(백령)이란 원래 친형을 가리키는 말인데 여기서는 박동량의 둘째 형인 朴東說을 가리킨다. 《寒岡先生文集卷之三》《書-答柳而見》에 "일찍이 소식을 들으니, 대감의 형님이 갑자기 세상을 떠난 뒤에 대감께서 또 큰 변고를 당했고 얼마 안 되어 또 대감 宗家에 상이 있었다 하였습니다.(曾竊聞伯令公奄忽之後. 台又旋遭大故. 未幾而又有台宗姪之喪)"라는 표현이 보인다.《簡易集》제2권《大司憲 朴公 神道碑銘》에 따르면, "금계공 박동량은 대사헌 박응복의 막내 아들로 3명의 형이 있었는데, 맏형인 朴東尹은 생원으로 벼슬하여 世子副率(세자부솔)로 있다가 아버지인 박응복보다 먼저 죽었고, 둘째 형인 박동열은 弘文館 校理였는데 1622년(임술년)에 죽었다(配貞夫人善山林氏. 別坐九齡之女. 生四男一女. 男東尹. 生員. 仕爲世子副率. 先公歿. 而東說. 弘文校理. 東望. 平山府使. 東亮. 吏曹參判. 皆文科也.)" 그러므로 여기서 말하는 백령은 둘째형인 박동열을 가리킨다. 셋째 형인 朴東望은 平山府使를 지냈다.

232　朴東亮(박동량, 1569-1635) 자는 子龍, 호는 寄齋(기재), 梧窓(오창), 혹은 鳳洲이며 시호는 忠翼이고 대사헌 박응복의 막내 아들로 태어났다. 1589년(선조 22) 진사시에 합격, 이듬해 증광 문과에 병과로 급제하고 승문원부정자로 등용되었고 1592년 임진왜란 때 병조좌랑으로 선조를 의주까지 扈從(호종)했다. 중국어를 잘해 의주에 있는 동안 대명외교에 큰 공을 세웠다. 1604년 扈聖功臣 2등으로 錦溪君에 봉해져 호조판서에 임명되었다. 선조로부터 영창대군을 잘 보호하라는 부탁을 받은 소위 遺教 七臣의 한 사람으로서 大北派의 견제대상이었고 이로 인해 계축옥사 때 모반 혐의로 감옥에 투옥되기도 했다. 1623년 인조반정이 일어나자 복권되는 듯했으나 인목대비의 유릉 저주 사건에 애매한 태도를 취한 죄로 부안에 유배되었다가 1632년(인조 10)에 석방되어 고향으로 돌아왔다. 저서로는《寄齋史草》,《寄齋雜記》,《放逸遺稿》등이 있는데,《기재사초》,《기재잡초》는《大東野乘》에 수록되어 당쟁과 관계 깊은 士禍, 獄事에 대한 역사, 임진·병자의 난에 관한 역사 연구에 참고자료로 널리 활용되고 있다. 한국학중앙연구원, 한국역대인물종합정보시스템 (http://people.aks.ac. kr/index.aks) 박동량 항목 참조 및 요약.

233　朴東說(박동설, 1564-1622) 자는 悅之, 호는 南郭 혹은 鳳村이고 아버지는 대사헌 박응복이며 동생이 금계군 박동량이다. 1585년(선조 18) 진사가 되었으며 1594년 정시 문과에 장원으로 급제, 성균관전적에 제수되었다. 1613년 (광해군5년) 癸丑獄事가 일어나자 폐모를 반대하던 박동량과 함께 옥에 갇히기도 했다. 만년에 松楸(송추)에 은거할 때 李恒福과 자주 왕래했다. 저서로《봉

는 대목이 나온다.

〈금계군 박동량 공에서 쓰는 편지-임술년(1622년)〉

　북경에서 청주로 돌아오는 길에 동지성절사 이현영(字가 중경)을 만났는
데 공의 둘째 형이신 박동열의 부음을 들었으니 놀라고도 슬픈 마음을 어
찌 말로써 표현하겠습니까? 지금 생각해도 목이 멜 따름입니다. 여기 멀리
서 안부를 묻는 공의 편지를 직접 받자오니 눈앞에서 뵙는 듯이 마음이 놓
이고 크게 위로가 됩니다. 비천한 소생은 공의 염려 덕분에 쇠약하고 병든
몸을 이끌고 선사포에 도착하였습니다. 옥하관에서 크게 앓아 여러 번 죽
을 뻔하다가 살아났고 석성도에서 풍파를 만나 배가 전복되어 죽다가 살아
났습니다. 비천한 목숨이 이처럼 질기기는 하나 임금께서 明朝의 칙서를
받드는 일을 점점 미뤄 교외에서 머문 지 이미 오래되었습니다. 사람들이
도성에 들어가는 것이 바다를 건너기보다 어렵다고 하더니 알고 보니 도성
에 들어오는 것보다 도성을 나가는 것이 더 어렵습니다. 돌아가면 제 본분
을 좇아 전원에서 제 명을 마칠까 합니다. 여기에 다른 선택이 없음을 가늠
할 수 있으실 것입니다. 조만간 직접 얼굴을 뵈올 것이니 이제 더 쓰지 않겠
습니다. 대감께 엎드려 삼가 살펴주시기를 바라옵니다.

　答錦溪君朴公(東亮)書壬戌
　在青州路上, 逢李重卿, 承伯令之訃, 惊慟之懷, 以何言盡情, 至今思之哽
塞. 玆承遠問, 披奉手字, 宛然如拜, 开慰亡量. 鄙生蒙眷庇, 扶將衰疾, 回泊
舊岸. 玉河大病, 累絕而蘇 ; 石城風濤, 敗覆還全. 賤命之頑如此. 迎勅漸退,
尙滯郊外. 人言入城難于過海, 果然入城, 便是出城. 還尋本分, 畢命田間. 此
外無他, 可商量也. 早晚承面悟, 今不一, 伏惟台鑒.
　　　　　　　　　　　　　　　　　　　　　　　　　　—吳允謙《楸灘集》

────────────

촌집(鳳村集)》이 현재 전하고 있다. 한국학중앙연구원, 한국역대인물종합정보시스템 (http://
people.aks.ac. kr/index. aks) 박동설 항목 참조 및 요약.

(익도)현 동쪽에 貫店이 있으며 그 앞으로 貫水가 흐른다. 이곳 역참촌은 번화하고 화려하다.

(益都)縣東有貫店, 前有貫水, 閭里繁侈.

— 金德承《天槎大觀》

김덕승이 언급한 "貫店"은 앞서 오윤겸이 "동관점"으로 기록한, 익도현의 동쪽으로 20리 떨어진 곳에 있는 貫店鋪이다. 관점포는 지금의 靑州市 黃樓街道 大貫店村과 小貫店村 지역이다. 관련 지방지의 기록[234]에 따르면 마을에 절이 있었는데 그 절 이름이 "貫寺"였으므로 거기에서 마을 이름을 취한 것이라 한다. 명 가정에서 청 함풍 연간까지는 貫店鋪로 불렸고 益都縣 安定鄕 貫店社에 속했으며 청 광서 연간에는 貫店鋪, 大貫店, 小貫店, 貫店 등으로 불렸고 역시 益都縣 安定鄕 貫店社에 속했다. 1930년에는 大貫店, 小貫店으로 불렸고 益都縣 第一區 貫店鄕에 속했으며 1948년에는 益都縣 第二區 貫店鄕에, 1958년에는 昌濰地區 陽河人民公社에, 1962년에는 昌濰地區 東壩人民公社(동패인민공사)에 속하였다. 1984년에는 靑州市(縣級) 東壩鄕(동패향)에, 1986년에는 靑州市 東壩鄕에, 1992년에는 靑州市 東壩鎭에, 2005년에는 靑州市 東壩街道에, 2007년에는 靑州市 黃樓鎭에, 2010년부터 현재까지 靑州市 黃樓街道에 속해오고 있다.

김덕승이 언급한 "貫水"는 현재 大貫店村의 서쪽을 흐르는 南陽河이다. 관련 지방지의 기록[235]에 따르면, 남양하는 南陽水, 陽水, 濁水, 瀰水(승수)라고도 불렸으며 옛날 사람들이 "승수는 얼지 않아 마른 말은 건너지 못했다"[236]라고 했던 바로 그 강이다. 청주시 王府街道 大銀山의 남쪽 기슭에서 발원하여 서쪽에서 동북쪽으로 흘러

---

234 嘉靖《靑州府志》卷11《鄕社》, 明嘉靖刻本, p.47a ; 咸豐《靑州府志》卷25《鄕社》, 淸咸豐九年刻本, p.12a ; 光緒《益都縣圖志》卷8《鄕約》, 淸光緒三十三年刻本, p1a.

235 《大明一統志》卷24《靑州府》, 明天順五年內府刻本, p.29a ; 嘉靖《山東通志》卷6《山川》, 明嘉靖刻本, p.15b ; 靑州市地名委員會編 : 《靑州市地名志》, 天津人民出版社1991年版, p.466.

236 "瀰水不冰, 瘦馬不渡者"(淸)汪日昕 : 《京省水道考》卷4《山東水道考》, 淸乾隆四十八年燃藜軒刻本, p.10a.

청주시 王府街道 남쪽 지역을 경유하여 지금의 청주시 博物館 북쪽 71저수지(南陽湖)에서 瀑水澗(폭수간)과 합류한다. 그리고 다시 북쪽으로 흘러 王府街道 북부, 雲門山街道 북부, 黃樓街道 중부를 지나 黃樓街道 東陽河村 서쪽에서 彌河에 합류하여 북쪽으로 발해에 유입된다. 강의 길이는 32.5㎞, 유역면적은 171㎢, 원래는 항상 물이 흐르는 하류였으나 60여 년 전부터 우기에만 물이 흐르는 계절성 하류로 변했다.

사진 2-45   지금의 大貫店村과 小貫店村 사이를 흐르는 南陽河

사진 2-46   지금의 大貫店村과 小貫店村 사이에 놓인 南陽河橋
(관련 지방지의 기록[237]에 따르면 여기에 원래 "復古橋"라는 다리가 있었고 명대 이전에 세워져 登州, 萊州, 靑州를 연결하는 驛道가 지났다고 하니 명말 조선 사신들 대부분이 당시 여기 놓인 復古橋를 건넜을 것이다.)

---

237   靑州市鎭村志編纂委員會編《靑州鎭村志(黃樓街道卷)》, 團結出版社2019版, p.83.

(창락현 서쪽에서) 50리 가니 "香山聳翠(향산용취)", 라 쓰인 패문이 서 있다. 내가 생각건대 아마도 雲門山을 가리키는 듯한데 정확한 내용을 확인하지는 못했다.

(自昌樂縣西)行五十里, 有欄門, 書之曰 : "香山聳翠", 疑是指雲門山而臣未得詳焉.

—鄭斗源《朝天記地圖》

정두원은 익도현 貫店鋪" 부근에 "香山聳翠(향산용취)" 패문이 있다고 했는데 이 패문에 현액된 "香山(향산)"은 정두원이 추측한 靑州 雲門山이 아니라 지금의 靑州 譚坊鎭(담방진)에 소재한 "香山"을 가리킨다. "聳翠(용취)"란 산맥이나 수목이 높이 솟아 싱그럽게 짙푸른 모습을 형용하는 것이다. 당나라 高揚庭의《瑞麥賦(서맥부)》에 "보리 까끄라기 촘촘하게 밭이랑 위로 머리를 내밀고, 보리잎은 뾰족이 솟아나 싱그럽게 짙푸르네(芒纖纖而擢隴, 葉靑靑而聳翠)"[238]라는 표현이 보인다. 咸豐《靑州府志》의 기록에 따르면 "崌山(기산)은 香山이라고도 하는데 府城 동쪽 45리에 있다."[239]라고 했으며《讀史方輿紀要》에도 "郡의 경내 수많은 산들은 모두 서남쪽에 몰려 있고 동쪽 교외 100여 리로는 오직 香山만이 우뚝 솟아 독특한 산세를 이루었다."[240] 라고 했다. 또한 일찍이 익도현의 명사인 傅國(부국 1576-1644)[241]은《香山》이

---

238 (淸)董誥等輯 :《全唐文》卷950《高揚庭》, 淸嘉慶十九年武英殿刻本, p.3a.

239 "崌山, 亦曰香山, 在府城東四十五里." 咸豐《靑州府志》卷21《山川考一上》, 淸咸豐九年刻本, p.6a.

240 "郡境諸山多在西南, 東郊平原百餘里, 惟香山童然特峙."《讀史方輿紀要》卷35《山東六》, 淸光緒二十七年上海圖書集成局鉛印本, p.9b.

241 "傅國(부국, 1576-1644)은 자가 鼎卿(정경)이고 부모가 징조를 얻어 낳은 자식이라 태어날 때부터 총명했다. 7세에 霜林賦를 지었는데 천여 자에 이르렀고 14세에 생원이 되었으며 만력41년에 진사가 되어 河南 通許 知縣에 제수되었다. 어려운 獄事를 잘 해결했으며 공정하게 일을 처리하고 청렴결백했기에 일시에 청백리로 알려졌다. 이후 戶部 主事와 員外가 되었는데 후금과의 전쟁에 쓸 물자를 백성들에게 추렴함에 있어 戶部尙書 郭允厚가 군량이 제때 공급되지 못하니 각 州縣에 더 많은 양식을 거둘 것을 재촉했다. 이에 부군이 말하기를 '희녕 원풍 년간에 시행된 왕안석의 靑苗諸法으로 인한 피해로 민간에서 더 거둘 세금이 없습니다. 민심이란 한 번 잃으면 천하의 일을 제대로 해낼 수 없습니다. 지금 해마다 정해진 세금을 걷으면서 다시 군량

라는 시를 남겨 "줄사철나무 사이로 좋은 바람 불어오고, 포도나무 그늘 시원하며 고사리 산나물 부드럽기 그지없고, 山茶나무 잎사귀에 향기로운 이슬 맺히는"[242] 아름다운 향산의 풍경을 노래했다. 지방지의 기록[243]에 따르면, 향산은 일찍이 琪嶺 (기령), 琪山, 箕山(기산)으로 불리다가 元代에야 비로소 향산으로 불리기 시작했다고 하며 청주시 시내에서 동쪽으로 21㎞ 떨어진 譚坊鎭 중부지역에 있다. 향산의 전체 면적은 2.5㎢, 主峰은 譚坊鎭 山前張家村의 북쪽 700m 지점에 있으며 해발 189m인 그다지 크지 않은 산이다. 이상의 내용을 종합하면, 옛날 "香山聳翠" 패문이 서있던 "貫店鋪" 즉, 지금의 大貫店과 小貫店村에서 동남쪽을 바라보면 아름다운 香山을 조망할 수 있었을 것이다.

미를 추렴하고 또다시 각종 명목으로 추징하니 군량미가 충족되기 전에 백성들이 먼저 곤경에 빠질 지경이므로 장차 천하 후세에 해를 끼칠 것입니다.'라고 했다. 이에 곽윤후가 불쾌하게 여기고는 요동 督餉使로 임명하고는 관직을 삭탈하였다. 이에 고향에 돌아가 야산(필자의 추측으로 이 산이 향산일 가능성이 있음)에 누각을 짓고 만 권을 책을 쌓아두고는 "凝遠(응원)"이라 써 붙이고 저술에 몰두하였으며 스스로 "雲黃山人"이라 칭했다. 甲申년에 京師가 후금의 손이 넘어가자 관복을 갖추어 입고 누각에 올라 北望하여 再拜하고 통곡하였다. 갑자기 도적떼 100 여 명이 말을 타고 침입하여 누각을 불태우니 하인과 종들은 모두 달아났으나 부국은 의관을 단정히 하고 앉아 서책들과 함께 불타 죽었다. 저술로는 《雲黃集》, 《雲黃別集》, 《四書中注》, 《五經中注》, 《昌國艅艎(창국여황)》, 《咸平陽秋(함평양추)》, 《咸平刑書》등 몇 권이 있다.(傳國, 字鼎卿. 應兆子, 生有宿慧, 七歲作霜林賦, 累累千百言. 十四補諸生, 萬曆四十一年進士, 授河南通許知縣. 善決疑獄, 務爲淸靜廉平, 一時有靑天之目. 遷戶部主事, 升員外. 會軍興, 戶部尙書郭允厚以餉不時給, 請加派州縣. 國曰: 熙, 豊靑苗諸法, 尙不肯加賦民間, 謂民心一失, 天下事不可爲也. 今正供之外, 復有添餉, 添餉之外, 複有雜項, 恐兵未足而民先困, 將遺害天下後世矣. 郭不懌, 令督餉遼東, 削籍歸. 置一樓亂山中, 貯書萬卷, 顏曰凝遠, 著述不輟, 自號雲黃山人. 甲申, 聞京師陷, 具冠服登樓北望, 再拜痛哭. 忽有土寇百餘騎突至, 積薪焚其樓, 僕婢輩皆逸去. 國整衣冠端坐, 與圖書俱燼. 著有雲黃集, 雲黃別集, 四書中注, 五經中注, 昌國艅艎, 鹹平陽秋, 咸平刑書若干卷.)" 咸豊《靑州府志》卷45《人物傳八》, 淸咸豊九年刻本, pp.25b-26a.

242 "薜荔來風好, 葡萄蔭日涼. 野薇紫其嫩, 山茶白露香"(民國)趙東甫輯:《靑州明詩抄》卷4, 靑州古籍文獻便委員會:《靑州古籍文獻》14, 內部資料2008年版, p.287.

243 靑州市地名委員會編:《靑州市地名志》, 天津人民出版社1991年版, p.456.

사진 2-47   지금의 香山 원경

蘇秦墓(소진묘)가 (익도)현의 동쪽에 있는데 소진은 燕나라에서 齊나라로 도망쳐 왔으므로 齊大夫가 그와 왕의 총애를 다투다가 끝내 그를 죽이고 여기에 장사를 지냈다.

蘇秦墓在(益都)縣東, 秦自燕奔齊, 齊大夫與秦爭寵殺之, 葬此.

—金德承《天槎大觀》

(창락현 서쪽에서) 51리를 가면 蘇秦墓가 있는데 전국시기에 蘇秦이 齊나라로 도망쳐와 제나라 사람과 왕의 총애를 다투었기에 그를 죽여 여기에 장사지냈다.

(自昌樂縣西)行五十一里, 有蘇秦墓, 戰國時蘇秦奔齊, 齊人爭寵, 殺之葬此.

—鄭斗源《朝天記地圖》

윗글에 따르면, 전국시기 유세객으로 활약한 蘇秦(소진, ?-?)의 무덤이 창락현의 서쪽 51리 곧, 익도현의 동쪽 19리 지점인 貫店鋪 서측에 있었다. 소진의 무덤이 있는 명대 蘇阜社(소부사)는 지금의 청주시 東夏鎭 蘇埠屯村(소부둔촌)으로 소부둔이란 이름은 소진의 무덤이 소재하여 붙여진 이름이다.

소진은 전국시기 중기 유세객으로 6국이 연합하여 秦나라에 대항해야 한다는 "合縱說"로 유명해졌다. 《史記》의 기록[244]에 따르면 소진은 東周 洛陽(지금의 河南 洛陽)사람으로 "縱橫家"의 시조인 鬼谷子에게 사사했다고 한다. 처음에는 秦惠王, 趙肅侯(조숙후) 등 제후에게 유세했으나 그의 의견이 받아들여지지 않았다. 그런데 秦나라가 魏나라를 공격하여 雕陰(조음, 지금의 陝西 延安 甘泉일대)을 점령한 후 계속 동쪽을 정벌하려고 하자 나머지 6국의 제후들은 진나라의 침략을 두려워하기 시작했고 소진의 건의를 받아들여 드디어 기원전 333년에 燕, 趙, 韓, 魏, 齊, 楚 등 6국의 합종이 성립되었다. 이에 따라 소진은 6국 재상의 官印을 하사받고 조숙후에 의해 武安君에 봉해졌다. 소진은 6국의 맹약을 진나라에 보내 진나라의 東進을 15년 동안이나 막아냈다.

그러나 張儀의 "連攛策(連衡策이라고도 함)"을 받아들인 진나라가, 제와 위나라를 선동하여 조나라를 공격하게 하자 소진이 이룬 합종 연맹은 와해되었다. 이에 소진은 조나라를 떠나 연나라에 가서 벼슬을 했다. 그 후 다시 제나라로 갔는데 제나라 대부에게 죄를 지어 결국 車裂刑(거열형)에 처해 죽었다. 평민 출신으로 6국 연합을 이루어 15년간 진나라의 동진을 저지한 소진에 대해 사마천은 "그 지혜가 탁월한 자"[245]라고 평가했다.

咸豊《青州府志》의 기록에 따르면 "蘇秦의 묘는 (青州)府城 동쪽 25리 蘇阜社에 있다"[246]고 했는데, 이는 김덕승이 기록한 바, 蘇秦의 묘가 益都縣의 동쪽에 있다는 사실과는 일치하나 蘇埠屯村은 大尹村의 동북 5㎞ 지점에 있어 이곳을 지나는 驛道와는 꽤 먼 거리이다. 이러한 사실은 蘇秦墓 방표가 앞서 살펴본 "鄭母流芳"이나 "沂公梓里" 패문의 경우와 비슷하게, 실제로 소진의 묘가 있는 소부둔촌이 아니라

244 《史記》卷69《蘇秦列傳九》, 百衲本二十四史景宋刻本, pp.1a-29b.
245 "此其智有過人者"《史記》卷69《蘇秦列傳九》, 百衲本二十四史景宋刻本, p.29a.
246 "蘇秦墓, 在(青州)府城東北二十五里蘇阜社." 咸豊《青州府志》卷24下《古跡考下》, 清咸豊九年刻本, pp.1b-2a.

사람의 왕래가 많은 역도에 가까운 大尹鋪의 서측에 세워져 있었음을 뜻한다.

사진 2-48   지금의 靑州市 黃樓街道 大貫店村 村碑

사진 2-49   지금의 靑州市 黃樓街道 大貫店 주민위원회

사진 2-50   지금의 靑州市 黃樓街道 小貫店村 주민위원회

필자 일동이 현지답사 과정 중에 만난 성명 미상의 촌민(성명을 밝히기 원하지 않았음)의 증언에 따르면, 옛 官道가 大貫店 남측을 관통하여 南陽河와 小貫店村의 남측을 차례로 지난 후 聖水村까지 이르렀으며 大貫店村에서 聖水村에 이르는 구간의 官道를 "瓜市街(과시가)"라고 불렀다고 한다.

사진 2-51 지금의 小貫店村 南側의 瓜市街
(이 구간은 도로 포장 확장 공사가 이루어 지지 않아 옛 驛道 원형을 잘 보존하고 있다)

사진 2-52 靑州市 東聖水와 小貫店村으로 이어지는 지금의 瓜市街
(이 구간은 도로 포장이 이루어져 옛 역도의 원형이 사라졌다.)

제6절 十里鋪(聖水廟)

(3월)15일 기사일. 창락현에 도착했다. ……아침에 淄河店(치하점)을 출발하였다. ……正使(李慶全)은 城東店에서 아직 출발하지 않았기에 들어가 뵙고 술 한 잔을 함께 마셨다. 먼저 출발하여 十里鋪에 도착하니 길가에 가마꾼들이 기다리고 있었기에 가마를 타고 여정에 올랐다. (창락)현성 밖 南館馹(남관일)에 도착했다. 이날은 60여 리를 이동했다.

(三月)十五日, 己巳, 到昌樂縣. ……早發淄河店, ……正使在城東店, 未發, 入見共酌一鮑杯. 先行到十里鋪, 轎夫等候于路傍, 遂乘轎而行. ……抵(昌樂)縣城外南館馹, 是日行六十餘里.

—李民宬《癸亥朝天錄》

　　(貫水)의 서쪽에 龍王廟가 있다. 옛날 唐 太宗이 동쪽으로 원정을 갈 때 여기에 이르렀는데 100만의 병사가 목이 말랐으나 마실 물이 없었다. 갑자기 이곳 靈泉(영천)에서 샘물이 솟아났기에 사당을 세우고 용왕의 소상을 세워 제사를 지냈으며 용왕묘라고 칭했다. 당 태종이 원정에서 돌아올 때도 여전히 샘물이 솟아 흐르고 있었다.

　　(貫水)西有龍王廟, 昔唐太宗征東至此, 百萬兵渴而無水, 靈泉忽湧, 仍立祠, 塑龍王像以享之, 名其廟曰聖水廟, 及其征還, 余湧尙流.

—南以雄《路程記》

　　명 천계 4년(1624) 이민성은 귀국길에 익도현 동쪽에 있던 十里鋪를 지났다. 嘉靖《靑州府志》의 기록에 따르면 "(익도현 급체포)인 勝水鋪(승수포)는 성의 동쪽 10리에 있었다."[247] 승수포는 지금의 靑州市 雲門山街道 東聖水社區(村)이다. 관련 지방지의 기록[248]에 따르면, 명 가정 연간에 勝水鋪, 聖水로 불렸으며 益都縣 安定鄕 聖水社에 속했고, 청 강희에서 광서 연간에는 聖水鋪, 聖水莊, 聖水 등으로 불렸으며 여전히 익도현 안정향 성수사에 속했다. 1929년에는 익도현 제1구 東關鎭에, 1935년에는 익도현 제1구 陽河鄕에, 1948년에는 익도현 제2구에, 1958년 9월에는 익도현 城關公社에, 1962년에는 익도현 東壩公社(동패공사)에 소속되었다. 1984년에는 청주시(縣級) 東壩鄕에, 1992년에는 청주시 東壩鎭에, 2005년에는 청주시 東壩街道에 속했으며 2007년 5월부터 지금까지 靑州市 雲門山街道에 속해오고 있다.

　　남이웅은 貫水, 즉 지금의 南陽河의 서쪽에 "聖水廟"가 있다고 했는데 중국 지방지에는 聖水祠라고 기록되어 있다. 嘉靖《山東通志》에 "聖水祠는 府城 동쪽 10리 聖水社 옆에 있다. 두 곳에서 샘물이 솟는데 맑고 투명하며 달고 시원하였으며

247　(益都縣急遞鋪)勝水鋪, 城東十里." 嘉靖《靑州府志》卷11《驛傳》, 明嘉靖刻本, p.41a.

248　嘉靖《靑州府志》卷11《鄕社》, 明嘉靖刻本, p.47a ; 康熙《靑州府志》卷4《鄕社》, 淸康熙十六年刻本, p.18b ; 康熙《益都縣誌》卷3《社驛》, 淸康熙十一年刊本, p.21b ; 咸豊《靑州府志》卷25《營建考一》, 淸咸豊九年刻本, pp.10b-11a ; 光緖《益都縣圖志》卷8《疆域志下》, 淸光緖三十三年刻本, p.1b ; 靑州市志編纂委員會編 : 《靑州市志》, 南開大學出版社1989年版, pp.110-119 ; 靑州市地名委員會辦公室編 : 《山東省靑州市地名志》, 天津人民出版社1992年版, pp.4-45.

가뭄이 들어도 수량에 변화가 없었고 거기서 기우제를 지내면 비가 내렸다."[249]라는 기록이 보인다. 聖水祠(성수사)는 지금 靑州市 雲門山街道 東聖水社區 (村) 남쪽에 있으며 "聖水娘娘殿"으로 불린다. 그런데 흥미로운 점은 조선 사신 남이웅은 "성수사"의 명칭이 당 태종 이세민의 東征과 연관이 있다고 설명했는데 중국 지방지에는 이러한 기록이 없다는 점이다. 명 만력 연간 익도현 출신으로 예부상서까지 지낸 馮琦(풍기)가 찬술한 〈重修聖水神祠記〉의 기록[250]에 따르면, 성수사는 원래 龍神祠였는데 산동 일대에 큰 가뭄이 들자 元代 山東鎭遏官(산동진알관) 光祿大夫 司農 元哲溥化(원철부화)가 사람을 파견하여 성수사에서 기우제를 지내게 하였고 즉시 응험함이 있었다. 그래서 원철부화가 용신사를 중수하고는 "성수사"로 개칭했다고 한다. 光緒《益都縣圖志》의 기록[251]에 따르면, 그 후 계속 현지인들은 성수사를 중히 여겨 명 홍무 17년, 만력11년, 만력 46년, 청 강희30년, 건륭 59년에 계속해서 보수하여 현재까지 이르렀다고 한다.

그렇다면 남이웅은 어떻게 해서 중국 지방지와 다른 기록을 남기게 되었던 것일까? 이는 아마도 남이웅이 현지에서 떠돌던 민간의 전설을 듣고 채록한 것으로 보인다. 산동 중동부 일대(일명 膠東半島교동반도)에는 진시황과 한무제가 신선을 찾아 동쪽으로 왔다는 전설, 당 이세민의 동정 전설, 戚繼光(척계광, 1528-1588)의 왜구 토벌 전설 등이 광범위하게 유포되었다.[252] 당 이세민의 동정이란 일반적으로 고구려 원정을 말하는데(어떤 전설에는 산동지역 왜구를 토벌한 것이라 하는데 신빙성이 없음)《新唐書》의 기록[253]에 따르면, 정관18년(644), 정관21년(647), 정관22년(648) 총 3차례 고구려 원정이 있었으나 당 태종이 親征을 한 것은 첫 번째 원정 단 한 번뿐

249 "聖水祠, 在府東十里聖水社邊. 有泉二泓, 澄瑩甘冽, 水旱不加盈涸, 禱雨輒應." 嘉靖《山東通志》卷18《祠祀》, 明嘉靖肯本, p.34b.

250 康熙《靑州府志》卷22《藝文上》, 淸康熙十六年刻本, p.33a.

251 光緒《益都縣圖志》卷13《營建志上》, 淸光緒三十三年刻本, p.10.

252 魯東大學膠東文化研究院編, 《膠東文化與海上絲綢之路論文集》, 山東人民出版社, 2016, p.294.

253 [宋]歐陽修等 : 《新唐書》重印本, 中華書局1975年版, pp.43, 46-47.

이었고 이것도 당 태종은 요동 육로로 간 것이기 때문에 산동을 지난 적이 없다. 그러나 세 번째 원정에서 육군은 요동길로, 수군은 산동반도를 거쳐 萊州灣(내주만)에서 발해를 건너 육군과 협공을 했기 때문에 당의 군대가 청주 일대를 지났음은 역사적 사실이다. 그러므로 당의 군대가 청주 일대를 지났다는 역사적 사실에 기초하여 현지에서 민간의 상상력이 더해져 이러한 성수사의 전설이 만들어지고 구전된 듯하다. 실제로 남이웅의 성수사 전설과 유사한 이야기가 당나라 군대가 지나간 지역 곳곳에 현재까지 전해져 온다.[254]

사진 2-53   지금의 聖水娘娘廟 앞에 있는 馬踏泉

사진 2-54   현재의 聖水祠(지금은 聖水娘娘殿이라 불린다)

---

254 예를 들어, 지금 河北省 唐山市 鐵廠鎭(철창진)에는 湧泉寺(용천사)라는 절이 있고 거기에 湧珠(용주)라는 샘물이 있다. 전설에 따르면 당 태종이 동정할 때 말과 병사에게 물을 먹이는데 샘이 조금도 마르지 않아 聖水라는 이름을 하사하고 聖水泉이라 불렀는데 소나무와 바위가 무성한 나지막한 산기슭에 샘물이 반석을 뚫고 올라와 포말을 이루고 구슬처럼 떨어졌다 한다. 그러나 《遵化州志》에는 이러한 전설이 기록되어 있지 않다. (遠文如主編 ; 趙建輝副主編 ; 孫偉, 黃慧勤, 溫沛金, 李克明, 岳樹木, 程水星, 周鳳軍, 李寅編輯,《遵化文史資料大全(下)》, 2013, p.331.)

사진 2-55   明 萬曆 연간 禮部尙書
馮琦가 쓴 〈重修聖水神祠記〉

사진 2-56   지금의 聖水祠 門樓

사진 2-57   지금의 東聖水村 村碑

　　그 밖에 주의를 기울여야 할 점은 2장 4절에서 홍익한이 명 천계 5년(1625) 귀국
길에 靑州 張孟口店을 지났다고 기록한 것이다. 張孟口店은 청주부성에서 북쪽 18
리[255]에 위치한 역참으로 이는 조선 사신들이 북경을 갈 때와 올 때 완전히 동일한
경로를 경유한 것이 아니라는 것을 말해준다. 곧, 귀국 시에는 공물이나 공식적인
외교문서 등 챙겨야 할 여행 짐이 많지 않아 주요 역참에 들러 거마와 인부를 자주
교체할 필요가 없으므로 때때로 지름길을 이용하기도 했다는 것이다. 홍익한 일행
이 귀국할 때는 북경으로 갈 때와는 달리 익도현 金嶺驛(금령역)을 출발하여 張孟
口店, 辛城鋪, 懶柳樹鋪(뇌류수포)를 차례로 지난 후 익도현의 동쪽 30리에 있던 대
윤포에 도착한 듯하다. 이처럼 張孟口를 지나는 역도를 靑州府 東路라고 하는데
"길이 험하기는 했으나",[256] 역시 청주부 익도현 북쪽의 주요 역로 중의 하나였다.

　　張孟口店은 지금의 靑州 經濟開發區 張孟口村이다. 관련 지방지 기록[257]에 따르
면 張孟口라는 명칭은 명대 말기부터 지금까지 변한 적이 없으며 明淸 시기에는
益都縣 務本鄕에, 民國시기에는 益都縣 第六區에 속하였다. 1951년에는 益都縣
十四區에, 1955년에는 益都縣 張孟鄕에, 1958년에는 益都縣 張孟人民公社에 속하
였다. 1982년에는 王母宮鄕에 속했고 1982년에는 張孟口村과 小辛莊村를 병합하
여 張孟口村으로 통칭했고 1984년에는 靑州市 王母宮鎭에, 2009년에 靑州 經濟
開發區에 속하여 지금에 이르고 있다. 嘉靖《靑州府志》에 "懶柳樹鋪는 城의 東北
20리에 있다"[258]고 했으며 지금의 靑州市 東夏鎭(靑州 經濟開發區가 관할함) 懶柳樹
村이다. 관련 지방지 기록[259]에 따르면 懶柳樹라는 명칭은 明末부터 지금까지 변화

255　嘉靖《靑州府志》卷3《市集》, 明嘉靖刻本, p.16b.

256　"(靑州府)東北有張孟口, 路頗險要, 謂之府東. 南, 北二路, 南路由府, 北路由北城北也."(咸豐《靑州
　　　府志》卷23《考二》, 淸咸豐九年刻本, p.4)

257　嘉靖《靑州府志》卷11《鄕社》, 明嘉靖刻本, p.46b ; 康熙《靑州府志》卷4《鄕社》, 淸康熙六十年刻
　　　本, p.18a ; 咸豐《靑州府志》卷25《鄕社》, 淸咸豐九年刻本, p.10b ; 靑州市志編纂委員會編 :《靑
　　　州市志》, 南開大學出版社1989年版, pp.110-119 ; 靑州市地名委員會辦公室編 :《山東省靑州市
　　　地名志》, 天津人民出版社1992年版, pp.4-45.

258　"懶柳樹鋪, 城東北二十里." 嘉靖《靑州府志》卷11《鋪》, 明嘉靖刻本, p.42a.

259　嘉靖《靑州府志》卷11《鄕社》, 明嘉靖刻本, pp.46b-47a ; 康熙《靑州府志》卷4《鄕社》, 淸康熙

가 없으며 明淸시기에는 益都縣 安定鄕에, 1949년에는 益都縣 十四區(懶柳樹鄕)에 속하였다. 1955년에는 益都縣 張孟公社에 속하였다. 1991년에는 靑州市 王母宮鄕 에, 2010년에 靑州 經濟開發區에 속하여 지금에 이르고 있다.

이상의 고증을 종합한 결과, 昌樂縣城에서 동에서 서로 차례로 益都縣 十里鋪까지 조선사신이 경유한 곳을 명대 지명으로 표기하여 나열하면 다음과 같다.

1. 齊初封地(尙父舊封, "齊初封地" 牌榜, 齊封初界, "齊封初地" 欄門) 2. 方朔古壟("方朔舊壟" 題門, "方朔古壟" 牌榜, 東方朔舊隴 , 東方朔古隴, "方朔古里" 之門, 東方朔古里, "方朔古壟" 欄門) 3. 雙鳳橋(東丹河橋) 4. 古劇南城(十里鋪, "古劇南城" 題門, 古劇長城, 古劇都城, "古劇南城" 欄門), "營陵舊城" 牌坊(營陵古域, 營陵舊城, 營丘舊封, 營陵舊封), 丹河鋪 5. 古營丘("古營丘" 牌坊, 營丘, 古營丘地, 營丘舊封) 6. 堯溝店(堯溝店, 堯溝鋪, 堯溝集, 堯溝店集) 7. 堯溝("堯溝" 牌坊, 堯水, 堯河) 8. 堯溝橋(放勳橋) 9."靑齊明盛" 欄門 10. 洰洱河[巨彌河, 巨昧河, 洰米河, 巨洋水, 菊迷河, 胸彌, 彌水, 洋水, 沫(水)] 11. 洰洱店[巨彌河店, 詎米店, 洰洱河店, 洰米河店, 菊迷河(店), (洰洱)河邊店], 巨彌店, "鄭母流芳" 欄門 ,"沂公梓裡" 欄門 12."蘇壯元鄕" 欄門, 大尹鋪 13. 東館店, 貫店鋪, "香山聳翠" 欄門, 蘇秦墓 14. 十里鋪(聖水廟), 勝水鋪 등.

이러한 명말 조선사신들의 경유지를 현재의 위치에 대응하여 차례로 그 현대 지명과 소재지를 나열하면 다음과 같다. 1. 昌樂縣 현부속공립유치원 남쪽 일대 2. 昌樂縣 寶都街道 西店村 3. 昌樂縣 寶都街道 薛家村 서쪽 부근의 大丹河橋 4. 昌樂縣 寶都街道 薛家村 5. 昌樂縣 寶都街 道薛家村 서쪽 부근 6. 昌樂縣 寶都街道 堯溝社區 堯東村 7. 堯河(昌樂縣寶都街 道堯溝社區 구간) 8. 昌樂縣 寶都街道 堯溝社區 내의 驛道遺址와 堯溝 古河道 交匯處 9. 昌樂縣 寶都街道 堯溝社區 堯溝古河道 서쪽 부근 10. 彌河(靑州市 黃樓街道 巨彌村 구간) 11. 靑州市 黃樓街道 巨彌村 12. 靑州市 黃樓街道 大尹村 13. 靑州市 黃樓街道 大貫店村과 小貫店村 14. 靑州市 雲門山街道

六十年刻本, p.18b ; 咸豐《靑州府志》卷25《鄕社》, 淸咸豐九年刻本, p.10b ; 靑州市志編纂委員會編 :《靑州市志》, 南開大學出版社1989年版, pp.110-119 ; 靑州市地名委員會辦公室編 :《山東省靑州市地名志》, 天津人民出版社1992年版, pp.4-45.

東聖水社區(村) 등. 그 밖에 현지답사와 현지 연구자, 현지인 인터뷰를 통해 조선사
신들이 昌樂縣 寶城街道 三里莊村, 靑州市 譚坊鎭 八里村, 靑州市 譚坊鎭 譚中村
등도 경유했음을 알 수 있었다.

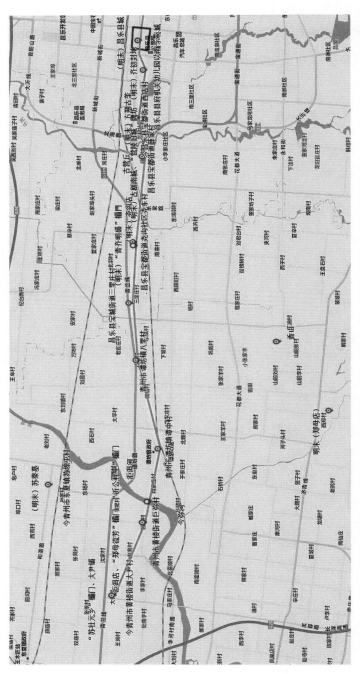

그림 2-58 현재의 지도에 표기한 조선 사신의 해로사행노선 중 昌樂縣城에서 泗河까지의 육로 구간

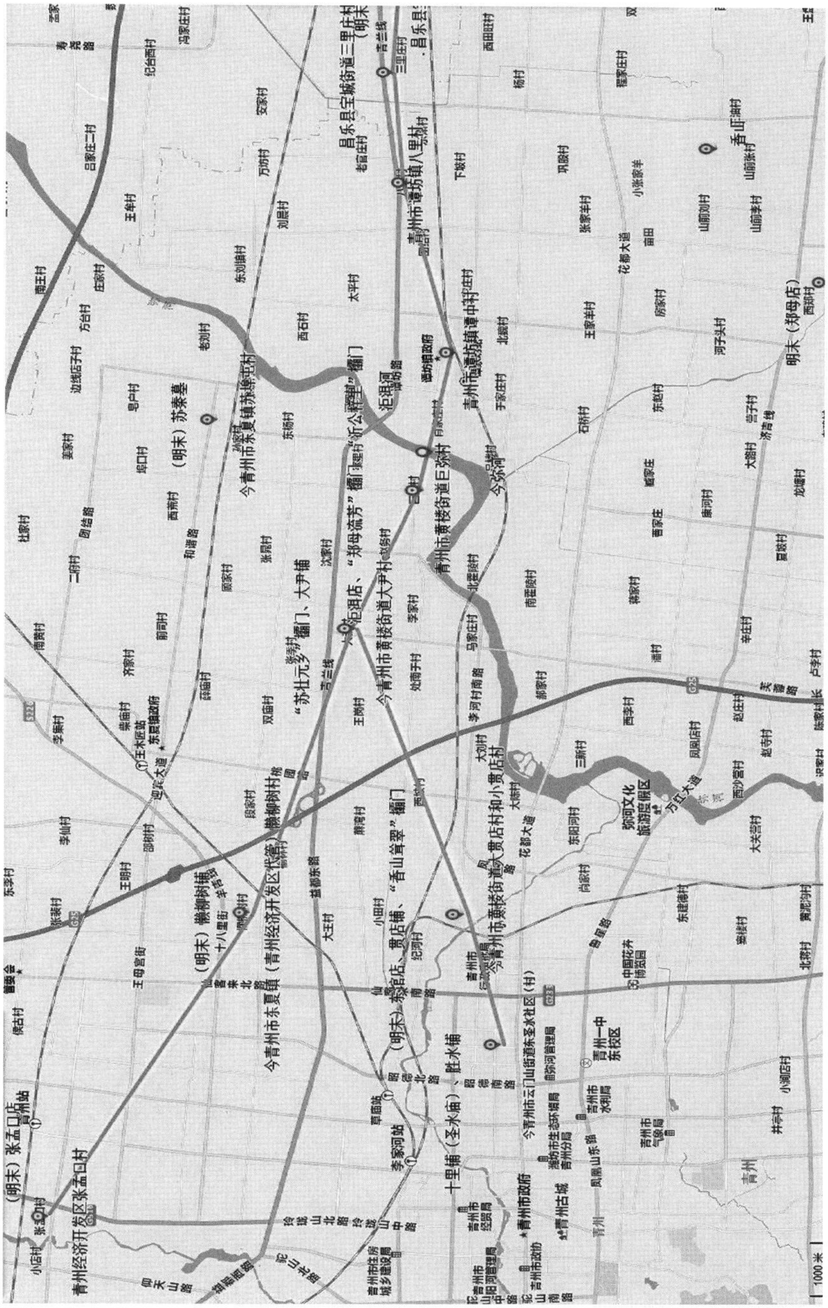

그림 2-59 현재의 지도에 표기한 조선 사신의 해로사행노선 중 洰洱河에서 十里鋪까지의 육로 구간

제3장 益都縣 十里鋪에서 靑州府城까지

(靑)州는 山東省에 속하고 동으로는 琅琊(낭야), 卽墨(즉묵)의 풍요로움이 있고, 남으로는 泰山의 견고함이 있으며, 서로는 濁河(곧, 黃河)의 험준함이 있고, 북으로는 渤澥(곧, 渤海발해)의 이로움이 있다. 그 풍속은 經術을 좋아하고 功名에 긍지를 가지며 농사와 뽕나무 기르기에 힘쓰고 학문을 숭상한다. 청주부 形勝의 雄偉함은 登州府와 萊州府를 넘어선다. 知府는 王極으로 湖廣사람이다.

(靑)州隷山東省. 東有琅琊, 卽墨之饒 ; 南有泰山之固 ; 西有濁河之限 ; 北有渤澥之利. 其俗好經術矜功名, 務農桑, 崇學業. 府之形勝雄偉, 比登萊過之. 知府王極, 湖廣人.

— 申悅道《朝天時聞見事件啓》

靑州府는 山東道에 속하며《서경》〈禹貢〉에서 언급한 靑州의 지역이다. 天文으로는 虛宿(허수)과 危宿(위수)의 分野에 속한다.《周禮》에 正東 방위를 靑州라고 했다. 이곳의 땅이 햇빛이 적어 그 색이 파랗기 때문에 청주라는 이름이 붙었다고 했으나 소신이 보기에 토양이 파란 색으로 보이지는 않는다. 武王이 太公望을 여기에 봉하여 齊國이 되었으며 秦나라는 齊郡을 설치했고 漢나라는 北海郡으로 분리시켰으며 魏나라 때는 益都城이 되었다가 隋나라 때 靑州가 되었다. 唐나라 때 다시 北海郡으로 바꾸었다가 平盧節度(평노절도)로 승격시켰다. 宋

나라 때는 鎭海郡으로 바꾸었고 金나라 때는 益都府가 되었다가 元
나라 때 益都路로 바뀌었다. 明나라 때 靑州가 되어 하나의 州와 13개
의 縣을 거느리고 있다.[1] 동쪽으로 萊州府 濰縣(유현)경계까지100리,
남쪽으로 兗州府(연주부) 沂州(기주)경계까지 385리, 서쪽으로 濟南
府 淄川縣(치천현)경계까지 120리, 북쪽으로 濟南府 利津縣까지 190
리이다. 府治로부터 京師까지 1000리, 양식 생산량은 67만석이다. 소
신이 듣건데 가구수가 300만호라고 하니 《漢書》에 '흉노의 인구수가
한나라의 大郡 하나를 당하지 못한다'고 했는데 과연 그렇다. 지리를
살펴보면 동쪽과 북쪽은 바다가 막고 있고 서쪽과 남쪽은 태산이 막
고 있어 사방이 막혀 있는 요새와 같아 동쪽 지역에서 으뜸이다. 풍속
은 농사와 뽕나무를 기르는데 힘쓰고 학문을 숭상하여 文物이 아름답
게 발전한 곳이다. 知府는 汪喬年(왕교년, 字는 歲星)은 浙江 遂安(수안)
사람이고 (임술년에 진사에) 급제했고, 知縣 田首鳳(字가 鳴岐)은 河南
中牟(중모)사람으로 (을축년에 진사에) 급제했다.

　靑州府, 屬山東道. 禹貢靑州之域 天文虛, 危分野. 周禮正東曰靑州. 蓋土
居少陽, 其色靑, 故以名州. 臣見其土色不靑. 武王封太公望于此, 爲齊
國. 秦置齊郡. 漢分北海郡. 魏爲益都城. 隋爲靑州. 唐改北海郡, 又升
平盧節度. 宋改鎭海郡. 金爲益都府. 元改爲益都路. 皇明改靑州. 領州
一, 縣十三. 東至萊州府濰縣界一百里, 南至兗州府沂州界三百八十五
里, 西至濟南府淄川縣界一百二十里, 北至濟南府利津縣一百九十里. 自
府治至京師一千里, 糧六十七萬石. 臣聞實戶三百萬, 漢書所謂'匈奴
之眾, 不能當漢一大郡', 其然乎? 形勝 : 東北距海, 西南距岱, 四塞之
固, 東道之雄. 風俗務農桑, 崇學業, 文物彬彬. 知府汪喬年(字)歲星, 浙
江遂安人, 壬戌(任). 知縣田首鳳(字)鳴岐, 河南中牟人, 乙丑(任).
　　　　　　　　　　　　　　　　　　　　 — 鄭斗源《朝天記地圖》

1　州는 莒州(거주)이고 十三縣은 각각 益都, 臨淄(임치), 博興, 樂安, 壽光, 高苑, 昌樂, 臨朐(임구),
　　安丘, 諸城, 蒙陰, 沂水(기수), 日照 등이다.

조선 사신의 사행록에는 靑州府의 形勝, 沿革, 당시 官員들의 정보가 비교적 상세히 기록되어 있으며 이는 관련 중국 지방지[2]의 내용과 거의 차이가 없으므로 본서에서 별도로 다시 언급하지 않도록 한다. 다만, 鄭斗源의 기록에서 두 가지 사항만 짚고 넘어가도록 한다. 첫째, 정두원은 "靑州府가 山東道"에 속한다고 했는데 이는 정확히는 틀린 표현이다. "道"라는 행정구역명은 漢나라 때 사용되기 시작했는데 조정에서 이민족의 거주지역에 설치한 縣을 특별히 일컫는 용어였다. 《漢書·百官公卿表上》에 "列侯에게 내려진 식읍으로서의 縣은 國이라 하고, 皇太后, 皇后, 公主에게 내려진 식읍은 邑이라 하고, 蠻夷(만이)지역은 道라 한다"[3]라는 기록이 보인다. 唐나라 때는 산천과 큰 강의 흐름에 따라 전국을 10개의 道로 나누었고 다시 15개의 道로 확대했다.[4] 明初에 行中書省을 설치했다가 나중에 行中書省 제도를 폐지하고 "三司六道"[5]제도를 시행했다. 그 중에 分守道와 分巡道(道의 사무를 포괄함)는 특별히 兵備, 水利, 屯田 등 중요한 지방국가사업와 관련하여 省과 州, 府, 縣 사이에 긴밀한 연락을 보장하여 사업이 원활히 진행될 수 있도록 하는 역할을 담당했다. 이처럼 전문화된 행정기구로서의 "道"는 이후 民國 초기까지 존속되었다. 결론적으로 말하면 "道"는 唐나라 때는 省級 행정단위이었고 明代에는 省級 派出機構 혹은 지방행정기구로서 省級 기구인 承宣布政使司나 提刑按察使司에 예속된 기구였다. 그러나 우리나라에서 "道"는 高麗시대부터 지금까지 줄곧 중국

2　嘉靖《靑州府志》, 康熙《靑州府志》등의 관련 부분.

3　"列侯所食縣曰國, 皇太后, 皇后, 公主所食曰邑, 有蠻夷曰道." 《漢書》卷19《百官公卿表》, 百衲本二十四史景宋景佑刻本.

4　"太宗 元年에 비로소 省과 병립하여 山川의 형세에 따라 天下를 10道로 나눌 것을 명하였다……開元 21年에 10道 가운데 山南과 江南을 각각 東西 2개의 道로 나누고 다시 黔中道(검중도)와 京畿, 都畿 등을 설치하여 모두 15개의 採訪使를 두었다. (太宗元年, 始命並省, 又因山川形便, 分天下爲十道……開元二十一年, 又因十道分山南, 江南爲東西道, 增置黔中道及京畿, 都畿, 置十五採訪使.)"《新唐書·地理志一》

5　"三司"란 行政기구의 성격을 지닌 承宣佈政使司, 감찰과 사법기능을 가진 提刑按察使司, 군사기구의 기능을 가진 都指揮使司를 가리킨다. "六道"란 布政司의 左右參政과 左右參議, 按察司의 副使, 僉士, 分守道, 分巡道를 가리킨다. (龐海雲, 張輝, 沈麗巍主編 : 《中國政治制度史》, 哈爾濱工程大學出版社2013年版, pp.87-95.)

으로 치면 省級 행정단위였고 高麗시대에는 전국을 5道와 東西兩界[6]로, 朝鮮시대
에는 8道로 나누었다. 그러므로 명대 중국의 "도"와 조선시대의 "도"는 그 개념이
다르며, 정두원이 여기서 "道"라는 명칭을 사용한 것은 아마도 山東承宣布政使司
를 가리키는 것이라 볼 수 있다. 둘째, 청주부성의 가구수가 300만호라는 정두원의
기록도 사실과는 다르다. 康熙《靑州府志》의 기록[7]에 따르면, 明 洪武24年(1391)에
靑州府의 가구수는 총 21만3533호였고 인구수는 총 168만 9940명이었다. 明 嘉
靖 31年(1552)에 靑州府(1州, 13縣)의 가구수는 총 20만 9632호였고 인구수는 152만
7600명이었으며 萬曆 40年(1612)에는 총 가구수가 21만 3624명이었고 인구수는
168만 7882명이었다. 그러므로 정두원이 기록한 300만이라는 숫자는 터무니 없는
수치이고 이를 가구수가 아닌 청주부의 인구수의 오기로 보더라도 원래 명대 청주
부의 인구보다 2배 가까이 많은 숫자다.

---

6   高麗 顯宗(1009-1031)때 한반도 북쪽 高麗와 북방민족의 접경지에 특별행정구역인 "계"를 설치
     했다. 東界는 지금의 함경남북도 일대, 西界는 평안남북도 일대이다.
7   康熙《靑州府志》卷5《戶口》, 淸康熙六十年刻本, pp. 1b-3a.

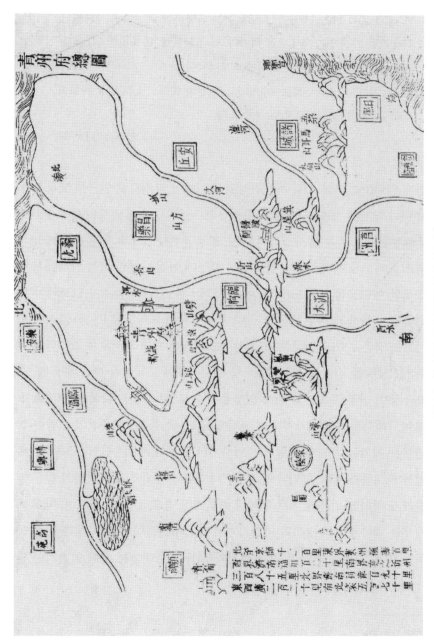

그림 3-1 淸 康熙 年間에 간행된 《靑州府總圖》[8]

8   康熙《靑州府志》卷1《圖》, 淸康熙六十年刻本, pp.1b-2a.

　　(7月)10日 맑음. 새벽에 (洰洱店에서) 출발하여 青州에 도착하여 王
씨 姓을 가진 인가에서 밥을 먹었다. 知府 蔡寅賓, <u>益都知縣 胡良機</u>는
명첩과 여정을 위로하는 음식물을 보내왔다.

　　(七月)初十日, 晴. 曉發(自洰洱店), 到青州, 朝飯于王姓家. 知府蔡寅
賓, <u>益都知縣胡良機</u>送名帖, 下程食物.

— 安璥《駕海朝天錄》

　　명 천계 원년(1621) 7월 10일 사은겸성절사 일행이 青州府城 인근에 도착하자 青
州府 知府와 益都縣 知縣은 名帖과 음식을 보내왔다. 안경 일행(正使는 崔應虛)은
후금의 요동점령으로 육로 사행길이 막혀 명 등극조사 유홍훈 일행과 함께 명청교
체기 최초로 해로를 개척하여 사행을 왔기 때문에 이전 관례가 없는 상태에서 종종
예상치 못한 어려움을 겪기도 했다. 예를 들어 6월 20일 목숨조차 담보해야 하는
온갖 위험을 무릅쓰고 겨우 바다를 건너 登州水城에 도착했을 때 "外國人이 바다
로 건너오는 것은 一切 금지하고 만약 어기는 자가 있으면 도적으로 간주하고 다스
린다."[9]라는 냉대를 겪어야 했고, 7월 7일 萊州府城에 도착했을 때는 萊州府 知府,
掖縣知縣 등이 상부의 통지와 전례 없음을 이유로 "入城을 허락하는 전령조차 내
리지 않아"[10]래주성에 들어가지도 못했기에 조선사신들은 "래주성의 위엄이 삼엄
하고 관문을 지키는 관원의 호령이 준엄하기만 하구나"[11]라는 탄식을 내뱉으며 강
한 불만을 토로하기도 했다. 그러나 등주성이나 래주부성에서 겪은 상기와 같은 일은
이전 관례가 전혀 없던 상황에서 일어난 예외적인 경우로 볼 수 있으며, 이후 대부
분의 경우는 청주부성의 경우와 마찬가지로 조선사신들이 주요 부성과 현성 근처
에 도착하기 전 현지 관원들이 먼저 명첩과 예물을 보내놓는 것이 일반적인 관례
였다.

9　"外國人駕海來, 一切禁斷, 犯則以賊論" [朝鮮]安璥 :《駕海朝天錄》, 美國哈佛大學燕京圖書館
　　藏本.

10　"無傳令不使入城" [朝鮮]安璥 :《駕海朝天錄》, 美國哈佛大學燕京圖書館藏本.

11　"大府威聲重, 譏關號令尊" [朝鮮]安璥 :《駕海朝天錄》, 美國哈佛大學燕京圖書館藏本.

사진 3-2　1940년대의 靑州府城 東門(海晏門) 內門[12]

사진 3-3　1920년대 靑州府城 북쪽 성벽과 南陽河[13]

12　孟慶剛主編：《古城舊影—靑州歷史圖片》, 山東畫報出版社2014年版, pp.10-11.

13　孟慶剛主編：《古城舊影—靑州歷史圖片》, 山東畫報出版社2014年版, p.38.

사진 3-4   民國 초기 靑州府城 北城門과 옹성의 內景[14]

(10月) 18日 을축일, 맑음, 오후에 바람이 강하게 붐. 아침에(昌樂縣城을) 출발하여……저녁에 靑州府 北關에 도착하여 魏氏 姓을 가진 人家에 묵었다. 지금 북경에 머물고 있는 奏聞使 이경전 일행도 이 집에 묵었다고 운운했다. 본댁은 趙御史鋪(조어사포)라고 하고 술을 파는 것으로 업을 삼는 듯하며 벽면을 가득 채운 누룩이 천장에 닿을 정도였다. 中原의 풍속이 買賣를 통해 이윤을 얻기 때문에 고관대작도 이러한 풍속을 벗어나지 못하여 길가에 客店을 열고 집안 젊은이들로 하여금 장사를 하게 하여 이윤을 얻는 것이 관례라고 운운하니 정말 그런 듯했다. 《詩經》에 "장사는 이윤이 3배"라는 말이 이와 같을 것이다. 문의 양옆으로 "무릇 술이라는 열쇠로 찡그린 눈썹의 자물쇠를 열

---

14   孟慶剛主編:《古城舊影─靑州歷史圖片》, 山東畫報出版社2014年版, p.30.

수 있으니, 근심과 걱정이라는 베틀의 북으로 하얀 귀밑머리 짜내지
마시라!"라는 입춘 대련이 붙어 있었는데 참으로 술집에 어울리는 대
련같았다.

　　(十月)十八日, 乙亥, 晴, 午後風急. 朝發(昌樂縣城), ……晚, 入靑州府
北關魏姓人家. 奏聞使之行亦駐於此家云. 主家乃趙御史之鋪, 而賣酒
爲業, 滿壁眞曲積至梁屋. 中原之俗以買賣爲生利, 故雖名官大宰亦不
免此, 習作客店于路傍, 或令家丁作買賣分利云, 信乎? 詩云如賈三倍
者也, 門兩傍作立春, 題曰：常將酒鑰開眉鎖, 莫把愁梭織鬢絲, 眞酒
家立春也.

　　　　　　　　　　　　　　　　　　　　　　　─趙濈《燕行錄(一云朝天錄)》

　　위의 글은 1623년(天啟 3년, 仁祖 1년) 동지성절사겸사은사 趙濈이 9월 1일 선사
포를 출항하여 9월 26일 등주에 무사히 상륙한 후, 10월 18일 청주부성 북관에 도
착하여 목도한 광경과 소감을 기록한 것이다. 윗글에 보이는 "奏聞使"는 같은 해
1623년 조즙보다 3개월 여 전 쯤에 명조정에 인조반정의 이유를 해명하고 국왕 책
봉 칙서의 하사를 청하기 위하여 5월 24일 선사포를 출항했던 이경전을 말한다. 이
경전 일행은 이 때 이미 북경에 도착하여 인조반정의 정당성을 해명하고 인조의 책
봉을 승인받기 위한 외교활동을 벌이고 있었다. 이후 조즙도 북경에 도착하여 이들
사행단과 합류하여 귀국길에는 두 사행단이 함께 동행하게 된다. 또한 윗글의 《詩
經》에 장사는 이윤이 3배라는 말이 이와 같을 것이다(詩云如賈三倍者也)"는 표현은
詩經《大雅·蕩之什·瞻卬》편[15]의 내용을 부분 인용한 것인데 毛氏 序文에 〈첨앙〉

15　사람을 궁색하게 하고 해치고 의심하게 하며 참언으로 시작해서 의심으로 끝을 맺는다. '어찌
　　끝이 없는 것인가?'하니 되려 묻기를 '이것이 어찌 죄악이 되는가?'라 한다. 마치 장사꾼이 세
　　배 이익을 보는 것을 군자가 도모할 일이 아닌 것같이 부인은 정사에 참여할 일이 없거늘 누에
　　치고 베 짜는 일을 그만 둔다.(……鞫人忮忒, 譖始竟背. 豈日不極, 伊胡爲慝? 如賈三倍, 君子是識, 婦無
　　公事, 休其蠶織……) 여기에 대해 朱熹는 다음과 같이 설명했다. "부인과 내시가 능히 그 지혜와
　　변설로써 사람의 말을 궁하게 하여 그 마음이 남을 해치고 이리저리 속임이 변화무쌍하여 이미
　　참언과 망령된 말을 앞장서서 하다가 혹 나중에 효험이 별로 없어도 스스로 그 말이 방자하다고
　　여기지 않고 그침이 없으며 도리어 '이 어찌 족히 사특함이 되는 것인가?'라고 되묻는다. 무릇

은 범백이 幽王의 행실이 (애첩인 褒姒[포사]로 인해) 크게 무너짐을 풍자한 것이다(毛序, 瞻卬, 凡伯, 刺幽王大壞也)라고 설명되어 있다. 곧, 조즙은《시경》을 인용하여 명말 중국 사대부들이 학문과 經世의 일보다는 상업을 통해 개인적인 부를 축적하는데 몰두하는 세태를 간접적으로 비난하고 있는 것이다.

조선사신들의 명말 사대부들의 치부행위에 대한 비판에 대해 필자들은 본서의 자매서인 래주부편에서 자세히 논의한 적이 있다. 이경전과 조즙 사행단이 사행을 마치고 귀국한 1624년 천계제가 이미 내린 칙서에 따라 誥命(고명)과 冕服(면복)을 빨리 보내주도록 요청하기 위해 조선조정에서는 그해 8월 謝恩奏請使 李德泂 (부사 吳翿, 서장관 洪翼漢)을 파견했다. 이 때 서장관이었던 洪翼漢은 정사 李德泂과 함께 래주부성 밖에 있는 孫給事花園의 유람을 마치고 난 후 그 규모와 화려함이 한 나라의 국왕조차 얻을 수 없을 정도라고 혀를 내둘렀고 지방의 일개 사대부가 그처럼 거대한 부를 이룰 수 있었던 수단이 탐오에 따른 거액의 뇌물 수뢰라고 보고 신랄하게 비판하는 기록을 그의 사행록에 남겼다. 그러나 명말 당시 중국은 은이라는 자본과 경쟁력을 가진 상품(비단, 도자기, 차 등)이 국제무역을 통해 전세계로 유통되면서 자본의 팽창과 집중 현상이 본격화되어 장강 하류와 동남부 해안 지역의 도시들에서는 대자본을 가진 부호들이 대거 양산되었다. 이 시기 탄생한 대상인들 가운데 적지 않은 이들이 관리 집안 출신의 지방 사대부들로서 명말에 중국 사대부는 대다수가 부와 학문, 문인의 명망이 대립적인 것이 아니라 병행될 수 있는 것으로 인식했다. 그러므로 상기 조즙의 기록처럼 어사 벼슬을 지낸 청주부의 어느 사대부가 주요 역참에 客館을 열어 상업적인 이득을 취하는 행위가 당시 명말 사대부 사

장사꾼의 이익은 군자가 마땅히 알 바가 아니 듯 조정의 일은 부인이 마땅히 더불어 할 바가 아닌 것이다. 이제 장사꾼이 세 배의 이익을 보는 것을 군자가 그 까닭을 알고, 부인은 조정의 일이 없는데 누에 치고 베 짜는 일을 버리고 조정의 일을 도모하니 어찌 사특함이 되지 않으리오? (婦寺能以其智辯窮人之言, 其心悚害, 而變詐無常. 既以譖妄倡始於前, 而終或不瞼於後, 즉亦不復自謂其言之放恣無所極也, 而反目是何足爲慝乎? 夫商賈之利, 非君子之所宜識, 如朝廷之事, 非婦人之所宜與也. 今賈三倍, 而君子識其所以然. 婦人無朝廷之事, 而舍其蠶織以圖之, 則豈不爲慝哉?)"(宋)朱熹注,《新刊四書五經·詩經集傳》, 中國書店, 1994, p. 231.

회에서는 보편화된 현상이었고 이를 비판적으로 보는 인식은 거의 없었다.

　반면 이와 달리 당시 조선은 명나라와 같이 은과 같은 화폐가 본격적으로 유통되지 못했고 주변국가에서 본격화되고 있던 국제적인 무역활동에서도 상대적으로 소외되어 자본주의적 생산양식과 자본시장이 활성화되지 못한 상태였으며 자본화된 생활 양식이 지배계층이었던 사대부들에게는 아직 정당한 것으로 인식되지 못했다. 조선의 문인들은 사대부 신분으로 상업적 이윤을 추구하는 행위가 순수하게 학문을 추구해야 하는 선비의 명망과 가치관과 병립할 수 없는 것으로 인식하는 것이 보편적이었다. 이러한 인식의 차이로 인해, 명말 당시 현지로 사행을 온 조선사신들은 하나같이 명나라 몰락의 원인으로 지나치게 상업을 중시하고 이윤을 추구하는 사회풍토를 비판했는데 사실 상업과 자본주의적 생산양식의 발전, 자본화된 생활양식의 보급 등은 관료 사회에 만연한 부패와 명조정의 행정상의 비효율이라는 여러 부정적인 사회현상과는 무관한 문제로서 사실 만명시기 명나라의 쇠락의 직접적인 원인이라고 볼 수 없다. 오히려 조선 중기 국가를 지배한 사대부 지도층이 명의 쇠락 원인을 이렇게 진단함으로써 조선사회는 조선후기에 접어들어서도 자본 유통 중요성, 자본화된 생산양식의 높은 효율성에 대해 바르게 인식하지 못하고 전통적인 중농주의를 지나치게 중시하였다. 따라서 대외개방과 자본의 적극적인 유통 등을 국가정책으로 적극적으로 시행하지 못했고 결국 국가 경제의 발전을 상당히 제약하는 결과를 낳았던 것 같다.

　한편, 天啓 3년(1623년 인조 원년) 주문사 서장관 이민성은 청주를 지나면서 청주의 유구한 역사를 장엄하게 詠史하면서 자신이 직접 이처럼 장구한 역사를 지닌 땅을 견문하게 된 소감을 읊은 여러 편의 시를 남기고 있다. 아래에서 이민성의 시를 통해 청주의 역사와 이를 바라보던 조선사신의 시선과 감회를 함께 느껴보기로 한다.

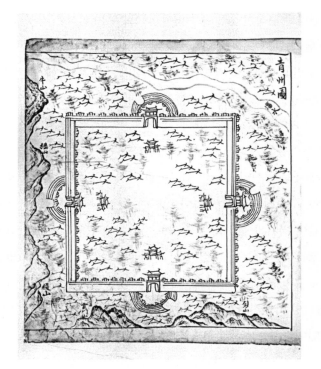

그림 3-5   鄭斗源《朝天記地圖》가운데《靑州圖》부분

〈청주〉

　　뛰어난 지세를 가진 제나라의 산하가 한나라에 속하게 되었으니

　　초나라 항우가 제나라를 정벌하여 셋으로 나눈 패업은 하루 아침에 하찮
은 일이 되어버렸네.

　　제나라 선비 노중련의 탁월한 의기는 천고에 탄복을 자아내고

　　제나라 맹상군의 비범한 풍도는 전국시기 사공자의 으뜸이라네.

　　한무제는 신선을 구하고자 멀리 봉래를 찾았고

　　진시황은 바다 가운데 해뜨는 곳을 보고자 돌들을 채찍질하여 해구에 높
다란 석교를 쌓았다네

　　진시황이 찾던 신선 안기생의 옛 흔적 지금도 여기 어딘가에 남아 있는

것 같아서

밝은 대낮에 술 취하니 마치 신선이 먹는다는 벽도에 취한 듯하다네

<u>靑州</u>

十二山河屬聖朝, 三齊霸業一毫毛.

魯連意氣傾千古, 公子風流冠四豪.

漢帝求仙蓬島遠, 秦皇鞭石海門高.

安期舊跡今應在, 白日吹笙醉碧桃.

―李民宬《燕槎唱酬集》

　　1구의 "十二山河"란 地勢가 험한 청주가 방어는 쉽고 공격은 어려운 군사적 요충지임을 말하는 것이다. 《史記·高祖本紀》에 "秦은 지세가 뛰어난 나라로서 황하와 효산의 험함을 띠처럼 두르고 있어 그 이점이 다른 나라보다 천 리나 현격히 차이가 나므로 무기를 가진 군사 100만 명을 감당하는 데에 秦은 100만의 절반만 있어도 된다. 그러한 지세 때문에 진나라가 다른 諸侯들에게 군사행동을 취하는 것도 쉬워서 마치 높은 집 꼭대기에서 물병을 기울여 물줄기를 아래로 쏟아붇는 것과 같다. 齊나라는 동쪽으로 琅邪와 卽墨의 풍요로움이 있고, 남으로는 태산의 견고함이, 서로는 濁河의 험함이, 북으로는 勃海의 이로움이 있다. 땅이 사방 2천리로 무기를 가진 100만을 감당하는 데에 다른 나라보다 천 리 이상으로 현격한 이로움 있어 제나라는 10만의 절반만 있어도 된다. 그러므로 진을 西秦, 제를 東秦이라고 했다. 친자식이나 형제가 아니면 齊王으로 봉하면 안된다"[16]라는 전고에서 유래하며 五代 譚用의 《送友人歸靑社》시에 "3천명의 빈객은 모두 옛친구들이고 십이 산

16　"秦, 形勝之國, 帶河山之險, 縣隔千里, 持戟百萬, 秦得百二焉. 地勢便利, 其以下兵于諸侯, 譬猶居高屋之上建瓴水也. 夫齊, 東有琅邪, 卽墨之饒, 南有泰山之固, 西有濁河之限, 北有勃海之利. 地方二千里, 持戟百萬, 縣隔千里之外, 齊得十二焉. 故此東西秦也. 非親子弟, 莫可使王齊矣.《史記》卷8《高祖本紀八》, 百衲本二十四史景宋慶元二年刻本, pp.31a-32a.

하 제나라는 새로운 고향이다"[17]라는 표현이 보인다. 2구의 三齊란 山東 東部 地區 지역을 가리킨다. 項羽가 진나라를 무너뜨리고 齊國의 옛땅을 점령한 후 齊, 膠東, 濟北 등 3나라로 나누어 다스린 데서 유래하며 이후 三齊란 山東 東部지역을 일컫는 용어로 널리 사용되었다.《史記·項羽本紀》에 "(田榮이)三齊의 왕이 되었다([田榮]並王三齊)"라는 표현이 보이는데 裴駰(배인)은 集解에서《漢書音義》을 인용하여 "삼제란 齊와 濟北, 膠東이다(齊與濟北, 膠東)"[18]라고 해설했다. 3구의 魯連은 魯仲連을 가리킨다. 魯仲連은 戰國시기 齊나라 사람으로 비록 뛰어난 책략가였으나 한 나라의 조정에 관직하기를 싫어해서 항상 천하를 周遊하면서 어려움과 분쟁을 겪는 나라라면 어디든지 가서 문제를 해결해주었다. 魯仲連은 志行이 高潔한 선비로 이름이 높았는데 만약 秦나라가 天下를 차지한다면 스스로 "東海바다에 뛰어들어 죽겠다"[19]고 했다. 3구의 "傾"이란 탄복하다, 흠모하다의 뜻이다.《漢書·司馬相如傳上》에 "임공령이 감히 음식을 먹지 못하고 몸소 사마상여를 맞이하자 사마상여가 부득이하여 앞으로 나아가니 좌중이 모두 탄복했다"[20]라는 표현이 보인다. 4구의 公子란 戰國 四公子 중의 한 명인 齊나라 귀족 田文(시호가 孟嘗君)을 가리킨다. 그의 封地가 薛(설, 지금의 山東 滕州등주)땅이었으므로 田文을 薛公이라고도 부른다. 田文은 秦, 齊, 魏의 宰相을 역임했으며 天下의 賢士를 불러모아 食客으로 삼았는데 그 수가 3천에 이르렀기에 그 명성이 높았다. 四豪란 戰國 四公子인 孟嘗君, 平原君(趙나라의 趙勝), 信陵君(魏나라의 魏無忌위무기), 春申君(楚나라의 黃歇황헐)등 4명을 가리킨다.《漢書》에 "쫓아내고 공격하며 유세 잘 하는 자로 사공자를 첫째로 삼는다"[21]라는 표현이 보인다. 5구의 蓬島는 신선이 산다는 蓬萊山을 가리킨다.《山

---

17 "三千賓客舊知己, 十二山河新故園."(淸)彭定求輯 :《全唐詩》卷764, 淸康熙年間揚州詩局刻本, p.2a.

18 《史記》卷7《項羽本紀七》, 百衲本二十四史景宋慶元二年刻本, p.22b.

19 "蹈東海而死"《史記》卷83《魯仲連鄒陽列傳二十三》, 百衲本二十四史景宋慶元二年刻本, p.3a.

20 "臨邛令不敢嘗食, 身自迎相如, 相如爲不得已而強往, 一坐盡傾."《漢書》卷57《司馬相如傳》, 百衲本二十四史景宋景佑刻本, p.2a.

21 "攆擊而游談者, 以四豪爲稱首."《漢書》卷92《遊俠傳》, 百衲本二十四史景宋景佑刻本, p.10b.

海經·海內北經》에 "봉래산은 바다 가운데 있다(蓬萊山在海中)"[22]라는 표현이 보인다. 6구의 "秦皇鞭石(진황편석)"이란 秦始皇이 바위를 채찍질 하여 바다로 들어가도록 하여 돌다리를 만들고 바다를 건너 일출을 보았다는 전고이다. 《三齊略記》에 "진시황이 石橋를 만들어 바다를 건너 해가 솟아오르는 곳을 보고자 했다. 이 때 神人이 나타나 바위돌들을 몰아서 바다속으로 들어가게 했는데 城陽의 산 하나에 모든 돌들이 우뚝 일어나 동쪽으로 기울어 굴러가는데 그 모습이 마치 줄을 서서 가는 것 같았다. 그 중 雲石이 빨리 움직이지 못하므로 神人이 채찍질을 가하니 온 바위에 피가 흘러 온통 붉은 빛이 되었는데 지금까지도 아직 그대로다."[23]라는 기록이 보인다. 7구의 安期는 安期公, 千歲翁이라고도 부르며 秦代 山東(일설에는 齊나라 혹은 琅邪사람이라고도 함)사람인 安期生을 가리키며 그는 이 지역 신선 전설의 주인공이다. 8구의 吹笙(취생)이란 비유적으로 飮酒를 뜻한다. 宋 張元幹의 《浣溪沙》詞題에 "송나라 때 구어로 竊嘗(절상, 嘗酒, 飮酒의 뜻)을 吹笙이라 했다"[24]라는 기록이 보인다. "碧桃"는 전설 속에서 西王母가 漢武帝에게 주었다는 仙桃를 말한다.

이 시는 豪韻으로 압운을 하고 평측과 댓구를 강구한 전형적인 7언 율시 근체시로서 청주의 유구한 역사를 詠史하고 이러한 역사가 서린 현장을 체험하면서 느낀 감회를 읊고 있다. 수련에서 말하기를 춘추전국시대 제나라는 천연의 요새로 군사적으로 유리할 뿐만 아니라 경제적으로도 풍요로운 곳으로 진나라와 어깨를 나란히 할 정도였기에 서쪽의 진나라와 병립되는 "東秦"으로 불릴 정도의 강국이었다. 그래서 진나라가 전국 7웅 가운데 마지막으로 제나라를 병합하고서야 천하를 통일할 수 있었고, 진나라가 망한 후 한나라의 유방과 초나라의 항우가 다시 천하를 다툴 때도 처음에는 항우가 제나라를 병합했으나 나중에 유방이 제나라를 점령함으로써 천하의 대세를 정할 수 있었다고 읊었다. 이처럼 청주는 옛 중원 역사에서 패

---

22 《山海經·海內北經》卷12, 四部叢刊景明成化刻本, p.57b.

23 "始皇作石橋, 欲過海觀日出處. 于時有神人能驅石下海, 城陽一山, 石盡起立, 巍巍東傾, 狀似相隨而去, 雲石去不速. 神人輒鞭之, 盡流血, 石莫不悉赤, 至今猶爾."(唐)歐陽詢輯 : 《藝文類聚》卷78《靈異部上》, 淸文淵閣四庫全書本, p.1b.

24 "諺以竊嘗爲吹笙云."

자가 되려면 반드시 차지해야하는 중요한 땅이었음을 상기하면서 시가 시작된다. 이어진 함련에서는 청주가 군사적, 경제적 요충지였을 뿐만 아니라 수많은 인물을 배출한 고장이기도 하다고 찬송하고 있다. 대표적인 인물로 탁월한 식견을 가진 전략가였지만 한 명의 패자가 천하를 농단하는 것에 반대했던 의로운 인물 노중련, 자신의 재부를 아끼지 않고 천하의 인재를 모아 후하게 대접했던 맹상군을 예로 들었다. 경련에서는 청주지역이 훌륭한 인물이 많이 배출되었을 뿐만 아니라 바다를 끼고 절경을 이룬 산들이 많았기에 예로부터 신선의 전설이 유전되어 왔다는 것을 이야기 했다.

〈그림 3-5〉 정두원의 〈청주도〉를 보면 알 수 있듯이 청주는 서쪽과 남쪽으로 아름다운 산들이 병풍처럼 둘러싸고 북으로는 바다가, 동쪽으로는 너른 평야와 강이 감싸고 있어서 산명수려한 고장으로 이름이 높았고 이로 인해 신선의 전설이 대대로 유전되어 왔다. 대표적으로 한무제는 신선이 산다는 봉래산이 청주의 북쪽 바다 곧, 발해에 있다고 믿고서 몇 번이나 직접 찾아와서 제사를 지내고 臺를 쌓아 발해 바다를 바라보았고, 진시황은 神人의 도움으로 발해바다에 石橋를 놓아 해가 떠오르는 곳을 직접 가서 보았다는 전설이 유명하다. 미련에서는 작가 자신이 책과 소문으로만 듣던 청주에 직접 와서 그 산세와 기운을 접하게 되니 秦나라 때 신선술을 익혀 신선이 되었다는 안기생이 아직도 어딘가 살아있는 것 같이 느껴져, 마치 먹으면 불로장생한다는 신선의 푸른 벽도를 먹은 것처럼 사행길 객관에서 대낮에 걸친 술한잔에 얼큰하게 취하고 말았다며 감개무량한 심정을 담박하게 토로하고 있다.

사진 3-6 지금의 靑州市 南門大街 동쪽 靑州古城 내 복원된 옛 거주지

사진 3-7 지금의 靑州市 南門大街 동쪽 靑州古城 내 복원된 옛 거주지

〈청주를 지나며 白沙 윤훤 공의 시에 借韵하여 쓴 시- 제1수〉[25]

　아마득히 넓은 우임금의 자취여! 이 땅을 구주 가운데 하나인 청주로 나누셨으니

　밖으로는 큰 강 둘러싸고 안으로 높은 산 솟아있어 그 기상이 빼어나기도 하네

　꿈에서조차 이곳 청주를 직접 한번 걸어보고 싶었으니

　오늘 이렇게 몸소 견문하고 보니 천하를 주유했다는 사마천조차도 부러울 것 없네

　궁중에서 벼슬하다 사신의 직분 명받아 행장을 부여잡고 길을 나섰는데

　임무를 수행함에 힘든 줄도 모르고 나그네의 우수조차 깨끗히 씻어지네

　멀리 우산 바라보니 빼어난 가을 흥취 절로 일어나는데

　옛날 제나라 경공은 어찌하여 이처럼 좋은 경치 쓸쓸히 바라보면서 쓸데없이 슬픈 눈물 흘렸단 말인가!

　過靑州, 次白沙韻

　其一

　茫茫禹跡畵爲州, 表裡山河氣像優.

　夢想只憑靑社志, 身經何羨子長遊.

　中書有分援行篋, 從事無勞洗客愁.

25　현재 이 시의 原韻詩가 무엇인지 알 수 없다. 여기서 白沙는 尹暄의 호로 이 사행 당시 副使였는데 1627년 1월 정묘호란이 일어났을 때 평양성을 버리고 후퇴했다가 의금부에 투옥되어 2월 15일 군율로 효수되었기에 그에 관한 기록이 보존하기 어려웠던 것으로 보인다. 윤훤이 당시 사행을 기록한 《白沙公航海路程日記》가 현재까지 남아 있지만 이 필사본은 완정본이 아니며 한정된 분량만 현존한다. 곧, 등주까지의 노정 2쪽과, 1624년 3월 2일 북경을 출발하여 등주를 거쳐 石城島에 도착하는 4월 4일까지 모두 32일 간의 일기 14쪽 등 전부 16쪽 밖에 남아 있지 않다. 게다가 그 내용도 대부분이 공식적인 사행일정을 끝내고 돌아오는 귀로에서 겪은 사소한 일상의 이야기로 특별히 주목할 내용은 없다. 20세기 초가 되어서야 후손들에 의해 그의 가문에 전해지던 윤훤의 문집인 《白沙集》(李恒福의 백사집과 책명이 동일하나 다른 책임)이 간행되었으나 여기에도 이 시의 원운시가 보이지는 않는다.

恨望牛山秋興逸, 景公何事淚空流.

—李民宬《燕槎唱酬集》

1구의 "茫茫禹跡畫爲州"는 우임금이 천하를 구주로 나누고 물길을 내어 홍수를 다스렸던 일을 가리키는데, 左丘明의 《左傳·襄公四年》[26]에 그 기록이 보인다. 2구의 "表裡山河"이란 밖으로는 큰 강이 있고 안으로는 높은 산이 있다는 뜻으로 주위의 산과 강이 천연의 요새를 이루고 있음을 가리킨다. 左丘明의 《左傳·僖公二十八年》에 "자범이 말하기를 전쟁하십시오, 싸워서 이긴다면 주변 제후들의 존중을 받을 것이고 만약 이기지 못하더라도 '진라'라는 산과 강이 천연의 요새를 이루고 있어서 손해가 없을 것입니다."[27]라는 표현이 보인다. 3구의 "夢想"이란 꿈 속에서도 그리워하여 생각하는 것이다. 漢 司馬相如의 長門賦에 "홀연히 잠들어 꿈을 꾸었는데 오매불망 그리워하여 임금이 마치 내곁에 있는 것 같았네"[28]라는 표현이 보인다. "靑社"란 바로 靑州를 가리킨다. 宋 蘇軾의 《東坡志林·塚中棄兒吸蟾氣》시에 "부필(富弼1004-1083)이 청주을 다스리고 있어 하북지역에 기황이 들자 백성들이 다투어 청주로 귀의하고자 했다"[29]라는 표현이 보인다. 4구의 "子長遊"는 司馬遷(字가 子長)이 20세 때부터 천하를 遊歷한 일을 가리킨다. 司馬遷의 《史記·太史公自序》[30]에 관련 기록이 보인다. 5구의 "中書"란 관직명으로 中書令의 줄임말이다. 漢

---

26 옛날 주나라 辛甲이 大史였을 때 百官에게 명하여 관료와 임금의 잠언을 짓게 하고 항상 곁에 두게 하였으니 虞人之箴(우인지잠)에서 말하기를 "넓고도 넓은 우임금의 행적, 천하를 구주로 나누어 물을 다스리고, 지나는 길에 九道를 내서서, 백성들은 집과 묘당이 있게 되었고, 금수는 살아갈 숲과 풀이 있게 되어, 각각 거처할 곳이 마련되어, 서로 침범하고 어지럽힘이 없게 되었네(民有寢廟, 獸有茂草, 各有攸處, 德用不擾.(昔周辛甲之爲大史也, 命百官, 官箴王闕. 于《虞人之箴》曰 : "芒芒禹跡, 畫爲九州, 經啓九道. 民有寢廟, 獸有茂草, 各有攸處, 德用不擾.)

27 "子犯曰, 戰也, 戰而捷, 必得諸侯. 若其不捷, 表裡山河, 必無害也."

28 "忽寢寐而夢想兮, 魄若君之在旁."

29 "富彥國在靑社, 河北大饑, 民爭歸之."

30 나는 龍門에서 태어나 河山의 남쪽에서 밭 갈고 가축을 길렀다. 10세에 古文을 통했고 20세에 南으로 江과 淮 지역을 지나 會稽山에 오르고 禹가 묻혔다는 동굴과 九疑山을 탐방했다. 沅(완)과 湘지역을 배를 타고 살폈다. 북으로 汶水와 泗水를 건넜다. 齊와 魯의 수도에서 강론하였고 공부자의 遺風을 살폈고 鄒(추)와 嶧(역)땅에서 관리생활을 했다. 蕃(파)와 薛, 彭城(팽성) 땅에서

나라 때 처음으로 中書令을 설치했는데 주로 환관이 맡았고 황제의 詔令을 전달하고 포고하는 일을 하였다. 나중에는 名望이 높은 선비가 황제의 측근으로 중용되어 중서령을 맡았다. "有分"이란 職分을 가지다는 뜻이다. 《禮記·禮運》에 "남자는 직분이 있고 여자는 남자의 직분을 따른다(男有分, 女有歸)"는 표현이 보이고 鄭玄은 注에서 "分은 직분이다(分, 猶職也)"라고 해설했다. "行篋(행협)"이란 여행할 때 가지고 다는 상자를 말한다. 《宋史·忠義傳十·馬伸》에 "그러므로 광릉에 있을 때 여행상자 하나를 메고 나녔는데 그 안에 절반이 책이었다"[31]라는 표현이 보인다. 7구의 悵望(창망)이란 근심하고 슬퍼하면서 멀리 바라보는 것이다. 唐 杜甫《詠懷古跡》제2수에 "천년 전의 위대한 시인(宋玉)을 처연한 심정으로 바라보고 그리워하니 한없는 눈물 흐르고, 내가 비록 그와 다른 시대 다른 때에 있지만 처지는 같은지라 쓸쓸하고 외롭기 한이 없네"[32]라는 표현이 보인다. 7, 8구는 牛山에 얽힌 齊景公의 고사를 전고로 사용했다. 〈그림 3-5〉 정두원의 〈청주도〉를 보면 그림의 좌측 상단에 우산이 표기되어 있다. 《列子·力命》의 기록[33]에 따르면, "齊景公이 牛山에 유람하러 나갔다가 북으로 자신의 나라를 바라보고 눈물을 흘리면서 '아름답구나, 우리나라여! 푸르른 초목이 무성하기도 하구나! 내가 만약 쓸쓸히 이곳을 떠나 죽어버린다면? 옛부터 죽지 않는 사람이 없으니 과인도 죽어서 여길 떠나야 하니 어찌할 것인가?'라고 하면서 탄식했다. 史孔과 梁丘據(양구거) 등의 신하들도 모두 따라 울면

고생을 겪은 후에 梁과 楚나라를 지나 돌아왔다. (遷生龍門, 耕牧河山之陽. 年十歲則誦古文. 二十而南游江, 淮, 上會稽, 探禹穴, 窺九疑, 浮沅, 湘. 北涉汶, 泗, 講業齊魯之都, 觀夫子遺風, 鄕射鄒嶧 ; 厄困蕃, 薛, 彭城, 過梁, 楚以歸)

31   "故在廣陵 , 行篋一擔, 圖書半之."
32   "悵望千秋一灑淚, 蕭條異代不同時."
33   齊景公游於牛山, 北臨其國城而流涕曰 : 「美哉國乎! 鬱鬱芊芊, 若何滴滴去此國而死乎? 使古無死者, 寡人將去斯而之何?」史孔, 梁丘據皆從而泣曰 : 「臣賴君之賜, 跪食惡肉, 可得而食, 駑馬稜車, 可得而乘也, 且猶不欲死, 而況吾君乎?」晏子獨笑於旁. 公雪涕而顧晏子曰 : 「寡人今日之遊悲. 孔與據皆從寡人而泣, 子之獨笑, 何也?」晏子對曰 : 「使賢者常守之, 則太公, 桓公將常守之矣 ; 使有勇者而常守之, 則莊公, 靈公將常守之矣. 數君者將守之, 吾君方將被蓑笠而立乎畎畝之中, 唯事之恤, 行假念死乎? 則吾君又安得此位而立焉? 以其迭處之, 迭去之, 至於君也, 而獨爲之流涕, 是不仁也. 見不仁之君, 見諂諛之臣 ; 臣見此二者, 臣之所爲獨竊笑也.」景公慚焉, 舉觴自罰 ; 罰二臣者, 各二觴焉.

서 말하기를 '우리들이 신하된 몸으로 임금의 은혜를 입었으니 질긴 고기와 같은 나쁜 음식은 참고 먹을 수 있고 사나운 말과 거친 수레는 억지로 탈 수 있지만, 죽음만은 피하고 싶은데 하물며 임금님의 심정은 어떻겠습니까?'라고 했다. 이에 안영이 홀로 옆에서 비웃고 서 있었으니 제경공이 울면서 안영을 돌아보고 '과인이 오늘의 유람이 너무 슬프고 신하인 사공과 양구거도 모두 과인을 따라 우는데 그대만 홀로 웃고 있으니 왜인가?'라고 물었다. 이에 안영이 대답하기를 '현명함으로 오랫동안 나라를 지키셨던 분들을 예로 들라면 곧, 강태공, 제환공이 그러한 분들이며, 만약 용맹으로 오랫동안 나라를 지키셨던 분들을 예로 들라면 곧, 莊公과 靈公이 그러한 분들이라 할 것입니다. 이처럼 옛 제나라의 여러 군주분들께서 이런 식으로 오랫동안 제위를 지키셨는데, 지금 임금께서는 도롱이를 입고 삿갓을 쓰고는 벌판 가운데 서서 슬퍼하기만 하고 만약 죽게 된다면 어떻게 될지만을 생각하십니까? 그렇다면 우리 임금께서는 어디에서 강태공이나 제환공, 장공, 영공과 같은 위대한 군주의 자리를 찾아 설 것입니까? 그들이 차례로 그 보위에 오르셨고 차례로 그 자리를 내어주시어 임금에게까지 이른 것인데 어찌 임금께서만 유독 슬퍼하십니까? 이는 不仁한 것입니다. 不仁한 군주를 보았고 거기에 아첨하는 신하를 봤습니다. 소신이 이 둘을 보았기 때문에 홀로 비웃고 있었던 것입니다.'라고 했다. 이에 제경공이 부끄러워 하면서 술잔을 들어 벌주를 마셨고 사공과 양구거 나머지 두 신하에게도 각각 두 잔씩 벌주를 마시게 했다." 이 이후로 "牛山悲"는 무한하고 영원한 자연과 대비하여 사람의 인생이 짧고 유한함을 슬퍼하고 탄식함을 뜻하는 전고로 널리 사용되었다.

이 시는 尤韻으로 압운을 한 7언 율시의 근체시형을 갖추고 있다. 앞서 살펴본 이민성의 시와 마찬가지로 청주의 역사를 회고하면서 그 역사를 평가하고 탄식하는 내용으로 구성되어 있다. 수련에서 말하기를 이곳은 우임금이 천하를 九州로 나누고 물길을 내어 홍수를 다스리고 길을 뚫어 사방을 통하게 하던 시절에 이미 중요한 요충지로 개척되고 개발된 곳으로 군사적으로 천혜의 요새이자 경제적으로도 윤택하여 그 기상이 중원에서도 으뜸인 고장이라 찬송했다. 함련에서는 이처럼 역사가 유구하고 그 기상이 빼어난 청주지역을 작자는 이전에 역사책 속에서 자주 접했고 위대한 역사가 사마천이 그랬던 것처럼 언젠가 한 번 직접 견문해보고 싶었다. 그런데 오늘 몸소 이렇게 청주지역을 체험하고 나니 역사속 이야기가 정말 명불허전임을 알게 되어 사마천조차 부럽지 않다고 하면서 조금은 과장되게 마음 속 기쁨을 이야기한다. 경련에서는 함련에서 느낀 기쁨으로 인해 해로사행의 과정에서 겪은 온갖 고초와 어려움, 고향에 대한 향수, 그리고 나그네로서의 우수와 고독 등의 부정적 감정을 일시에 씻어낼 수 있었고 또 이로 인해 임금께 부여받은 사행의 임무를 다시 한번 마음 속에 되새기며 심기일전하게 된다. 마지막 미련에서는 멀리 제경공이 바라보고 인생무상을 느끼며 울었다는 우산의 풍경이 눈앞에 들어오게 되었는데 제경공과 달리 작자는 서늘한 가을 기운을 머금은 우산의 빼어난 정취에 젖어들어 정신과 기분이 더욱 상쾌해지기만 했다. 그래서 작자는 스스로를 제경공이 아니라 제나라의 명재상 안영에 감정 이입하여, 하늘이 내린 임금의 직분을 망각하고 나약한 하루살이 소인배처럼 육체적 죽음을 두려워했던 제경공을 비웃으면서, 자신이 맡은 사행의 중차대한 임무를 반드시 완수할 것을 다시 한번 다짐하면서 시를 마무리 짓고 있다.

〈청주를 지나며 白沙 윤훤 공의 시에 借韵하여 쓴 시- 제2수〉

발해와 태산 사이 청주의 땅 열려있고
가을 하늘 기상 더욱 높구나!
치하와 유하는 우임금이 물길을 다스린 청주땅을 가로질러 도도히 흘러
가고
재주 있는 선비는 제나라 노래 읊조리고 있네!
맹상군 식객 풍환의 교활한 지혜는 교토삼굴의 권모술수로 조소받아 마
땅하니
그 유세의 목적은 칠웅의 패자 되기를 바랬기 때문이네!
나라와 왕조의 흥망성쇠는 이루 다 헤아릴 수 없으나

산천은 옛날과 지금 다름이 없구나!

其二[34]
海岱開靑社, 秋空氣勢崇.
濰淄經禹跡, 窈窕詠齊風.
巧智嗤三窟, 游談想七雄.
興亡千百變, 山水古今同.

—李民宬《燕槎唱酬集》

　4구의 窈窕(요조)는 窈窱(요조)라고도 쓰며 재주있는 사람을 가리킨다. 淸 姚鼐(요내)의〈吊朱二亭〉詩[35]에 "병신년에 강도에 이르러 비로소 재자가인을 만날 수 있었다"라는 표현이 보인다. 齊風이란《詩經》15國風 중의 하나로서 총 11篇으로 이루어졌다. 5, 6구는 "狡兎三窟(교토삼굴)"의 고사를 전고로 활용하고 있다.《戰國策·齊四》〈馮諼客孟嘗君(풍훤객맹상군)〉편[36]에 그 자세한 이야기가 전하고 있다. 5구의

34　제2수라는 표제는 필자가 임의로 붙인 것이며 원 판본 상에는 아무 제목이 없음.

35　丙申至江都, 遂得訪窈窱.

36　齊湣王이 왕위에 오르자 孟嘗君에게 말하기를 "寡人은 先王의 신하를 감히 신하로 삼을 수 없습니다."라고 했다. 그래서 孟嘗君은 어쩔 수 없이 자신의 봉국이 있는 薛땅으로 가야했는데 설땅의 100리 밖까지 백성들이 노인을 부축하고 어린아이의 손을 붙잡고 나와 맹상군을 길에서 마중했다. 이에 맹상군이 馮諼을 돌아보며 말하기를 "일전에 선생께서 나를 위해서 채권을 불태우고 사 온 민심을 오늘에야 목도하게 되는구료"라고 하였다. 이에 풍훤이 말하기를 "교활한 토끼는 3개의 굴이 있어야 합니다. 그래야 죽음을 면할 수 있습니다. 지금 君께서는 하나의 굴밖에 없으니 아직 베게를 높이 베고 편히 누워 주무실 수 없습니다. 제가 君을 위해서 다시 2개의 굴을 더 팔 것입니다."라고 하였다. 이에 孟嘗君이 그에게 수레 50乘과 금 500근을 주었다. 그는 서쪽 梁나라로 가서 惠王에게 "齊나라에서 재상 孟嘗君을 파직시켰으니 諸侯 가운데 누구라도 먼저 그를 맞아들이면 부국강병해질 것입니다."라고 말하니 이에 양혜왕이 재상의 지위를 비우고 원래 재상을 上將軍으로 옮겼다. 이어 황금 1천 근; 수레 100승을 폐백으로 사신을 보내 孟嘗君을 초빙하려 했다. 풍훤이 사신보다 먼저 설땅으로 돌아가 孟嘗君에게 일러 말하기를 "황금 1천 근이 대단한 폐백이요 수레 100승은 대단히 중히 여기는 것입니다. 제나라에서 반드시 이 소문을 전해들을 것입니다."하였다. 梁나라 사신이 3번이나 반복해서 찾아 왔으나 孟嘗君은 고사하고 가지 않았다. 제민왕이 이를 듣고는 君臣이 모두 두려워하여 太傅(태부) 齎(재)를 사신으로 삼아 황금 1천근, 화려한 수레와 4필의 말 2세트, 보검 하나, 서신 하나를 지니고 孟嘗君

巧智는 약삭빠른 슬기, 겉으로는 영민하고 지혜로우나 결국에는 우둔하고 어리석은 결과를 낳는 총명함을 뜻한다.《呂氏春秋 知度》에 "군주가 스스로 지혜롭다고 생각하고 다른 사람을 어리석다 여기고, 스스로 영민하다 여기면서 다른 사람을 우둔하다고 여기면, 어리석고 우둔한 신하는 계속 군주에게 영민한 지혜를 요청하게 되고 영민한 지혜(巧智)를 가진 자는 이를 펼쳐보여야 한다. 그 펼쳐보임이 많으면 더욱더 요청하게 되고 요청함이 많아지면 나중에는 요청하지 않는 것이 없게 된다. 군주가 비록 영민하고 지혜로우나 모든 것을 다 알 수는 없는 것이다."[37]라는 기록이 보인다. 嗤(치)는 비웃다는 뜻이다. 宋· 司馬光의《訓儉示康》에 "사람들이 모두 나를 고루하다고 비웃지만 나는 스스로 그것을 병통으로 여기지 않는다"[38]라는 표현이 보인다.

이 시는 東韻으로 압운을 하고 對杖과 평측을 강구한 5언 율시 근체시형에 속한다. 앞에서 살펴본 이민성의 다른 시들과 마찬가지로 詠史的 懷古詩에 해당한다. 수련에서는 우선 태산과 발해 사이에 위치하여 천혜의 군사적 요충지를 이루면서

을 찾아가 사죄하도록 하면서 전하기를 "寡人이 불초하여 선조들이 내리는 재앙을 받고 아첨하는 신하들에 미혹되어 君께 죄를 지었습니다. 寡人이 부족해서 그렇게 한 것이니 원컨대 종묘사직을 살피시어 제나라로 돌아와 다시 萬人을 다스리십시오!" 라고 했다. 풍훤이 맹상군에게 말하기를 "제민왕에게 先王의 祭器를 요구하여 제나라의 宗廟를 薛땅에 세우십시오."라고 했다. 종묘가 완성되자 孟嘗君에게 보고하여 말하기를 "이제 굴 3개가 모두 완성되었습니다. 君께서는 이제 베게를 높이 베고 즐거워 하셔도 됩니다." 라고 했다. 孟嘗君이 제나라의 재상을 수십 년간 하면서 중간에 큰 화가 없었던 것은 모두 馮諼의 계책 덕분이다. (齊王謂孟嘗君曰: "寡人不敢以先王之臣爲臣." 孟嘗君就國于薛, 未至百里, 民扶老攜幼, 迎君道中. 孟嘗君顧謂馮諼: "先生所爲文市義者, 乃今日見之." 馮諼曰: "狡兔有三窟, 僅得免其死耳; 今君有一窟, 未得高枕而臥也. 請爲君複鑿二窟." 孟嘗君予車五十乘, 金五百斤, 西游于梁, 謂惠王曰: "齊放其大臣孟嘗君於諸侯, 諸侯先迎之者, 富而兵強." 於是梁王虛上位, 以故相爲上將軍, 遣使者黃金千斤, 車百乘, 往聘孟嘗君. 馮諼先驅, 誠孟嘗君曰: "千金, 重幣也; 百乘, 顯使也. 齊其聞之矣." 梁使三反, 孟嘗君固辭不往也. 齊王聞之, 君臣恐懼, 遣太傅齎黃金千斤, 文車二駟, 服劍一, 封書, 謝孟嘗君曰: "寡人不祥, 被於宗廟之祟, 沈於諂諛之臣, 開罪於君. 寡人不足爲也; 願君顧先王之宗廟, 姑反國統萬人乎!" 馮諼誠孟嘗君曰: "願請先王之祭器, 立宗廟于薛." 廟成, 還報孟嘗君曰: "三窟已就, 君姑高枕爲樂矣." 孟嘗君爲相數十年, 無纖介之禍者, 馮諼之計也.)

37   "人主自智而愚人, 自巧而拙人, 若此則愚拙者請矣, 巧智者詔矣. 詔多則請者愈多矣, 請者愈多, 且無不請也. 主雖巧智, 未無不知也."

38   "人皆嗤吾固陋, 吾不以爲病."

도 경제적으로 윤택한 청주 지역 일대가 가을의 절기를 맞이하여 드높은 기상을 자랑하고 있다고 감탄하면서 시상을 일으키고 있다. 이어진 함련에서는 수련의 시선을 청주땅 내륙으로 좁혀, 청주부의 동쪽을 흐르며 래주부와의 경계를 이루는 濰河, 청주부의 서쪽 땅을 흐르며 제남부와 경계를 이루는 淄河를 언급하면서 이 강들이 우임금이 천하를 구주로 나누어 치수할 때 개착한 것이 아닐까라는 상상도 하면서, 이처럼 산세의 기상이 뛰어난 곳이라 대대로 제나라의 활달한 기풍을 이어받은 재주많은 인재들이 배출되었다고 송찬했다. 그러나 이어진 경련에서 시상의 전환이 일어나는데 맹상군이 식객인 풍환의 교토삼굴의 계책을 받아들여 제나라의 재상직을 수십년 간 다시 유지하기는 했으나 이는 왕도의 방략이 아니라 패자의 계략에 불과하다고 비웃는다. 왜냐하면 나중에 맹상군이 죽고 나서 그의 후손들은 제민왕에게 죽임을 당했고 그의 봉국인 설국도 없어지고 말았으며 제나라도 내분으로 국력이 쇠약해지는 결과를 빚어 종국에는 진나라에 병합되는 비극을 맞게 되기 때문이다. 이어진 미련에서는 그러나 기나긴 역사의 차원에서 본다면 인간사에 영원한 것은 없고 어떤 나라의 왕조도 수백 수천 번 변화하기 마련인데, 오직 영원한 역사와 더불어 변함이 없는 것은 지금 작자 자신이 목도하고 있는 청주의 장엄한 산천뿐이라고 탄식하면서 시를 마무리 짓고 있다.

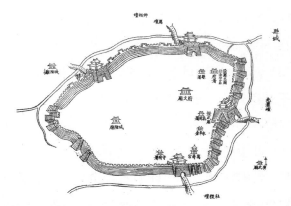

그림 3-8 淸 光緖 年間의 靑州府城(益都縣城)全圖[39]

사진 3-9   1920년대의 靑州府城 북쪽 성벽[40]

사진 3-10   지금 靑州市 博物館 北側에 남아 있는 옛 靑州府城 서북쪽 모퉁이의 성벽 유적

---

39   光緖《益都縣圖志》卷2《圖二》, 淸光緖三十三年刻本, pp.2b-3a.
40   孟慶剛主編：《古城舊影—靑州歷史圖片》, 山東畫報出版社2014年版, p.39.

유구한 역사를 가진 靑州는 각 역사시기마다 廣縣城, 廣固城, 東陽城, 南陽城 등 다양한 성곽이 위치를 달리하며 축조되어 왔다. 역사서에 기록이 남아 있는 최초의 성곽은 漢 高帝6년(BC 201) 武將 召歐(소구)[41]가 청주지역에 廣嚴候로 봉해진 후 설치된 廣縣城(광현성)이다. 《齊乘》에 "廣縣城은 益都府 남쪽 瀑水澗(폭수간) 곁에 있었으며 漢 廣縣故城이다. 元魏(386-534, 곧 後魏)시기 靑州의 치소가 여기 있었고 遺址가 아직 존재하며 현지인들은 古靑州라고 여긴다"[42]라고 했다. 光緒《益都縣圖志》에 "廣縣城은 (靑州府)城에서 서남으로 4리 떨어진 瀑水澗 근처에 있다"[43]라는 기록이 보인다. 이러한 사실을 고금의 지도에 대조하여 보면, 廣縣城의 소재지는 지금의 靑州市 王府街道 下圈村 일대로 추측된다. 다음으로 廣固城(광고성)은 西晉 永嘉 5년(311) 刺史 曹嶷(조의, 276?-323)가 처음으로 쌓았다. "계곡이 심히 넓고 견고 했기"[44]때문에 이러한 이름이 붙었다. 西晉末, 後趙, 前燕, 前秦시기에 廣固城은 줄곧 靑州의 治所가 되었다. 隆安 4년(400) 慕容德(모용덕)이 廣固城을 南燕의 國都로 삼았다. 義熙 6년(410)에 南朝 劉宋 開國 군주인 劉裕(유유)가 南燕을 멸하면서 廣固城도 파괴되었다. 廣固城은 지금의 靑州市 邵莊鎭(소장진) 堯王山 동남쪽 일대이다. 南燕을 멸한 후에 劉裕는 楊穆을 靑州刺史로 파견했는데 楊穆은 南陽河의 북쪽에 새로이 東陽城(北城이라고 불림)을 축조했다. 東陽城은 "동서 방향으로 길고 남북으로는 좁은 형태로",[45] "성곽은 길쭉하면서 들쭉날쭉 곳곳에 함정이 있어

---

41   "廣嚴侯인 召歐는 한고조의 측근으로 沛(江苏省 徐州 일대)에서 함께 기의하여 覇上(지금의 陝西省 西安市 동쪽)에 이르렀고 連敖(즉, 司馬)가 되었다. 漢조정에 들어 騎將으로 燕과 趙를 평정하고 燕將軍을 잡은 공으로 侯가 되어 2200戶 녹읍을 받았다. 高帝 6年에 광엄후에 봉해으며 侯勝, 侯嘉로 계승되었다가 후사가 없어 그 나라(國)가 폐지되었다.(廣嚴侯召歐, 以中涓從起沛, 至覇上, 爲連敖, 入漢, 以騎將定燕, 趙, 得燕將軍侯, 二千二百戶. 高帝六年封. 傳戴侯勝, 共侯嘉, 無後, 國除)" 嘉靖《靑州府志》卷12《封建》, 明嘉靖刻本, p.23b.

42   "廣縣城, 益都府南瀑水澗側, 漢廣縣故城, 元魏嘗以置靑州, 遺址猶存, 土人目爲古靑州."《齊乘》卷4《古跡》, 淸文淵閣四庫全書本, p.1a.

43   "廣縣城, 在(靑州府)城西南四裡, 瀑水澗側." 光緒《益都縣圖志》卷12《古跡志上》, 淸光緖三十三年刻本, p.1b.

44   "有大澗甚廣固"《元和郡縣圖志》卷11《河南道六》, 淸乾隆間武英殿木活字印武英殿聚珍版叢書本, p.19b.

45   "東西長而南北狹"《齊乘》卷3《郡邑》, 淸文淵閣四庫全書本, p.5a.

많은 병사가 매복하기 좋아 기이한 병법으로 반드시 이길 수 있었다."[46] 東陽城은 明末 靑州府 治所가 있던 益都城의 북쪽에 있었으며 지금의 靑州市 王府街道 北關 社區 부근이다. 北魏 때에 이르러 오랜 세월 "큰 변란이 없었고" 또한 "인구가 날마 다 늘어 동양성이 좁아졌기에 남쪽 성곽을 넓혀서 확장했다."[47] 熙平2년(517) 東陽 城 南郭을 대대적으로 증수하였으니 이것이 바로 南陽城이 되었다. 金 天會 年間 (1123-1135)에 東陽城을 차츰 폐지하고 益都縣의 치소를 南陽城으로 옮겼다.[48] 이로 부터 南陽城이 줄곧 靑州(益都)의 治所 소재지가 되어 왔다. 그러므로 조선사신이 목도하고 언급한 靑州府城이나 益都縣城이란 모두 정확하게는 南陽城(이후 본서에 서 말하는 靑州府城이나 益都縣城은 특별한 언급이 없으면 南陽城을 가리키는 것임)이다.

嘉靖《靑州府志》, 咸豊《靑州府志》, 光緒《益都縣圖志》등 중국 방지의 기록[49]에 따 르면 明 洪武 3년(1370)에 守備都指揮使 葉大旺(섭대왕)이 靑州府城을 둘레 30리, 높이 3장 5척으로 증축했으며 4성문을 각각 동문은 海晏(해안), 남문은 阜財(부재), 서문은 岱宗(대종), 북문은 瞻辰(첨진)으로 불렀다. 明 天順 年間에 都指揮 高源, 知 府 徐郁(서욱), 趙偉 등이, 嘉靖 8년에 知府 江珊(강산)이, 嘉靖 13년에 兵備僉事 康 天爵이, 淸 康熙 55년에 知府 陶錦(도금)이, 乾隆 47년에 知府 李濤(이도)가, 그리고 道光21년과 22년에 知府 方用儀 등이 지속적으로 靑州府城을 보수했다. 靑州府城 은 "산을 기대고 아래를 굽어 보는 형세로 그 터는 광활하고도 웅장하며 성가퀴는 촘촘하다. 곡식을 쌓아두고 보급하기 용이하여 10만 대군도 수용할 수 있다." "옛 날 부국강병했던 패왕들이 모두 다투어 얻고자 한 도성으로 山東에서 靑州가 제일

---

46 "控帶闉闍, 卷陷歧出, 千軍之伏, 出奇制勝" 咸豊《靑州府志》卷23《形勝考》, 淸咸豊九年刻本, pp.1b-2a.

47 "無大兵革", 且 "戶口日繁, 而東陽又狹隘, 故廣南郭以處之". 光緒《益都縣圖志》卷12《古跡志》, 淸光緖三十三年刻本, p.3a.

48 (淸)葉圭綬：《續山東考古錄》卷15《靑州上》, 淸咸豊元年刻本, p.4b.

49 嘉靖《靑州府志》卷11《城池》, 明嘉靖刻本, pp.25b-26a；咸豊《靑州府志》卷25《考四之一》, 淸咸 豊九年刻本, pp.1b-2a；光緒《益都縣圖志》卷13《營建志上》, pp.1a-3b；靑州市地名委員會編： 《靑州市地名志》, 天津人民出版社1991年版, p.484.

이다[50] 1948년 이후 靑州古城은 차츰 허물어지고 철거되었다. 靑州市 地方史志 硏究室 閭成武 主任의 설명에 따르면, 靑州古城의 동서남북 사방 범위는 대체로 동으로는 지금의 雲門山路, 남으로는 鳳凰山路, 북으로는 南陽河, 서로는 南陽湖에 이른다고 한다. 지금 靑州市 博物館의 북쪽으로 靑州古城(南陽城)의 옛 성벽 유적이 남아 있다.

사진 3-11   지금의 靑州市 시청 건물

조선 사신들은 청주부성에 도착하면 일반적으로 성밖의 北關이나 南關에서 유숙하거나 일정이 빠듯하면 청주부성에 들르지 않고 바로 길을 떠났다. 그러나 귀국길에 여유가 있어 일정이 허락하면 청주성 경내를 남북으로 관통하여 지나면서 정유재란 때 援軍을 이끌고 왔던 병부상서 邢玠(형개)의 저택, 明 憲宗의 아들인 朱見深(주견심)의 궁궐인 衡王府, 그리고 청주부 출신 名儒들의 石牌坊, 청주 남문의 南樓인 夜雨樓 등에 관심을 가지고 탐방하였고 적지 않은 사신들이 시를 지어 남기거나 사행록에 관련 기록을 남겼다. 이어진 글에서 청주부성 내에서 조선사신들이 경유했던 곳들을 구체적으로 살펴보기로 한다.

---

50   "倚山俯澗, 基址壯闊, 雉堞排密. 積穀屯兵, 可容十萬", 爲 "天府之國古王伯所爭都, 山東之地以靑州爲根本". 咸豊《靑州府志》卷23《考二》, 淸咸豊九年刻本, p.1b.

제1절 邢軍門之第

(7월) 10일 맑음. 새벽에 (창락현의 서쪽으로 80리 지점) 에서 출발하여
청주에 도착하여 王씨의 집에서 아침밥을 먹었다. … 형개 군문의 저
택은(청주부)성내에 있는데 軍門은 이미 돌아가시고 아들 셋이 있는데
그중 하나는 과거에 급제하여 지금 薊州監軍(계주감군)이라 한다.

(七月)初十日, 晴. 曉發(昌樂西八十里), 到靑州, 朝飯于王姓家. ……
邢軍門之第在(靑州府)城內, 而軍門已化有子三人, 一子登第, 今爲薊
州監軍云.

— 安璥《駕海朝天錄》

안경이 언급한 邢軍門은 邢玠(형개, 1540-1612)를 가리킨다. 관련 사료[51]에 따르면,
형개는 자가 式如(식여) 혹은 搢伯(진백)이며 호는 崑田(곤전)으로 청주부 익도현 사
람이다. 명 隆慶 5년(1571)에 진사에 등과하여 密雲知縣를 제수받은 이후로, 맡은
관직마다 그 직을 훌륭히 수행하여 만력 23년(1595)에는 楊應龍(양응룡 1551-1600)
의 난을 평정한 공로로 右都御史(우도어사)의 직위에까지 이르렀다.[52] 임진왜란이
발발한 후 수년간 명조는 도요토미 히데요시(豊臣秀吉 1536-1598)를 일왕에 책봉하
여 화의를 도모하고자 했으나 도요토미 히데요시가 명의 封倭使(봉왜사)가 가지고
온 國書와 國幣를 물리침으로써 화의가 결렬되었고 만력 25년(1597) 정월, 일본은

---

51   《明實錄·明神宗實錄》;《明史》卷322《列傳一百八十三》, 淸鈔本;康熙《靑州府志》卷16《事功》,
清康熙六十年刻本, p.3;咸豊《靑州府志》卷44《人物傳七》, 淸咸豊九年刻本, pp.55b-56b;光
緖《益都縣圖志》卷三十六《列傳》, 淸光緖三十三年刻本, pp.4a-5b.

52   만력 4년(1576)3月 20일 浙江道御史에 임명되었다가 24일에 연이어 甘肅巡按御史로 승진했다.
만력 6년(1578)2月 浙江巡按使에서 河南僉事로 승진했고 만력 10년(1582) 정월에 陝西苑馬寺少
卿에서 山西行太僕寺卿兼僉事로 승진했고 만력12년(1584)에 다시 山西右參政으로 승진했다.
만력 13년(1585)에 山東參政에서 陝西參政兼僉事로, 만력18년(1590)3월에는 陝西右布政兼僉事
에서 山西陽和兵備道로 옮겼다. 9월에 山西右布政使兼按察使副使에서 大同巡撫가 되었고 만
력23년 8월 南京兵部右侍郎이 되었다. 만력 22년 10월 南京兵部左侍郎兼右僉都御史를 맡아
사천, 귀주 지역 군무를 맡아 "萬曆三大征"의 하나인 播州土司 양응룡의 난을 평정했다. 만력
23년(1595) 파주지역을 평정한 공로로 右都御史가 되었다.

정유재란을 일으켜 대대적인 공세를 다시 벌였다. 이에 명조는 3월 형개를 兵部尚
書兼都察院右副都御史로 임명하여 조선으로 파병하는 명나라 원정군의 총독으로
삼고 조선과 연합하여 왜군과 전쟁을 벌이게 된다. 이후 형개를 중심으로 명나라
장수들은 이른바 四路竝進策을 구상하고 조명연합군을 지휘하여 육군으로는 울산
(東路), 사천(中路), 순천(西路)의 왜성을 공략하고 수군으로는 남해안 일대(水路)의 왜
군을 공격하는 등 임진왜란이 조-명 연합군의 승리로 끝맺는 데 일정한 역할을 하
게 된다. 만력 27년(1599) 임진왜란이 끝난 후에도 형개는 薊遼總督(계요총독)의 직
위를 유지하면서 전쟁 후의 한반도와 요동지역 정세를 안정적으로 관리하는 임무
를 수행하였다. 그 후 조선에서의 공적을 인정받아 光祿大夫, 柱國, 少保兼太子太
保, 參贊機務 등의 조정 내 고위직에 연달아 임명되었다. 만력 40년(1612) 3월 8일
에 73세의 나이로 병사했으며 만력 41년(1613) 太保에 추증되었고 저서로는《征東
奏議》,《崇儉錄》등이 있다.

　　명 만력 26년(선조 31년, 1598) 임진왜란이 끝나고 선조는 형개와 經理 楊鎬(양호,
?-1629)를 위해 宣武祠라는 生祠堂[53]을 짓도록 하고 친히 쓴 "再造藩邦(재조번방 - 조
선을 위기에서 구하여 다시 살린 은혜를 베풀었다는 뜻)"이라는 네 글자를 새긴 금칠한
현판을 내려 형개를 조선을 구한 은인으로 존중했다.[54] 선조 뿐만 아니라 조선 조정
의 대소 관료들도 정유재란 후 그가 명으로 돌아가자 그의 업적을 찬양하며 수많은
송별시를 남기기도 했다.[55] 명과 후금 사이에서 중립적인 입장을 취하던 광해군을

53　위정자가 재임시 선정을 베푼 것을 은혜롭게 생각하여 그가 살아 있을 때부터 세워서 제향을 모
　　시는 사당이다.

54　"立邢軍門生祠堂. 殿下大書再造藩邦四字. 塗以金揭之. 聖筆神健. 中朝人見者. 無不嘆服."《大
　　東野乘·甲辰漫錄》

55　두 편의 시를 예로 든다. 尹斗壽(1533-1601)《邢軍門別詩 제1수》"藩邦告急幾遑遑 번방의 급한
　　호소 얼마나 다급했던지 帝遣名臣出遠方/ 황제께서 명신을 원방으로 내보냈네 自是笑談能走
　　敵/ 원래 담소하면서도 적을 물리칠 수 있다 하니 從今邢衛得忘亡/ 그때부터 형위가 망할 걱정
　　잊었네/ 平淮雅作人皆誦 회서를 평정한 공은 노래로 지어 모두들 외우고/ 遺愛堂成世許長 남
　　기신 사랑은 사당을 지어 대대로 전하리라/ 一幅新圖非好事 한 폭의 새 그림은 일 벌리기 좋아
　　서가 아니라/ 爲傳東土有甘棠 동토에도 감당이 있음을 전하기 위함일세"《梧陰遺稿》卷2《詩》, 明
　　崇禎八年刊本, p.27) 車天輅(1556-1615)《邢軍門別詩 제1수》"漢節從天下 한나라 장군이 하늘에서

몰아내고 친명배금 정책을 천명하며 반정에 성공한 인조가 집권 이후로 정권의 정통성을 공고히 하기 위한 목적으로 명 조정과 임진왜란에 참전하여 왜군과 싸운 명나라 장수들을 "재조지은"의 은혜를 베푼 은인으로 존숭하는 풍조가 강화되었다. 또한 인조 집권기 등용된 인물들 역시 친명배금의 사상에 동조하는 이들이 대부분이었고 명청교체기 대명사행을 갔던 조선 사신들도 대체로 이러한 부류에 속했다. 청나라가 명나라를 완전히 멸망시키고 중원의 정통성을 계승한 왕조로 전면 등장한 이후에도 조선의 왕들과 사대부 주류 세력들은 대외적으로는 청조를 인정할 수밖에 없었지만, 내부적으로는 오랜 기간 청조에 대한 반감을 가지고 있었다. 명나라가 멸망한 지 이미 100여 년이 지난 영조 36년(1760) 조선에서는 宣武祠 앞에 별도의 사당을 짓고 임진왜란 기간에 죽은 명나라의 장수들에게 제사를 지내기도 했고[56] 이후 정조는 아래와 같이 상서 형개를 추념하는 〈宣武祠致祭文〉을 직접 짓기도 하는 등 조선의 집권층과 주류 사대부 계층은 조선후기까지 친명배금사상을 은연 중에 계승하는 태도를 유지하였고 이는 자연스럽게 상대주의적 화이론, 즉 조선을 중화문명을 실질적으로 계승한 소중화로서 자처하는 사상으로 이어졌다고 볼수 있다.

내려오니/ 蠻兒在目中 오랑캐 아이들이 안중에 들어 있네/ 三韓開督府 삼한에다 총독의 부서를 개설하니/ 十省總元戎 십 성을 총괄하는 원수가 되었도다/ 星壓將軍樹 원수 별은 장군의 나무를 짓눌렀고/ 霜兼御史驄 서리 위엄 어사의 총마를 겸하였지/ 塞雲翻白羽 변새의 구름은 백우를 나부끼고/ 邊月照彤弓 하늘가 달빛은 동궁을 비추었지/ 海立鯨波靜 고래 물결 사라지자 바다가 안정되고/ 風淸虎穴空 호랑이 굴 텅 비자 바람이 상쾌하네/ 笑談兵不戰 웃으며 얘기하고 전쟁하지 않으니/ 勳業劍知雄 훈업은 웅검 보고 알 수가 있다네/ 麟閣丹靑逼 인각의 초상화는 실물과 닮았고/ 燕臺位望崇 연대에 지위와 명망은 숭고했지/ 師人吟破斧 병사들이 모두 다 파부를 읊으니/ 應是答周公 주공의 은덕에 보답한 것이겠지"《五山集, 續集》卷1《詩》淸乾隆五十六年刊本, p.15) 이상 두 시의 번역은 고전종합DB를 따름.

56 1746년. 영조는 또한 직접 "恩垂東海"라는 4자의 편액을 직접 써서 내려주어 선무사에 걸도록 하였으며 선무사의 제향은 청나라 말기까지 유지되었다. 선무사는 지금의 서울 중구에 위치했었으나 현재는 허물어져 없어졌다. [朝鮮] 姜浚欽 :《三溟詩集》, 韓國首爾大學奎章閣藏本, p.30.

〈선무사에 올리는 제문〉

명군이 정유재란 때 조선으로 출정함에 장정들이 구름처럼 많았네.

이 때 사마이신 형개께서 모든 군대를 통솔하였네.

마치 당 헌종 때 회서의 반란을 정벌할 때 모두들 한홍[57]에게 통솔되었던 것처럼

조선에서 왜군을 석권하는 형세로 물리칠 때

홀로 중임을 맡아 빼어난 공업을 이루었네.

임란 초기 혁혁한 공을 세운 寧遠伯은 요동에서 이미 전사하였으니

공이 아니었다면 누가 정유재란의 마지막을 평정하였을까!

아! 지금의 천자의 나라는 옛날 명나라와는 상전벽해된 듯 완전히 달라졌네.

홀로 우뚝 솟은 오래된 사당에 양공과 일체로 함께 제향 올리며

큰 국자로 술을 따라 올리니 영웅의 풍모 직접 뵙고 읍하는 것 같네.

宣武祠致祭文

天兵東出, 有將如雲. 時維司馬,[58] 掌轄諸軍.

若唐征淮,[59] 咸統於弘.[60] 席捲之勢, 獨任奇功.

57　韓弘(한홍, 765-823)을 가리킨다. 당 나라 헌종 때의 장수로 회서의 오원제의 난을 정벌할 때 諸軍行營都統使가 되어 군대를 통솔하여 회서를 평정하고 그 공으로 侍中을 겸하고 許國公에 봉해졌다. (《新唐書》卷158《韓弘列傳》)

58　司馬는 관명으로 주나라 때 六卿 가운데 하나이며 군사를 다스리는 벼슬이었다. 한 무제 元狩 4년에 太尉를 大司馬로 바꾸었고 후한 때에는 다시 태위였다가 남북조 시기에는 대장군과 병칭되었고 隋나라에 이르러 폐지되었다. 후대에는 병부상서의 별칭으로 사용되었고 시랑이 少司馬로 불리기도 했다. 그러므로 여기서는 병부상서였던 형개를 가리키는 것이다.

59　당 헌종 원화 9년(814) 淮西節度使 吳元濟(오원제)가 반란을 일으키자 헌종은 신하들의 반대를 무릅쓰고 원화12년(817) 裴度(배도)를 淮西招討使로 삼고 韓愈(한유)를 행군사마로 삼아 회서토벌을 감행했다. 이때 회서절도사인 李愬(이소)가 오원제를 사로잡아 난을 평정했다.(《舊唐書》卷170《裴度列傳》) 이에 헌종이 한유에게 명하여 《平淮西碑》를 짓도록 명했고 뛰어난 명문장으로 후세에 널리 전해지게 되었다.

60　《古文眞寶後集》卷三 唐 韓愈《平淮西碑》에 "이에 황제께서 李光顔, 烏重胤(오중윤)과 이소, 韓公武, 李道古, 李文通에게 칙령을 내리셨으니 모두 韓弘의 통솔을 받아서 각자 공을 세워 상주하라(乃勅顔胤, 愬武古通, 咸統於弘, 各奏汝功)"라는 표현이 보인다.

赫赫寧遠,[61] 微[62]公孰殿.[63] 烏乎神京, 滄桑百變.

巋然[64]遺祠, 一體楊公.[65] 酌以大斗, 如挹英風.

—右《邢尙書玠》[66]

寧遠伯(영원백)은 원래 임진왜란 때 조선에 파병되었던 장수 이여송의 아버지 李成樑(이성량)을 가리키는데 여기서는 이여송을 가리킨다. 이여송은 임진왜란이 발발한 1592년 그 해 12월 명나라 원군 수 만명을 이끌고 압록강을 건너왔다가 전쟁이 소강상태에 들어 화의교섭이 진행되자 1593년 말에 명으로 철군하여 돌아갔다. 그러다가 요동 총병으로 1958년 토만의 정벌에 나섰다가 전사하고 만다. 그래서 이 제문의 앞구에서 형개가 홀로 중임을 담당했다고 한 것이다. 이여송은 용모가 걸출하며 도량이 넓고 재주가 많았다. 군사를 움직이고 진을 칠 때 군사를 온당하게 검속하였으므로 그가 지나는 곳마다 모두 편하게 여겼다. 그의 아버지 寧遠伯 이성량이 추후에 글을 주기를, "조선은 바로 우리 선조의 고향이니, 너는 힘쓰라."하였는데, 이여송이 언젠가 그 글을 사적으로 接伴使(접반사)에게 보이기를, "아버님이 이처럼 분부하셨는데, 감히 귀국을 위해 힘을 다하지 않겠는가."라고 하였다. 어떤 이는 말하기를, "그의 선조는 바로 우리나라 理山郡 출신인데 우리나라 사람들은 자세히 알지 못한다." 하였다. 이여송이 30여 세의 나이로 처음 우리나라에 왔을 때에

---

61 《國朝寶鑑》선조 26년 9월 記事.

62 여기서 "微(미)"는 "非, 不是"의 뜻이다. 《禮記·檀弓下》에 "비단 진나라 뿐만 아니라 천하에 누가 그것을 능히 당해내겠는가?(雖微晉而已. 天下其孰能當之)"라는 표현이 보인다. .

63 "殿(전)"이란 행군할 때 가장 최후에 따르는 것을 가리키는데(王政白著, 《古漢語同義詞辨析》, 黃山書社, 1992, p.78) 여기서는 정유재란을 평정한 후 왜란을 끝까지 마무리하고 떠난 형개의 행적을 가리킨다.

64 巋然(규연)이란 홀로 우뚝한 모습이다. 《莊子·天下》에 "다른 사람들이 모두 채움를 취할 때 나는 홀로 비움을 취하니 담고 있을 것이 없으므로 여유가 있고 그래서 홀로 우뚝하여 더욱 자유롭다(人皆取實, 己獨取虛, 無藏也故有餘, 巋然而有餘.)" 라는 표현이 보인다. 成玄英은 疏에서 "규연이란 홀로 서있는 모습을 말한다(巋然, 獨立之謂也.)"라고 해설했다.

65 經理 楊鎬를 말한다.

66 [朝鮮] 正祖, 《弘齋全書》卷21《祭文三》, 淸嘉慶十九年刊行本, p.28a.

는 顔鬢(안빈)이 매우 청수하였는데, 영남에서 돌아왔을 때에는 흰 수염이 섞여 있
었다. 그가 우리나라 사람에게 말하기를, "그대 나라를 위하다 보니 이처럼 斑白이
되었다." 하였다. 뒤에 상이 명하여 평양에 사당을 세운 뒤 石星과 이여송을 제사
지내고 李如栢·張世爵·楊元을 배향케 하고는 '武烈'이라고 사액하였다. 한편, 안
경은 형개에게 3명의 아들이 있다고 했는데 그들은 각각 장남 邢顧言(형고언), 차남
邢從言(형종언), 막내 邢楊敏(형양민)이다. 안경이 말한 "등제한 아들이란 막내인 형
양민으로 光緖《益都縣圖志》의 기록[67]에 따르면, 만력 35년(1607)에 형양민이 진사
에 급제하여 戶部主事를 제수받았고 이후 甯泉道僉事, 參政, 遼東監軍道, 河南右
參議兼按察司僉事 등의 직위를 역임했다고 한다.

> (9월)20일 신미일. 청주 익도현에서 묵었다.……주인장이 말하기를
> 청주성 내에 尙書 형개의 저택과 侍郎 趙秉忠의 화원이 있는데 둘 다
> 정말 볼 만하다고 했다. 상서는 곧 임진왜란 때 조선에 왔던 軍門인데
> 백 세가 다되었지만 별다른 질병이 없이 건강하시다고 한다. 그래서
> 찾아가 문안을 드리고 더불어 조병충 화원도 구경하고 싶었으나 여러
> 사정상 불편하여 실행에 옮기지 못했다. 이날은 70리를 이동했다.
>
> (九月)二十日, 辛未, (自)宿靑州益都縣. ……主翁言：城裡邢尙書玠,
> 趙侍郎秉忠花園極好云. 尙書卽壬辰年東征時軍門也, 年迫期頤, 尙無
> 恙云. 欲往候之, 因賞花園而恐有非便, 未果. 是日行七十里.
>
> ―李德泂《朝天錄(一云航海錄)》

> (9월)20일 신미일, 맑음. 아침에 (창락현 남관)을 출발하여 ……청주
> 익도현 남관에서 묵었다. 이날은 70리를 이동했다. ……주인장이 말
> 하기를 성 내에 邢尙書와 시랑 조병충의 화원이 있는데 극히 아름답
> 다고 한다. 상서는 곧 임진왜란 때 조선에 東征 왔던 군문 형개이다.
> 연세가 백 세 가까이 되셨으나 별 탈 없이 건강하시다고 한다. 임진왜

67　光緖《益都縣圖志》卷三十六《列傳》, 淸光緖三十三年刻本, p.5b.

란 때 조선에 끼치신 은혜가 자못 깊으므로 상사, 부사와 의논하여 찾아가 문안드리고 조병충 화원도 함께 감상해볼까 했으나 사정이 여의치 못하고 예의를 갖추기에도 번거로웠으므로 끝내 실행하지 못했다.

(九月)二十日, 辛未, 晴. 早發(昌樂縣南關), ……宿青州益都縣南關裡. 是日行七十里. ……主翁言城裡有邢尚書及趙侍郞秉忠花園, 極好云. 尚書卽東征時軍門邢玠也, 年迫期頤, 身尙無恙云. 征東當日留澤已深, 故謀與上副使往候, 仍賞花園, 而恐其事勢非便, 禮數相泥, 卒未也.

— 洪翼漢《花浦朝天航海錄》

　　명 천계 4년(1624) 9월 20일 謝恩兼奏請使臣團 일행은 청주부성을 지나면서 성 안에 형상서 즉 정유재란 때 명나라 원군을 이끌고 온 병부상서이자 계요총독 형개의 저택이 있다는 말을 들었다. 정사 이덕형과 서장관 홍익한 등은 형개가 조선에 와서 왜군을 물리친 은혜가 있으므로 찾아가 문안을 드리고자 했으나 사행의 바쁜 일정 등으로 결국 실행에 옮기지는 못했다. 그런데 한 가지 의문스러운 점은 이덕형과 홍익한 모두 천계 4년에 형개가 거의 100세의 나이로 건강하게 생존해 있다는 사실을 현지에서 전해 들었다는 것이다. 이러한 사실은 기존 역사서 및 다른 조선 사신의 기록과도 어긋난다.《明實錄·明神宗實錄》에는 "(만력 40년 3월 8일) 전임 南京 병부상서 형개가 죽었다"라는 기록[68]이 있는데 만력 40년은 1612년이다. 또한 명 천계 6년(1626) 9월 중순에 청주를 지난 聖節兼陳奏使 서장관 김상헌도 〈過青州有懷邢尚書〉라는 시의 尾注[69]에서 형개가 이미 죽었다고 언급했고, 앞서 살펴본 안경도 명 천계 원년(1621) 7월 청주를 지나면서 형개가 이미 죽었다고 했다. 그러므로 이덕형과 홍익한 일행이 청주를 지날 때(1624)는 형개가 죽은 지 12년이 지난

68　"(萬曆四十年三月八日)原任南京兵部尚書邢玠卒."《明實錄·明神宗實錄》卷493, 萬曆四十年三月壬寅, 臺灣 "中研院" 歷史語言研究所1962年校印本, p.9282,

69　"신종 황제가 붕어한 이후에 우리 선조 임금께서도 돌아가셨다. 여기와서 지금 형개 어르신도 유명을 달리 하셨다고 듣게 되었다, 그래서 7구와 8구를 이렇게 썼다.(神宗皇帝晏駕, 我昭敬王上賓. 今闻邢公亦已騎箕, 故落句云)" [朝鮮] 金尚憲 :《朝天錄》, 韓國國立中央圖書館藏本.

후임이 틀림없다. 그렇다면 도대체 왜 이덕형과 홍익한은 당시 현지인에게 형개가 아직 살아있다는 말을 듣게 되었던 것일까? 현재로서는 정확인 이유를 논하기 어렵다.

상기에 언급한 바와 같이 명청교체기 대명 사행을 왔던 사신들 대부분은 친명배금사상을 추종하는 부류였고 인조는 반정의 정당성을 명의 책봉을 계기로 더욱 합리화시키려 했으므로 임진왜란 때 조선에 원군을 파견한 명조와 조선에 왔던 명나라 장수와 명군에 대해 감사하는 "재조지은" 풍조를 대내적으로 전파하고자 노력했다. 아래는 조선사신들이 형개의 고택 앞을 지나면서 느낀 소회를 시로 남긴 것들인데 여기에는 당시 인조와 정권을 주도했던 조선 사대부들의 태도와 입장을 분명히 보여주고 있다.

〈군문 형개의 저택을 지나며〉
(청주부성 내에 있다)

조선은 임진왜란 때 명조의 재조지은의 은혜를 입었는데
형개 상서께서 총독군문으로 황제의 명을 받아 동정에 나셨었네.
문무를 겸비하여 영명한 책략을 펼치시어
위대한 공훈을 세우시니 아름다운 명성 유구히 보존되네
고향 땅에는 지금도 빼어난 공의 저택 남아 있으니
당신께서 평소 기거하심도 남다른 풍격 있으셨음을 알겠네
일찍이 만인의 사표이신 형개 상서를 직접 뵌 적 있는데
지금 당신 살던 옛 저택을 지나게 되니 처량한 마음만 가득하네

過邢軍門玠第
(在靑州城中)
藩邦蒙再造, 總督舊專征.[70]

---

70   專征(전정)이란 정벌의 전권을 받았다는 뜻이다. 한나라 班固의 《白虎通·考黜》에 "선악을 판단

文武推英略, 勳庸[71]保令名.[72]

鄕坊余甲第,[73] 居處異平生.[74]

曾睹萬夫表,[75] 經過一愴情.[76]

—李民宬《燕槎唱酬集》

　　위의 시는 명 천계 3년(1623년) 7월 3일 주청겸변무사 서장관 이민성이 청주부성 내 있던 형개의 저택 앞을 지나면서 느낀 감회를 시로 써서 남긴 것이다. 이 시는 庚韵으로 압운을 한 오언율시의 근체시형을 갖추고 있다. 1연은 起로서 바쁜 일정을 맞추기 위해 총총걸음으로 청주부성을 통과하다가 자신이 형개의 고택 앞을 지나고 있음을 알았게 되었고 형개가 정유재란 때 황명을 받고 조선에 와서 왜적을 물리친 사실을 상기하게 되어 자연스레 감사한 마음이 일었다. 2연은 承으로 1연의 감사한 마음은 형개가 세운 위대한 업적에 대한 존경과 탄복으로 이어진다. 3연은 轉으로 이제 실제로 형개가 생전 살았던 고택 앞을 지나면서 그가 거처하던 곳의 주변 풍경과 고아하면서도 위엄있는 거처를 직접 목도하게 되자 위대한 인물의 평

함에 사사로움이 없고 정의를 집행함에 치우침이 없으므로 화살과 활을 내려 정벌의 전권을 맡도록 하다(好惡無私, 執義不傾, 賜以弓矢, 使得專征)"라는 표현이 보인다.

71　勳庸(훈용)이란 공적의 뜻이다. 《後漢書·荀彧傳(순욱전)》에 "조조는 본래 의병을 일으켜 한 왕조를 다시 일으켜 세우고자 했으니 비록 공적이 탁월하다고 하나 여전히 충의와 절개를 지키고 있다(曹公本興義兵, 以匡振漢朝, 雖勳庸崇著, 猶秉忠貞之節)"라는 표현이 보인다.

72　令名(령명)이란 아름다운 명예, 명망의 뜻이다. 《左傳·襄公二十四年》에 "내가 듣건대 군자가 국가를 다스림에 재물 없음을 근심할 것이 아니라 아름다운 명망이 없음을 걱정해야 한다고 들었다(僑聞君子長國家者, 非無賄之患, 而無令名之難)"라는 표현이 보인다.

73　甲第(갑제)란 권문귀족의 저택을 말한다. 《史記·孝武本紀》에 "열후에게 갑제와 하인 천 명을 하사했다(賜列侯甲第, 僮千人)"라는 표현이 보이는데 裴駰(배인)은 集解에서 《漢書音義》을 인용하여 "갑을의 등급이 있으므로 갑제라 했다(有甲乙第次, 故曰第)"라고 설명했다.

74　平生이란 평소의 지향과 취미, 쌓인 정, 일상 등을 가리킨다. 晉 陶潛의 시 《停雲》에 "사람들이 항상 말하기를 세월이 유수처럼 흐른다고 하니 어떻게 해야 친구와 무릎 맞대고 앉아 그간의 정을 나눌까?(人亦有言, 日月于征, 安得促席, 說彼平生)"라는 표현이 보인다.

75　萬夫表란 만인, 만민 혹은 대중의 사표라는 뜻이다.

76　愴情(창정)이란 마음이 아프고 쓰라리거나 슬퍼서 괴로운 것이다. 宋 王安石의 시 《示長安君》에 "젊었을 때 이별 슬픔도 가벼운 것은 아니지만 늙어서는 서로 상봉하는 것조차 마음이 아프고 쓰리다네(少年離別意非輕, 老去相逢亦愴情)"라는 표현이 보인다.

소 생활이 일반인과는 다른 별다른 정취와 지향이 있다는 것을 자연히 느끼게 된다. 4연은 結로서 작자는 형개가 살아있을 때 생전에 조선에서 뵌 적이 있었는데 지금은 형개가 세상을 떠났기에 이렇게 그가 살던 집 앞을 지나면서도 문안인사도 드리지 못하는 처지임을 깨닫게 되자 돌연 처연하게 슬픈 마음이 들게 되었다.

〈청주를 지나다가 형개 상서를 그리워하며 쓴 시〉

(상서는 이름이 玠이며 저택이 청주부성 안에 있다)

선제이신 명 신종 제위 20년에 임진란이 발발하자

병부상서이신 형개를 총독으로 명하여 東征을 주관하게 하셨네

유구하게 이어져 온 조선의 사직 전란을 겪은 후

천리 산천 황제의 은택으로 깨끗이 씻어내렸네

온 세상에 알려진 명예로운 칭호 기둥에 대련으로 새겨져 있고

형개를 보은하는 사당에는 그의 화상이 걸려있네

오늘 아침 이곳 청주 땅을 지나니

뉘라서 알겠는가? 삼한 땅 조선 사신 이토록 만감이 교차함을!

(神宗 황제가 붕어한 이후에 우리 선조께서도 돌아가셨다. 지금 형개 어르신도

유명을 달리하셨다고 들었다. 그래서 7구와 8구에 이렇게 썼다)

過靑州有懷邢尙書

(尙書名玠, 家在本州城中)

先帝[77]龍飛二十春,[78] 東征節制[79]命儒臣.[80]

---

77   先帝란 앞서 죽은 제왕을 가리킨다. "龍飛"란 제왕이 흥기하거나 즉위함을 가리킨다. 《易·乾》에 "나는 용이 하늘에 있으니 대인을 보면 이롭다(飛龍在天, 利見大人)"라는 표현이 보이고 孔穎達(공영달)은 疏에서 "만약 성인이 용의 덕이 있으면 날아올라 천자에 즉위한다(若聖人有龍德, 飛騰而居天位)"라고 설명했다.

78   二十春이란 명 신종 만력 20년을 가리키는데 바로 1592년으로 임진왜란이 발발한 연도이다.

79   節制(절제)란 지휘하거나 관할한다는 뜻이며 군무를 관장하는 節度使를 가리키기도 한다.

80   儒臣이란 원래 한나라 때 박사를 가리키는 명칭이었는데 그 후로 학문이 깊은 문관 출신의 대

百年社稷風塵[81]後, 千里山川雨露新.[82]

溢世勳名歸屛樹,[83] 報恩祠宇有傳神.[84]

今朝海岱經過地, 誰識三韓萬感人.

(神宗皇帝晏駕, 我昭敬王上賓. 今聞邢公亦已騎箕, 故落句云.)

　　　　　　　　　　　　　　　　　—金尙憲《朝天錄》

　　명 천계 6년(1626) 성절겸진주사 정사 김상헌도 청주부성 내 형개의 관저 앞을 지나면서 위와 같은 시를 써서 당시의 소회를 남겼는데 시는 眞韵으로 압운을 한 칠언율시이다. 이 시는 우선 수련에서 임진왜란 때 형개가 신종 황제의 명을 받아 조선에 출정한 사실을 이야기하고 함련에서는 명의 원군으로 인해 전쟁에서 승리하고 전란으로 황폐해진 조선이 다시 회복되었음을 찬양하고 경련에서는 이러한 형개의 공적을 조선사람들이 잊지 않고 사당을 세워 기리고 있음을 말하였다. 미련에서는 지금 형개의 고택 앞을 지나면서 형개가 이미 별세했다는 소식을 접하고는 슬픈 생각에 정신이 멍해질 정도로 만감이 교차하게 되는데, 이곳 청주사람들은 수천 리 떨어진 삼한의 이국땅 사람이 형개의 죽음을 이처럼 슬퍼할 줄은 차마 모를 것이라고 탄식하면서 시를 마무리하고 있다.

신을 가리키는 말로 사용되었다.《新唐書·宗室宰相傳·李福》에 "당 懿宗(의종) 때 黨項(당항) 강족들이 득세하여 변방이 불안해졌는데 무신은 이익을 도모하고 탐욕스러워 오랑캐들의 원망을 사므로 유신을 선택하여 변방을 다스렸다(大中時, 黨項羌震擾, 議者以將臣貪牟產虜怨, 議擇儒臣治邊)" 라는 기록이 보인다.

81　百年은 오랜 세월을 상징하고 風塵은 전란, 전쟁을 뜻한다.

82　雨露는 은택을 상징한다.

83　屛樹(병수)란 원래 문 옆 담장의 뜻인데, 여기서는 綽楔(작설)을 가리키며 문의 양쪽에 세운 두 기둥으로 충의, 절개, 효행 등을 행한 사람을 기념하기 위하여 휘장을 걸어 그 행적을 표창하는 데 사용되었다.《爾雅·釋宮》에 "오른쪽 왼쪽 계단 사이를 '향'이라고 하고, 가운데들의 왼쪽과 오른쪽을 '위'라 하며, 문과 담장(屛) 사이를 '저'라 하는데 담장은 세우는 것을 말한다 (兩階間謂之鄕, 中庭之左右謂之位, 門屛之間謂之宁, 屛謂之樹)" 라는 설명이 보인다.

84　祠宇(사우)는 사당의 뜻이고 傳神(전신)이란 초상을 그린다는 뜻이다.

사진 3-12　형개의 고택 遺址 위에 새로이 중건된 邢玠太保坊[85]의 정문
(지금의 靑州市 南門大街에 있다)

사진 3-13　邢玠太保坊 정면의 "功高上國"이라고 쓰인 현판

이 밖에 서장관 이민성과 함께 사행했던 정사 李慶全도 그의 《石樓先祖朝天錄》
에서, 형개가 조선을 떠날 때 백성들이 그의 공적을 찬양하고 왜구의 침략에서 구
해준 은혜에 감사해하며 이별의 슬픔에 눈물을 흘리며 형개의 귀국을 송별했다는

85　명 만력 연간에는 柱史坊(주사방)이라 했다. (萬曆《益都縣誌》卷4《牌坊》, 明萬曆年間刻本.)

내용의 민간가요를 채록해 기록에 남김으로써 간접적으로 형개에 대한 존경과 추모의 정을 드러내고 있다.

> 〈형개 군문이 중국으로 돌아가자 나이 많은 軍民들이 부른 가요〉
>
> (邢軍門의 집은 청주에 있는데 사신들이 그 앞을 지날 때마다 그를 생각하고 추모했다)
>
> 명나라 군대가 동정을 마친 것은 만력 26년 무술년(1598년)이었네. 어르신의 명망은 북두칠성처럼 높고 그 은혜는 기자가 봉해진 조선 땅 수천 리를 되살렸네. 비범한 재주와 탁월한 웅략으로 군대를 지휘하여 하늘이 내린 책무를 맡아 하늘이 바라는 바를 이으셨네……(중략)……. 공께서 서쪽으로 돌아가시지 않는다면 우리가 슬플 일이 없겠지만, 고귀한 붉은 신발 신고 터벅터벅 늠름하게 길을 떠나시니 백성들은 울고 불며 길바닥에 드러누워 공의 수레 앞을 가로막고 수레 끌채를 부여잡네. 떠나는 행렬과 짐은 꼬리에 꼬리를 무니 이는 황제의 명에 따른 것이네. 그 이름 조선의 산천 곳곳에 남아 있고 그 은혜는 하찮은 초목에도 미치네. 그 높은 덕 다함이 없으니 우리는 이처럼 노래를 지어 오래 사셔라, 홍복을 누리시라, 크게 창성하시고 빛나시라 노래 부른다네. 공의 화상을 생생하게 그려서 나라 가운데 사당을 짓고 모셔 오랜 세월을 경모하여 그 성대한 공훈을 드러내니 죽간과 백서에 휘황하게 비치고 사관은 그 사적을 기록했네. 명나라 조정에서 재상의 직을 비워두고 공이 와서 제수받기를 기다리니 황제로부터 이처럼 사랑받으심은 예로부터도 찾기 어려워라. 만약 주나라 때라면 召公이 공과 같다 할 것이네.

> 邢軍門西歸耆老軍民等歌謠
>
> (邢軍門家在青州, 使臣往來時多有感念)
>
> 王師事完東征, 維萬曆二十六年之戊戌 ; 丈人名高北斗, 乃再造數千里之箕封. 有非常之才, 而建非常之勳 ; 任天下之責者, 系天下之望……(중략)

……公無遽歸, 無使我悲. 赤舃幾幾,[86] 攀轅[87]有淚. 行李如水, 奉勑幹事. 名
留海嶽, 恩入草木. 德聲未已, 我謳且祝. 卽壽卽福, 而昌而熾. 丹靑髣髴, 中
國而闊. 景仰千祀, 形容盛績. 輝映竹帛, 歸之太史. 明廷大拜,[88] 虛位以待. 媚
于天子, 求古無儔. 若比于周, 召公是似.

ー李慶全《石樓先祖朝天錄》

　　그러나 명나라 장수와 명군에 대한 당시 집권 세력들의 찬양 일변도의 평가나 정
서와는 달리, 당시 재야 세력들과 민초들은 명군이 조선에 주둔하는 동안 끼친 심
각한 폐해로 인해 왜군보다 더한 반감을 표출한 기록도 많이 남아 있다. 세계 어느
지역에서나 외국 군대가 자국에 주둔하게 되면 주둔지는 자국의 행정과 법이 적용
되지 않는 치외법권적 상황에 놓이게 되므로 주둔지 주민에 대한 약탈, 폭행, 아녀
자에 대한 겁탈 등이 자행되곤 했으며 이는 임진왜란 당시의 명군도 예외가 아니었
다. 특히 조명연합군과 왜군 사이 강화협상이 진행되고 임진왜란이 소강상태로 접
어들자 군기가 풀어진 명군의 횡포는 극에 달했으니 吳希文의 鎖微錄(쇄미록), 鄭
慶雲의 孤臺日錄(고대일록) 등의 기록에 따르면, 명군 주둔지 백성들은 명군의 약
탈이 두려워 낮에는 숲 속에 숨고 밤에만 이동하고 곡물과 가재도구를 땅에 파묻어
숨겨 두어야 할 정도였다고 기록하고 있다.

86　赤舃幾幾(적석기기)의 "적석"이란 옛날 천자나 제후가 신던 신발인데 붉은 색으로 바닥이 두껍
　　다. "기기"란 안정되고 진중한 모양이다. 《詩·豳風(빈풍)·狼跋(낭발)》에 "공은 도량이 넓으시고
　　붉은 신 신고 늠름하게 걸으시네(公孫碩膚, 赤舃幾幾)" 라는 표현이 보이는데, 毛傳에서 "적석은
　　군주가 성복 때 신는 신이다(赤舃, 人君之盛屨也)"라고 설명했고 주희는 集傳에서 "幾幾"는 "안정
　　되고 진중한 모양(安重貌)"이라고 해설했다.
87　攀轅(반원)이란 攀轅臥轍(반원와철-수레의 끌채를 부여잡고 바퀴 아래 드러누움)의 줄임말로 선정을
　　베풀던 지방관이 떠나는 것을 현지주민들이 섭섭히 생각해서 그의 유임을 애절하게 간청하는
　　것을 가리킨다. 《後漢書·侯霸傳(후패전)》에 "更始 원년(A.D 23)에 차사를 臨淮(임회)로 보내 후패
　　를 조정으로 불러들이니 남녀노소 온 백성들이 서로 손을 잡고 통곡하며 차사의 수레를 가로 막
　　고 길 위에 드러누워 말하기를 '원컨데 후패공을 우리 고을에 몇 년 더 머물게 해달라'고 애원했
　　다(更始元年, 遣使徵霸, 百姓老弱相攜號哭, 遮使者車, 或當道而臥. 皆曰 : '願乞侯君復留期年)"라는 기록
　　이 보인다.
88　대배(大拜)는 재상과 같은 최고위직의 벼슬을 받는다는 뜻이다.

　　문제는 이러한 치외법권적 상황에서 명군이 자행하는 횡포에 대응할 대책이 조선에는 전혀 없었다는 점이다. 그저 명나라 장수에게 휘하 장병들의 단속을 요청하는 정도였지만 그나마도 대부분의 경우 명나라 장병들이 고향을 떠나 조선을 위해 고생한다는 명분으로 어지간한 민폐는 개의치 않는다는 태도를 보였기 때문에 상황은 시일이 지날수록 더욱 악화되어 심지어 나중에는 조선 백성들 사이에서 백성의 고혈을 짜는 수탈을 자행함에 있어서 명군이 왜군보다 더욱 가혹하다 하여 "명군은 참빗, 일본군은 얼레빗'이라는 속요까지 돌게 될 지경이었다.[89]

　　이런 점을 고려해보면, 이경전이 민간에서 자발적으로 생성된 가요를 그대로 채집하여 기록했다는 사실을 그대로 믿기는 어렵다. 예를 들어 임진왜란 때 조선에 파견된 명나라 장수 이여송에 대한 민간설화에 대한 연구[90]에서 이여송에 대한 문헌설화의 내용과 구비설화의 내용이 완전히 상반되며 이는 당시 집권지배층과 일반 백성들 및 재야인사의 명나라 군대에 대한 상반된 인식의 차이가 반영된 결과라는 사실을 염두에 둔다면, 기득권 유지를 위해 명조와의 협력이 중시했던 집권지배층의 기록은 당시 삶의 현장에서 왜군과 명군을 함께 겪은 백성들과 재야인사들의 진솔한 기록보다는 의도적인 가공이 많이 개입되었을 개연성이 크기 때문이다.

89　이 단락의 기술은 [한명기 (2001), 임진왜란과 명나라 군대, 역사비평, pp. 385-388]의 내용을 요약 정리하고 부분적으로 재인용한 것임.

90　《記聞叢話》,《亂中雜錄》,《大東奇聞》,《東野彙輯》,《壬辰錄》 등에 수록된 이여송(李如松)에 관한 설화를 살펴보면, 편집과 저술과정에서 지배층의 영향력이 미치는 문헌설화에서는 명나라 장수 이여송을 탁월한 능력을 지닌 장수로 묘사하고 그의 영웅적인 행위를 부각시키는 이야기들이 대부분이지만, 지배층의 영향력이 미치지 못하는 순수한 구비설화에서는 명나라 군대가 민족의 적대자이며, 이여송은 횡포만 부리거나 조선의 異人이나 신에 의하여 무참하게 징계당하는 부정적인 인물로 나타나고 있다.(한국민족문화대백과사전 이여송설화 참조)

사진 3-14   邢玠太保坊의 뒷면

　　현존하는 중국의 사료와 지방지에는 형개의 저택에 관한 기록이 전혀 보이지 않는다. 그래서 필자 일동은 청주시청 지방사지연구실을 방문하여 책임자인 閭成武(염성무) 주임을 만나 청주부성 내 명대 유적의 소재에 대해 자문을 구했다. 염성무 주임의 설명에 따르면, 청주시 範公亭西路(범공정서로) 북쪽과 청주시 政協 서쪽의 교차지역에 "邢玠口巷"이 있는데 그곳이 바로 형개 저택의 옛 터라고 했다. 염성무 주임의 안내로 "형개구항"을 현지답사했으나 옛 모습이 전혀 남아 있지 않았고 현지 주민들 가운데서도 형개의 옛 저택에 관하여 아는 이가 전혀 없었다.

사진 3-15   靑州市 地方史志 硏究中心 閆成武 주임(오른쪽 두번째)과 필자일동

사진 3-16   지금의 靑州市 範公亭西路 북쪽에 있는 "邢玠口巷"

제2절 衡王府

청주부성 안에 <u>衡王府</u>(형왕부)가 있는데 내가 王府를 직접 보니 비단 正殿 뿐만 아니라 담장과 벽까지도 모두 청기와로 덮었다.

(靑州府)城內有<u>衡王府</u>, 臣見王府, 非但正殿, 至於垣牆, 皆以靑瓦蓋之.

—鄭斗源《朝天記地圖》

(3월)15일 기사일 이 날은 (淄河店에서 출발하여)창락현에 도착했다. ……아침에 <u>치하점</u>을 출발하여 <u>익도</u> 北館馹(북관일)에서 아침을 해 먹었다……다시 諸王府를 지났는데 牌樓가 서로 마주 보고 금빛 榜坊이 휘황찬란했으며 "大雅不群(크게 고아하여 무리 짓지 않음)"이라는 글자가 새겨져 있었다. 황족의 자손들이 네다섯 곳에 살고 있었다.

(三月)十五日, 己巳, (自淄河店)到昌樂縣. ……早發淄河店, 朝火於<u>益都</u>之北館馹. ……又過諸王府, 牌樓相望, 金榜交輝, 其曰 : "<u>大雅不群</u>". 皇朝世系者, 四五處.

—李民宬《癸亥朝天錄》

사진 3-17　지금의 靑州市 南門大街 동쪽에 새로이 중건된 古代庭院(지금의 靑州古城 내)

위의 글은 조선 사신들이 청주부성 내에 있던 형왕부를 직접 목도하고 그 풍경을 묘사한 기록이다.《明一統志》의 기록에 따르면 "번왕에 봉해진 衡王의 관부는 府城 내에 있으며 成化 23년에 건축되었다."[91] 형왕은 朱佑楎(주우휘)로 명 헌종 朱見深(주견심)과 德妃 長氏(시호는 懿德) 사이에서 성화15년(1479)에 헌종의 7번째 아들로 태어나 성화 23년(1487)에 형왕에 봉해졌고 명 弘治 12년(1499)에야 청주부성 형왕부에 와서 형왕의 자리에 올랐다. 이러한 기록을 보건대 청주부성 내 형왕부는 성화 23년에서 홍치 12년까지 약 12년에 걸쳐 조성되었음을 알 수 있다.

형왕부는 親王의 규범에 근거하여 남경의 궁전 양식을 모방하여 조성되었으니 단지 그 규모가 남경의 궁전보다 작을 뿐이었다. 형왕부가 건설되는 과정에 명 吏部尙書 馬端肅(마단숙)은 상소를 올려 형왕부를 수축하는 데 "인부 수십 만 명이 동원되었으니……건축 과정에서 소요된 비용이 어찌 은 수백만 량에 그칠 것인가?"[92] 라고 비판했으며 이후 완공된 형왕부는 과연 화려하기 그지없고 전에 본 적 없는 장관을 이루었다. 청초 익도현 문인 安致遠(안치원)은《靑社遺聞》을 써서 형왕부를 다음과 같이 묘사했다. "政殿 계단은 7층이요 왕좌는 붉은색으로 칠해져 있는데 그 위에 용이 새겨진 금빛 보좌가 놓여 있었다. 서쪽으로 양측에 담을 쌓아 낸 길을 따라 백일홍이 줄지어 심겨 있고 진주 주렴은 바람이 불 때마다 찰랑거리고 홍색 자색의 아름다운 화초들이 햇빛에 반짝인다. 北亭을 둘러싸고 이름난 꽃들 빙 둘러 피어나고 望春樓 아래로는 맑은 연못물 돌아 흐른다. 楚靈王과 楚襄王이 세웠다는 章華臺의 성대함, 서한 梁孝王이 세우고 노닐었다는 東苑의 장대함도 이곳의 규모와 화려함을 넘어서지는 못할 듯하다."[93]

91　"藩封衡王府, 在府城內, 成化二十三年建."《明一統志》卷24《靑州府》, 淸文淵閣四庫全書本, p.42a.

92　"人夫數十萬……先後用銀豈止數百萬兩"(明)馬端肅：《端肅奏議》卷6《災異事》, 淸文淵閣四庫全書本, p.6a.

93　"政殿七級, 王座尙有朱髹金龍椅在其上. 西甬道旁, 紫薇成行, 垂露搖風, 紅紫映日. 拱北亭外, 名花周匝. 望春樓下, 淸沼回環. 楚王章華之盛, 梁苑平臺之遊, 擬斯巨麗, 未爲遠過."(淸)安致遠：《靑社遺聞》卷1《靑郡衡藩故宮》, 靑州古籍文獻編委會2008年版, p.12.

청나라가 들어서면서 명 황족이 세습하던 형왕의 직위를 폐지하자 형왕부는 차츰 황폐해졌다. 康熙《靑州府志》의 기록[94]에 따르면, 청 강희 연간에 형왕부는 완전히 폐허로 변했다. 이처럼 화려했던 형왕부는 이미 세월 속에 사라져 버렸지만, 다행스럽게도 아직도 명대 당시 세운 石坊 2좌가 원형 그대로 보존되어 현재까지 전한다. 그중 하나가 위에서 이민성이 언급한 "大雅不群"이라는 글자가 새겨진 石坊이다.

閻成武 주임의 설명에 따르면, 衡王府가 있던 자리는 지금의 山東省 靑州榮 軍醫院 부근 일대 지역이라 한다. 또한 지금의 山東省 靑州榮 軍

사진 3-18　1930년대의 衡王府 石坊[95](지금 현존하는 2좌의 석방과 그 형태와 크기가 완전히 일치한다)

醫院 남측에 衡王府 石坊公園이 있는데 이 공원 안에 명대의 석방 2좌가 원형 그대로 보존되어 있다. 필자 일동이 직접 현장을 답사해보니 두 석방은 모두 四柱 三門式으로 형태와 크기가 유사한데 높이는 약 5m, 폭은 약 11m, 기초석의 길이는 전후로 3m에 이르렀다. 각 기둥의 앞뒤로 정치하게 조각되어 생동감이 넘치는 기린상(각 석방 당 총 8좌의 기린상)이 놓여 있고, 이들 기둥과 기린상은 모두 표면에 정치한 문양과 吉祥獸(길상수)를 조각한 정방형의 거대한 기초석 위에 조성되었다. 필자 일

94　"형왕은 그 궁을 이미 폐쇄했는데 (청주)부 치소의 서남방에 있다. 명 헌종이 아들 우휘를 형왕에 봉하고 청주를 다스리게 했는데 청조가 들어서 왕조가 바뀌어 지금은 폐허가 되었다(衡王廢宮, 在(靑州)府治西南, 明憲宗封子右揮爲衡王, 鎭靑州, 國朝鼎草, 今成廢墟)"(康熙《靑州府志》卷9《古跡》, 淸康熙六十年刻本, p.1b)

95　孟慶剛主編：《古城舊影―靑州歷史圖片》, 山東畫報出版社2014年版, p.97.

동은 유구한 세월을 그대로 간직한 2좌의 석방을 통해 조선 사신들이 목도했을 형왕부의 화려함과 장대함을 간접적으로나마 느껴볼 수 있었다.

사진 3-19 "大雅不群"이라는 글자가 새겨진 衡王府 石坊 遠景

사진 3-20 "大雅不群(크게 고아하여 무리짓지 않음)"이라는 글자가 새겨진 衡王府 石坊 近景(석방 상단 중앙에 오른쪽에서 왼쪽으로 大雅不群 네 글자가 새겨져 있음을 확인할 수 있으며, 조선사신 이민성은 이 석방 앞을 지나면서 이 네 글자를 보았다고 사행록에 기록했다)

사진 3-21 "樂善遺風(선함을 즐기고 이를 후세에 남겨 교화시킴)"이라는 글자가 새겨진 또 다른 衡王府 石坊

〈형왕부를 지나며〉

(청주성 안에 있다)

익도부라 불린 청주 땅

황제의 아들이 형왕으로 봉해져 이곳을 왕부로 삼았네.

주왕실은 후덕하여 기린같이 인자하고 현명한 자손이 번성했으나

촉한의 유봉 같은 자손은 개의 이빨처럼 잘못 어긋났었네.

만약 주 왕실처럼 자손에게 복된 운수를 전해주고자 한다면

단지 오만과 사치를 경계하도록 해야 한다네.

오늘 형왕부 앞을 지나는 문객인 나 또한

과거의 아름다운 훈계 잊지 않을 거라고 전해주게나!

過王府

(在靑州城中)

益都靑社地, 帝子此爲家.

姬德[96]優麟趾,[97] 劉封[98]錯犬牙.[99]

如要傳祚胤,[100] 只在戒驕奢.

96　姬德(희덕)이란 姬姓이 왕이 된 주나라를 가리킨다.

97　麟趾(인지)는 기린의 발이란 뜻인데 인신되어 덕이 있고 지혜로운 현자 혹은 현덕한 자손이 창
　　성함을 가리킨다. 《詩·周南·麟之趾》에 "기린의 발처럼 현덕한 공의 자손이여(麟之趾, 振振公子)"
　　라는 표현이 보이고 정현은 箋(전)에서 "지금 공의 자손이 신의가 두텁고 예를 따르므로 기린과
　　비슷함을 비유한 것이다(喩今公子亦信厚, 與禮相應, 有似於麟)"라고 설명했다.

98　劉封(?-220)은 본래 寇(구)씨이나 촉한의 유비가 양자로 삼았다. 유비가 劉璋(유장)을 공격할 때
　　유봉은 가는 곳마다 승리를 거두었다. 익주가 평정되자 副軍中郎將, 副軍將軍으로 차례로 승진
　　하였다. 관우가 樊城(번성), 襄陽(양양)을 공격하다 되려 조조와 손권의 협공을 받아 위기에 처하
　　자 유봉에게 구원을 요청했으나 거절당해 끝내 관우는 죽임을 당하게 된다. 이후 유봉도 조조의
　　공격을 받아 퇴각하여 성도로 돌아갔으나 유비의 질책을 받았고 다음 해에 유비에게 자결을 명
　　받아 죽게 된다.

99　犬牙(견아)란 개의 이빨이란 뜻인데 비유적으로 개의 이빨 형상을 한 물건, 개의 이빨처럼 지형
　　이나 형세가 어긋남을 비유하는 말이다.

100　祚胤(조윤)이란 복과 행운이 후대 자손에 미치는 것을 가리킨다. 《詩·大雅·既醉》에 "군자는 영
　　원히 잊혀지지 않으며 자손에게 복과 행운을 길이 내려 주시네(君子萬年, 永錫祚胤)"라는 표현이
　　보인다.

爲報[101]王門客, 毌忘往訓嘉.

—李民宬《燕槎唱酬集》

위의 시는 명 천계 4년(1624년) 3월 15일 주청겸변무사 서장관 이민성이 북경에서 사행의 임무를 마치고 귀국길에 청주부성 내 있던 형왕부 앞을 지나면서 느낀 감회를 시로 써서 남긴 것이다. 이 시는 麻韵으로 압운한 오언율시 근체시형을 갖추고 있다.

수련에서 말하기를 청주부성 내 형왕부 앞을 지나면서 원나라 때 익도부라 불린 이곳이 명 헌종 황제의 7번째 왕자인 주우휘가 봉해진 왕부임을 알게 되었다. 함련에서 제왕의 자손이 번성하려면 주나라 왕실의 후손처럼 검소하고 현명해야하며, 촉한 유비의 양자인 유봉처럼 어리석고 용렬해서는 안 된다고 말한다. 그러나 역사의 기록과 필자가 목도하고 있는 형왕부 관저의 지극히 사치스럽고 화려한 모습을 보건대 형왕은 유봉에 가까운 인물인 듯하다. 그래서 경련에서 말하기를 자손에게 복과 좋은 운을 전하려면 오직 사치함과 교만함을 경계해야 한다고 말한다. 마지막 미련에서 사신의 신분으로 형왕부 앞을 지나는 문객인 자신도 위대한 선왕들이 남긴 유훈을 가슴에 새길 테니 형왕도 이러한 훈계를 가슴에 새길 것을 권하면서 시를 마무리 짓고 있다.

인조반정으로 광해군이 폐위된 후 사행을 왔던 조선 사신들은 친명배금 사상에 입각하여 명 조정에 대해서는 친화적인 입장을, 후금에 대해서는 배타적인 생각을 가지는 경우가 대부분이었고 명 조정이 요동지역의 혼란 상황을 결국에는 잘 매듭지을 것으로 믿고 있었다. 그러나 한편으로 사행을 통해 명 조정의 부패 현상과 기층 사회의 문제점을 직접 목도하고 이를 비판적인 태도로 기술한 경우도 꽤 있었

101 　爲報(위보)란 누군가에게 보고를 드린다는 뜻이다. 당나라 두보의 시《得房公池鵝》에 "房琯(방관697-763)께서 조정의 요직에 있으면서도 이곳을 그리워할 것이니, 이곳 연못의 거위는 내(원래 왕우군은 왕희지를 가리키나 여기서는 두보 자신을 비유한 것임)가 광주리에 담아 가버렸다고 보고드려야 하리(鳳凰池上應回首, 爲報籠隨王右軍)"라는 표현이 보인다.

다. 특히 북경에 도착하기 전에는 각 지방의 향신들의 지나친 사치와 향락적 풍조에 대한 견책이 많고 북경에 도착해서는 중앙정부 관료와 내관들이 뇌물이 없으면 행정처리를 태만히 하거나 거부했던 일에 대한 비판이 사행록 곳곳에 기록되어 있다. 화려한 형왕부 앞을 지났던 조선사신 이민성도 명조가 당시 후금의 위협에 제대로 대처하지 못할 정도로 국력이 쇠약해진 원인으로 지방관청과 지방 권력자들의 부패와 사치가 한몫했음을 감지했고 위와 같은 시로써 간접적으로 이러한 세태를 비판하고 경계로 삼고자 한 것이다. 형왕부와 관련하여 조선 후기 실학의 형성에 큰 영향을 끼친 명말청초 삼대 사상가 가운데 한 명인 고염무[102]도 한 편의 시를 남기고 있으므로 여기서 조선 사신이 남긴 시와 비교하여 함께 살펴보기로 한다.

사진 3-22 衡王府 石坊 기초석 위에 놓인 기린상

---

102 顧炎武(고염무1613—1682)는 본명이 원래 繼坤(계곤)이었으나 이후 絳(강)으로 고쳤고 자는 忠淸
   이었다. 그러나 명나라가 망한 을유년(1645년) 이후 재차 이름을 염무, 자를 寧人으로 바꾸었다.
   학자들은 그 亭林先生으로 부르며 존경했고 스스로는 蔣山傭(장산용)으로 자처했으며 昆山(지
   금의 江蘇省 곤산시)사람이다. 黃宗義, 王夫之와 함께 명말청초 "三大儒"로 병칭되었다. 일찍이
   "復社"에 가입하여 淸軍이 남하하자 곤산, 嘉定 일대에서 기의하여 청군에 저항하였으나 실패
   하고 이후 하북성 일대를 주유하였고 일생을 반청복명에 힘썼다. 그는 경학과 제자백가는 물론
   이고 음운학, 훈고학, 천문지리학, 농학 등 다양한 학문에도 정통하였고 만년에는 講經(강경)과
   고증학을 중시하였다. 송명이학의 공리공담을 배격하고 "경세치용"의 실학을 중시하여 淸學의
   개조로 불렸다. 문학 또한 그 사회적 기능을 중시하여 시는 성정의 표달을 위주로 기교를 배격
   했고, 산문도 수식에 힘쓰지 않고 담박한 표현으로 사람을 감동시키는 문장이 많았다. 대표적인
   저작으로《日知錄》,《亭林诗文集》,《天下郡國利病書》,《肇域志》,《音學五書》,《金石文字記》,
   《韻補正》등이 있다.

〈형왕부〉[103]

형왕은 제나라 왕에 습봉되었으니

명 헌종 황제의 아들이었네.

(한고조 유방은 아들 劉肥를 제나라 悼惠王으로 봉하고) 제나라 말을 할 줄 아

는 사람도 모두 주면서

제나라 북쪽 바다에 이르는 너른 땅까지 다 주었네

옛날 전국시대 제나라는 부국강병하여 동쪽의 진나라라 불렸고

황제는 齊王을 숙부라고 부르면 공경했네.

(형왕부의) 연못은 발해 바다까지 기운이 통하고

원림 속에 치솟은 누각은 그 모양 장관을 이루네.

주위를 둘러싼 산악에선 가을 억새 누렇고

齊景公이 올라 눈물 흘렸던 우산에는 평안함을 알리는 봉화 연기 올라

갔었네

(齊王冏[제왕경]이 陽翟[양적]에서 張泓[장홍]에게 패할 때 나타났다는) 십 척

이 넘는 이무기는 형왕부 안의 길을 기어 다녔고

새들은 형왕부 앞 소나무 위에 앉아 나무줄기 쪼아대네.

형왕은 나라를 잃고도 齊湣王처럼 莒縣(거현)으로 달아나지 않았고

왕위를 잃었으나 (형제인 鄭莊公에게 모반을 일으켰다가 실패한 太叔段[태숙

단])처럼 衛나라의 共 땅에 옮겨 살지 않았네

지금 청주성문인 옹문에 와보니 탄식이 절로 일어나니

(형왕은 雍門子周의 거문고 소리 듣고) 눈물 흘렸던 맹상군과 같은 처지였다

할 것이네.

衡王府[104]

(淸)顧炎武

---

103 《顧亭林詩文集》亭林詩集卷之三, p.7b.
104 《顧亭林詩文集》亭林詩集卷之三, p.7b.

賜履[105]因齊國, 分枝自憲宗.

能言皆詔予,[106] 廣斥[107]盡疏封.[108]

地號東秦[109]古, 王稱叔父恭.

穿池通海氣, 起樹出林容.

岳里生秋草, 牛山見夕烽.[110]

蛇游宮內道,[111] 鳥啄殿前松.

失國非奔莒,[112] 亡王不住共.[113]

105　賜履(사리)란 군주가 하사하는 봉토를 뜻한다.《左傳·僖公四年》에 "저의 선조께 동으로는 바다에, 서쪽으로는 황하에, 남으로는 목릉에, 북으로는 무체까지 정벌하도록 하셨다(賜我先君履, 東至於海, 西至於河, 南至於穆陵, 北至於無棣)" 라는 표현이 보이고 杜預(두예)는 注에서 "리는 정복한 경계(履, 所踐履之界)"라고 해설했으며 이후로 봉토, 봉지라는 뜻으로 쓰이게 되었다.

106　이 시 끝의 自註 해설 참조.

107　廣斥(광척)이란 너른 간석지를 말한다.《書·禹貢》에 "그 땅은 희고 기름지며 바닷가 갯벌은 넓고 염분을 띤다(厥土白墳, 海濱廣斥)"라는 표현이 보이고 공영달은 疏에서 "바닷가는 넓고 광활하며 그 땅은 염분이 있다. 그래서 광척이라고 한다(海畔迥闊, 地皆斥鹵, 故云廣斥)"고 해설했다.

108　疏封(소봉)이란 분봉의 뜻으로 제왕이 토지나 작위를 신하에게 하사하는 것이다.

109　東秦(동진)이란 전국시기 秦昭王이 일찍이 스스로 西帝라고 칭한 데 대해 齊湣王(제민왕)이 東帝라 일컬은 데서 유래한다. 진과 제 두 나라는 모두 부강하여 동서에서 병립하였으므로 이후에 제나라나 제나라의 땅을 "동진"으로 부르는 관례가 생기게 되었다.《晉書·慕容德載記》에 "옛 청주 제나라 땅은 비옥하여 동진이라 부른다(靑齊沃壤, 號曰'東秦')"라는 기록이 보인다.

110　夕烽(석봉)은 저녁에 봉화대에 불을 피워 변방이 무사 평안함을 알리는 것이다. 당나라 두보의 시《夕烽》에 : "멀리 봉화대 한 줄기 연기, 매일 변방의 평안함을 알리네(夕烽來不近, 每日報平安)"라는 표현이 보이고 朱鶴齡(주학령)은 주에서 "당나라 때 변방 진영의 관례에 따르면 매일 초야에 한 줄기 연기를 올리니 이를 平安火라 한다"라고 해설했다.

111　이 시 끝의 自註 해설 참조.

112　齊湣王(제민왕)은 齊宣王의 아들로서 제민왕(齊閔王) 또는 제민왕(齊愍王)이라고 부른다.《史記·卷四十六·田敬仲完世家第十二》에 따르면, "제민왕 40년(BC 284년)에 燕, 秦, 楚, 三晉과 함께 모의하여 정예군사를 차출하여 濟水 서쪽을 토벌하니 민왕이 퇴각하여 물러났다. 연의 장수 樂毅(악의)가 마침내 제나라 수도 臨淄(임치)로 들어가 제나라의 보물을 탈취하였고 민왕은 衛나라로 달아났다. 위왕이 궁전을 비워 스스로를 신하로 칭하면서 함께 생활했는데 민왕이 불손하여 위나라 사람들이 그를 공격하니 민왕은 鄒(추)와 魯(노)나라로 달아났으나 여전히 교만하여 추와 노에서 받아들이지 않았기에 莒(거)땅으로 달아났다. 초나라 사자인 淖齒(요치)가 병사를 이끌고 제나라를 도우러 와서 민왕의 재상 노릇을 하다가 결국 요치는 민왕을 죽이고 연나라와 함께 제나라의 땅과 재물을 나누어 가졌다."라는 기록이 보인다.

113　《春秋左傳·隱西元年》,《史記·卷四十二·鄭世家第十二》,《史記集解》등의 기록에 따르면, 태숙 단은 춘추시기 鄭나라의 공자로서 아버지는 鄭武公이고 어머니는 武姜(무강)이다. 형인 寤生(오

雍門[114]今有歡 流涕一相逢.[115]

생)이 鄭莊公이다. 태숙단의 어머니 무강은 장자인 정장공을 무척 싫어했고 차남인 태숙단을 총애하여 무공에게 태숙단을 태자로 세울 것을 요청했으나 무공이 허락하지 않았다. 마침내 정장공이 즉위한 후에도 무강은 태숙단이 세력을 확장하여 왕위를 찬탈할 수 있도록 도왔다. 그래서 정장공에게 京邑을 태숙단에게 하사하도록 청하니 정장공이 허락했다. 마침내 태숙단이 어머니 무강과 공모하여 정장공을 기습하고자 했으나 찬위 음모가 미리 발각되어 정장공의 선제공격으로 음모가 분쇄되고 만다. 태숙단은 衛나라의 共땅(지금의 하남성 輝縣)으로 달아났고 그후로 공숙단으로 불리게 되었다.

114　雍門(옹문)에는 크게 두 가지 뜻이 있다. 첫째, 춘추시기 제나라의 성문을 말한다. 《戰國策·齊策一》에 "군대와 군량을 가지고 고완에 이르러 가벼운 전차와 날카로운 기병으로 하여금 제나라 서문을 공략하십시오(軍重踵高宛, 使輕車鋭騎沖雍門)"라는 표현이 보이고 高誘(고유)는 주에서 "옹문은 제나라 서문의 이름이다(雍門, 齊西門名也)"라고 설명했다. 둘째 雍門鼓琴(옹문고금)의 고사이다. 劉向《說苑·善說》에 따르면 雍門子周가 琴을 잘 타는 재주로 孟嘗君을 알현했다. 맹상군이 묻기를 "선생은 금을 연주하여 나를 울게 할 수 있소?" 그러자 옹문자주가 대답하기를 "신이 어찌 족하를 슬프게 할 수 있겠는지요……그러나 신이 족하를 슬프게 할 방법이 단 하나 있습니다. 듣건대 秦王과 대적하여 진을 곤궁에 빠뜨릴 수 있는 자는 君이고 다섯 나라와 맹약을 맺고 남면하여 초나라를 공격할 수 있는 자도 군이라고 합니다. ……초왕과 진제 모두 족하의 봉지인 설에 보복하려 할 것입니다. 만약 강성한 진과 초가 작은 나라인 설에 보복하면 마치 날카롭게 잘 간 도끼로 아침에 돋아난 버섯을 자르는 것 같이 조금도 거침이 없을 것입니다. 천하의 견식이 있는 선비들이 모두 족하 때문에 슬퍼하고 눈물을 흘립니다. 오랜 세월이 흐른 후 족하의 묘당에는 더이상 血食의 제사 없을 것입니다!" 맹상군이 이 말을 듣고 눈시울을 적시며 울었다. 이에 자주가 금을 타기 시작하니 맹상군이 더욱 슬퍼하며 눈물을 흘리며 말하기를 "선생의 금소리는 나를 마치 멸망한 나라의 도읍에 서있는 사람처럼 만드는구료"라고 하였다(相傳雍門子周以善琴見孟嘗君. 孟嘗君曰 "先生鼓琴亦能令文悲乎?" 雍門子周曰 "臣何獨能令足下悲……. 然臣之所爲足下悲者一事也. 夫聲敵帝而困秦者君也, 連五國之約南面而伐楚者又君也……楚王秦帝必報讎于薛矣. 夫以秦楚之強而報讎于弱薛, 譬之猶摩蕭斧而伐朝菌也, 必不留行矣. 天下有識之士無不爲足下寒心酸鼻者, 千秋萬歲之後, 廟堂必不血食矣!" 孟嘗君聞之, 悲淚盈眶. 子周於是引琴而鼓, 孟嘗君增悲流涕曰 "先生之鼓琴, 令文立若破國亡邑之人也.")

115　시의 끝에 "《史記·齊悼惠王世家》에 나라 사람 가운데 제나라 말을 하는 사람은 모두 제 도혜왕 유비에게 주었다(史記齊悼惠王世家 : 諸民能齊言者, 皆予齊王);《晉書 五行志》에 임치에 큰 뱀이 나타났는데 길이가 10여 장이며 등에 2마리 작은 뱀을 업고서 성의 북문으로 들어와 시내를 따라 漢 城陽景王(성양경왕)의 사당으로 들어갔는데 그후 齊王冏(제왕경)이 陽翟(양적)에서 張泓(장홍)에게 패하였다. (晉書五行志 : 臨淄有大蛇, 長十餘丈, 負二小蛇, 入城北門, 徑從市入漢城陽景王祠中, 已而齊王冏敗)"라는 自註가 달려있다. 한 성양경왕은 劉章(BC200 - BC 177)을 가리키며 한고조 유방의 손자이자 제 도혜왕 유비의 둘째 아들로 朱虛侯로 봉해졌다가 이후에 외척세력인 呂씨 일족을 몰아내는 과정에 공이 있어 城陽王에 봉해졌다. 죽은 후에 景王이라는 시호를 받았으므로 한 성양경왕이라 불린다. 고염무의 자주는 각각 시의 3구와 11구에 인용된 전고에 대한 해설이다.

사진 3-23　지금의 靑州市 衡王府 石坊公園 내 형왕부 석방을 설명하는 명문

이 시는 冬韻으로 전체 시를 압운하고 전체 16구에 걸쳐 對仗을 강구한 오언 排律의 詠史 懷古詩라 할 수 있다. 이 시는 전체적으로 3부분으로 나뉜다. 첫 부분은 1구와 2구로 형왕부가 명 헌종 때 그 아들인 주유휘를 봉한 것으로부터 시작된 것인데, 이는 위로 더 거슬러 올라가 연원을 살피면 서한 때 유방이 그의 아들 유비를 齊國 도혜왕에 봉하고 청주를 봉지로 하사한 것을 따라 습봉한 것에 유래하는 것이다. 두 번째 부분은 3구부터 12구까지로 형왕부와 형왕부가 소재한 청주부가 주유휘가 형 왕으로 봉해진 이후로 줄곧 번영과 태평성세를 누렸음을 회고하고, 그러한 번영과 평안이 한순간에 이루어진 업적이 아니라 춘추전국시대와 한, 서진 시대를 두루 거치면서 遺業을 이어 부국강병한 도읍으로 지속적으로 발전해온 것이라 송찬한다. 이상 첫째 부분과 둘째 부분은 詠史에 속한다.

이어진 셋째 부분인 13구부터 끝까지 18구까지는 회고 및 비평에 해당한다. 이 시의 작자인 고염무는 명말에 起義하여 후금군에 저항하였을 뿐만 아니라 명조가 멸망하고 청나라가 들어선 이후에도 평생 벼슬을 하지 않고 재야에서 학문에만 전념하며 절개를 지킨 선비로 후대에 이름을 남겼다. 또한 그는 명조가 쇠망한 원인의 하나를 현실을 등한시한 송명이학의 공리공담적 학풍에 있다고 보고 경세치용을 중시하는 실학의 학풍을 새로이 세워 청대 고증학의 비조가 된 대학자이기도 하다. 그래서 고염무는 명의 失政을 비판했으나 명의 정통성까지 부정하지는 않았으니 그의 이러한 태도는 이 시의 회고와 비평에서도 그대로 드러난다. 형왕의 후계는 8대 朱由楲(주유추) 까지 이어져 1644년 명나라가 망하면서 끊어지게 되는데[116] 그의 마지막 행적을 보면 청조에 끝까지 저항하고 민심을 수습하는 태도를 보인 것이 아니라 청조에 굴복하여 북경에 소환되어 갇혀 지내다 굴욕적인 죽음을 맞이하였다. 그러나 고염무는 형왕에 대해 비판하기보다는 중립적이거나 그 입장을 이해하는 태도를 취한다.

　우선 13구와 14구에서 형왕이 제민왕이나 태숙단과는 달랐다고 옹호했다. 제민왕은 원래 맹상군을 재상으로 등용했으나 그의 세력이 커지는 것이 두려워 나중에는 맹상군을 제거하려 했고 소진을 재상으로 등용하여 합종책을 시행하고 서쪽의 진과 병립하여 이른바 東秦으로 군림했다. 그러나 결국에는 합종책이 와해되어 제나라 땅 대부분을 상실하고 거땅으로 달아나 비참하게 죽은 인물로서 전국시대 강국이었던 제나라를 몰락으로 이끈 장본인으로 비판받는 인물이다. 곧, 고염무는 형왕이 제민왕처럼 혼용무도하여 몰락한 것이 아니라고 변호한 것이다. 한편 태숙단은 어머니의 총애를 믿고 친형인 정장공에게 반기를 들다가 축출되어 위나라 공 땅으로 달아나 생명을 보존한 인물로 역사적으로 외척의 발호와 형제의 난으로 왕권을 흔들었던 인물로 비판받는다. 고염무는 형왕이 태숙단처럼 예법와 왕도를 모르는 무도한 인물은 아니라고 옹호한 것이다.

116　숭정 17년(1644) 청군에 의해 북경이 함락되자 남경에 南明정권을 세우고 대청저항의 기지로 삼았다. 당시 청주부 주위에는 의기한 군대가 많았고 형왕부는 청군의 직접적인 공격을 받은 적이 없어 세력이 여전했다. 그러나 형왕 주유추는 청조정에 항복표를 올려 항복의사를 표한다. 청 순치 2년(1645) 청나라 조정에서는 형왕과 그의 가속들을 북경에 오도록 명했고 그 다음해에 주유추가 반역을 꾀하려 했다는 죄목으로 주유추를 포함한 명 종친 11명을 주살했고 그 후 즉시 형왕부의 나머지 명 황실 종친들도 북경으로 불러 들여 몰래 죽였고 순치 4년(1647) 반란의 죄목으로 형왕 왕후를 죽이고 형왕부를 폐쇄시켰다. (朱彬占,《衡王府与衡王后裔》, 春秋 2015(01), pp.56-57.)

그렇다면 몰락한 형왕은 어떻게 평가받아야 하는가? 이에 대한 답을 고염무는 15구와 16구에서 雍門鼓琴(옹문고금)의 고사를 활용하여 간접적으로 표현했다. 고사의 주인공인 맹상군은 전국사공자 가운데 한 명으로 타고난 재주를 지닌 인물이나, 제민왕의 견제로 인해 제나라를 위해 재주를 펼쳐보지 못했다. 마치 옹문고금의 고사가 예언한 것처럼 그가 죽은 후에 제민왕을 이은 제양왕에 의해 그의 봉국인 薛(설) 땅이 공격당하고 그의 후손이 모두 죽임을 당하게 되어 후손의 제사조차 받지 못하게 된 인물이다. 곧, 형왕을 맹상군처럼 자신의 잘못이 아니라 이롭지 못한 시국의 변고로 인해 어쩔 수 없이 비극을 겪은 인물로 평가한 것이라 볼 수 있다. 그래서 고염무는 이미 청나라 군대로 인해 폐허가 된, 옹문고금의 고사가 서려 있는 청주부성 서문인 옹문과 형왕부 패문 앞을 지나면서, 雍門子周(옹문자주)의 연주를 듣고 이후 폐허가 될 자신의 도읍을 상상하며 눈물 흘리던 맹상군의 심정을 자신의 일처럼 느끼면서 이 시를 쓴 것이 아닐까? 형왕에 대한 고염무의 이러한 평가는 바로 이미 망해버린, 그러나 죽을 때까지 절개를 지켜 충성해야만 하는 조국 명나라에 대한 그의 입장과 다르지 않을 것이며 이로 인해 고염무의 이 시는 읽는 이로 하여금 더욱 비장한 슬픔에 잠기게 한다. 이러한 점에서 볼 때, 이 시의 작자인 고염무의 태도는 앞서 제3자의 입장에서 명나라 조정과 형왕부의 사치함과 부패를 왕조 몰락의 원인으로 직접적으로 비판하고 경계했던 조선 사신의 것과는 어느 정도의 온도 차가 있다고 할 것이다.

제3절 (靑州府)城內牌樓

(3월)15일 기사일 창락현에 도착했다. ……靑州 北城門으로 들어가 西城을 따라서 형개군문의 저택을 지나고, 다시 諸王府를 지났다…… 王府의 정문 밖 좌우로부터 南街 牌樓門에 이르기까지 수 백 보 거리인데 그 길 전체의 좌우로 돌난간이 죽 이어져 있었다.

(三月)十五日, 己巳, 到昌樂縣. 入……靑州北城門, 打西城而行, 過
邢軍門玠之第, 又過諸王府, ……自王府正門外之左右抵南街牌樓門,
俱設石欄數百餘步.

　　　　　　　　　　　　　　　　　　　　　　—李民宬《癸亥朝天錄》

　　(10월)14일 신축일 밤에 비가 내렸고 아침에는 흐렸다. 巳時(오전 9
시-11시 사이)에 (청주부성 東館馹[동관일]을) 출발하여 성의 중심을 관통
하여 지나갔다……親藩衡王府(친번형왕부)가 있었는데 궁궐이 화려
하고 사치스러웠고 거리에는 牌樓가 무수히 많았다. 병부상서 石茂華
(석무화), 太學士[117]인 王珝(왕후)[118]의 패루가 보였고 예부상서 馮琦(풍
기)의 것도 보였는데 그는 호가 琢庵(탁암)이며 3대에 걸쳐 높은 벼슬
을 했다. 여러 패루 중 병부상서 형개의 것이 가장 눈에 띄었다.

　　(十月)十四日, 辛醜, 夜雨, 朝陰. 巳時, (自靑州府城東館馹)發行, 由城
中而過, ……有親藩衡王府, 宮闕侈麗, 街上牌樓無數. 兵部尙書石茂
華, 太學士王珝, 禮部尙書馮琦, 號琢庵, 三世顯仕. 兵部尙書邢玠, 其
最著者也.

　　　　　　　　　　　　　　　　　　　—申悅道《朝天時聞見事件啓》

　　〈그림 3-24〉 청주부 益都縣城圖와 위의 기록을 함께 살펴보면, 명 천계 4년
(1624) 3월 15일 귀국길에 이민성 일행은 청주부성 북문(瞻辰門, 첨진문)으로 들어
가 "邢玠口"를 거쳐 형왕부, 형왕부 석방을 지난 후 "南街" 즉, 南門大街를 지나면
서 수많은 石牌坊을 보았던 것임을 알 수 있다. 그 후 이민성은 南門(阜財門, 부재문)
을 거쳐 청주성을 떠났다. 이민성에 비해 申悅道의 기록은 더욱 상세하다. 신열도
는 병부상서 石茂華(석무화), 大學士 劉珝(유후), 예부상서 馮琦(풍기), 병부상서 형
개 등 익도현 출신 名臣들의 패방을 보았다고 기록했다. 萬曆《益都縣誌》의 기록[119]

117　정확히는 "大學士"로 써야 한다.
118　정확한 이름은 "劉珝"이다.
119　萬曆《益都縣誌》卷4《牌坊》, 明萬曆年間刻本.

에 따르면, 명말 청주부성 내에는 모두 30여 좌의 패방이 있었는데 석무화의 방표
는 "尙書里[120]坊", 풍기의 방표는 "宗伯[121]學士坊", 형개의 방표는 "柱史[122]坊"이라는
명칭이 붙어있었고 유후의 것으로는 3좌의 방표가 서 있었는데 각각 이름이 "大學
士坊", "翰林坊", "柱國[123]坊"이었다.

《明史》등 사료[124]에 따르면 石茂華(석무화, 521-1583)는 자가 君采,[125] 호가 毅菴(의
암)이며 청주 익도(지금의 산동 청주)사람이다. 명 가정 23년(1544)에 진사에 급제하
여 浚縣知縣에 제수되었고 재임기간 중 석무화는 제방을 쌓아 홍수를 막았고 유랑
하던 도적 떼를 진압하여 민심을 편안히 하였다. 이후 戶部主事, 員外, 郞中, 揚州
府知府, 陝西副使, 陝西參政, 右僉都御史, 兵部侍郞, 右都御史兼兵部左侍郞, 兵部
尙書 등의 직을 차례로 역임했다. 이후 벼슬을 그만두고 낙향했는데 몇 년 되지 않
아 섬서지역에 흉년으로 기근이 발생하자 석무화는 이미 고령임을 괘념치 않고 섬
서로 가서 기근을 구휼하는 일에 전념했는데 과로로 인해 병을 얻어 현지에서 죽었
다. 조정에서는 그를 기려 壇(단)을 두 층으로 쌓아 제사를 지내도록 했고 太子少保
의 직을 하사하고 恭襄(공양)이라 시호를 내렸다. 저술로 《三邊奏議》, 《甘肅奏議》,
《衍慶堂集》등이 있다.

---

120 여기서"里"란 "里坊"의 뜻으로 성내 주민 거주 구역을 가리킨다. "이방"이란 말그대로 풀면,
    "里를 경계로 나뉜 일정한 구역(坊)" 곧, "성 안을 街(동서)와 道(남북)로 구획한 각각의 구역"의
    뜻이다. 옛날 중국에서는 "이방"을 성내 행정 관리 단위로 삼았다.
121 宗伯(종백)은 주나라 때의 관직명으로 三公 아래 六卿 가운데 하나로 국가의 典禮를 담당했다.
    풍기가 禮部右侍郞, 吏部尙書 등의 직을 역임했으므로 이러한 방표명이 붙었다.
122 柱史(주사)는 관직명인 "柱下史"의 줄임말로 보통은 주나라 왕실도서관에서 주하사 벼슬(왕실의
    도서를 관장)을 했던 도가사상의 종주인 노자를 가리키지만, 여기서는 전각 기둥 아래서 왕을 가
    까이서 보필하는 侍御史의 뜻이다. 형개가 太子太保의 벼슬을 했기 때문에 이와 같은 방표명이
    붙은 것이다.
123 柱國(주국)은 원래 전국시기 초나라가 설치한 관직명으로 國都를 보위하는 최고위직 무관을 가
    리켰는데 이후 나라의 동량으로 중임을 맡아 국가를 보위하는 중신을 상징하는 어휘가 되었고
    당나라 이후로 큰 공훈을 세운 관리에게 하사되는 칭호로 널리 사용되었다.
124 《明史》卷312《列傳一百六十三》, 淸抄本 ; (明)過庭訓撰 : 《本朝分省人物考》卷97《山東靑州府》,
    明天啓刻本.p.19b-21a ; 民國《山東方志》卷131《藝文志十》, 民國七年鉛印本, p.59a.
125 일설에는 "崇質"이라고도 한다. 乾隆《江南通志》卷115《職官志》, 淸乾隆刻本, p.18b.

사진 3-24   明 兵部尙書 石茂華를 위해 세워진 "尙書里坊" 방표
(지금의 靑州市 南門大街)

《明史》등의 사료[126]에 따르면, 劉珝(유후, 1426-1490)는 자가 叔溫(숙온)이고 호가 古直으로 靑州 壽光 사람이다. 유후는 어릴 때부터 총명하고 배움에 이해가 빨랐다고 한다. 명 정통 13년(1448) 진사에 급제하여 庶起士에 제수되어 編修의 직을 맡았다. 명 英宗 시기에 여러 차례 右中允의 직을 맡아 太子 朱見深(주견심)을 위해 강학했다. 이후 유후는 太常卿兼侍讀學士, 吏部左侍郎, 翰林學士를 역임했으며 吏部尙書로서 太子少保兼文淵閣大學士의 직도 맡았다. 《文華大訓》의 편찬을 주관하여 완성한 후 太子太保의 직함을 받았고 謹身殿大學士로 승진했다. 명 홍치 3년(1490)에 병으로 서거했는데 文和라는 시호를 받았다. 명 가정 초년에 관원들이 유후의 사당에 이름을 하사할 것을 상소하자 명 세종은 "昭賢(소현)"이라는 편액을 내리고 관원을 파견하여 매년 봄과 가을에 제향을 올리도록 했다. 유후는 성품이 강직하고 학문이 바르고 깊으며 사악함을 원수처럼 미워했으므로 明 憲宗 朱見深은 그를 특

---

126 《明史》卷168《列傳五十六》, 淸乾隆武英殿刻本 ; 嘉靖《靑州府志》卷14《人物》, 明嘉靖刻本, p.29 ; (明)雷禮輯 :《國朝列卿紀》卷11《內閣行實》, 明萬曆徐鑒刻本 ; (明)過庭訓撰 :《本朝分省人物考》卷97《山東靑州府》, 明天啟刻本.pp.7b-9a.

히 신임하여 "東劉先生"이라고 칭하고는 "嘉猷贊翊(가유찬후)[127]"라 새긴 인을 하사하였다. 저서로《靑宮講意》,《古直文集》등이 있다.

사진 3-25 　謹身殿 大學士 劉珝를 위해 세워진 "柱國坊"방표 (지금의 靑州市 南門大街)

《明史》등의 사료[128]에 따르면 馮琦(풍기, 1558-1603)는 자가 用韞(용온)이며 호는 琢菴(탁암)으로 청주 臨朐(임구)사람이다.[129] 어릴 때부터 총명하였으며 만력 5년 (1577)에 진사 시험에 급제하여 특별히 서기사에 임명되고 편수를 제수받았다. 이후 侍講, 翰林少詹事(한림소첨사), 禮部右侍郞, 吏部右侍郞, 吏部左侍郞, 吏部尙書 등의 직을 역임했다. 학식이 깊고 빼어났을 뿐만 아니라 정무도 뛰어나 재상의 자질을 갖추었으나 병약하여 자주 병치레하다가 46세에 죽었다. 명 신종 만력제는 그

127 　嘉猷(가유)란 나라를 다스리는 큰 계책의 뜻으로 벼슬을 하는 동안 중임을 맡아 훌륭한 계책으로 나라를 잘 다스린 유후를 송찬한다는 뜻이다.

128 　《明史》卷136《列傳一百四》, 淸乾隆武英殿刻本 ; 咸豊《靑州府志》卷45《人物》, 淸咸豊九年刻本, pp.2b-4a ; (明)談遷 :《國榷》卷79《辛醜萬曆二十九年》, 淸抄本 ; 光緖《益都縣圖志》卷49《外傳》, 淸光緖三十三年刻本, pp.8a-17b ; 民國《山東通志》卷129《藝文志十》, 民國七年鉛印本, p.413a.

129 　일설에는 익도사람이라고도 한다. 民國《山東通志》卷129《藝文志十》, 民國七年鉛印本, p.413a.

에게 장례를 하사하고 태자소보에 추증했으며 文敏이라는 시호를 내렸다.

사진 3-26   馮氏 가문을 위해 세워진 "一門科第[130]" 방표(지금의 青州市 南門大街)

---

130   一門은 "一族, 一家"의 뜻이고 科第는 "과거급제"를 뜻한다. 곧 "과거 급제자가 나온 집안, 온 가
문에 과거급제가 많음"의 뜻이다.

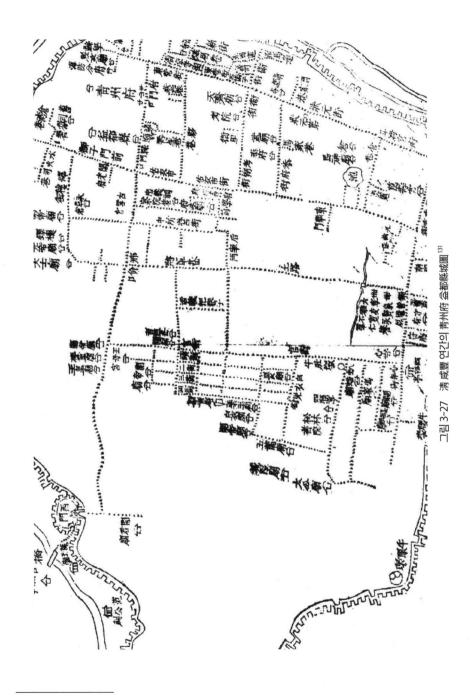

그림 3-27　淸咸豊 연간의 靑州府 益都縣城圖[131]

131　咸豊《靑州府志》卷首《圖》, 淸咸豊九年刻本, p.17.

제4절 夜雨楼

（3월) 15일 기사일 (淄河店에서 출발하여)창락현에 도착했다. ……아
침에 치하점을 출발하여 아침에 익도현의 北館馹에서 아침을 해 먹고
……西城을 지나갔는데……청주성 남문의 누각을 夜雨樓라 부르는
데, 이는 밤만 되면 비바람 소리가 나지만 밖에 나가보면 맑은 하늘에
달과 별이 반짝이기 때문에 그런 이름이 붙은 것이다. ……성의 동쪽
성벽을 따라 계속 가니 정사 이경전이 城東店에서 아직 출발하지 않
고 있어서 들어가서 함께 술을 한 잔을 마셨다.

（三月)十五日, 己巳, (自淄河店)到昌樂縣. ……早發淄河店, 朝火於益
都之北館馹. ……打西城而行, ……其城南門樓曰夜雨樓, 常夜聞有風
雨聲, 出視則星月皎然, 故得名. ……遂轉東郭而行. 正使在城東店未
發, 入見共酌一鮑杯.

— 李民宬《癸亥朝天錄》

위의 글에 따르면 이민성 일행은 귀국길에 익도현 즉, 청주부 北關을 출발하여
청주부성 북문으로 들어와 성안의 서쪽 구역을 지나 청주부성 남문(부재문)을 통해
성 밖을 나와 청주부성 외곽 성벽을 따라 동쪽으로 돌아 "城東店" 즉 東關에서 정
사인 이경전을 만나서 잠시 함께 술을 마셨다.

여기서 주목할 것은 "夜雨樓"에 대한 기술이다. 현존 중국 방지에는[132] 비록 "야
우루"가 청주부성 남문 위에 서 있는 "南樓"로서 송대에 건축되었으며 "南樓夜雨"
가 명말 "靑州八景"[133] 가운데 하나라는 기술은 있지만 "남루야우"라는 명칭의 연

---

132 "南樓, 宋建, 無考."(嘉靖《靑州府志》卷7《古跡》, 明嘉靖刻本, p.32b)
133 八景은 1. 南樓夜雨 이외 2. 雲門拱壁(운문공벽-청주부성 남쪽으로 5리에 위치한 운문산의 정
상에 있는 동굴이 하늘을 향하고 있어 멀리서 보면 운문산이 둥근 백색 벽옥을 하늘을 향해 안
고 있는 모양으로 보임), 3. 駝嶺千尋(타령천심- 청주부성 서남쪽에 있는 駝山[타산]이 멀리서
보면 낙타가 엎드려 있는 것처럼 천봉만학이 장관을 이루고 있음), 4. 劈峰夕照(벽봉석조- 청주
부성 서남쪽에 벽산이 있는데 그 산봉우리가 마치 도끼로 쪼개 둘로 나눈 듯 쌍봉을 이루고 있
으며 저녁에 석양이 내리면 두 봉우리 사이로 붉은 석양빛이 비춰들어 절경을 이룸), 5. 花林野

원에 대한 설명은 전혀 없다. 이민성이 기록한 야우루의 명칭 유래가 당시 현지인에게 직접 들었던 것인지 아니면 당시 관련 서적이나 야우루에 쓰여 있던 題詩 등에서 간접적으로 읽은 것인지 확인할 수 없으나 이민성의 기록은 현존 지방지 기록의 보충이라는 측면에서 의미가 있다. (본서에서는 앞으로 남문의 누각[南樓]을 "야우루"로 부르기로 한다) 한편, 이민성은 야우루에 관한 2편의 시를 남기고 있으므로 여기서 함께 살펴보기로 한다.

趣(화림야취-花林洞은 청주부성 남쪽 운문산의 동쪽 기슭에 있으며, 감나무가 많아서 깊은 가을 서리가 내리면 붉은 감이 꽃이 핀 것처럼 보였고 멀리서 바라보면 비단을 깔아 놓은 것처럼 보여 그 형상이 마치 꽃의 숲[花林]과 같았기에 그러한 이름이 붙었다 함), 6. 石澗冰簾(석간빙렴-청주부성 서남쪽에 폭포가 하나 있는데 이름하여 瀑水澗 혹은 石子澗이라고 한다. 송대 富弼(1004-1083)이 청주지부로 있을 때 이곳에서 기우제를 지내고 정자를 세웠는데 이후에 사람들이 그 자리에 冰簾堂[빙렴당]을 다시 지었다. 당시 천길 절벽에서 폭포수가 구슬처럼 떨어져 마치 얼음 주렴을 절벽에 걸친 것처럼 보여 천하의 절경을 이루었다. 그러므로 冰簾이란 실제로는 얼음을 말하는 것이 아니라 폭포에서 떨어지는 투명하고 맑은 물을 가리키며 특히 여름에도 그 물이 얼음처럼 맑고 시원해서 피서지로 인기가 많았다고 함), 7. 地鏡倒影(지경도영 -청주부성 남쪽 龍潭湖 일대로서 옛날 이곳은 그 형상이 구불구불하여 신기하고, 또 물이 많아 호수를 이루고 그 물 위로 주위의 풍경을 거꾸로 비추고 있었다. 그래서 "地鏡"이라는 이름이 붙었다 함), 8. 陽溪晩釣(양계만조 -청주부성 서쪽 範公醴泉의 북쪽에 洋溪湖가 있다. 湖邊에 북송의 저명한 여류시인 李淸照(1084-1151)가 살았던 順河樓가 있으며 호숫물이 거울처럼 투명하고 맑으며, 호안은 기암괴석이 장관을 이루고 수양버들이 바람에 나부끼며 작은 다리가 졸졸 흐르는 물 위에 걸려 있어 심히 아름다웠다 한다. 순하루의 남쪽으로 아주 오래된 수양버들이 있는데 그 형상이 마치 강태공이 늙은 나이에 위수에서 낚시하던 모습과 같다고 회자하였다고 함) 등이다. (光緒《益都縣圖志》卷54《雜誌下》, 淸光緒三十三年刻本, p.22a)
여기에 9. 范井甘泉(범정감천-여기서 范은 송대 저명한 문인 范仲淹[989-1052]을 가리킨다. 그가 청주지부로 있을 때 민간에 紅眼病이 유행하여 범중엄이 백방으로 치료법을 구했다. 청주부성 서쪽 陽溪에 醴泉이 솟는데 그 물이 달고 시원했기에 범중엄이 그 위에 정자를 짓고 예천의 물을 길어다가 사람들의 병을 치료했다. 사람들이 범중엄의 선정에 감사해하면서 그 정자를 "范公亭", 그 우물을 "范井"이라 불렸는데 샘물 주위로 고목이 무성하고 그윽하여 초야의 은자들이 가끔 찾아와 거문고를 타고 시를 짓고 차를 끓여 마시기도 했다 함)과 10. 行台秋月(행대추월-行台란 관청의 이름으로 東晉 이후로 중앙에서 파견되어 지방에 머물던 행정기관을 행대라고 불렀고 이후에는 察院으로 명칭이 바뀌었다. 명나라 때 청주 찰원은 府治의 서쪽에 있었으며 都御史가 머물던 곳이었다. 찰원 안에는 松柏이 울창했고 玉樓와 정자, 누대가 아름다웠고 正堂 앞으로 露臺가 있었는데 맑은 가을밤이면 달이 밝고 청량한 바람이 불었기에 노대에 올라 달을 감상하면 그 정취를 이루 말할 수 없었다고 함)을 추가하여 청주 10경으로 부르기도 함(康熙《益都縣誌》卷12《藝文》, pp.27b-29b).

사진 3-28　1940년대 靑州府城 南門(阜財門)의 外門 사진[134]

사진 3-29　지금의 靑州市 南門大街 노변에 조성되어 있는 "南樓夜雨"의 浮雕

134　孟慶剛主編：《古城舊影—靑州歷史圖片》, 山東畫報出版社2014年版, pp.20-21.

〈청주부성 남루를 제재로 하여 쓴 시〉

청주성 남루에 올라 멀리 마음껏 바라보고
남루 위 이곳저곳 거닐며 구불구불 발 아래 펼쳐진 풍경을 유람하네
이곳 산천은 《서경·우공》에 묘사된 그대로이고
성곽은 제나라 수도의 옛 모습 떠올리게 한다네
황제의 교화 빼어나게 잘 베풀어져 백성들은 태평성대를 누리고
큰물 넘실대는 제나라 "해우"연못은 황제의 성덕을 표상하네.
운문산이 여기서 멀지 않은데
신선이 산다는 동굴에 가보지 못함이 못내 한스럽구나!

題靑州城南樓
縱目[135]南樓上, 徘徊覽鬱紆.[136]
山川征禹貢,[137] 城郭想齊都.
皞皞[138]殊王化, 泱泱[139]表海隅.[140]

---

135 縱目(종목)이란 시선을 멀리 두어 바라본다는 뜻이다. 당나라 두보의 시 《登兗州城樓》에 "동군에 와서 아버지를 뵙는 길에 처음으로 연주 남문에 올라 풍경 마음껏 바라보았네(東郡趨庭日, 南樓縱目初)"라는 표현이 보인다.

136 鬱紆(울우)란 구불구불 얽힌 모양이다.

137 禹貢이란 《書經·夏書》의 편명으로 9주의 지리와 산물에 대하여 기술한 것이다. 청주가 9주에 속한다.

138 皞皞(호호)란 백성들이 마음을 터놓고 스스로 만족해 하는 모양이다. 《孟子·盡心上》에 "왕도를 행하는 군주의 백성은 호호 거린다.(王者之民, 皞皞如也)"라는 표현이 보이고 주희는 集注에서 "마음을 터놓고 스스로 자득하는 모양(廣大自得之貌)"이라고 해설했다.

139 泱泱(앙앙)이란 물이 깊고 넓은 것이다. 《詩·小雅·瞻彼洛矣》에 "저 낙수를 보니, 그 물이 앙앙하도다(瞻彼洛矣, 維水泱泱)"라는 표현이 보이고 모전에 "앙앙은 깊고 넓은 모양이다(泱泱, 深廣貌)"라고 해설했다.

140 海隅(해우)는 "海嵎"라고도 하며 원래는 바닷가라는 뜻으로 종종 편벽되고 먼 지방을 가리키는데 여기서는 옛날 중국에 있던 9개의 큰 연못 중의 하나로 제나라 해우못을 가리킨다. 《爾雅·釋地》에 "제나라에 해우가 있다(齊有海隅)"라고 했고 邢炳(형병)은 疏에서 "이는 제나라의 큰 연못이다(此營州藪也)"라고 설명했다.

雲門山[141]不遠, 恨未訪仙區.

—李民宬《燕槎唱酬集》

　　이 시는 虞韵으로 압운했으며 함련과 경련이 모두 대구를 이루고 있는 오언율시의 근체시형을 갖추고 있다. 수련에서 작자는 북경으로 갈 때는 일정이 바빠 들르지 못했던 청주성을 귀국길에 들러 말로만 들어온 청주성 남문의 남루에 올라 이곳저곳을 거닐며 자신의 발 아래 오밀조밀 구불구불 펼쳐진 청주 경내의 산천을 장쾌한 심정으로 바라본다. 이 때 사행의 임무를 무사히 완성한 사신의 심정은 더욱 가볍기만 했을 것이다. 함련에서는 남루에 올라 청주의 산천과 지세를 바라보고 있자니 《서경·우공》에서 9주 가운데 하나였던 청주의 지리를 설명한 구절들이 하나하나 떠오르면서 책의 내용과 눈앞에 바라보는 풍경이 완전히 일치함을 깨닫게 되었다. 또 이곳 성곽을 바라보니 수 천년 전 춘추전국시대 천하를 다투던 강국 제나라의 유구한 역사가 하나하나 떠올라 감개무량하다.

　　경련에서는 이곳의 풍속과 민심으로 시선이 전환되어 이곳 백성들은 하나같이 부유하고 여유롭게 마음 편히 살고 있다고 말한다. 그리고 그 이유는 황제의 교화가 특히나 잘 구현되었기 때문이며 이곳에 베풀어진 황제의 성덕은 고대 제나라에 있었다는 드넓고도 깊었던 해우못처럼 도도하고 윤택하기 그지 없다고 송찬한다. 마지막 미련에서는 돌연 남루의 남쪽에서 아주 가깝게 보이는 운문산으로 시선을 옮겨 운문산 동굴에서 신선을 만나 신선술을 익혀 결국 신선이 되어 하늘로 승천하였다는 청주 사람 이청의 고사를 떠올리면서 귀국일정이 빠듯하여 신선 동굴에 가

141　雲門山(운문산)은 청주부성의 남쪽으로 5리 떨어진 곳에 있는 산이다. 명 馮夢龍(풍몽룡, 1575-1645)이 지은 유명한 백화단편소설 《醒世恒言(성세항언)》에 있는 "이청 도인이 홀로 운문산 구름을 타고 승천한 이야기(李道人獨步雲門)"의 배경이 바로 이곳 운문산 산정에 있는 "雲窟(운굴)"이다. 운굴은 그 입구가 하늘을 향하여 형상이 마치 우물과 같고 깊이를 알 수 없는데 여름이면 항상 雲霧가 피어나기에 "운굴"이라는 이름이 붙었고 거기서 피어난 운무가 구름이 되면 그 구름을 타고 승천할 수 있으로 "雲門"(운문산이라는 이름은 여기서 연유함)이다.

보지 못함을 한탄하면서 시를 끝내고 있다. 이민성은 또한 〈야우루〉라는 제목의 시
도 한 편 지어 남겼으므로 이어서 살펴보기로 한다.

사진 3-30　지금 새로이 중건된 財阜門
(청주부성 남문) 위의 南樓(遠景)

사진 3-31　지금 새로이 중건된 財阜門
(청주부성 남문) 위의 南樓(近景)
조선사신 이민성은 청주 남문에 올라 이
곳저곳을 거닐며 발아래 펼쳐진 청주 경
내 산천을 마음껏 바라보았고 《서경 우
공》편에서 九州 가운데 하나인 靑州를 설
명한 내용이 지금 눈앞에 펼쳐진 산천의
형세와 완전히 일치함을 깨닫고는 감개무
량해 했다.

〈야우루〉

(즉, 청주 남문루이다. 밤이면 항상 비내리는 소리가 들리기 때문에 이런 이름이

붙었다.)

한밤 중에 높은 누각에 누워있으니

소슬바람에 비 내리는 소리 들리네

놀라 일어나 하늘 바라보니 별과 달 밝기만 하니

마음이 차분하고 고요해져 내면에서 저절로 생긴 소리를 들었나 보다

夜雨樓

(卽靑州南門樓, 常夜有雨聲故名)

夜臥高樓上, 蕭蕭風雨聲.

起看星月朗, 虛靜[142]自生聽.

―李民宬《燕槎唱酬集》

이 시는 압운이 맞지 않고[143] 평측과 대구를 강구하고 있지 않은 5언 절구의 고체
시형이다. 실제 이민성 자신의 사행록 기록에 따르면 그는 1624년 3월 15일 청주부
성 북문으로 들어가 성을 관통한 다음 남문을 나와 성밖 南關馹(남관일)에서 묵었
으므로 실제로 한밤중에 야우루에 올랐을 가능성은 없다. 이는 현지에서 야우루에
대한 내력을 듣고 일종의 문학적 상상력을 발휘하여 즉흥적으로 지은 것으로 볼 수
있다.

작자는 낮에 청주성 남문 위에 있는 남루인 야우루에 올라 현지인에게서 밤에 야
우루에 머물면 밖에서 비바람 소리가 들리는 것 같지만 실제로 밖에 나가면 별과
달이 밝은, 맑은 날이라는 말을 듣고는 그 이유를 곰곰히 생각해 보았다. 곧, 낮에
올라본 야우루의 풍경을 회상해보니 주위의 산세가 안온하고 넉넉하며 눈 앞에 마
주 보이는 운문산은 신선이 살고 있을 정도로 청정하고 맑기만 했다. 그러니 한밤
중에 환청처럼 비바람 소리를 들은 것은, 야우루에 머물면 마음이 저절로 편안하고
조용해지며 잡된 생각마저 사라져 고요히 삼매의 경지에 들어가 내면에서 생기는

---

142 虛靜(허정)이란 淸虛恬靜(청허염정-마음에 잡된 생각이 없고 깨끗하며 몸이 편안하고 조용함)의 뜻이
다. 한나라 董仲舒(동중서)의 《春秋繁露·通國身》에 "무릇 정밀함에 이르고자 하는 자는 마음을
비우고 깨끗이 하여 잡된 생각이 없으며 그 몸을 편안하고 조용히 해야 하고, 지혜로워지고자
하는 자는 반드시 그 몸을 낮추고 겸허해야 한다(夫欲致精者必虛靜其形, 欲致賢者必卑謙其身)"라는
표현이 보인다.

143 이 시에서 2구의 마지막 자인 聲은 庚韵인데 4구의 마지막 자인 聽(平聲)은 靑韻으로 운자가 맞
지 않는다.

조화를 스스로 보고 듣게 되는 것이 아닌가 하고 추측해 본 것이다.

한편, 韓愈, 柳宗元, 蘇軾, 蘇洵(소순), 蘇轍(소철), 王安石, 曾鞏(증공) 등과 함께 "당송산문팔대가"로 병칭되는 북송의 大儒인 歐陽修(구양수)[144]가 송 熙寧 2년(1069) 靑州知府로 있으면서 야우루에 제시(〈留題南樓二絶〉) 2 수를 남겼으므로 여기서 함께 살펴보기로 한다. 구양수가 직접 쓴 야우루 누각의 제시가 명말까지 남아서 조선사신들이 이 제시를 목도했는지 지금은 확인할 수 없지만, 구양수가 가진 文史哲 학술상의 위상과 북송 정치인으로서의 행적을 고려해 볼 때 명말의 야우루에 구양수의 친필 제시는 아닐지라도 임모의 형태로라도 남아 전해졌을 가능성은 충분히 있다.

---

144 歐陽修(구양수, 1007–1072)는 자가 永叔이고 호는 醉翁, 만년에는 六一居士라고도 하며, 廬陵(지금 江西 吉安市)사람이다. 4살 때 부친이 죽어 가세가 기우니 모친이 갈대줄기로 땅바닥에 글을 써서 구양수를 가르쳤다고 한다. 송 仁宗 天聖 8년(1030)에 진사에 급제하고 다음해에 낙양에 가서 西京留守의 推官이 되었고 景祐 원년(1034) 試學士院으로 조정의 부름을 받고, 宣德郞, 試大理評事兼監察御史를 제수받아 館閣校勘의 직무를 수행했고 2년 후 范仲淹을 변호하는 직언을 올렸다가 夷陵(지금의 湖北 宜昌)현령으로 좌천되었다. 康定 원년(1040)에 조정에 복직되어 慶曆 3년(1043) 知諫院이 되었고 右正言知制誥의 신분으로 범중엄 등이 추진한 新政變革에 참여했다가 보수파의 공격을 받아 滁州 (저주, 지금의 安徽 滁州) 知府로 다시 좌천되었다가 이후 다시 복권되었다 嘉祐 2년(1057) 翰林學士知貢擧가 되었고 5년(1060)에 樞密副使(추밀부사)가, 6년(1061)에 參知政事로 승진했다. 신종 때 중앙조정의 직함을 유지하면서 亳州(지금의 安徽 亳州), 청주(지금의 산동 청주), 蔡州(지금의 河南 汝南) 등의 지방관으로 나갔다. 熙寧 4년(1071) 太子太師로 임명되었으며 潁州에서 살다가 다음해에 죽었다. 시호는 文忠이며 문집인《歐陽文忠公文集》이 현재까지 전해진다. (諸葛憶兵著,《宋詞解讀》, 北方文藝出版社, 2019, p.49) 구양수는 한유, 유종원, 소식과 함께 "古文四大家"라도 병칭되며 송대 문학사에서 새로운 문풍을 개창한 문단의 영수이다. 그는 북송시기 시문혁신운동을 이끌어 당나라 한유와 유종원이 제창한 古文理論을 계승하여 고문이론을 구현한 수많은 고문산문을 창작하여 일대문풍을 혁신함과 동시에 그의 산문은 후대에 전범이 되었다. 시에 있어서도 고문이론을 관철시켜 매요신과 어깨를 나란히 했고 《前漢書》의 교정에 참여하는 등 사학에서도 큰 성취를 거두었다. 그가 소식의 부친인 소순을 천거하여 등용하고 과거시험을 관장하는 知禮部貢擧로 있으면서 曾鞏(증공)과 소식, 소철(소식의 동생)을 합격시킨 일은 널리 알려져 있다.

사진 3-32　옛 靑州府城 南門 遺址의 서쪽에 새로이 중건된 지금의 財阜門과 南樓

〈청주부성 남루에 남긴 절구 제시 2수〉

송 구양수

바쁜 조정 관직에서 벗어나 청주에서 한 해를 한적하게 보내고 있으니

사시사철 온종일 높다란 산봉우리 마주 보는 것이 일이라네.

내가 산을 좋아하는 사람임을 알지니

내가 쓴 시에 한 수라도 산을 언급하지 않은 것이 없다네.

항상 술에 취한 늙은이인 나는 어딜 가도 맑은 정신인 적이 없었는데

청주로 가서 어떤 생활을 보내고 있는지 물어본다면

취옹인 나는 낮에 공무를 끝내고 나면 손님들 붙들고 맛있는 술을 자랑하고

잠에서 깨어나면 침대 위에 베개 베고 누워 멀리 이어진 산맥을 바라본다고 대답하리라.

留題南樓二絕[145]

宋 歐陽修

偸得靑州一歲閑, 四時[146]終日面屛顏.[147]

須知我是愛山者, 無一詩中不說山.

醉翁到處不曾醒, 問向靑州作麼生.

公退[148]留賓誇酒美, 睡餘[149]歌枕看山橫.

　　이 시의 제1수는 刪韻으로 압운했고 제2수는 庚韻으로 압운한 칠언절구 근체시이다. 《歐陽修年譜》[150]에 따르면 송 희녕 원년(1068) 구양수의 나이는 이미 62세로 조정에 사직상소를 올렸지만, 허락을 얻지 못하고 대신 병부상서로 직을 옮겨 유지하면서 청주지부로 나가 京東東路安撫使의 직무를 수행하도록 명 받게 되어 청주에서 1여 년간 지낼 수 있게 되었다. 오랜 관직 생활에 지친 구양수가 외관직을 제수받아 청주로 왔을 때 가장 좋아했던 취미가 산천을 유람하는 것이었다. 따라서 이 기간 동안 청주에서 선정을 베풀었음은 물론이고, 곳곳을 유람하면서 수많은 시문을 남겼으니 이들 시도 이 시기 지어진 것 중의 하나이다.

145　원본 題下에 "熙寧二年"이라는 주가 달려 있으므로 1069년 구양수가 청주지부로 있을 때 지은 시임을 알 수 있다. 또한 원본 제하에는 "一本前一首題作《偶書》"라는 주도 달려있어 첫번째 시의 제목이 "偶書", 두번째 시의 제목이 "留題南樓二絕"이었을 가능성도 있다. 嘉靖《山東通志》卷37《遺文上》, 明嘉靖刻本, p.76b.

146　다른 판본인 《歐陽文忠公集》卷14《律詩六十五首》, 四部叢刊景元本, p.12a)에는 "案頭"라고 되어 있음.

147　屛顏(잔안)이란 높고 험준한 산봉우리를 말한다. 송나라 소식 시 《峽山寺》에 "하늘이 개벽하자 청원 땅에 협곡이 생겼고 땅이 흔들려 푸른 물굽이 생겨났네. 나는 빠르지도 느리지도 않게 옷소매 걷어붙이고 험준한 봉우리 오르네(天開淸遠峽, 地轉凝碧灣. 我行無遲速, 攝衣步屛顏)"라는 표현이 보인다.

148　公退란 공무를 마치고 관청을 떠나는 것이다. 南唐 伍喬(오교)의 시 《寄張學士泊》에 "도대체 어디에서 근심걱정을 해소해야 할지 몰라 관부에서 퇴청한 후 술병 하나 들고 바로 누각에 오르네(不知何處好消憂, 公退攜壺卽上樓)"라는 표현이 보인다.

149　睡餘(수여)란 잠에서 깬 후의 뜻이다. 송 소식의 시 《游鶴林招隱》 제1수에 "잠에서 깨어나니 버드나무꽃 떨어지고 붉은 산앵두 불타는 듯 눈을 어지럽히네(睡餘柳花墮, 目眩山櫻然)"라는 표현이 보인다.

150　【神宗熙寧元年戊申公年六十二】是歲, 連上表乞致仕, 不允. 八月乙巳, 轉兵部尙書, 改知靑州, 充京東東路安撫使.

　　제1수는 청주지부로 와서 공무 이외에 가장 좋아했던 일이 산을 마주 대하고 산을 감상하는 일이었다고 말하고 있다. 제2수는 취옹이라는 자신의 호처럼 낮에 관청 일이 끝나면 친한 벗들을 불러 함께 잘 익은 술을 마시고 취하여 잠들고, 미몽에서 깨어나면 여유롭게 홀로 침상에 기대어 청주부성 주위를 병풍처럼 감싸고 계절마다 다른 모습을 보여주는 수려한 산들을 감상하곤 했다고 말한다. 당시 구양수가 청주지부로 부임하게 된 것은 표면적으로는 자신의 간청을 황제가 윤허한 것이었지만 실제로는 司馬光(1019-1086), 소식, 범중엄과 함께 구법파에 속하는 구양수가 신종이 즉위하면서 득세한 왕안석이 시행한 新法에 반대하였기 때문에 조정 내 알력으로 인해 지방으로 좌천된 성격이 강하다. 앞서 이민성의 시에서 묘사된 바와 같이 청주는 주위에 명산과 하천, 호수를 끼고 있어 예로부터 풍광이 아름답기로 유명한 고장이었으므로 술과 친구를 좋아하고 산유 유람을 즐기던 호방한 성격의 구양수에게 청주지부의 생활은 당시 관직 생활에 지친 그에게 큰 위로가 되었던 것 같다.

　　청주시 지방사지 연구실 閆成武(염성무) 주임의 설명에 따르면, 지금 청주 시내에 복원된 청주고성은 사실 옛 청주부성이었던 南陽城의 유지 위에 건설된 것이 아니며 원래의 南陽城의 南門(財阜門)이 있던 곳은 지금의 靑州市 王府街道 九州美術館 동쪽 일대라고 한다.

<표5 明末 對明 海路使行 中 靑州府(上) 經由地 地名 變化表>

순서	明代地名 名稱	使行錄 中 記錄된 名稱	現代 地名 名稱	縣治로부터의 距離	名稱 變化	位置와 沿革
1	東朱鋪, 東朱店集, 東朱店, 朱留店	周流店, 朱留鋪, 珠琉店, 東朱店	昌樂縣 朱劉街道 朱劉東社區와 朱劉東村과 朱劉西社區 朱劉西村	昌樂縣 東 20리	(宋)朱流→(元)朱留店、朱流→(明末)東朱鋪、朱留店、東朱店、東朱店集→(淸康熙十一年至淸末)東朱鋪、朱留店、東朱店、東朱廠、朱留、朱褿店→(民國二十三年)朱集、朱褿店→朱劉店、朱留店、朱留、東朱廠、朱劉街→(1950-2005)朱劉店村→(2005年至今)朱劉東村和朱劉西村	淸康熙十一年(1672)부터 淸末까지 昌樂縣 靑慧鄕 朱留社에 今었고 民國二十三年(1934)에는 昌樂縣 第二區 朱劉區에, 1950年에는 三區 朱劉에, 昌樂縣 第二區에, 1958年1月에는 朱劉鄕에, 1958年9月에는 朱劉 公社에, 1984年에는 昌樂縣 朱劉鎭에 今었다가 2005年부터 지금까지 朱劉街道 朱劉東社區와 朱劉西社區에 속해오고 있다.
2	東朱鋪, 東朱店集, 東朱店, 朱留店	王裒故里, "王裒古跡" 題門, 魏孝子王裒之故里, 王裒古里, 魏孝子王裒故里, "王裒故里"櫚門, 王裒故閭, "王裒古里" 牌坊	상동	상동	상동	상동

3	無記載	逢萌舊墟, "龐萌古跡" 題門, "逢萌古里" 牌坊, 逢萌故里, 逢萌古里, "逢萌故里" 欄門	昌樂縣 朱劉街道 大橋村	昌樂縣 東 15리	(淸에서 民國시기까지)大橋驛→(建國後)石橋村, 大石橋村→(今)大橋村	宋代에 마을이 세워졌다고 함. 明 嘉靖 年間에는 昌樂縣 在城鄉에 속했다. 淸 康熙 年間에 大橋로 불리며 昌樂縣 淸慧鄉으로 불리고, 淸 嘉慶 年間에는 大橋鋪, 大橋驛으로 불리며 昌樂縣 東朱廠에 속했다. 淸末에는 大石橋村 혹은 大石橋村으로 민국 二十三年(1934)까지는 大橋村 혹은 大石橋村으로 불렸고 1930年에는 昌樂縣 東朱留(劉)鄉에, 1946年에는 昌樂縣 第二區 朱留(劉)區에, 1950年에는 昌樂縣 朱劉區에, 1958年에는 朱劉鎭에 속했다가 지금까지 2005年부터 지금까지 昌樂縣 朱劉街道에 속해오고 있다.
4	孤山鋪	淸聖遺蹤, "淸聖遺跡" 方表, "淸聖遺踪" 欄門.	昌樂縣 朱劉街道 十里堡村	昌樂縣 東 10리	(明 嘉靖 年間에서 淸 康熙 六十年에서 淸 嘉慶 十四年까지)孤山鋪, 十里鋪→(今)十里堡村	十里堡村은 朱劉店 서쪽 3.8km 지점에 있으며 이곳이 靑州-濰州(明末濰縣)驛道의 가깝고 驛站이 있었으므로 宋代 隋代 일즉이 驛站을 중심으로 마을을 세웠다. 明 嘉靖 年間에는 昌樂縣 在城鄉에 속했다. 淸 康熙 六十年(1721)에는 昌樂縣 靑惠鄉에, 淸 嘉慶 十四年(1809)에는 昌樂縣 尖塚廠에, 民國二十三年에는 十里堡로 불렸으며 昌樂縣 第一區 風陰鄉에 속했다. 1950年에는 昌樂縣 一區 城關區에, 1955年에서 1958年까지는 昌樂縣 城關鎭에, 1958年에서 1962年까지는 昌樂縣 東風人民公社에, 1962年에서 1984年까지는 昌樂縣 朱劉鎭 城關公社에, 1984年부터 2005年까지는 昌樂縣 十里堡村이 속했다가 2005年부터 지금까지 十里堡村으로 불리며 昌樂縣 朱劉街道에 속해오고 있다.

5	孤山鋪	夷齊祠, "夷齊祠" 石碑, 伯夷廟, "孤山夷齊廟" 石碑	상동	상동	(宋)昭賢廟→(元)聖淸廟, 北海 孤山廟→(明 天順 年間)伯夷廟, 夷齊 叔齊廟, 昭賢廟→(明 嘉靖)昭賢廟, 夷齊 廟, 昭賢祠→(淸 康熙)淸聖廟, 夷齊 夷齊廟→(淸 嘉慶)淸聖廟, 孤 成豐夷齊廟→(民國)夷齊廟, 孤 山廟, 淸聖祠→(今)昭賢廟, 孤 山廟(俗稱)	상동
6	無記載	仙人石跡, 仙山古 跡, 石上仙跡, 仙 人石跡, "仙人石 跡" 碑, "仙人石 跡" 欄門	昌樂縣 寶都街 道 曲家莊村 附 近	昌樂縣 東 5리	(淸 康熙 六十年)五里鋪→(淸 嘉慶 十四年)五里鋪, 曲家莊 →(今)曲家莊村	宋元시기에 마을이 세워졌다고 한다. 淸 康熙 六十年(1721)에는 昌樂縣 靑惠鄕尖塚社에, 淸 嘉慶 十四年(1809)에는 昌樂縣 尖塚鄕에, 淸末 에서 민국초기까지는 昌樂縣 第一區 劇東鄕에, 1950年에는 昌樂縣 一區 城關區에, 1955年에 서 1958年까지는 昌樂縣 城關鎭에 1958年부터 1962年까지는 五里堡子村으로 불리며 昌樂縣 東風人民公社에 속했고, 1962年부터 1984年 까지는 昌樂縣 城關公社에, 1984年부터 2005 年까지는 昌樂縣 寶都鎭에, 2005年부터 지금 까지 曲家莊村으로 불리며 昌樂縣 寶都街道 曲家莊街區에 속해오고 있다.
7	無記載	安仁舊治, "安仁 舊治" 牌坊	昌樂縣 利民街 와 昌樂 商業步 行街 (站前街店) 교차지점 附近	昌樂縣城 東門(永淸門)附近	待考	待考

8	昌樂縣城	昌樂縣城, 昌樂, 昌樂縣, 昌樂南館(關), 昌樂東門, 昌樂縣西關, 齊昌館, 昌樂縣東館館	지금의 濰坊市 昌樂縣 시내	昌樂縣治 소재지	(春秋綠陵→(西漢)營陵國→(東漢)營陵縣→(宋代)昌樂縣→(明부터 지금까지)昌樂鎭→(元)昌樂縣	待考
					南代에 諸侯 逄伯陵에 의해 통치되었다가 周代에는 諸侯 呂望이 처음으로 封해진 곳으로 그 都城이 營丘였다. 春秋시기에는 諸侯國인 杞國에 속했다. 秦代에는 齊郡에 속했다. 戰國시기에는 田齊에 속했다. 秦代에는 齊郡에, 西漢때는 營陵侯의 封地로서 北海國에 속했고, 三國魏때는 平昌郡에, 東漢 建武 十三年(37)에는 高密郡에, 隋代初에는 濰州에 속했다가 唐代에는 濰州에 속했다가 다시 폐지되었다. 宋代에는 濰州에 속했다가 다시 廢置되었다. 金元 주에 廢置를 폐지하고 鎭을 설치했다. 明洪武九年(1376)부터 昌樂縣이 속했으며 金都路 北海縣 濰州에 배속되었다가 山東布政司 靑州府로 되었고 山東省 膠東道에 속하게 되었다. 民國 三年(1914)에 昌樂縣은 山東省 膠東道에 속했다. 民國 十四年(1925)에는 膠萊道에 속했다가 1949年에 昌濰專區에 속했다가 1970年부터 昌濰地區에 속했다가 1983年부터 지금까지 濰坊市에 속해오고 있다.	待考
9	無記載	齊初封, 尚父舊封, "齊初封地" 牌坊, "齊封初界, 齊封初界" 欄門	昌樂縣 현급으로 남쪽 일대	昌樂縣 城東南隅		待考

10	東丹河, 小丹河河	無記載	昌樂縣 小丹河	昌樂縣 西3리	(明 嘉靖 年間에서 1990년대 초까지)東丹河, 小丹河 → (今)小丹河	昌樂縣 丹河 水系의 支流는 昌樂縣 喬官鎭의 田家泉子村에서 발원하여 남쪽서 북으로 寶都街道 戴家莊村 서쪽에서 大丹河와 합류하여 바다로 유입된다. 小丹河는 총 길이 22.6km, 평균 강폭 140m, 유역면적 62㎢의 常流河이다.
11	東方朔塚, 方朔塚	方朔古壟, "方朔舊壟" 題門, "方朔古壟" 牌榜, 東方朔舊壟, 東方朔古隴, "方朔古里" 之門, 東方朔古里, "方朔古壟" 欄門	昌樂縣 寶都街道 西店村附近	昌樂縣 西5리	(明 嘉靖)西小店 → (清 嘉慶)西店集, 西店村 → (民國 二十三年)西店店, 河店坊 → (今)西店村	明 嘉靖 年間에는 在城鄉 丹河社이며, 清 嘉慶 年間에는 昌樂縣 西店廠에, 清 宣統 二年에는 堯鄉에, 民國 二十三年에는 昌樂縣 第七區에 속했다가 지금은 寶都街道에 속한다.
12	西丹河橋	雙鳳橋, 東丹河橋	昌樂縣 寶都街道 西側의 大丹河橋 薛家村	昌樂縣 西9리	(明)西丹河橋 → (清 成豐)丹河橋 → (民國)十里堡橋	備考
13	丹河鋪	古劇南城, "古劇南城" 題門, 古劇反城, 古劇都城, "古劇南城" 欄門	昌樂縣 寶都街道 薛家村	昌樂縣 西10리	(明 嘉靖부터 清 康熙까지)丹河鋪 → (清 嘉慶)丹河鋪, 薛家村, 西薛家村, 中薛家村 → (民國)東薛家村, 西薛家村, 中薛家村 → (1950年에서 지금까지)薛家村	明 嘉靖 二十七年(1548)에서 清 康熙 十一年(1672)까지는 昌樂縣 菁慧鄉 丹河에, 清 嘉慶 十四年(1809)에서 清末까지는 西店廠에, 民國 十九年(1930)에는 昌樂縣 第一區 丹西鄉에, 1950年에는 昌樂縣 第二區 丹河區에, 1958年에는 昌樂縣 東風人民公社(城關)에, 1962年에는 昌樂公社에, 1984年5月에는 昌樂縣 堯溝鎭에 令겼다가 2005年3月부터 지금까지 寶都街道에 속해오고 있다.

					待考	待考
14	無記載	"營陵舊城"牌坊, 營陵古城, 營陵舊城, 營丘舊封, 營陵舊封	昌樂縣 寶都街道 薛家村 西側 附近	昌樂縣 西 10여리		明 嘉靖 二十七年(1548)에서 清 康熙 十一年(1672)까지는 昌樂縣 仁慧鄉에, 清 嘉慶 十四年(1809)에서 宣統 元年(1909)까지는 昌樂縣 西堯鄉 溝廠에, 宣統 二年(1910)에는 昌樂縣 第一區에, 民國 十九年(1930)까지는 昌樂縣 西堯鄉, 1944年에는 昌樂縣 第一區 堯溝鎮에, 1950年12月에는 昌樂縣 丹河區 堯溝鎮에, 1955年에는 昌樂縣 堯東風人民公社(城關)에, 1962年에는 昌樂縣 堯溝鎮에, 1984年5月부터는 昌樂縣 堯溝鎮 寶城街에 속했다가 2007年8月부터 지금까지 昌樂縣 寶城街道에 속해오고 있다.
15	無記載	古營丘, "古營丘"牌坊, 營丘, 古營丘舊地, 營丘舊封	昌樂縣 寶城街道 董家莊村	昌樂縣 西 15리	(明 嘉靖에서 지금까지)董家莊	
16	堯溝店, 堯溝, 堯溝集, 堯溝鋪, 堯溝店集	堯溝店	昌樂縣 寶都街道 堯溝社區 堯東村	昌樂縣 西 20리	(晉代에서 元代까지)堯溝→(明初까지)堯溝→(明 嘉靖부터 清初까지)堯溝店集, 堯溝→(清 康熙年間)堯溝店集, 堯溝→(清 光緒 末까지)堯溝店, 堯溝集, 堯溝店, 堯溝, 堯溝店, 堯溝→(民國 十九年)堯溝, 堯大街→(1952年)河東村, 堯溝街→(1958年)河東村, 堯溝店→(1948年)堯東(村)堯溝村→(今堯東村)	明 嘉靖 年間부터 清初까지는 昌樂縣 仁慧鄉 邊下社에, 清 康熙부터 光緒 年間가지는 昌樂縣 堯溝廠 堯溝街에, 民國 十九年(1930)에는 昌樂縣 西堯鄉에, 1948年에 처음을 益東으로 불렀으며 堯溝村과 병칭되있고 益臨縣 堯溝鎮에 속했다. 1952年에 堯溝村과 堯東村으로 나뉘었고 이는 昌樂縣 城關人民公社에, 1958年에는 昌樂縣 堯溝人民公社에, 1962年에는 昌樂縣 堯溝人民公社에, 1984年에는 昌樂縣 堯溝鎮에 속했다가 2007年부터 지금까지 昌樂縣 寶都街道 堯溝社區에 속해오고 있다.

17	堯河, 堯水	堯溝, "堯溝" 牌坊	昌樂縣 寶都街道 堯溝社區 내의 南北大街	昌樂縣 西 20리	(音)堯水→(漢代)堯水→(元代)靑水, 堯水→(明, 淸, 民國)堯水, 堯河→(1960年代)堯河, 康堯河→今堯河	臨朐縣 山旺鎭 堯山에서 발원하여 남쪽에서 북쪽으로 臨朐縣 山旺鎭 包家河村, 閏家吾村을 지나 李家高塋村에서 靑州市 譚坊鎭으로 유입되어 譚坊鎭 高塋村, 北高村, 蘇家村, 東鎭武村, 西齊村, 昌樂縣 寶都街道 大楊家村을 지난 후 人工河로 유입된다. 薛家村 東北쪽에서 丹河에 합류하여 북쪽으로 壽光市를 거쳐 渤海로 들어간다. 昌樂縣 境內를 지나는 강의 길이는 12.1km, 강폭이 가장 넓은 곳은 22m, 가장 좁은 곳은 10m이고 수심이 가장 깊은 곳은 4m이며 流域面積은 14.1㎢이다.
18	堯河橋, 堯溝橋, 王公橋	堯溝橋, 放動橋	昌樂縣 寶都街道 堯溝社區 堯東村 西側	昌樂縣 西 20리	(明 嘉靖)堯河橋→(明 萬曆)王公橋, 放動橋→(民國)靈鑒橋→(淸 道光 十七年)堯河橋→(民國 二十一年)堯河橋→(今)으로 메워져 신작로로 변함	待考
19	無記載	"靑齊明盛" 欄門	昌樂縣 寶都街道 堯溝社區 堯東村 西側	益都縣 東 40여리	待考	待考
20	無記載	無記載	昌樂縣 寶都城街道 三里莊村	益都縣 東 47리	待考	堯東村 西쪽 2.5km 지점에 있으며 明中期, 宮과 李兩姓을 가진 무리가 각각 金都縣과 臨朐縣에서 이주해와서 세운 마을이다. 堯溝로부터 3리 정도 떨어져 있기 때문에 이러한 마을이름이 붙었다. 지금은 昌樂縣 寶城街道에 속한다.

					待考	
21	無記載	無記載	靑州市 譚坊鎭 譚坊社區 八里村	金都縣 東 42리	無記載	마을의 원래 이름은 八里官莊村이다. 이 마을은 驛道가 지나고 있었지만 明 天啓 年間에 개발되지 않아 土地가 荒蕪하였었는데 여기에 官庄을 설치하고 농사를 장려했으며 溝에서 8리 떨어져 있어서 이러한 마을이름이 붙었다. 지금은 靑州市 譚坊鎭 譚坊社區에 속한다.
22	範疃鋪	無記載	靑州市 譚坊鎭 譚坊社區 譚中村	金都縣 東 40리	(明淸 範疃鋪→今譚中村)	원래는 譚北村, 譚南村과 함께 檀家坊, 譚家店, 老譚莊, 譚家坊子, 譚家坊村 등으로 병칭되었다. 이 마을은 明 洪武 年間에 山西 大槐樹에서 譚姓 무리들이 이곳 驛道 곁에 가게를 열고 생계를 이어가면서 생겼다. 지금은 靑州市 譚坊鎭 譚坊社區에 속한다.
23	巨洱河, 彌河, 彌水, 巨洱水, 胸水, 洱河, 洰洱河	洰洱河, 巨彌河, 巨眛河, 洰米河, 菊迷河, 巨洋水, 胸彌, 彌河, 胸彌, 彌水, 洋水, 沬(水)	靑州市 彌河	金都縣 東 30리	（漢）巨眛 →（三國）貝水（眛水）→(北魏)巨洋水, 胸彌, 巨度, 巨凌, 胸, 沬(水)→(晉代)巨眛, 巨洋水, 洰液→(宋)巨洋水, 彌河, 巨眛水, 洱河→(元)巨眛河, 巨彌河, 彌水, 洋水, 巨眛水, 洱河, 洰洱河, 巨度河, 胸水, 洱河, 胸水, 洰洱河→(民國)巨度河, 巨眛水, 彌河, 瀰河, 巨彌河, 沬眛河→(今)彌河	臨朐縣 東南 沂山水 石屋村 附近에서 발원하여 남에서 북으로 臨朐縣 九山嶺 付興村, 栗興村, 麻塢村, 岸頭村, 大村, 臨朐縣 寺頭鎭 大固東村, 石家河村, 黃山村을 경유한 후 靑州市 彌河鎭 呂樓村, 譚坊鎭 東南營村, 黃樓街道 呂藏村, 瀰坊鎭 夾子街道 豐合嶺村 등을 지나 壽光市로 유입되어 東夏鎭 莊家村 附近의 바다로 유입된다. 靑州市 境內의 총 길이는 29.38km, 流域面積은 662.5㎢, 主河道의 폭은 250-300m이며 여름에만 물이 흐르는 계절성 河流이다.

번호						
24	沮洳店, 巨彌店, 巨彌河店	沮洳店, 巨彌店, 巨彌河店, 鉅米店, 沮洳河店, 菊迷河(店), (沮洳)河邊店	靑州市 黃樓街道 巨彌村	益都縣 東 35리	(明 嘉靖에서 萬曆까지)沮洳店, 巨彌店, 巨彌河店에서 光緒까지←(淸 康熙에서)沮洳店, 巨彌, 巨彌店, 巨彌莊→(民國)巨彌店, 巨彌, 巨彌街, 巨咮店→(今)巨彌村	明 嘉靖에서 萬曆年間까지는 金都縣 齊禮鄕 沮洳社에, 淸 康熙에서 光緒 年間까지는 金都縣 齊禮鄕 沮洳社에, 민국시기에는 金都縣 大尹區에, 1948年에는 金都縣 十五區에, 1952年에는 昌灘地區 巨彌鄕에, 1958年에는 昌灘人民公社 巨彌大隊에, 1984年에는 灘坊市(地級) 金都縣 楊家莊鄕에, 1986年에는 靑州市(縣級) 金都縣 楊家莊鄕에, 1994年에는 靑州市 楊家莊鄕에, 2001年에는 靑州市 東夏鎭에, 2007年에는 靑州市 黃樓鎭에 속했다가 2010年부터 靑州市 黃樓街道에 속해오고 있다.
25	無記載	"鄕母流芳" 欄門	靑州市 黃樓街道 巨彌村 附近	益都縣 東 35리	상동	상동
26	無記載	"沂公梓裡" 欄門	靑州市 黃樓街道 巨彌村 附近	益都縣 東 35리	상동	상동
27	大尹鋪	無記載	靑州市 黃樓街道 大尹村	益都縣 東 30리	(明 嘉靖에서)大尹鋪→(淸 康熙에서 咸豐까지)大尹鋪, 大尹集, 大尹社→(淸 光緒)大尹社, 大尹莊, 大尹鋪→(今)大尹村	明 嘉靖 年間에는 金都縣 齊禮鄕 大尹社에, 淸 康熙에서 咸豐 年間까지는 金都縣 齊禮鄕 大尹社에, 淸 光緒에는 金都縣 齊禮鄕 大尹社에, 1930年에는 金都縣 第十區 大尹鎭에, 1948年에는 金都縣 第十五區에, 1952年에는 金都縣 第十五區에, 1958年에는 金都縣 桃園人民公社에, 1981年에는 金都縣 王小人民公社에, 1984年5月에는 金都縣 楊家莊鄕에, 2001年에는 靑州市 東夏鎭에, 2007年에는 靑州市 黃樓鎭에 속했다가 2010年부터 지금까지 靑州市 黃樓街道에 속해오고 있다.

28	無記載	"繁壮元鄉" 櫩門	靑州市 黃樓街道 大尹村	金都縣 東 30리	상동	상동
29	貫店鋪	東館店	靑州市 黃樓街道 大貫店村과 小貫店村	金都縣 東 20리	(明 嘉靖부터 淸 咸豐까지)貫店鋪→(淸光緖)貫店鋪, 大貫店, 小貫店, 貫店→(民國)大貫店, 小貫店, 貫店→(今)道大貫店村和小貫店村	明 嘉靖부터 淸 咸豐 年間까지는 金都縣 安定鄉 貫店社는 金都縣 安定縣 安定鄉 貫店社에도 역시 金都縣 安定縣 第一區 貫店鄉에. 1930年에는 金都縣 第一區 貫店鄉에, 1948年에는 昌灤地區 陽河人民公社에, 1958年에는 昌灤地區 陽河人民公社에, 1962年에는 靑州市 東韓鄉에, 1984年에는 靑州市 東韓鄉(縣級) 東韓鄉에, 1986年에는 靑州市 東韓鄉에, 1992年에는 靑州市 東韓鎭에, 2005年에는 靑州市 黃樓街道 辦事處에, 2007年부터 靑州市 黃樓街道에 속했다가 2010年부터 靑州市 黃樓街道에 속해오고 있다.
30	無記載	"香山薝翠" 櫩門	靑州市 黃樓街道 大貫店村과 小貫店村	金都縣 東 20리	상동	상동
31	南陽河	貫水	靑州市 南陽河	金都縣 東 20리	옛날부터 南陽水, 陽水, 濁水, 灅水 등으로도 불렀음	靑州市 王府街道 大銀山 남족 기슭에서 발원하여 西南向 東北으로 靑州市 王府街道 南部 境域을 경유하여 지금의 靑州市 博物館 북족 七一字수지(南陽湖)와 瀑水澗이 合流하여 북족으로 王府街道 北部, 雲門山街道 北部, 黃樓街道 中部를 지나 黃樓街道 東陽河村 서족에서 瀰河에 합류하여 북족으로 바다로 유입된다. 강의 총길이는 32.5km이고 流域面積은 171km²이며 1960년대 이전에는 常年流水였으나 점점 季節性河流로 변했다.

					備考	備考	備考
32	蘇秦墓	蘇秦墓	靑州市 黃樓街道 大貴店村의 西側	益都縣 東 10여 리			
33	無記載	無記載	靑州市 黃樓街道 瓜市路	益都縣 東 10여 리			
34	勝水鋪, 聖水	十里鋪, 聖水廟	靑州市 雲門山街道 東聖水社區(村)	益都縣 東 10리	(明 嘉靖)勝水鋪, 聖水一(淸康熙부터光緒까지)聖水鋪, 聖水一(今聖水社) 聖水社區(村)		明 嘉靖 年間에는 益都縣 安定鄕 聖水社이에, 淸 康熙부터 光緒 年間까지는 益都縣 安定鄕 聖水社이에, 1929年에는 益都縣 一區 東關鎭에, 1935年에는 益都縣 一區 陽河鄕에, 1948年에는 益都縣 第二區에, 1958年9月에는 益都縣 城關公社이에, 1962年에는 益都縣 東關公社에, 1984年에는 靑州市(縣級) 東關鄕에, 1992年에는 靑州市 東關鎭에, 2005年에는 靑州市 雲門山街道에 속했다가 2007年 5月부터 지금까지 靑州市 雲門山街道에 속해오고 있다.

번호	한자 표기	한글 표기	설명	비정	위치	비고
35	靑州府城, 靑州, 靑州, 金都縣城, 靑州府, 金都城, 金都縣(城), 南陽城	靑州府城, 靑州府, 金都縣, 靑州城, 金都縣, 靑州府城, 靑州城東館店, 靑州府城東館, 金都城之北館, 靑州府北館, 靑州金都縣馹, 靑州金都城, 靑州金都縣城, 靑州金都縣南關	옛 청주부성 성곽(남양성)의 대체적인 범위는 東으로는 雲門山路, 南으로는 鳳凰山路, 北으로는 南陽河, 西로는 南陽湖에 이른다.	(南朝 劉[宋])東陽城→(北魏)南陽城→(明)靑州府, 府城, 金都縣(城), 南陽城→(今)靑州市 시내	金都縣 縣治소재지	春秋戰國시기에는 齊國에, 秦나라 때는 齊郡에, 西漢때에는 靑州刺史部 齊郡 廣縣에, 東漢때에는 靑州刺史部 齊國 廣縣에, 魏代에는 金縣으로 불렸으며 靑州部 樂安國에 속했으며 晉代에는 利益縣으로 불렸으며 靑州部 樂安國에 속했으며 南北朝시기 비로소 처음으로 金都로 불렸으며 靑州部 齊郡에 속했고 隋代에는 靑州部 北海郡에, 唐代에는 河南道 靑州北都에, 宋代에는 京東東路 靑州에, 元代에는 山東東西道 宣慰司 益都路 總管府에 속했다. 明淸 兩代에는 山東布政使司 靑州府에 속했고 民國 元年(1913)에는 府를 폐지하고 縣을 존속시켰으므로 金都縣이 山東省에 직접 예속되었다. 1943年에는 淄河縣에, 1944年에는 金北行署에 속했고 1940年에는 金北縣으로 불렸으며 1945年8月에는 靑州市에, 1946年6月에는 金都縣에, 1948年7月에는 金臨縣에, 1949年에는 山東省 昌濰直屬區에, 1950年에는 靑州에, 昌濰地區에 속했고 1967年까지는 山東省 昌濰地區에, 1981年7月부터 1983年10月까지는 山東省 濰坊地區에, 1983年10月부터 1986年2月까지는 濰坊市에, 1986年3月부터 지금까지 靑州市(縣級)에 속해오고 있다.
36	邢軍門之第, 邢軍門玠之第, 邢尚書玠花園, 邢尚書家	無記載		靑州市 范公亭西路의 북쪽 "邢玠口巷" 附近	無記載	待考
37	衡王府, 藩封衡王府	衡王府, 親王府, 親藩衡王府		山東省 靑州市 榮軍醫院附近	金都縣 城內	待考

38	靑州府(益都縣)牌坊	(靑州府)城 內의 牌樓	靑州市 雲門山街道南門大街	益都縣 城內	備考	備考
39	南樓	夜雨樓	靑州市 王府街道 九州美術館 東北附近	益都縣城 南門 위	備考	備考

參考文獻

使行文獻版本

崔應虛.《朝天日記》, 韓國慕德寺藏本.

安璥,《駕海朝天錄》, 美國哈佛大學燕京圖書館藏本.

吳允謙,《海槎朝天日錄》/《朝天詩》, 吳允謙,《楸灘集》.

李慶全,《石樓先祖朝天錄》, 韓國成均館大學尊經閣藏本;《朝天錄》/《朝天詩》, 韓國首爾大學
　　　奎章閣藏本.

尹暄,《白沙公航海路程日記》,(林基中 編)《燕行錄全集》十五冊.

李民宬,《癸亥朝天錄》, 李民宬,《敬亭集續集》(卷一至卷三);《燕槎唱酬集》, 李民宬,《敬亭集》(卷
　　　六至卷八).

趙濈,《燕行錄(一云朝天錄)》,(林基中 編)《燕行錄全集》十五冊;《燕行酬唱集》, 趙冕熙 編,《(韓字)
　　　朝天日乘及(漢文)燕行錄及酬唱集》,(韓國)同光2002년刊本; 趙冕熙 編,《北京紀行及
　　　酬唱詩》,《海路使行北京紀行及酬唱詩》,(韓國)同光2002년刊本.

李德泂,《朝天錄(一雲航海日記)》/《竹泉遺稿》,(韓)曹圭益,〈朝天錄一雲航海日記〉,《韓國文學與
　　　藝術》第2輯, 韓國崇實大學韓國文學與藝術研究所, 2008, pp.251—344.

吳䎘,《燕行詩》, 吳䎘,《天坡集》(卷之二).

洪翼漢,《花浦先生朝天航海錄》, 韓國國立中央圖書館藏本.

隨行畫員,《燕行圖幅》, 韓國國立中央博物館藏本/《航海朝天圖》, 韓國國立中央博物館藏本/
　　　《朝天圖》, 韓國國立中央博物館藏本.

金德承,《天槎大觀》, 金德承,《少痊集》(卷之二).

全湜,《槎行錄》, 全湜,《西沙集》(卷之五)/《朝天詩(酬唱集)》, 全湜,(卷之一).

金尙憲,《朝天錄》, 金尙憲,《淸陰集》(卷之九).

金地粹,《朝天錄》, 金地粹,《苔川集》(卷之二).

南以雄,《路程記》, 南以雄,《市北遺稿》(卷之四).

閔聖徽,《戊辰朝天別章帖》, 韓國慶南大學寺內文庫藏本.

申悅道,《朝天時聞見事件啟》,申悅道,《懶齋先生文集》(卷之三).

李忔,《雪汀先生朝天日記》,韓國國立中央圖書館藏本 ;《朝天詩》,李忔,《雪汀集》(卷之一至卷之三).

崔有海,《東槎錄》,崔有海,《默守堂集》.

鄭鬥源,《朝天記地圖》,韓國成均館大學尊經閣藏本.

高用厚,《朝天錄》,高用厚,《晴沙集》(卷之一).

데이터 베이스

韓國國史編纂委員會,《朝鮮王朝實錄》DB.

韓國國史編纂委員會,《承政院日記》DB.

韓國媒體韓國學株式會社,《韓國學綜合DB》.

韓國歷史綜合資訊中心,《韓國歷史資訊綜合系統》DB.

(韓國)韓國學中央研究院,《韓國歷代人物綜合資訊系統》DB.

中國古今方志와 관련 古籍

(漢)司馬遷,《史記》,清乾隆武英殿刻本.

(漢)班固,《漢書》, , 百衲本二十四史景宋景佑刻本.

(漢)孔安國 撰,《尚書》,四部叢刊景宋本.

(漢)毛亨傳 (漢)鄭玄箋,《毛詩》,四部叢刊景宋本.

(漢)鄭玄注(唐)陸德明音義,《禮記》,四部叢刊景宋本.

(東漢)班固等 撰,《白虎通》《墳墓》,中華書局, 1985.

(後魏)酈道元,《水經注》,清武英殿聚珍版叢書本.

(南朝)宋範曄撰 (唐)李賢注,《後漢書》,百衲本景宋紹熙刻本.

(南北朝)蕭統編(唐)李善注,《文選》,胡刻本.

(晉)皇甫謐 撰,《高士傳》,中華書局1985년版.

(西晉)陳壽 撰,《三國志》,百衲本景宋紹熙刊本.

(後晉)劉昫等,《舊唐書》,中華書局1976년版.

(唐)李吉甫,《元和郡縣圖志》,中華書局1983版.

(唐)房玄齡等 撰,《晉書》,清乾隆武英殿刻本版.

(唐)歐陽詢 輯,《藝文類聚》,清文淵閣四庫全書本版.

(唐)白居易,《白氏六帖事類集》, 民國景宋本.

(晋)袁宏,《後漢紀》, 民國八年上海商務印書館四部叢刊景明翻宋刻本.

(後晋)劉昫 等纂,《舊唐書》, 民國十九年商務印書館影印百衲本二十四史景宋刻本配補明覆宋本.

(宋)樂史,《太平寰宇記》, 清文淵閣四庫全書補配古逸叢書景宋本.

(宋)歐陽忞,《餘地廣記》, 四川大學2003版.

(宋)蘇軾,《蘇文忠公全集》, 明成化刻本.

(宋)朱熹:《詩集傳》, 四部叢刊三編景宋本.

(宋)朱熹,《呂氏世系譜序》, 載黃文翰, 呂俊海主編,《北宋呂氏八相國》, 偃師古都學會相公莊呂
          氏文化研究組, 2000.

(宋)蘇軾 撰, (宋)王十朋 集注, (宋)劉辰翁 批點,《東坡詩集注》, 四部叢刊景宋本.

(宋)歐陽修, 宋祁等撰《新唐書》, 清乾隆武英殿刻本.

(宋)歐陽修,《歐陽文忠公集》, 四部叢刊景元本.

(元)脫脫等 撰修,《宋史》, 清乾隆武英殿刻本.

(元)孛蘭肹等,《大元大一統志(殘)》, 玄覽堂叢書續集景袁氏貞節堂鈔本.

(元)於欽撰,《齊乘》, 清乾隆四十六年(1781)刻本.

(明)王世貞, 汪雲鵬,《神仙列傳》卷之四, 明萬曆廿八刊本.

(明)田仰等:萬曆《益都縣誌》, 明萬曆刻本.

(明)朱木等:嘉靖《昌樂縣誌》, 明嘉靖刻本.

(明)吳明濟編, 祁慶富校注:《朝鮮詩選校注》, 遼寧民族出版社, 1990.

(明)李輔等 纂修,《全遼志》, 遼海書社2011版.

(明)李賢, 萬安等撰修,《明一統志》, 清文淵閣四庫全書本版.

(明)李攀龍選 (明)王穉登評,《唐詩選》, 明閔氏刻朱墨套印本.

(明)杜思等:嘉靖《青州府志》, 明嘉靖刻本.

(明)季本,《詩說解頤·正釋》, 清文淵閣四庫全書本.

(明)官修,《明實錄》, (臺灣)中央研究院歷史語言所1962년校印本.

(明)茅元儀輯,《武備志》, 明天啟刻本.

(明)徐溥, 劉健, 李東陽等纂修,《大明會典》, 正德四年校正六年刻印本.

(明)徐應元等 纂修,《(泰昌)登州府志》, 明泰昌元年(1620)刻本.

(明)栗永祿等 纂修,《(嘉靖)壽州志》, 明嘉靖刻本.

(明)曹學佺：《大明一統名勝志》,明崇禎三年刻本.

(明)陳循 等撰,《寰宇通志》,明景泰年間內府刊初印本

(明)陳道, 黃仲昭纂修,《(弘治)八閩通志》,明弘治刻本.

(明)陸釴等 纂修,《(嘉靖)山東通志》,明嘉靖刻本.

(明)嘉靖《武定州志》,明嘉靖刻本.

(明)劉廷錫等 纂修,《(萬曆)濰縣志》,明萬曆二年刻本.

(明)龍文明, 趙耀等 纂修,《萊州府志》,明萬曆三十二年(1604)刻本.

(明)瞿九思,《萬曆武功錄》,明萬曆刻本.

(明)嚴從簡 撰,《殊域周諮錄》,明萬曆刻本.

(清) 侯登岸纂,《掖乘》, 山東省圖書館藏稿本, 載韓寓群主編《山東文獻集成(第二輯)》第19冊, 山
　　　東大學出版社2007年版.

(清) 郭麐 撰,《濰縣古城考》, 民國十二年[1923] 石印本.

(清)允祹纂修,《欽定大清會典則例》,清乾隆二十七年(1762)刻本.

(清)允祹 等撰修,《大清會典》,清文淵閣四庫全書本版.

(清)升允, 長庚 安維峻等 纂修,《(光緒)甘肅新通志》,清宣統元年刻本.

(清)毛永柏 李圖 劉耀椿等 纂修,《(咸豐)青州府志》,清咸豐九年刻本.

(清)毛贄纂,《勺亭識小錄》, 民國二十三年掖縣王桂堂日曝經草堂抄本, 韓寓群主編：《山東文獻
　　　集成(第二輯)》第25冊, 山東大學出版社2007年版.

(清)王士禛輯, (清)惠棟注補,《漁洋山人自撰年譜注補》,清惠氏紅豆齋刻本.

(清)王珍 陳調元等 纂修,《(康熙)濰縣誌》,清康熙十一年(1672)刻本.

(清)史嶽濬等 纂修,《(康熙)山東通志》,清康熙四十一年(1702)刻本.

(清)呂昱 董錦章等 纂修,《(光緒)掖縣鄉土志》,清光緒三十四年稿本.

(清)宋朝楨等 纂修,《(光緒)濰縣鄉土志》,清光緒三十三年(1907)石印本.

(清)李世昌等 纂修,《(康熙)平度州志》,清康熙刻本.

(清)李衛 嵇曾筠 沈翼機等 纂修,《(雍正)浙江通志》,清文淵閣四庫全書本.

(清)谷應泰,《明史紀事本末》,中華書局1977년.

(清)周來邰等 纂修,《(乾隆)昌邑縣志》,清乾隆七年(1742)刻本.

(清)官修,《清實錄》,清內府鈔本.

(清)岳浚 杜詔等 纂修,《(雍正)山東通志》,清文淵閣四庫全書本版.

(清)岳濬修, 杜詔等 纂,《(雍正)山東通志》, 清乾隆元年(1736)刻本.

(清)林溥 周翕鑌等 纂修,《(同治)即墨縣誌》, 清同治十一年刊本.

(清)保忠 李圖等 纂修,《(道光)重修平度州志》, 清道光二十九年刻本.

(清)施閏章 楊奇烈 任浚等 纂修,《(康熙)登州府志》, 清康熙三十三年(1694)刻本.

(清)郝玉麟 盧焯等 纂修,《(乾隆)福建通志》, 清文淵閣四庫全書本.

(清)崔允昭 李培謙等 纂修,《(道光)直隸霍州志》, 清道光六年刻本.

(清)張世卿 編,《平度州鄉土志》, 清抄本.

(清)張廷玉等 撰,《明史》, 清鈔本.

(清)張彤淸 張詡等 纂修,《(嘉慶)續掖縣志》, 清嘉慶十二年刻本.

(清)張思勉, 於始瞻 纂修,《掖縣志》, 清乾隆二十三年(1758)刊本.

(清)張雲龍, 張鳳羽等 纂修,《(順治)招遠縣誌》, 道光二十六年(1846)刻本.

(清)張耀璧 王誦芬等 纂修,《(乾隆)濰縣誌》, 清乾隆二十五年(1760)刻本.

(清)許容 李迪等 纂修,《(乾隆)甘肅通志》, 清文淵閣四庫全書本.

(清)許鴻盤 著,《方輿考證》, 清濟甯潘氏華鑒閣本.

(清)陳國器等 纂修,《(道光)招遠縣續志》, 清道光二十六年(1846)刻本.

(清)陳嘉楷 韓天衢等 纂修,《(光緒)昌邑縣續志》, 清光緒三十三年(1907)刻本.

(清)陳爾延 王崧翰等 纂修,《(光緒)平度志要》, 清光緒十九年手抄本.

(清)陳謙 孔尚任 劉以貴等 纂修,《(康熙)萊州府志》, 清康熙五十一年(1712)刻本.

(清)傅維鱗撰,《明書》, 清畿輔叢書本.

(清)黃宗義,《宋元學案》, 清道光二十六年何紹基刻本.

(清)楊祖憲 侯登岸等 纂修,《(道光)再續掖縣志》, 清道光二十三年(1843)刻本.

(清)楊應琚等 纂修,《(乾隆)西寧府新志》, 清乾隆十二年刻本.

(清)葉圭綬,《續山東考古錄》, 清咸豐元年(1851)刻本.

(清)賈漢復等 纂修,《(康熙)陝西通志》, 清康熙五十年刻本.

(清)熙臣 董錦章等 纂修,《(光緒)萊州府鄉土志》, 清光緒抄本.

(清)穆彰阿 撰,《(嘉慶)大淸一統志》, 四部叢刊續編景舊鈔本.

(清)魏起鵬 王續藩等 纂修,《(光緒)三續掖縣志》, 清光緒十九年(1893)刻本.

(清)魏起鵬等 纂修,《(光緒)掖縣全志》, 清光緒十九年(1893)刻本.

(清)嚴有禧 張桐等 纂修,《(乾隆)萊州府志》, 清乾隆五年(1740)刻本.

(清)黨丕祿 李肇林等 纂修,《(康熙)昌邑縣誌》,清康熙十一年(1672)增刻本.

(清)顧炎武,《山東考古錄》,山東書局光緒八年七月重刊本.

(清)顧祖禹 撰,《讀史方輿紀要》,清光緒二十七年上海圖書集成局鉛印本.

(清)顧祖禹,《讀史方輿紀要》,清稿本.

(清)(明)楊恩原本, 紀元續修：康熙《鞏昌府志》,清康熙二十七年刻本.

(清)方汝翼等：光緒《增修登州府志》,清光緒刻本.

(清)王贈芳等：道光《濟南府志》,清道光二十年刻本.

(清)佚名：光緒《長山縣鄉土志》,清抄本.

(清)李蕃, 範廷鳳等：康熙《黃縣誌》,清康熙十二年刻本.

(清)沈鳳翔等：同治《稷山縣誌》,清通志四年石印本.

(清)周來邰等：乾隆《昌邑縣誌》,清康熙七年刻本.

(清)和珅等：乾隆《大清一統志》,清文淵閣四庫全書本.

(清)岳浚, 杜詔等：雍正《山東通志》,清文淵閣四庫全書本.

(清)倪企望等：嘉慶《長山縣誌》,清嘉慶六年刻本.

(清)崔俊等：康熙《青州府志》,清康熙十五年刻本.

(清)張承燮等：光緒《益都縣圖志》,清光緒三十三年刻本.

(清)張昭潛著, 郭恩孚校刊：《山東省沿革表》,清刻本.

(清)張耀璧:康熙《濰縣誌》,清康熙十一年刊本.

(清)陳食花等：康熙《益都縣誌》,清康熙十一年刊本.

(清)賀基昌等：康熙《昌樂縣誌》,清康熙十一年刊本.

(清)葉方恒：《山東全河備考》,清康熙十九年刻本.

(清)劉棨等：康熙《平陽府志》,清康熙四十七年刻本.

(清)蔣廷錫等：康熙《大清一統志》,清乾隆九年英武殿刻本.

(清)餘澤春等：光緒《秦州直隸州新志》,清光緒十五年刻本.

(清)魏禮焯等：嘉慶《昌樂縣誌》,清嘉慶十四年刻本.

(民國)丁世平 尚慶翰等 纂修,《(民國)平度縣續志》,民國二十五年鉛印本.

(民國)王明長等 纂修,《(第四次重修)蓬萊縣誌》,青年進修出社, 1961.

(民國)王金嶽等：民國《昌樂縣續志》,民國二十三年鉛印本.

(民國)宋憲章等：民國《壽光縣誌》,民國二十五年鉛印本.

(民國)常之英 劉遜聰等 纂修,《(民國)濰縣誌稿》, 民國三十年(1941年)刊本.

(民國)舒孝先等：民國《臨淄縣誌》, 民國九年石印本.

(民國)楊士驤, 孫葆田等 纂修,《(宣統)山東通志》, 1934년影印本.

(民國)翟文選 王樹枏 纂修,《奉天通志》, 民國二十三年鉛印本.

(民國)劉國斌等 纂修,《(民國)四續掖縣志》, 民國二十四年(1935)鉛印本.

(民國)劉錦堂 劉國斌等 纂修,《(四續)掖縣志》, 民國二十四(1935)年鉛本.

《青島市水利志》編委會 編,《青島市水利志》, 青島出版社, 1996.

萊州市民政局 編,《萊州市地名圖集》, 內部資料, 2012年.

萊州市水利志編寫組 編,《萊州市水利志》, 內部資料, 1990年.

萊州市地名辦公室 編,《萊州市地名志》, 內部資料, 1996.

馬恒祥主編：《中國鄉鎮山東卷》上, 新華出版社1992年版.

山東臨朐縣史志編纂委員會編：《臨朐縣志》, 山東人民出版社1991年版.

山東省萊州市史志編纂辦公室 編,《萊州市志》, 齊魯書社, 1996.

山東省歷史地圖集編纂委員會 編,《山東省歷史文化村鎮—煙臺》, 山東省地圖出社, 2009.

山東省歷史地圖集編纂委員會 編,《山東省歷史文化村鎮—濰坊》, 山東省地圖出社, 2009.

山東省濰坊市濰城區史志編纂委員會 編,《濰城區志》, 齊魯書社, 1993.

山東省濰坊市寒亭區史志編纂委員會 編,《寒亭區志》, 齊魯書社, 1992.

山東省昌樂縣史志編纂委員會編：《昌樂縣誌》, 山東人民出版社1992.

山東省招遠縣誌編纂委員會 編,《招遠縣誌》, 華齡出社, 1991.

山東省平度市公路管理段 編,《平度市公路志》, 人民交通出版社, 2000.

山東省平度縣地方誌編纂委員會 編纂,《平度縣誌》, 內部資料, 1987.

煙臺市地方史志編纂委員會辦公室 編,《煙臺市志》, 新華書店1994.

濰坊市水利史志編纂委員會編：《濰坊水利志》, 內部資料1994.

濰坊市地方史志編纂委員會 編,《濰坊市市志》(上, 下), 中央文獻出版社想, 1995.

濰城區地名委員會辦公室 編,《濰城區地名志》, 內部資料, 1992.

昌樂縣地方史志編纂委員會編：《昌樂縣誌》中華書局2008.

昌邑縣地名志編纂委員會 編,《昌邑縣地名志》, 內部資料, 1987.

青州市地名委員會編：《青州市地名志》, 天津人民出版社1991.

青州市志編纂委員會編：《青州市志》, 南開大學出版社1989.

招遠縣地名委員會辦公室 編,《招遠縣地名志》, 1987.

平度市地名志編纂委員會 編,《平度市地名志》, 內部資料, 2017.

寒亭地名編纂委員會 編,《寒亭區地名志》, 內部資料, 1989.

朝鮮方志와 관련 古籍

(朝鮮)韓致奫,《海東繹史》, 朝鮮古書刊行會明治四十四年(1911)刊本.

(朝鮮)古山子 編,《大東地志》, 1932, 韓國首爾大學奎章閣藏本.

(朝鮮)官修,《通文館志》, 朝鮮古書刊行會大正二年(1913)刊本.

(朝鮮)官修,《朝鮮迎接都監都廳儀軌》, 明天啟元年刻本.

(朝鮮)具允明 編,《典律通補》, 朝鮮正祖十年(1786)刊行本.

(朝鮮)李荇,《新增東國輿地勝覽》韓國首爾大學奎章閣藏本.

中國著作

蔡鋒編,《中國近海海洋》, 海洋出社, 2013.

趙炳武主編, 山東省地方誌聯合目錄, 中國文聯出社, 2005.

章巽 著,《古航海圖考釋》, 海洋出版社, 1981.

顧松年 主編,《山東交通史》第一冊, 人民交通出版社, 1989.

白壽彝,《中國交通史》, 上海書店, 1984.

楊正泰,《明代驛站考》(增訂本), 上海古籍出版社, 2006.

顧松年 主編,《山東公路交通運輸史》第一冊, 山東科技出社, 1992.

吳承洛,《中國度量衡史》, 商務印書館, 1937.

(台)蘇同炳,《明代驛遞制度》, 中華叢書編審委員會, 1969.

譚其驤 主編：《中國歷史地圖集(第1冊 原始社會·夏·商·西周·春秋·戰國時期)》, 中國地圖出版社, 1982.

譚其驤 主編,《中國歷史地圖集(第2冊 秦·西漢·東漢時期)》, 中國地圖出版社, 1982.

尹洪林,《萊州歷史大觀》, 黃河數字出版社, 2011.

煙臺公路志編撰委員會 編,《煙臺公路志》, 中國國際文化出社, 2008.

安作璋,《山東通史》(明清卷), 山東人民出社, 1994.

盧繩,《盧繩與中國古建築研究》, 智慧財產權出社, 2007.

李劍平 主編,《中國神話人物辭典》, 陝西人民出社, 1998.

劉廷鑾, 孫家蘭編著,《山東明淸進士通覽·明代卷》, 山東文藝出版社, 2015.

棗莊市山亭區政協編,《小邾國文化》, 中國文史出版社, 2005.

王獻唐,《春秋邾分三國考》, 齊魯書社, 1982.

孫祚民 主編,《山東通史》, 山東人民出版社, 1992.

佟海燕 主編:《琅琊文化史略(第一卷 先秦·秦朝時期)》, 山東人民出版社, 2010.

陳尙勝等 著,《朝鮮王朝 1392—1910 對華觀的演變》, 山東大學出版社, 1999.

鄭紅英 著,《朝鮮初期與明朝政治關係演變硏究》, 社會科學文獻出版社, 2015.

劉煥陽, 陳愛強,《膠東文化通論》, 齊魯書社, 2015.

劉煥陽, 劉曉東 著,《落帆山東第一州》, 人民出版社, 2012.

劉煥陽, 劉曉東 著,《山東巨郡》, 世界圖書廣東出版公司, 2014.

劉曉東 著,《明代朝鮮使臣膠東紀行詩探析》, 山東人民出版社, 2015.

劉曉東, 馬述明, 祁山 著,《明代朝鮮使臣筆下的廟島群島》, 人民出版社, 2014.

劉鳳鳴 著,《山東半島與古代中韓關係》, 中華書局, 2010.

耿升, 劉鳳鳴, 張守祿 主編,《登州與海上絲綢之路》, 人民出版社, 2009.

趙樹國,《明代北部海防體制硏究》, 山東人民出社, 2014.

楊雨蕾,《燕行與中朝文化關係》, 上海辭書出版, 2011.

孫文良著,《滿族崛起與明淸興亡論稿》, 遼寧民族出版, 2016.

王臻,《朝鮮前期與明建州女眞關係硏究》, 中國文史出版社, 2005.

李宗偉 主編,《山東省省級非物質文化遺產名錄圖典》第二卷, 山東友誼出版社, 2012.

張廷國, 劉援朝, 張紅梅著,《長山列島的語言及民俗文化硏究》, 山東大學出版社, 2015.

魯東大學膠東文化硏究院 編,《膠東文化與海上絲綢之路論文集》, 山東人民出版社, 2016.

陳麻 編著,《美國鏡頭裡的中國風情》, 中國文史出版社, 2011.

李海霞, 陳遲 編著,《山東古建築地圖》, 淸華大學出版社, 2018.

楊松水,《兩宋壽州呂氏家族著述硏究》, 黃山書社, 2012.

[淸]王士禎著；惠棟, 金榮注；宮曉衛, 孫言誠, 周晶, 閆昭典點校整理,《漁洋精華錄集注》上, 齊魯書社, 2009.

靑島市史志辦公室編,《靑島市志·嶗山志》, 新華出版社, 1999.

韩国著作

왕가, 한종진, 당윤희,《명청교체기 대명 해로사행로의 노선과 지명 재구 및 인문지리학적 고찰 1-산동등주부》, 역락, 2020.

왕가, 한종진, 당윤희.《명청교체기 대명 해로사행로의 노선과 지명 재구 및 인문지리학적 고찰 2-산동래주부》,역락, 2021.

이민성 著, 이영춘외 譯,《1623년의 북경 외교》, 대원사, 2014.

이정섭 역,《조선시대 개인일기 국역총서-조천일기. 국립문화재연구소, 2019.

정은주,《조선시대 사행기록화》, 사회평론, 2012.

조규익,《17세기 국문 사행록 죽천행록》, 도서출판 박이정, 2002.

조규익,《연행 길, 고통의 길, 그러나 깨달음의 길—국문 사행록의 미학》, 역락, 2004.

조규익,《《죽천행록》 연구》, 연행록연구총서 5, 학고방, 2006.

조즙 著, 최강현 譯,《계해수로조천록》, 신성출판사, 2000.

하영선, (中)葛兆光, (中)孙卫国 等 編著,《사행의 국제정치16—19세기 조천·사행록 해석》, 한국 아연출판부, 2016년.

한명기,《임진왜란과 한중관계》, 역사비평사, 2001.

中國論文

许敏,〈关于明代铺户的几个问题〉,《明史研究论丛》第二辑, 江苏人民出社, 1983年.

金柄珉, 金刚,〈对中国"燕行錄"研究的历时性考察〉,《東疆学刊》, 延边大学, 2016년01期.

陈尙胜,〈明清时代的朝鲜使节与中国记闻——兼论《朝天錄》和《燕行錄》的资料价值〉,《海交史研究》, 中国海外交通史研究会, 泉州海外交通史博物館, 2001년02期.

陈尙胜,〈明朝初期与朝鲜海上交通考〉,《海交史研究》, 中国海外交通史研究会, 泉州海外交通史博物館, 1997년01期.

楊雨蕾,〈明清時期朝鮮朝天—燕行路線及其變遷〉, 上海人民出社,《歷史地理》第二十一輯, 2006.

葛兆光,〈从"朝天"到"燕行"—17世纪中叶后東亚文化共同体的解体〉,《中华文史论丛》, 上海世纪出股份有限公司古籍出社, 2006년01期.

王禹浪, 程功, 刘加明,〈近二十年中国《燕行錄》研究综述〉,《哈尔滨学院学报》, 哈尔滨师专学报, 2012년11期.

楊雨蕾, 〈登州與明代조선사신―以 "朝天錄"爲中心〉, 陳尙勝主編, 《登州港與中韓交流國際學術討論會論文集》, 山東大學出社, 2005.

刘宝全, 〈明末中朝海路交通线的重开与中朝关系〉, 《陕西师范大学学报》, 陕西师范大学, 2011년 04期.

左江, 〈淸代朝鮮燕行使团食宿考〉, 张伯伟编, 《域外汉籍研究集刊》第三辑, 中华书局, 2007년5월.

孫衛國, 〈朝鮮人明海上貢道考〉, 《韓國學論文集》, 北京大學韓國學硏究中心, 2009.

陳長文, 〈雄關漫道:明末朝鮮貢使的山東之行〉, 《中國中外關係史學會會議論文集》, 中國中外關係史學會, 2009.

陳長文, 〈登州與明末中朝海上絲路的複航〉, 《中國中外關係史學會會議論文集》, 中國中外關係史學會, 2008.

趙樹國 : 《海不揚波 : 明代京畿地區海上安全述論》, 載中國明史學會, 北京市昌平區十三陵特區辦事處編 : 《第十七屆明史國際學術研討會暨紀念明定陵發掘六十周年國際學術研討會論文集 上》, 燕山出版社, 2018.

孫文良 : 《明代 "援朝逐倭"探微》, 《社會科學輯刊》1994第3期.

戚延斌 : 《平裡店及其戰前的工商業》, 《萊州文史資料》1997年第11輯.

王建生, 《呂祖謙的中原文獻南傳之功》, 浙江師範大學學報(社會科學版), 2015年03期.

劉東平, 《淺談從戟到戟門的歷史變遷》, 西安碑林博物館 編, 《碑林集刊》(十三), 陝西人民美術出版社, 2008.

崔文琪, 《明淸時期毛紀及其家族文學研究》, 山東大學碩士論文, 2018

韓國論文

구도영. 〈조선 전기 대명 육로사행의 형태와 실상〉. 진단학보 117, 2013.

권혁래, 〈《김영철전》의 등주 시절 스토리텔링〉, 온지논총 43, 2015.

권혁래, 〈문학지리학적 관점으로서 본 등주〉, 국어국문학 154, 2010.

김경록, 〈17세기초 명·청교체와 대중국 사행의 변화 ― 대후금 사행을 중심으로〉, 국어국문학 154, 2010.

김동석 : 《고려말권근(高麗末權近)의 사행(使行)과 그 의의》, 온지 논총, 2017.

김영숙, 《조천록을 통해 본 명청교체기 요동정세와 조명관계》, 인하대 박사학위논문, 2011.

김영숙, 〈명말의 중국사회와 조선사신의 외교활동: 김육의 조경일록과 조천록의 분석을 중심으로〉, 명청사연구31, 2009.

김지은, 〈17세기 전반 해로사행문학연구〉, 이화대학교 대학원 석사학위논문, 2006.

김지현, 〈17세기 초 대명 해로 사행록 서술의 양상〉, 한국문학과 예술 제15집, 2015.

김지현, 〈이민성의《계해조천록》소고〉, 온지학회 추계학술대회, 2014.

김태준, 〈중국 내 연행노정고〉, 동양학35권, 단국대학교 동양학연구소, 2004.

류보전, 〈화천 조즙의 연행과 한시 창작〉, 동방한문학 제52집, 2012.

박경은, 〈경정 이민성의 시문학—일상사 및 연행의 체험을 소재로 한 시를 중심으로〉, 한문교육
    연 구15집, 2000.

박현규, 〈1621년 조선·明사절의 해로사행에 관한 실상과 평가〉, 동북아문화연구 36, 2013.

박현규, 〈17세기 전반 대명 해로사행의 운항과 풍속 분석〉, 한국한문학연구48, 2011.

박현규, 〈17세기 전반기 대명 해로사행에 관한 행차 분석〉, 한국실학연구 21, 2011.

박현규, 〈1621년 명 등극조사의 '貪墨無比'에 관한 논란과 실상〉. 한중인문학연구35, 2012.

박현규, 〈1621년 조선·명 海路使行의 媽祖 사적과 기록 분석〉. 역사민속학 Vol.40, 2012.

박현규, 〈1621년 조선·明 사절의 해로사행에 관한 실상과 평가〉. 동북아문화연구36, 2013.

박현규, 〈명 監軍 梁之垣 朝鮮出使 시기 해상활동에 관한 분석〉, 한중인문학연구39, 2013.

배종석,〈안경(安璥)의 『가해조천록(駕海朝天錄)』에 드러난 해양 이미저리(Imagery)〉, 한국민족
    문화 Vol.66, 2018.

배종석, 〈명청교체기 조선사신단의 해양표류기 연구 -안경의 가해조천록을 중심으로→. 民族文
    化, 56집, 2020.

배주연, 〈명청교체기 조선문사 이안눌의 명사행시연구:조천록(1601)·조천후록(1632)을 중심으
    로〉, 비교문학38, 2006.

서지원, 〈鄭斗源의《朝天記地圖》에 나타난 대외인식 고찰〉, 한국문학과 예술 17, 2015

송기헌, 〈이흘의 연행과 연행록 조천日이기의 관광학적 고찰〉, 관광산업연구제3권1호, 2009.

신선옥·유함함, 〈《조천항해록》에서 산동성의 노선과 그 주변 지역의 산악문화고찰〉, 동북아 문
    화연구 38, 2014.

신춘호, 《연행노정 영상아카이브 구축 및 콘텐츠 활용 방안 연구》, 한국외국어대학교 박사학위
    논문, 2014.

신춘호, 〈명청교체기 해로사행 노정의 인문정보 일이고《朝天记地圖》의 산동지역(등주—덕주)
    인문지리 현황을 중심으로—〉, 한국고지도연구8(1)2016.

신춘호, 〈연행노정 공간의 역사문화콘텐츠 활용 방안 일이고—《스토리테마파크》의 스토리를 활용한 "병자호란 역사관광콘텐츠"기획을 중심으로—〉, 한문고전연구 31, 2015.

신춘호, 〈연행노정 영상콘텐츠와 영상 아카이브 구현 모델 연구〉, 한국문학과 예술 16, 2015.

윤재환, 〈17세기 초 대명 해로사행의 해상 사행시-대명 해로사행문학 연구의 기반과 토대 구축을 위한 시론〉, 한국문학과 예술 Vol.22, 2017.

이성형, 〈조선중기 대명 해로 사행노정 고찰〉, 제4회 해외한국학 씨앗형사업 국제 학술회의 발표논문집(중국 웨이팡대 한국학연구소, 2021년 12월 20일 건국대 개최), 2022.

이성형, 〈《천사대관》과《노정기》의 상관관계와 내용구성 비교〉, 대동한문학 제49집, 2016.

이성형, 〈《천사대관》과《대명일일통지》 수용양상 고찰— 산동 육로 구간을 중심으로〉, 한문고전연구, 제33집, 2016.

이성형, 〈연행록의 백이·숙제 관련 한시 연구 —임진 수습기를 중심으로〉, 한문학논집31, 2010.

이승수, 〈1386년 정몽주의 南京 使行, 路程과 詩境〉, 민족문화 46집, 2015.

이승수, 〈고려말 대명 사행의 요동반도 경로 고찰〉, 한문학보 20, 2009.

이승수, 〈연행로 중 瀋陽~廣寧站 구간의 노정 재구〉, 민족문화 제42집, 2013.

이승수, 〈燕行路 중의 東八站 考〉, 한국언어문화 제48집, 2012.

이영춘, 〈병자호란 전후의 조선명청 관계와 김육의 조경일록〉, 조선시대사학보 38집, 2006.

이영춘, 〈인조반정 후에 파견된 책봉주청사의 기록과 외교활동〉, 조선시대사학보 59 집, 2011.

이정숙, 〈설정 이흘의《조천일기》구두점과 주해 연구〉, 청운대석사학위논문, 2010

이학당·우림걸, 〈17—8세기 중한 문인간의 문화교류와 상호작용 현상 日고찰〉, 한국실학연구 19집, 2010.

임기중, 〈《항해조천도》의 형성양상과 원본비정—이덕형 가문의 항해일기와 관련하여〉, 한국실학연구9집, 2005.

임기중, 〈수로 연행록과 수로연행도〉, 한국어문학연구43집, 2004.

임기중, 〈水路燕行錄과 水路燕行圖〉, 한국어문학연구43, 2004.

임기중, 〈조천록과 연행록의 화답시〉, 연행록연구총서5, 학고방, 2006.

임영걸, 《壺亭 鄭斗源의《朝天記地圖》연구》, 성균관대학교 석사학위논문, 2011.

임형택, 〈17~19세기 동아시아 상황과 연행·연행록〉, 한국실학연구 20호, 2010.

임형택, 〈조선사행의 해로 연행록-17세기 동북아의 역사전환과 실학〉, 한국실학연구 9, 2005.

정영문, 〈17세기 사행록의 연구현황과 나아갈 방향—명·청 교체기의 사행을 중심으로〉, 한국문학과 예술 17집, 2015.

정은주, 〈명청교체기 대명 사행기록화 연구〉, 명청사연구 제27집, 2007.

정은주, 〈뱃길로 간 중국,《갑자항해조천도》〉, 문헌과 해석 26, 2004.

정은주, 〈조선시대 명청사행관계 회화연구〉, 한국학대학원 박사학위논문, 2007.

조규익, 〈《죽천행록》의 사행문학적 성격〉, 국어국문학 129, 2001.

조규익, 〈使行路程으로서의 登州, 그 心象空間的 性格과 意味〉, 어문연구 38(4), 2010.

조규익, 〈조선 지식인의 중국체험과 중세보편주의의 위기〉, 온지논총 40집, 2014.

조규익, 〈조선조 국문 사행록의 통시적 연구〉, 어문연구31(1), 2003.

조규익, 〈조천록일운항해일기(朝天錄一云航海日記)〉, 한국문학과 예술 2, 2008.

조기영, 〈설정 이흘의《조천일기》연구〉, 동양고전연구 7집, 1996.

조기영, 〈이흘의《조천일기》에 나타난 17세기 문화양상〉, 연행록연구총6, 학고방, 2006.

조창록, 〈1632년의 해로사행과 홍호의《조천일기》〉, 온지논총 제42집, 2015.

조창록, 〈1636년 해로 사행과 이만영의《숭정병자조천록》〉, 인문과학 제47집, 2011.

조창록, 〈전식의 사행록과 해로 사행의 체험시〉, 동방한문학 46집, 2011.

최소자, 〈"연행록" 연구를 위한 제언〉, 명청사연구 30집, 명청사학회, 2008.

최소자, 〈명청과 조선, 조선과 명청 관계사 연구현황과 과제—수교20주년에 즈음하여〉, 명청사
　　　　연구 38집, 2012.

최윤정, 〈明·淸 교체기 조선文士의 사행체험—홍익한의《朝天航海錄》을 중심으로〉, 한국고전
　　　　연구11, 2005.

최창원, 〈《설정선생조천일록》에 나타난 사신들의 행적〉, 중국어문학논집 67호, 2011.

허경진, 〈최초로 바닷길 통해 명나라에 사신으로 다녀온 기록 "가해조천록"〉, 출판저널 Vol.316,
　　　　2002.

허경진, 〈水路朝天錄과 통신사행록의 바다 체험 비교〉, 한국한문학연구 43, 2009.

허경진·최해연, 〈명청교체기 최초의 수로조천록—안경의《가해조천록》〉, 중국학논총 34집,
　　　　2011.

허방, 김경희, 〈조선시대 해로 사행에 관한 연구현황과 전망〉. 동서인문학 60, 2021.

황만기, 〈청음 金尙憲《조천록》고찰〉, 한국한문학연구43집, 2009.

중국 현지 연구자와 현지인에 대한 인터뷰 장소와 날짜 목록
(이후 연구자의 편의를 위해 중국 현지인들이 사용하는 간체자 한자로 표기함)

1. 인터뷰 장소 : 昌樂縣 朱劉街道 朱劉東社區
   인터뷰 시간 : 2021年5月2日 14:10-14:30
   인터뷰 대상 : 社區 黨書記 劉津樂

2. 인터뷰 장소 : 昌樂縣 朱劉街道 大橋村
   인터뷰 시간 : 2021年5月3日13:20-13:40
   인터뷰 대상 : 村民 張孝福(男, 84歲), 張秀淸(男, 66歲)

3. 인터뷰 장소 : 昌樂縣 朱劉街道 十里堡村
   인터뷰 시간: 2021年5月3日13:45-13:55
   인터뷰 대상 : 村民 田慶和(男, 56歲)

4. 인터뷰 장소 : 昌樂縣 市政府 地名辦公室
   인터뷰 시간 : 2021年6月8日 10:00-10:30
   인터뷰 대상 : 濰坊市 昌樂縣 地方史志 辦公室 전 副主任(학예연구사) 趙守誠

5. 인터뷰 장소 : 昌樂縣 寶都街道 堯溝社區
   인터뷰 시간 : 2021年7月2日 13:34-13:50
   인터뷰 대상 : 居民 劉宗華(男, 68歲)

6. 인터뷰 장소 : 靑州市 東夏鎭 巨彌村
   인터뷰 시간 : 2021年7月2日 14:30-14:40
   인터뷰 대상 : 東夏鎭 巨彌村 村民(성명 미상, 이름을 밝히기 원하지 않았음)

7. 인터뷰 장소 : 靑州市 黃樓街道 小貫店村
   인터뷰 시간 : 2021年7月2日 15:10-15:20
   인터뷰 대상: 黃樓街道 小貫店村 村民(성명 미상, 이름을 밝히기 원하지 않았음)

8. 인터뷰 장소 : 靑州市 地方史志 硏究室

　　인터뷰 시간 : 2021年7月19日 10:00-11:00

　　인터뷰 대상 : 地方史志 硏究室 主任(센터장) 閆成武

왕가 王珂, Wang Ke wgc5858@naver.com

중국 옌타이대(烟台大学)에서 한국어학과를 졸업하고 한국 공주대학교 국어국문학과에서 석사와 박사를 마쳤다. 현재 중국 웨이팡대학교 한국어학과 학과장으로 재직 중이다. 주요 논저로 《한중 근대소설 비교연구》(한국문화사 2016), 《재만(在滿) 조선인 소설의 세계인식 연구》(한국문화사 2021) 등이 있다.

한종진 韓鐘鎭, Han Jong Jin

서울대학교 원예학과를 졸업하고 같은 대학 중어중문학과에서 석사와 박사를 마쳤다. 서울대학교 중어중문학과에서 강의하다가 지금은 중국 웨이팡대학교 한국어학과 부교수(초빙 전문가)로 재직 중이다. 주요 논저로 《韩国语汉字词学习词典》(商务印书馆 2018), 《조선에 전해진 중국 문헌》(공저, 서울대출판문화원, 2021) 등이 있다.

당윤희 唐潤熙, Dang Yun Hui

서울대학교 중어중문학과를 졸업하고 동대학 중어중문학과에서 석사학위를, 중국 북경대학교 중국어언문학계에서 박사학위를 받았다. 현재 건국대학교 중어중문학과 부교수로 재직하고 있다. 주요 논저로 《동아시아의 문헌 교류》(공저, 소명출판, 2014), 〈唐 陸贄의 制誥文에 대한 고찰〉(2018) 등이 있다. 저서로 《조선에 전해진 중국 문헌》(공저, 서울대학교출판문화원, 2021), 역서로 《육주약선·육고수권 : 조선 정조가 편정한 당나라 재상 육지의 국가 경영책》(공저, 서울대학교출판문화원, 2020) 등이 있다.

This work was supported by Seed Program for Korean Studies through the Ministry of Education of Republic of Korea and Korean Studies Promotion Service of the Academy of Korean Studies (AKS-2020-INC-2250002).

이 저서는 2020년도 대한민국 교육부와 한국학중앙연구원(한국학진흥사업단)의 해외한국학 씨앗형 사업의 지원을 받아 수행된 연구임(AKS-2020-INC-2250002).

조선 해로사행의 인문지리학적 연구 3

명청교체기 대명 해로사행로의 노선과 지명 재구 및 인문지리학적 고찰 3
- 산동 청주부(상)

초판 1쇄 인쇄 2022년 3월 17일
초판 1쇄 발행 2022년 3월 31일

지은이 왕가 한종진 당윤희
펴낸이 이대현
편집 이태곤 권분옥 문선희 임애정 강윤경
디자인 안혜진 최선주 이경진 | **마케팅** 박태훈 안현진
펴낸곳 도서출판 역락 | **등록** 1999년 4월 19일 제303-2002-000014호
주소 서울시 서초구 동광로46길 6-6(반포4동 577-25) 문창빌딩 2층(우06589)
전화 02-3409-2060(편집부), 2058(영업부) | **팩시밀리** 02-3409-2059
이메일 youkrack@hanmail.net
역락홈페이지 www.youkrackbooks.com

ISBN 979-11-6742-300-9 93910